社交与礼仪知识全知道

翟文明等 编著

中国华侨出版社
北京

图书在版编目(CIP)数据

社交与礼仪知识全知道/翟文明等编著.—北京：中国华侨出版社，2010.9
（2021.5重印）

ISBN 978-7-5113-0650-0

I.①社… Ⅱ.①翟… Ⅲ.①人际交往—礼仪-基本知识 Ⅳ.①C912.1

中国版本图书馆CIP数据核字（2010）第167251号

社交与礼仪知识全知道

编　　著：	翟文明等
责任编辑：	江　冰
封面设计：	阳春白雪
文字编辑：	黄　敏
美术编辑：	宇　枫
经　　销：	新华书店
开　　本：	720mm×1020mm　1/16　印张：24　字数：344千字
印　　刷：	北京德富泰印务有限公司
版　　次：	2010年10月第1版　2021年5月第5次印刷
书　　号：	ISBN 978-7-5113-0650-0
定　　价：	68.00元

中国华侨出版社　　北京市朝阳区西坝河东里77号楼底商5号　　邮编：100028

法律顾问：陈鹰律师事务所

发 行 部：（010）88866079　　　　传　真：（010）88877396

网　　址：www.oveaschin.com　　　E-mail：oveaschin@sina.com

如果发现印装质量问题，影响阅读，请与印刷厂联系调换。

前言
PREFACE

　　每个人每天都会遇到形形色色的人,经历各种各样的场合,也希望自己时时刻刻受到别人的重视。特别是在聚会或者会议时,人们将自己最完美的一面展示出来,希望自己是最好的。你良好的社交能力和礼仪修养,让你在第一次与人交往时就留下很好的印象。这就是我们在日常生活中必备的知识和技能——社交与礼仪。社交与礼仪是人际交往与沟通的重要组成部分,影响人们的思想和交际能力,塑造个人的形象与人格,帮助人们在社会生活中游刃有余地应对各种人际关系。

　　社交是指社会上的人际交往,社交是人们社会生活中必不可少的内容。人们在人际交往过程中必然需要遵循一定的规范,以便正常交往和沟通,这就需要人们先要了解社会的规律,了解人际关系,了解社交心理学,掌握人际沟通技巧,知道与人相处,懂得如何办事,懂得如何经营人际关系等,这些就是社交知识。

　　古人云:"工欲善其事,必先利其器。"我们生活在社会之中,必须认识和了解我们所处的社会,学习社会交往的知识和法则,懂得处世方法和技巧,提高自己的社会交际能力,抓住社会给予自己的每一个机会,才能行走于这个社会。然而仅仅懂得社交知识,是不能够立足于这个社会的,人们还需要用礼仪来完善社交。

　　礼仪是在人际交往中,以一定的约定俗成的方式来表现的律己敬人的过程,涉及穿着、交往、沟通、情商等内容。从个人修养的角度来看,礼仪是一个人内在修养和素质的外在表现。从交际的角度来看,礼仪是人际交往中的艺术和行为方式,是人际交往中约定俗成的示人以尊重、友好的习惯做法。

　　孔子曰："不学礼，无以立。"在中国数千年的社会历史发展进程中，礼仪有着不可估量的作用。在当今社会，礼仪同样起着非常重要的作用。良好的礼仪可以帮你在职场上更好地发展：只有表现成熟、稳重，领导才会对你委以重任；团结好同事，才不会被排挤和中伤。良好的礼仪也是你在商场成功的保证：懂得迎来送往，生意才有可能做成；登门拜访顺利，合作才有可能；打好电话，事情才能敲定。拥有良好的礼仪还是你幸福生活的资本：拥有完美得体的形象，才能赢得心上人的青睐；注重沟通技巧，顺利化解家庭矛盾，才能生活美满幸福。

　　社交与礼仪是人们在当代社会的一般交往中应遵守的基本规范，它对人们的工作生活顺利与否有着至关重要的影响。不懂社交知识，你无法与人沟通；不懂社交知识，你不能与人增进感情；不懂礼仪知识，你无法树立良好的形象；不懂礼仪，你不能展示人格魅力。

　　社交与礼仪对每个人来说都是很重要的，掌握必需的社交与礼仪知识对于提高人们的礼仪修养和个人魅力将起到积极的促进作用。这本《社交与礼仪知识全知道》作为一本百科全书式的社交礼仪书，全面细致地论述了社交活动中应遵循与注意的规范，以及现代社会必备的礼仪技能与知识，具有很强的系统完整性和实用有效性。书中不仅介绍了社交的一些基本知识和理论、各种社交场合的应对方法和策略、在社交时如何培养个人魅力、做好难做之事、让你受人欢迎、防止被骗等工作和生活中必知的社交知识，还介绍了各种礼仪知识，如仪容仪态礼仪、称呼礼仪、拜访礼仪、待客礼仪等等，内容涉及工作与生活中的各个方面、各种场景，让你通过本书可以轻松快速了解社交与礼仪的实用知识。

　　随着社会的进步和文明的发展，人们的社会交往日益频繁，社交和礼仪作为联系沟通交往的纽带和桥梁，显得更加重要。了解一些社交知识，掌握一些礼仪知识，让你在人际交往中如鱼得水、无往不利，从而获得更多的机会和成功。

目 录 CONTENTS

上篇　社交知识

第一章　社交的心理学 ………… 2
第一节　社交障碍的自我心理调节 … 2
如何克服人际交往障碍 ……… 2
如何消除社交恐惧症 ………… 3
如何克服自傲心理 …………… 4
如何克服孤僻心理 …………… 4
如何克服虚荣心理 …………… 5
如何克服自卑心理 …………… 6
如何克服封闭心理 …………… 7
如何克服自私心理 …………… 7
如何克服依赖心理 …………… 8
如何克服自负心理 …………… 9
如何克服完美主义 …………… 9
如何克服偏执心理 ………… 10
如何克服暴躁心理 ………… 11
如何克服怯场心理 ………… 12
如何克服猜疑心理 ………… 12
如何克服狭隘心理 ………… 14
如何消除吝啬心理 ………… 15
如何消除报复心理 ………… 15

如何克服嫉妒心理 ………… 16
如何克服逃避心理 ………… 16

第二节　不可不知的社会定律 … 17
首因效应的应用 …………… 17
近因效应的应用 …………… 17
马太效应的应用 …………… 18
投射效应的应用 …………… 19
光环效应的应用 …………… 20
邻里效应的应用 …………… 21
权威效应的应用 …………… 21
刻板效应的应用 …………… 22
定式效应的应用 …………… 22
互惠原理的应用 …………… 23
墨菲定律的应用 …………… 23
视网膜效应的应用 ………… 23
皮格马利翁效应的应用 …… 24
手表定律的应用 …………… 25
刺猬定律的应用 …………… 25
鲇鱼效应的应用 …………… 26
奥卡姆剃刀定律的应用 …… 27
华盛顿合作定律的应用 …… 28

1

第三节 让自己受欢迎的心理应对 29

微笑，吸引别人的利器 ……… 29
保持良好的仪表，增加人际吸引
力 …………………………… 29
幽默，最具亲和力的"形象
大使" ………………………… 30
做一个高情商的人 …………… 30
打造非凡的亲和力 …………… 31
利用语言影响他人 …………… 31
增加接触的频率 ……………… 32
故意在明显的地方留一点儿
瑕疵 …………………………… 32
避免争论 ……………………… 33
尽量不要去指责他人 ………… 33
背后不揭他人短 ……………… 33
在矛盾中能礼让 ……………… 34
塑造个人的外在素质 ………… 34
加强交往，密切关系 ………… 35
献出自己"挚情的爱" ………… 35
诚恳待人，不虚伪做作 ……… 36
助人为乐，但要坚持原则 …… 36
保持本身人格的完整 ………… 37
让别人了解我们 ……………… 38
多和别人沟通意见 …………… 38
得意不忘形 …………………… 38
小事儿不要太计较 …………… 39
不要强迫别人接受你的意见 … 40
要有一颗容忍之心 …………… 40
在别人说话时不要随便插嘴 … 40
悭吝小气的人不受欢迎 ……… 41

耍小聪明的人不受欢迎 ……… 41
吹毛求疵的人不受欢迎 ……… 41
虚伪做作的人不受欢迎 ……… 41
不注重细节的人不受欢迎 …… 41
唯我独尊的人不受欢迎 ……… 42
受人欢迎的20个原则 ………… 42

第四节 建立良好人际关系的心理学 …………………………… 43

主动与人交往 ………………… 43
设身处地为别人着想 ………… 43
敢于承认自己的错误 ………… 43
不伤及别人的自尊 …………… 43
自爱自重是取得他人信赖的
基础 …………………………… 44
用"五德"律己 ……………… 44
不要做不懂装懂的人 ………… 44
珍视别人的秘密 ……………… 45
复述一下对方的意见 ………… 45
不要做"语言的巨人，行动的
矮子" ………………………… 45
善于解决冲突 ………………… 45
有了矛盾不把话说绝 ………… 46
向他人吐露一点秘密 ………… 46
袒露自己要适当 ……………… 47
给别人一些特殊的对待 ……… 47
表现浓厚的人情味 …………… 47
记住对方的生日 ……………… 48
给人足够的私人空间 ………… 48
亲密距离不适合社交场合 …… 49
拿捏好个人距离的范围 ……… 49

社交距离适用于社交场合 …… 49
能容纳一切人的公众距离 …… 50
不要过度为他人操心 …… 50
以最快的速度解除彼此之间的
　误会 …… 51
强调与对方的共同点 …… 51
把与自己关系密切的人名写在电话
　记事簿的首页 …… 51
尽量制造与对方身体接触的机会 52
悦纳他就能改变他 …… 52
要学会乐道人之善 …… 53
恪守信用才能使他人信服 …… 53
互惠是与人持续良好交往的保证 54
逐步提高要求，更能达到预期的
　目的 …… 55
用兴趣吸引对方的注意力 …… 56
展现你的亲和力 …… 56
学会保守秘密 …… 57

第二章　日常交往 …… 58
第一节　与人相处 …… 58
如何应对清高自傲者 …… 58
如何应对自私自利的人 …… 58
如何应对笑面虎 …… 59
怎样与"闷死牛"的人相处 …… 60
怎样与自以为是的人相处 …… 61
怎样与脾气暴躁的人相处 …… 62
怎样与猜疑心重的人相处 …… 63
怎样与搬弄是非者相处 …… 63
小心吹嘘有靠山的人 …… 65
小心轻易许诺的人 …… 65

小心因人而变的人 …… 65
小心搬弄是非的人 …… 66
小心甜嘴巴的人 …… 66
小心刻意掩饰的人 …… 67
不给大嘴巴以把柄 …… 67
利用第三者，揭穿打"小报告"
　者的谎言 …… 67
与大嘴巴针锋相对 …… 68
不宜与大嘴巴过多交往 …… 68
区别对待不同类型的墙头草 … 68
故意让墙头草感觉你无利
　可图 …… 69
摆脱火爆型棘手之人的具体
　要诀 …… 70
不要与专泼冷水之人争辩 …… 70
帮助优柔寡断之人解决问题 … 71
与伪君子交往必知 …… 71
不与贪婪之人争名夺利 …… 72
看清巴结者的恭维 …… 72
与巴结者保持距离 …… 73
如何促使不合作者合作 …… 73
诱导不合作者参加你的工作 … 73
用微笑化解尖酸刻薄之人的
　"刻薄" …… 74
勇敢面对尖酸刻薄之人 …… 74
如何避免尖酸刻薄之人得寸
　进尺 …… 74
对尖酸刻薄的话置之不理 …… 75
以大度的气量对待心胸狭窄
　之人 …… 75

第二节 与陌生人相处 …… 75

微笑是最好的沟通桥梁 …… 75
用幽默打破僵局 …… 75
与陌生人攀谈时要善于寻找话题 76
与陌生人开口交谈关键是要找到
　共同点 …… 76
提一些"投石"式的问题 …… 76
以对方的兴趣作为话题 …… 76
找不到话题时，不妨坦白说明你的
　感受 …… 77
谈周围的环境也是一个话题 …… 77
许多难忘的谈话都是从一个问题
　开始的 …… 77
察言观色，从细微处入手 …… 77
注意自己的谈吐与风度 …… 78
到陌生人家去拜访，如何找
　开场白 …… 78
不妨先做个倾听者 …… 78
用介绍自己作为攀谈的引子 …… 78
与陌生人谈话时，加倍留心对方的
　谈话 …… 79
敷衍性的话，也可用在与陌生人的
　交往中 …… 79
与陌生人交谈时，尽量避免争论性
　话题 …… 79
熟记名字抓住陌生人的心 …… 79
运用语言技巧，规避隐私话题 …… 80
如何缩短与陌生人的心理距离 …… 81
与陌生人相处时应避免的误区 …… 81

第三节 与爱人相处 …… 81

尊重：夫妻和谐的基础 …… 81
信任：不给猜疑半点机会 …… 82
关心：没有人能够拒绝 …… 82
分工：明确分工，切断矛盾的
　源头 …… 83
吵闹：不要因点滴小事伤害对方
　的心 …… 83
注意沟通的语言艺术 …… 84
恰当运用"我信息" …… 84
清楚地传递自己的感受 …… 85
倾听比说更重要 …… 85
不要强迫对方接受你的想法 …… 86
温柔地回报他（她）的爱 …… 86
坦然面对婚后感情淡化问题 …… 87
冲突发生时，不应该有的行为 …… 87
积极配合你的另一半 …… 88

第四节 与家庭成员相处 …… 88

父母应给予孩子尊重与理解 …… 88
关心孩子的内心世界 …… 89
对孩子的"爱"需要讲究方法 …… 89
与孩子相处两忌 …… 90
在婆婆面前演点"肉麻戏" …… 90
永远与婆婆同一战壕作战 …… 91
做媳妇的不妨大度一点 …… 91
婆媳相处四忌 …… 91
取得小姑子心理上的认同 …… 92
多关心小姑子的学习或工作 …… 92
把小姑子当成自己的亲妹妹 …… 92

对嫂嫂宽容大度，以礼相待 … 93
搭建友好婆媳关系的桥梁 …… 93
妯娌相处，重在彼此尊重和
　理解 ………………………… 93
妯娌相处，要多交流多沟通 … 94
妯娌相处，要彼此真诚相待 … 94

第三章　语言沟通 ………… 95
第一节　说服他人 …………… 95
抓住最佳时机 ………………… 95
说服他人时忌官腔官调 ……… 95
从对方最得意的事情说起 …… 96
避开正面，迂回劝导 ………… 96
先接受对方的想法 …………… 97
先"捧"再说服 ……………… 98
巧用悬念，说服固执之人 …… 99
肯定性的问答，更易说服对方 … 99
站在对方的立场进行说服 … 100
说服他人时如何避免激化
　矛盾 ………………………… 101
由别人去做结论 …………… 101
第二节　调解纠纷 ………… 102
根据调解对象的心理特点加以
　调解 ………………………… 102
晓之以理，动之以情 ……… 102
抬高一方使其主动退出 …… 102
劝架要一碗水端平 ………… 103
调解纠纷时先表"赞同" … 104
唤起当事人的荣誉感 ……… 104
唤起内心的真情，互谅互让 … 105
强调争执双方的差异性 …… 106

抓住矛盾的主要方面，重点
　突破 ………………………… 106
将严肃的问题诙谐化 ……… 107
只给出一个模糊的解决方案 … 108
委婉表达自己的倾向 ……… 109
拿出可感可触的证据进行证明 … 110
第三节　探望病人 ………… 111
用积极的思维引导病人 …… 111
多鼓励病人，增强治疗信心 … 111
在病人面前尽量显得轻松
　愉快 ………………………… 112
多说些有益养病的话 ……… 112
不要触及病人的痛苦 ……… 113
怎样的安慰最有效 ………… 113
如何安慰焦虑的病人 ……… 113
以某些症状缓解为依据，给予积极
　的安慰 ……………………… 114
运用现身说法对病人进行
　劝说 ………………………… 115
不要在交谈中以自我为中心 … 115
不要使用怜悯的话语 ……… 115
第四节　向人道歉 ………… 116
道歉必须及时 ……………… 116
道歉不要一味找客观原因 … 116
直截了当，不推三阻四 …… 116
不要怕碰钉子 ……………… 116
适当赔偿更能表达歉意 …… 117
异性面前不要一再道歉 …… 117
把道歉作为一种美德 ……… 117
先发制人，首先道歉 ……… 117

对对方尽了力但没办成的事要表示
　　谢意和歉意 …………… 117
找准道歉的时机 ……………… 117
运用赞美式道歉法 …………… 118
巧妙别致的道歉法 …………… 118
借助第三者来转达自己的歉意… 118

第五节　拒绝别人 …………… 119
拒绝态度要真诚 ……………… 119
选择适当的时间、地点和机会… 119
拒绝他人时，尽量间接一点 … 120
拒绝他人时，要顾及对方尊严… 120
拒绝他人时，要以礼相待 …… 120
以"制度"为借口进行拒绝 … 121
用"习俗"为借口进行拒绝 … 121
以"他人"为借口进行拒绝 … 122
以"外交辞令"为借口进行
　　拒绝 …………………… 122
推托其辞巧拒绝 ……………… 122
含糊拒绝法 …………………… 122
答非所问，装糊涂 …………… 123
避实就虚，避免实质性回答 … 123
转移话题，改变他人意图 …… 123
通过暗示来拒绝 ……………… 124
给对方留退路 ………………… 124
巧用反弹加以拒绝 …………… 125
用敷衍法进行拒绝 …………… 125
用迂回方式巧妙拒绝 ………… 126
用替代方式加以拒绝 ………… 126
别用借口来拖延说"不"的
　　时机 …………………… 126

警惕对方的套近乎 …………… 127

第六节　赞美他人 …………… 127
赞美要独树一帜 ……………… 127
赞美要集中精力，不要中途
　　"跑题" ………………… 128
赞美要注意因人而异 ………… 128
赞美要注意措辞 ……………… 129
赞赏要利用恰当的机会 ……… 129
赞美时看得远一点 …………… 129
有新意的赞美更能打动人 …… 130
赞美对方引以为荣的事 ……… 130
避开公认特长 ………………… 131
避开套词俗语 ………………… 131
赞美别人最想被赞美的地方 … 131
赞美不可言过其实 …………… 131
赞美不可与实际利益联系在
　　一起 …………………… 132

第七节　批评他人 …………… 132
批评他人时要分清场合 ……… 132
批评他人时尽量少让第三人
　　知道 …………………… 133
批评他人时要指明问题所在 … 133
批评他人时可采用声东击西法… 133
批评他人时，给人铺条退路 … 134
批评他人时可采用指桑骂槐法… 134
批评他人时，宜点到为止 …… 135
批评他人时不可翻老账 ……… 136
批评他人时可采用曲说隐衷法… 136
批评他人时可采用软话服人法… 137
批评他人时切忌一棍子打死 … 138

批评他人时切忌仗势欺人 … 138
批评他人时切忌怒发冲冠 … 138
批评他人时切忌恶语相向 … 138

第四章 场景口才 … 139

第一节 推销口才 … 139

幽默可以增进与客户之间的
关系 … 139
迅速打开客户的"心防" … 140
准确叫出客户的名字 … 140
只做有建设性的拜访 … 141
介绍产品要用客户听得懂的
语言 … 141
强调产品的好处 … 142
推销中可以强调产品哪些好处 … 142
以客户为谈话的中心 … 143
找到一个与众不同的卖点 … 143
巧用利益解说策略 … 144
推荐给客户的产品最好是三款 … 145
利用客户的好奇心 … 145
把话说到点子上 … 145
站在客户的角度考虑问题 … 146
给予客户沉默的时间 … 146
听出对方的谈话重点 … 147
及时领会客户的意思 … 147
尽量问一些能得到肯定回答的
问题 … 148
了解何时该"温和地推销" … 148
了解客户顾虑的根源 … 149
突破客户的防线,开发潜在
需求 … 150

运用数字技术化解价格异议 … 150
不断追问,找出客户的疑虑
根源 … 151
留给自己解释产品性能的机会 … 151
价格谈判中的说服术 … 152
巧用"假设成交法"促成交易 … 152
表达出你的认同心理 … 153
利用"从众"心理进行推销 … 153
利用最后期限成交策略 … 154
不能直接回答和直接问的问题 … 155
许下的承诺必须信守 … 155
如何应对从容不迫型的客户 … 156
如何应对优柔寡断型的客户 … 156
如何应对吹毛求疵型的客户 … 156
如何应对爽快干脆型的客户 … 157
如何应对沉默寡言型的客户 … 157
如何应对冷淡傲慢型的客户 … 158

第二节 谈判口才 … 158

通过据理力争的方式打破僵局 … 158
通过从对方角度观察问题的方式
打破僵局 … 158
通过抓对方漏洞借题发挥的方式
打破僵局 … 159
通过换方案的方式打破僵局 … 159
没有摸清对方的实力时,可用
婉转型提问方式 … 159
要激起对方情绪时,可用攻击型
提问方式 … 160
要让对方同意,尽量用协商型
提问方式 … 160

尽可能以提问方式操纵对方
思维 …………………… 160
可选择在自己发言前后提问 … 161
可选择在对方发言完毕之后
提问 …………………… 161
可选择在对方发言停顿、间歇时
提问 …………………… 161
可选择在对方情绪好时提问 … 162
可选择在议程规定的辩论时间
提问 …………………… 162
将问话者范围缩小，不要彻底回答
所提的问题 …………… 163
给自己留有余地，不要确切回答
对方的提问 …………… 163
依发问人的心理假设回答 … 163
找借口拖延答复 …………… 164
有些问题不值得回答 ……… 164
回答对方的问题，有时可以将错
就错 …………………… 164
对于一些问话，不要马上
回答 …………………… 165
不轻易作答 ………………… 165
找些借口，避开对己方不利的
回答 …………………… 165
谈判中的投石问路技巧 …… 165
谈判中常用的解围用语 …… 167
谈判中常用的转折用语 …… 167
谈判中常用的弹性用语 …… 167
谈判中的补偿安慰拒绝法 … 168
谈判中的敬语拒绝法 ……… 168

谈判中的围魏救赵拒绝法 … 169
谈判中的局限抑制拒绝法 … 169
谈判中的吹毛求疵策略 …… 169
谈判中的后发制人策略 …… 170
谈判中的远利诱惑策略 …… 171
谈判中的虚虚实实策略 …… 171
谈判中的事实抗辩策略 …… 172
谈判中的软硬联手策略 …… 172
同日本人谈判的要诀 ……… 172
同美国人谈判的要诀 ……… 173
同德国人谈判的要诀 ……… 174
同阿拉伯人的谈判要诀 …… 175
同拉美人谈判要诀 ………… 175
同北欧人谈判的要诀 ……… 176
同韩国人谈判的要诀 ……… 177
同东南亚华侨谈判的要诀 … 178

第三节 演讲口才 ………… 178
演讲语言要有生活常识色彩 … 178
演讲语言要有专业知识色彩 … 178
演讲语言要符合逻辑 ……… 179
演讲要善于运用警句 ……… 179
演讲语言要规范化、条理化 … 179
选对演讲风格 ……………… 180
演讲可采用赞扬式开场白 … 180
演讲可采用提问式开场白 … 181
演讲可采用悬念式开场白 … 181
演讲可采用渲染式开场白 … 182
演讲可采用模仿式开场白 … 182
演讲可采用套近乎式开场白 … 182
演讲可采用道具式开场白 … 183

运用设问创造演讲的高潮 … 183
运用反问创造演讲的高潮 … 184
运用排比创造演讲的高潮 … 184
竞选演讲要展示自身优势 … 185
竞选演讲要对应岗位特点 … 185
竞选演讲要了解竞争对手 … 186
竞选演讲要语言质朴纯真 … 186
竞选演讲要感情真挚深切 … 187
领导就职演说要以民为本 … 187
领导就职演说要注重创新 … 188
领导就职演说要结构严谨 … 188
述职演讲要多"实"少"虚" … 188
述职演讲要淡化自我 ……… 189
述职演讲要实话实说 ……… 189
述职演讲要加些"旁白" … 190
述职演讲要平中见"趣" … 191

第四节 即席讲话口才 ………… 191
即席讲话要先声夺人，抓住
　听众 …………………… 191
即席讲话要快速组织，顺理
　成章 …………………… 192
即席讲话要入情入理，说服
　听众 …………………… 192
即席讲话要态度诚挚，以情
　动人 …………………… 192
即席讲话要生动活泼，吸引
　听众 …………………… 193
即席讲话要通俗易懂、灵活
　掌握 …………………… 193
即席讲话要结尾利落、回味
　无穷 …………………… 193
即席讲话要多使用通俗易懂的
　词 ……………………… 194

第五节 辩论口才 ……………… 194
善于抓住对方的要害之处 … 194
运用两难推理，左右围攻 … 194
抓住对方薄弱环节，给予针对性的
　攻击 …………………… 195
把道理寓于比喻中 ………… 195
一开始便发起攻势，处于主动 … 196
用诱导性的提问，让对方跟自己
　走 ……………………… 196
步步紧逼，直到对方投降认输
　为止 …………………… 197
婉曲作答，避其锋芒 ……… 197
抓住矛盾予以揭露 ………… 198
权衡利害，明辨得失 ……… 198
机智折服，不卑不亢 ……… 200
风趣幽默，驳倒对手 ……… 200
比喻巧辩，贴切巧妙 ……… 200
类比反驳，形象直观 ……… 201
避实击虚，立竿见影 ……… 201
反诘进攻，出其不意 ……… 202
放大法辩论技巧 …………… 203
无中生有法辩论技巧 ……… 203
引向未来法辩论技巧 ……… 204
紧追法辩论技巧 …………… 204
偷梁换柱法辩论技巧 ……… 205
诉疑型辩论技巧 …………… 206
反难型辩论技巧 …………… 206

反责型辩论技巧 …………… 207
诱导明理法辩论技巧 ………… 207
以牙还牙法辩论技巧 ………… 208
归谬制人法辩论技巧 ………… 208
着意使用对手的有关材料 …… 209
以对方的论据，回敬对方 …… 209
从相反的角度取义，反驳对方… 210
改变词语本来的语义，反击
　对手 …………………… 210
采用对手使用的方法来制服
　对手 …………………… 211

第五章　宴请知识 …………… 212

第一节　宴请规则 …………… 212

宴请重在满足客人的需求 … 212
根据被宴请的对象和事由，选择
　宴请地点 ………………… 213
宴请要考虑周边的环境 …… 213
选择宴请地点三原则 ……… 213
借花献佛邀请他人 ………… 214
喧宾夺主发出邀请 ………… 214
先诱惑别人再发出邀请 …… 214
参加宴会有哪些礼仪 ……… 215
宴会上如何就座 …………… 216
邀请领导吃饭要慎重 ……… 216
与领导进餐的注意事项 …… 217
升职时如何请同事吃饭 …… 217
与同事进餐时不要在同事面前批评
　上司 …………………… 218
宴请下级，以情为先 ……… 218
宴请重要客户要讲究档次 … 218

对待未来客户要讲究舒适 … 219
对待老客户要讲究情绪的
　渲染 …………………… 219
宴请客户时尽量不要带自己的
　爱人 …………………… 219
宴请客户时要早于客户到达宴会
　地点 …………………… 220
宴请客户时要学会点菜 …… 220
宴请异性朋友，以礼为先 … 220
男士结账显风度 …………… 221
女人应在适当的时候为自己
　埋单 …………………… 221
AA制更容易被接受 ………… 222
遵循谁请谁付费原则 ……… 222

第二节　点菜技巧 …………… 223

点菜时，征求一下客人的
　意见 …………………… 223
侧面帮助客人点菜 ………… 223
拿不准菜单时，可请职业点菜师
　代劳 …………………… 223
点菜前要对价格了解清楚 … 224
依宴请对象来确定点菜的分量… 224
优先让领导点菜 …………… 224
"女士优先"同样适用于点菜
　上 ……………………… 224
亲朋好友吃饭，轮流点菜最佳… 224
点菜要以人为本，看人下菜 … 225
点菜要注重特色 …………… 225
点菜要巧妙搭配 …………… 225
点菜时要照顾到每位成员的

爱好 …………………… 225
点菜要尊重埋单的人 ……… 226
点菜时要考虑来宾个人禁忌 … 226
点菜时要考虑来宾地方禁忌 … 226
点菜时要考虑来宾职业禁忌 … 226
点菜时要考虑来宾国际禁忌 … 227
所点酒水要与宴会相配 …… 227
所点酒水要与季节相配 …… 227
所点酒水要与菜肴相配 …… 227
讲究酒水之间的搭配 ……… 227
中餐宴席饮用酒水注意事项 … 228
饮料和酒水的巧妙搭配 …… 228
宴请中常喝的中国十大名酒 … 229
宴请中常喝的中国十大名茶 … 229

第三节 喝酒、劝酒和拒酒 …… 230
划拳规矩知多少 …………… 230
划拳呼词中的吉祥之意 …… 231
妙趣横生的酒令玩法 ……… 232
需要注意的酒仪 …………… 233
正式场合，不可过于喧嚣 … 233
倒酒有何次序讲究 ………… 234
别人向你祝酒时，一定要站
　　起来 …………………… 234
对别人的祝酒表示谢意 …… 234
饮酒适度，保持文雅的酒态 … 234
你来我往五大敬酒方式 …… 235
回应祝酒时话语宜泛泛而谈 … 236
回应祝酒时可风趣幽默 …… 236
酒桌上的规矩 ……………… 236
与领导同桌喝酒要注意的

事项 …………………… 238
用强调彼此关系的方式劝酒 … 238
用强调两人缘分的方式劝酒 … 238
用祝福的方式劝酒 ………… 239
用赞美对方长处的方式劝酒 … 239
用顺口溜的方式劝酒 ……… 239
用找共同点的方式劝酒 …… 240
用寻求对方闪光点的方式劝酒 … 240
用强调意义的方式劝酒 …… 240
用挑对方毛病的方式劝酒 … 241
用一鼓作气的方式劝酒 …… 241
用以退为进的方式劝酒 …… 242
用感恩的方式劝酒 ………… 242
用另辟蹊径的方式劝酒 …… 242
用刺激对方自尊的方式劝酒 … 242
劝酒忌"自醉" …………… 243
劝酒忌"媚醉" …………… 243
劝酒忌"劝醉" …………… 243
劝酒忌"赌醉" …………… 243
用坚定立场的方式拒酒 …… 244
用先声制人的方式拒酒 …… 244
用抓对方漏洞的方式拒酒 … 244
用转移目标的方式拒酒 …… 244
用健康作为挡箭牌的方式拒酒 … 245
用先表示感谢、后强调后果的方式
　　拒酒 …………………… 245
用家人反对为理由的方式拒酒 … 245
用顺水推舟的方式拒酒 …… 246
用反守为攻的方式拒酒 …… 246
用笑容满面、说尽好话的方式

拒酒 …………………… 247
　　用请人代饮的方式拒酒 …… 247
　　用驳倒对方的方式拒酒 …… 248
　　精彩拒酒六招 ……………… 248
　　拒酒时要避开的误区 ……… 249
　第四节 酒宴上的致辞技巧 249
　　祝酒辞要注意格调 ………… 249
　　祝酒辞要言简意赅 ………… 250
　　祝酒辞要紧扣中心 ………… 250
　　祝酒辞要巧妙联想 ………… 250
　　祝酒辞要合时合地 ………… 251

第六章　防骗知识…………… 252
　第一节 街头防骗 …………… 252
　　捡钱平分是陷阱 …………… 252
　　ATM机前有骗局 …………… 252
　　常见银行卡骗术 …………… 253
　　如何防范银行卡骗术 ……… 254
　　陌生人要求兑换"外币"要
　　　小心 ……………………… 254
　　谎称车祸骗钱财 …………… 255
　　不要随意把手机借人 ……… 255
　　利用女性同情心行骗 ……… 255
　　假乞丐骗术知多少 ………… 256
　　大学新生容易遇到的骗术 … 257
　第二节 防备骗子公司 ……… 257
　　哪些公司可能是骗子公司 … 257
　　职业中介骗招揭秘 ………… 257
　　高薪聘请可能是陷阱 ……… 258
　　警惕培训中的种种陷阱 …… 259
　　传销陷阱须注意 …………… 259

　　如何防范兼职骗术 ………… 259
　　女性求职防骗注意事项 …… 260
　　大学生打工如何防骗 ……… 260
　　如何确定婚介机构的合法性 … 261
　　几招识破婚托 ……………… 261
　　快递骗术须谨慎 …………… 262
　　防范股市骗术 ……………… 262
　　不可不防的专利诈骗 ……… 262
　　外贸合同陷阱 ……………… 263
　第三节 旅途防骗 …………… 263
　　春运坐火车要防骗 ………… 263
　　揭开黑旅行社的骗术 ……… 264
　　超低折扣机票中的陷阱 …… 264
　　长途汽车上的常见骗术 …… 265
　　不可信的开罐中奖 ………… 266
　　打电话骗旅客家人 ………… 266
　　数钱变戏法，找钱少一半 … 266
　　假扮英雄骗钱财 …………… 267
　　出门在外提防三类人 ……… 267
　第四节 网络防骗 …………… 268
　　网络求职骗术曝光 ………… 268
　　几种常见的短信骗招 ……… 268
　　短信诈骗的四步骤 ………… 269
　　识破银行卡诈骗短信 ……… 269
　　怎样识别彩票骗子网站 …… 270
　　网上购物骗术揭秘 ………… 270
　　警惕"狼披羊皮"的假冒网站 … 271
　　电子邮件骗术有哪些 ……… 271
　第五节 出国留学防骗 ……… 272
　　如何选择留学学校 ………… 272

选择留学国家、院校、专业要遵循
　　的原则 …………………… 272
防止留学受骗三原则 ………… 273
如何判断留学中介的合法性 … 273
如何判断留学中介的专业性 … 273
留学黑中介常见伎俩 ………… 274

下篇　礼仪知识

第一章　仪容礼仪 …………… 276

塑造一个清新爽朗的形象 …… 276
丰富自己的表情 ……………… 276
以真实的笑容对人 …………… 277
笑容要适度 …………………… 277
微笑时要分清场合和对象 …… 278
染发的颜色要适度 …………… 279
根据场合选择适合的发型 …… 279
发型要与年龄相匹配 ………… 280
发型要与服饰相匹配 ………… 280
发型要与职业相匹配 ………… 281
使用发胶要适量 ……………… 281
画眉要与眼睛相配 …………… 282
不要随便使用假睫毛 ………… 282
慎用珠光眼影 ………………… 282
画眼影时要避免画成熊猫眼 … 283
小心将胭脂涂抹成两团
　　"高原红" ………………… 283
注意清除牙齿上的食物残渣或
　　口红 ……………………… 284
女性出席正式场合必须化妆 … 284
化妆要与年龄相称 …………… 285

化妆要与个性相符 …………… 285
根据场合选择化妆 …………… 286
化妆要与职业相称 …………… 286
妆容要与服饰相协调 ………… 287
妆容要与季节、时间相协调 … 287
女性化妆时要顾及脖子和耳朵… 288
女性化妆不可片面追求"一白遮
　　百丑" …………………… 288
不对他人的化妆评头论足 …… 289
聚会过程中要注意及时补妆 … 289
化妆、补妆时要尽量避开人 … 290
谨慎借用他人的化妆品 ……… 290
男性也应适当化妆 …………… 291
男性化妆要不露痕迹 ………… 291
男性夏天不可在公共场所赤膊… 292
注意修整鼻毛 ………………… 293
及时修剪指甲，不过度修饰
　　指甲 ……………………… 293
使用的香水要与自己的气质
　　相配 ……………………… 294
杜绝经常用手整理头发的习惯… 294
避免在公共场合照镜子 ……… 295
女性穿衣服要松紧适宜 ……… 295
女性在工作场合穿着不可过于
　　臃肿 ……………………… 296

第二章　仪态礼仪 …………… 297

落坐时只坐椅子的前端2/3 … 297
女性落座应双腿并拢 ………… 297
下蹲时应避开人流 …………… 298
站立时不可趴伏倚靠 ………… 299

站立不可歪斜 …………… 299
结伴走路时步伐速度要与大家
　一致 …………………… 300
走路时不可用鞋底蹭着地面 … 300
走路昂首挺胸 …………… 301
走路时要抬头目视前方 …… 301
杜绝边走边吃的不良习惯 … 302
走路姿态要适应场合 …… 302
不可在人多的地方奔跑 …… 303
女性要避免在散步时吸烟 … 303
女性穿裙装时不可随意下蹲 … 304
下蹲时要注意姿势 ……… 304

第三章 称呼礼仪 …………… 305
在非正式场合也不可随意称呼
　别人 …………………… 305
在职场上对别人称呼要恰当 … 305
和别人说话要使用适当的称呼 … 306
称呼别人要尊重个人习惯 … 307
称呼别人要注意自己的声音 … 307
使用简称时要注意不导致混淆 … 308

第四章 拜访礼仪 …………… 309
上门拜访前先预约 ……… 309
不可单独夜访异性朋友 …… 309
登门拜访前要明确目的 …… 310
约定聚会要考虑对方是否
　方便 …………………… 310
预约拜访要提前确认 …… 310
到朋友家做客不宜带小孩
　同行 …………………… 311
切忌带着送给别人的礼物

访友 ………………………… 311
敲门时要把握分寸 ………… 312
叫门时要把握好声音 ……… 312
进门要换鞋 ………………… 313
切忌换鞋时露出脏袜子 …… 313
随身物品要放在恰当的地方 … 313
要在指定位置停放交通工具 … 314
拜访要控制时间 …………… 314
访友要问候对方家人 ……… 315
访问要确定交谈主题 ……… 315
拜访要确定交谈对象 ……… 316
临走时要和主人及其家人一一
　道别 ……………………… 316
做客不可随便 ……………… 317
做客不可拘谨 ……………… 317
对主人倒水表示感谢并欣然
　饮用 ……………………… 318
不可提出不合理的要求 …… 318
不可强行代主人做饭 ……… 319
不宜请客人下厨"露一手" … 319
不可随意使用主人的卫生间 … 320
对主人的房间布置表示赞美 … 320
对主人家的宠物或孩子表示
　喜爱 ……………………… 320
借宿时要讲究卫生 ………… 321
借宿时要看主人的作息时间和
　习惯 ……………………… 321
借宿期间出门要打招呼 …… 322
做客时不可频繁看表 ……… 322
主人送客时要礼让 ………… 323

做客后要向主人致谢 ……… 323
喝茶时要细细品味 ……… 323
喝茶要赞茶 ……… 324

第五章　待客礼仪 …………… 325

远客到来要提前迎接 ……… 325
待客前要打扫卫生 ……… 325
待客时要精神饱满 ……… 326
为互不相识的客人作介绍 … 326
按一定的秩序请客人入座 … 327
切忌以旧茶剩饭待客 ……… 327
待客的茶具要完好 ……… 328
倒茶前要洗茶具 ……… 328
不可用手抓取茶叶 ……… 328
敬茶不可满杯 ……… 329
不可用一次性纸杯盛水待客 329
要按次序上茶 ……… 329
敬茶后要及时添茶 ……… 330
不可频繁添水 ……… 330
不可在客人面前与家人争吵 … 331
不可任由自家小孩打扰客人 … 331
待客时要照顾来客的小孩或
　陪同者 ……… 332
留宿客人要问客人的习惯 … 332
待客应尽力方便客人 ……… 333
在客人到齐之前就开始炒菜 … 333
在家中宴客比在外宴客对客人更
　重视 ……… 333
主人因疏忽犯错，不必反复向客人
　道歉 ……… 334
点菜要问客人是否有禁忌 … 334

在家待客不可打扰邻居休息 … 335
不可冷落个别客人 ……… 335
待客交谈时要避免冷场 …… 336
待客殷勤有度 ……… 336
下逐客令要讲究方式 ……… 337
送客要送到门外 ……… 337
要照顾第一次远道而来的客人 … 337
送客时走在长者后面 ……… 338
不可在客人刚走后就议论客人 … 338
客人走后要轻声关门 ……… 339
送客不必太远 ……… 339

第六章　约会礼仪 …………… 340

在活动中主动让别人认识你 … 340
寻找途径结识新朋友 ……… 340
主动邀请某人外出约会 …… 341
拒绝约会时尽量详细说明
　理由 ……… 342
第一次约会前要作好充分的
　准备 ……… 342
接你的约会对象 ……… 344
约会结束后道晚安 ……… 344
在第一次约会结束时约定第二次
　约会 ……… 345
确定恋人关系 ……… 345
与对方以相同的步伐推进彼此的
　关系 ……… 346
坦诚地交流经济问题 ……… 346
公共场合的情感表露要有所
　节制 ……… 347
公共场所可以适当表露亲密

行为 …………………… 348

第七章　出行与游览礼仪……… 349
不可在景点刻字留名 …… 349
不在公共场所聚众围观 … 349
自觉排队 ………………… 350
不在地铁站内打闹 ……… 350
公交车上应主动让座 …… 351
乘车要自觉买票 ………… 351
乘公交车不可堵着车门 … 352
乘火车不可从窗口上车 … 352
在火车上不宜脱鞋 ……… 353
进门后要替紧随其后者把门 … 353
不在草丛、林地乱丢烟头 … 353
不在有人游泳的水域跳水 … 354
使用公共游乐设施要照顾
　　别人 ………………… 354
听音乐会要穿正装入场 …… 355
避免在音乐演奏的中途入场 … 355
听音乐会要保持安静 …… 356
观看演唱会时不可在场内随处
走动 …………………… 356
别人通过时礼貌让路 …… 357
演唱会上不可乱扔荧光棒 … 357
不对台上的演员喝倒彩 … 358
观看球赛时不可声嘶力竭 … 358
不可把嚼过的口香糖粘在桌子
下面 …………………… 359
在超市购物不可用手接触裸露
食品 …………………… 359
试衣时应注意不要弄脏衣服 … 360
试衣后把衣服放回原位 …… 360
不可随意拆开商品包装 …… 361
品尝超市食品要按规定进行 … 361
看过商品后要归位 ……… 362
住旅店不可大肆浪费 …… 362
禁用旅店的毛巾擦皮鞋 … 363
在旅店说话时应关上房门 … 363
不可穿着浴衣在大堂里穿行 … 363
不可在公园的长椅上躺卧 … 364

上篇
社交知识

第一章

社交的心理学

第一节 社交障碍的自我心理调节

如何克服人际交往障碍

要克服人际交往障碍，必须给自己制订一个交朋友的计划。起始阶段的要求比较低，任务比较简单，以后逐步加深难度。例如：

第一周，每天与同事（或邻居、亲戚、室友等）聊天10分钟。

第二周，每天与他人聊天20分钟，同时与其中某一位多聊10分钟。

第三周，保持上周的交友时间量，找一位朋友做不计时的随意谈心。

第四周，保持上周的交友时间量，找几位朋友在周末小聚一次，随意聊天，或家宴，或郊游。

第五周，保持上周的交友时间量，积极参加各种思想交流、学术交流、技术交流等。

第六周，保持上周的交友时间量，在公共场所尝试与陌生人或不太熟悉的人交往。

一般说来，上述梯级任务看似轻松，但认真做起来并不是一件轻松的事。最好找一个监督员，让他来评定执行情况，并督促坚持下去。其实，第六周的任务已超出常人的生活习惯，但作为治疗手段，以在强度上超出常规生活是适宜的。在开始进行梯级任务时，你可能会觉得很困难，也可能觉得毫无趣味，这些都要尽量设法克服，以取得良好的治疗效果。

如何消除社交恐惧症

有些人内心渴望同他人交往，以获得精神上的满足，但在实际生活中与别人打交道时却充满了恐惧，这就是社交恐惧症。社交恐惧症通常起病于青少年期，男女都可能出现。青少年渴望友谊，希望广交朋友，但有些青少年一到具体交往时，如找人交谈，或者别人与自己打交道，就出现了恐惧反应。表现在不敢见人，遇生人面红耳赤，神经处于一种非常紧张的状态。它往往会泛化，严重者拒绝与任何人发生社交关系，把自己孤立起来，对日常工作学习造成极大妨碍。

社交恐惧症是一种因心理因素造成的心因性疾病，只要积极治疗，是可以消除的。

（1）改善自己的性格：害怕社交的人多半比较内向，应注意锻炼自己的性格。多参加体育、文艺等集体活动，尝试主动与同伴和陌生人交往，在交往的实际过程中，逐渐去掉羞怯、恐惧感，使自己成为开朗、乐观、豁达的人。

（2）消除自卑，树立自信：对自己应有正确的认识，过于自尊和盲目自卑都没有必要，事事处处得体，求全责备也是没有必要的。可以暗示自己：我只不过是集体中的一分子，谁也不会专门盯住我、注意我一个人的，摆脱那种过多考虑别人评价的思维方式。要记住：我并不比别人差，别人也不过如此，以此来增强自信。

（3）转移刺激：转移刺激即暂时转移引起社交恐惧症的外界刺激。由于外界刺激在一段时间内消失，其条件反射在头脑中的痕迹就会逐渐淡漠，有时还可消除。

（4）掌握知识：尽管都懂得开展社交的主要意义，但是有关社交的知识、技巧和艺术，以及相关的社会学、心理学和传播学知识却掌握得不够。所以应全面地掌握有关知识，真正明白道理，这对消除心病是大有裨益的。

（5）系统脱敏疗法：其一般做法是：先用轻微的较弱的刺激，然后逐渐增强刺激的强度，使行为失常的患者没有焦虑不安反应、逐渐适应，最后达到矫正失常行为的目的。引导青少年患者先与家人接触,再与亲朋好友接触,然后再与一般熟人接触,最后与陌生人接触,一步步地引导脱敏,并通过奖励、表扬使其巩固。

如何克服自傲心理

在人际交往中,有人处处唯我独尊,"老子天下第一",趾高气扬,轻视别人,甚至贬低别人、嘲笑别人,听不进别人的意见。这种心理对于交际危害很大,这些人也很难与别人相处。

自傲的人喜欢过高地估计自己,只关心自己的需要,强调自己的感受。他们在交往中通常表现为妄自尊大、自吹自擂、盛气凌人,高兴时手舞足蹈、滔滔不绝,不高兴时会不分场合地乱发脾气,丝毫不考虑他人的感受,而且不愿和自认为不如自己的人交往。他们还容易过高估计了和他人的亲密程度,有时候对人过于亲昵,说些不该说的话,会引起他人的反感。另外,有意思的是,自傲的人一旦遭受挫折,往往会变成自卑者。

自傲的根源是错误的自我评价。当然,与其成长环境也密切相关。

克服自傲心理,首先要学会尊重别人、善于发现别人的优点,以利于对自己做出客观评价。另外,还要学会严于律己、宽以待人。

如何克服孤僻心理

孤僻心理是因缺乏与人交流而产生的孤单、寂寞的情绪体验。有这种心理的人,社交对他们来讲没有任何意义,而且乏味至极,他们从不愿与人交往,喜欢孤独。

有这种心理障碍的人,往往缺乏自我解剖的精神,不敢正视自己的弱点,相反,对别人要求却极其严格,缺少宽容精神,别人稍有自己不喜欢的地方就从心里拒之千里,这在现代社交中是十分不利的。在现代社会中欲成就一番事业,与人合作交往是必不可少的。因此,这种心理应加以克服。

要克服孤僻心理,关键要在思想上解决问题。首先,不要过多地看到自己的优点和长处,而要更多地看到自己的缺点和不足,更多地看到别人的优点和长处,以此产生交往的强烈愿望,形成交往的动力。其次，择友标准不能太严，即使你自己确实在许多方面比你所要交往的对象强，但"三人行，必有我师"，你总有不如别人的地方，总有需要别人帮助的地方，再退一步说，你没有需要别人帮助提高和解决的地方，那你总需要进行情感的交流吧，总需要获得情感的输入吧。因此，对别人不能过于苛求。在以上两个方面做好了，孤僻心理就会得到克服。

如何克服虚荣心理

在社交中有的人为了满足一时心理上的需要，就弄虚作假、文过饰非，企图以各种伪装的方式来获得其他人的重视。这种表现就是虚荣心理在作怪。其实，带有这种心理去社交是很不对的，它不但不会有助你社交上的成功，反而会让你得到适得其反的效果。从某种意义上而言，虚荣是一种不成熟的心态，也是一种不自然的表现，看似能满足自己一时，但其有害的影响却很深远。

（1）树立正确的荣辱观

对荣誉、地位、得失、面子要持一种正确的认识和态度。每个人都需要有一定的荣誉与地位，这是心理的需要，因此人们都应十分珍惜和爱护自己及他人的荣誉与地位，但是这种追求必须与个人的社会角色及才能一致。面子"不可没有，也不能强求"，如果"打肿脸充胖子"，过分追求荣誉，显示自己，就会使自己的人格受到歪曲。同时也应正确看待失败与挫折，"失败乃成功之母"，必须从失败中总结经验，从挫折中悟出真谛，才能建立自信、自爱、自立、自强，从而消除虚荣心。

（2）在社会生活中把握好比较的尺度

社会比较是人们常有的社会心理，但在社会生活中要把握好攀比的尺度、方向、范围与程度。从方向上讲，要多立足于社会价值而不是个人价值的比较，如比一比个人在学校和班上的地位、作用与贡献，而不是只看到个人工资收入、待遇的高低；从范围上讲，要立足于健康的而不是病态的比较，如比实绩、比干劲、比投入，而不是贪图虚名，嫉妒他人表现自己；从程度上讲，要从个人的实力上把握好比较的分寸，能力一般的就不能与能力强的相比。

（3）自我心理调适

如果你已经出现了自夸、说谎、嫉妒等行为，可以采用心理训练的方法进行自我纠偏。即当病态行为即将出现或已出现时，自己给自己施以一定的自我惩罚，如用套在手腕上的皮筋反弹自己，以求警示与干预作用。久而久之，虚荣行为就会逐渐消退，但这种方法需要本人超人的毅力与坚定的信念才能收效。

如何克服自卑心理

（1）要正确认识自己，提高自我评价

形成自卑感的最主要原因是不能正确认识和对待自己，因此要消除自卑心理，须从改变认识入手。要善于发现自己的长处，肯定自己的成绩，不要把别人看得完美无缺，把自己贬得一无是处，"金无足赤，人无完人"。要知道，他人也会有不足之处，自己身上也有优点。只有提高自我评价，才能提高自信心、克服自卑感。

（2）要正确认识自卑感的利与弊，提高克服自卑感的自信心

有的人把自卑心理看作是一种有弊无利的不治之症，因而感到悲观绝望，这是一种不正确的认识，它不仅不利于自卑心理的消除，反而会加重。心理学家认为，自卑的人不仅要正确认识自己各方面的优点，而且要正确看待自己的自卑心理。自卑的人往往都很谦虚，善于体谅人，不会与人争名夺利，安分随和，善于思考，做事谨慎，一般人都较信任他们，并乐于与他们相处。指出自卑者的这些优点，不是要他们保持自卑，而是要使他们明白，自卑感也有其有利的一面，不要因自卑感而绝望，认识这些优点可以增强生活的信心，为消除自卑感奠定心理基础。

（3）要进行积极的自我暗示、自我鼓励，相信事在人为

当面临某种情况感到自信心不足时，不妨自己鼓励自己："我一定会成功，一定会的！"或者不妨自问："人人都能干，我为什么不能干？我不也是人吗？"如果怀着

"豁出去了"的心理去从事自己的活动，事先不过多地体验失败后的情绪，就会慢慢地培养起自信心。

如何克服封闭心理

在社交中，要想交到更多的朋友，必须放开自己的心胸，以宽容、广阔的心灵接纳别人，而封闭心理则在社交中是十分不利的一种心理。

所谓封闭，就是把自己的真实思想、情感、欲望掩盖起来，试图与世隔绝。封闭心理严重的人，对任何人都不信任，怀有很深的戒备。在交往中或者少言寡语，或者不着边际，从不与人推心置腹，给人高深莫测、不可捉摸的印象，像个"黑洞"一样，让人不敢接近，也无法接近。一般情况下，封闭心理严重的人不易交到知心朋友。封闭心理，尤其在青年人当中也是一个比较普遍存在的心理障碍。

克服封闭心理，必须更新观念，封闭心理的形成可能是受传统的思想影响，因而不愿与人往来，必须改变这种观念。同时，要解除思想顾虑，不要怕公开了自己的思想、观点以及身世经历后，被别人轻视。一般情况下，向别人敞开心扉，人们更容易理解和接受你当前的行为，会更加和你亲近。

如何克服自私心理

（1）内省法：这是构造心理学派主张的方法，是指通过内省，即用自我观察的陈述方法来研究自身的心理现象。自私常常是一种下意识的心理倾向，要克服自私心理就要经常对自己的心态与行为进行自我观察。观察时要有一定的客观标准，这些标准有社会公德与社会规范和榜样等。加强学习，更新观念，强化社会价值取向，对照榜样与规范找差距。并从自己自私行为的不良后果中看危害找问题，总结改正错误的方式方法。

（2）多做利他行为：一个想要改正自私心态的人，不妨多做些利他行为。例如关心和帮助他人，给希望工程捐款，为他人排忧解难等。私心很重的人，可以从让座、借东西给他人这些小事情做起，多做好事，可在行为中纠正过去那些不正常的心态，从他人的赞许中得到利他的乐趣，使自己的灵魂得到净化。

（3）厌恶疗法：这是心理学上以操作性反射原理为基础，以负强化作为手段的一种治疗方式。具体做法是：在自己手腕上系一根橡皮筋，一旦头脑中有自私的念头或行为时，就用橡皮筋弹击自己，从痛觉中意识到自私是不好的，然后使自己逐渐纠正。

如何克服依赖心理

依赖型人格的依赖行为已成为一种习惯，克服首先必须破除这种不良习惯。清查一下自己的行为中哪些是习惯性的依赖别人去做，哪些是自主决定的。你可以每天做记录，记满一个星期，然后将这些事件按自主意识强、中等、较差分为三等，每周一小结。

对自主意识强的事件，以后遇到同类情况应坚持自己做。例如某一天按自己的意愿穿鲜艳衣服上班，那么以后就坚持穿鲜艳衣服上班，而不要因为别人的闲话而放弃，直到自己不再喜欢穿这类衣服为止。这些事情虽然很小，但正是你改正不良习惯的突破口。

对自主意识中等的事件，你应提出改进的方法，并在以后的行动中逐步实施。例如，在制订工作计划时，你听从了朋友的意见，但你并不欣赏这些意见，便应把自己不欣赏的理由说出来，说给你的朋友听。这样，在工作计划中便渗入了你自己的意见，随着自己意见的增多，你便能从听从别人的意见逐步转为完全自主决定。

对自主意识较差的事件，你可以采取诡控制法逐步强化、提高自主意识。诡控制法是指在别人要求的行为之下增加自我创造的色彩。例如，你从爱人的暗示中得知她喜欢玫瑰花，你为她买一枝花，似乎有完成任务之嫌。但这类事情的次数逐渐增多以后，你会觉得这样做也会给自己带来快乐。你如果主动提议带爱人去植物园度周末，或带爱人去参观插花表演，就证明你的自主意识已大为强化了。

依赖行为并不是轻易可以消除的，一旦形成习惯，你会发现要自己决定每件事毕竟很难，可能会不知不觉地回到老路上去。为防止这种现象的发生，简单的方法是找一个监督者，最好是找自己最依赖的那个人。

如何克服自负心理

（1）提高自我认识：要全面认识自我，既要看到自己的优点和长处，又要看到自己的缺点和不足，不可一叶障目，不见泰山，抓住一点不放，未免失之偏颇。认识自我不能孤立地去评价，应该放在社会中去考察，每个人生活在世上都有自己的独到之处，都有他人所不及的地方，同时又有不如人的地方，与人比较不能总拿自己的长处去比别人的不足，把别人看得一无是处。

（2）学会接受批评：自负者的致命弱点是不愿意改变自己的态度或接受别人的观点，接受批评即是针对这一特点提出的方法。它并不是让自负者完全服从于他人，只是要求他们能接受别人的正确观点，通过接受别人的批评，改变过去固执己见、唯我独尊的形象。

（3）要以发展的眼光看待自负：既要看到自己的过去，又要看到自己的现在和将来。"好汉不提当年勇"，辉煌的过去可能标志着一个人过去是个英雄，但它并不代表着现在，更不预示着将来。

（4）懂得谦虚：没有一个人能够有永远骄傲的资本，因为任何一个人，即使他在某一方面的造诣很深，也不能够说他已经彻底精通、彻底研究全了。所以，谁也不能够认为自己已经达到了最高境界而停步不前、趾高气扬。如果是那样的话，则必将很快被同行赶上，很快被后人超过。

（5）平等待人：自负者视自己为上帝，无论在观念上还是行动上都无理地要求别人服从自己。平等相处就是要求自负者以一个普通社会成员的身份与别人平等交往。一个人想让别人怎样来对待自己，就要怎样去对待别人。

如何克服完美主义

（1）接受瑕疵：没有瑕疵的事物是不存在的，盲目地追求一个虚幻的境界只能是劳而无功。生活绝不可能一帆风顺，遇到挫折和处于低谷时，自信和乐观尤为重要，切不可自暴自弃。学会换个角度看问题,正因为生活中有让你感到沮丧、绝望的问题,你才会付出更多努力,才更懂得珍惜所得到的。即便是事情不尽如人意,即便失败,可那和成功一样构成你丰富的人生体验,那才不枉活一世。人只有经受住失败的悲哀才能达到成功的巅峰。不要为了一件事未做到尽善尽美的程度而自怨自艾。

(2)正确认识自我:既不要把自己的能力估计得太高,更不必要过于自卑。如果事事要求完美,将成为你做事的障碍。要在自己的长处上培养起自尊、自豪和工作兴趣,不要在自己的短处上去与人竞争。

不要对自己太苛刻,不要为了让周围每一个人都对你满意而处处谨小慎微,要有点"我行我素"的气魄,做事只要对得起自己的努力和良心,不要太在意他人对自己的评价。否则,遇到挫折就可能导致身心疲惫。

(3)设定短期合理目标:实际上,当你不追求完美,而只是希望表现良好时,往往会出乎意料地取得最佳成绩。寻找一件自己完全有能力做好的事,然后去把它做好。这样你的心情就会轻松自然,行事也会较有信心,感到自己更有创造力和更有成效。你的生活也会因此而丰富起来,变得富有色彩。

(4)宽以待人:完美主义者是仔细周到的人,但是,你要小心,不要总是指出别人的错误,让别人反感或紧张。也不要因为别人做事不合你的要求而大包大揽,尤其是对你的孩子。你喜欢干净整洁,但小心不要让家人和朋友在你的家里感到待在哪儿都不合适。

如何克服偏执心理

偏执的人喜欢走极端,是因为其头脑中有着非理性的观念,因此,要改变偏执行为,首先必须分析自己的非理性观念。如:

(1)我不能容忍别人一丝一毫的不忠。

(2)世上没有好人,我只相信自己。

(3)对别人的进攻,我必须立即予以强烈反击,要让他知道我比他更强。

（4）我不能表现出温柔，这会给人一种不强健的感觉。

现在对这些观念加以改造，以除去其中极端偏激的成分。

（1）我不是说一不二的君王，别人偶尔的不忠应该原谅。

（2）世上好人和坏人都存在，我应该相信那些好人。

（3）对别人的进攻，马上反击未必是上策，而且我必须首先辨清是否真的受到了攻击。

（4）我不敢表示真实的情感，这本身就是虚弱的表现。

每当故态复萌时，就应该把改造过的合理化观念默念一遍，以此来阻止自己的偏激行为，有时自己不知不觉表现出了偏激行为，事后应重新分析当时的想法，找出当时的非理性观念，然后加以改造，以防下次再犯。

如何克服暴躁心理

（1）容忍克制：俗话说："壶小易热，量小易怒。"动辄发脾气、动肝火是胸襟狭窄、气量太小的表现。有一位心理学家忠告："气量大一点吧，如果我们每件事都要计较，就无法在这个大千世界上生活下去。"要保持克制，就必须有很高的修养，有修养的人才是有克制力的人。一个襟怀坦荡的人，是绝不会为了区区小事而随意发火的。即使遇有不顺心的事或受到不公正的待遇时，也能做到心平气和地讲道理，和风细雨地解决矛盾和问题。

（2）保持沉默：著名散文家朱自清说过："沉默是最安全的防御战略。"当意识到自己要发火时，最好的办法是约束自己的舌头，强迫自己不要讲话，采取沉默的方式，这样有助于缓和激情、冷静头脑，让沉默成为一种保持身心平衡、抑制精神亢奋的灵丹妙药，不借外力而能化解怒气。

（3）及时回避：生活中遇到能使自己动气的刺激时，只要情况许可，不妨采取"三十六计，走为上策"。这样，眼不见，心不烦，火气就消了一半。

（4）自我提醒：当要发火时，只要自己还能自我控制，就要试着用意识驾驭自己的情感，警告自己："我这时一定不能发火，否则会影响团结，把事情搞砸"。心中默念："不要发火，息怒、息怒。"这样坚持下去，就会收到一定的效果。

（5）转移注意：心理学研究表明，在受到令人发火的刺激时，大脑会产生强烈的兴奋灶，这时如果有意识地在大脑皮质里建立另外一个兴奋灶，用它去取代、抵消或削弱引起发火的兴奋灶，就会使火气逐渐缓解和平息。例如，转移话题、寻些开心快乐的事情干，听令自己愉快的音乐、戏曲，阅读引人入胜的小说、诗歌，或出去走走，等等。

如何克服怯场心理

心理学认为，人进入青年时期开始注重自我意识，这种自我意识的表现就是摆脱对父母、师长的依赖性，去自我独立地观察、分析、体验社会，在此同时开始注重别人对自己的评价、关心自我在别人心目中的"形象"。他们需要得到别人的承认，但同时又经常担心和怀疑自己的言行能否得到别人的承认，这种心理状态再加上缺乏临场经验，因此，在一些社交活动中，特别是在自己不熟悉的环境中，就表现出不自然、腼腆甚至怯场。另外，腼腆、怯场还与个人的性格气质有关，一般说来，属于内向型和抑郁型气质的人较多出现这种情况。

你去参加一个座谈会，这本是一个发表意见、影响别人、结识朋友的好机会。可是，一见到那么多的领导和专家名流，再一听人家的发言，你胆怯了："算了，不发言了，听别人的吧！"主持人突然提到你的名字，你丝毫没有精神准备，不得不断断续续地说上几句，最后连自己都认为"砸了锅"。

据说当球赛进行到紧张阶段时，教练和队员们也时常会畏慑怯场，但他们常会想办法对付。其中一个绝招就是用心去想"我的心情紧张，对方同我一样紧张，可能比我还紧张。"这样一想，自己反而会平静下来，沉着应战。

如何克服猜疑心理

有猜疑心理的人，往往爱用不信任的眼光去审视对方和看待外界事物，每每看到别人议论什么，就认为人家是在讲自己的坏话。猜忌成癖的人，往往捕风捉影，节外生枝，说三道四，挑起事端，其结果只能是自寻烦恼，害人害己。

如何克服猜疑心理呢？

（1）培养自信心：每个人都应当看到自己的长处，培养起自信心，相信自己会与周围的人处理好人际关系，会给别人留下良好的印象。这样，当我们充满信心地进行工作和生活时，就不用担心自己的行为，也不会随便怀疑别人是否会挑剔、为难自己了。

（2）学会自我安慰：一个人在生活中，遭到别人的非议和流言，与他人产生误会，没有什么值得大惊小怪的。在一些生活细节上不必斤斤计较，可以糊涂些，这样就可以避免自己烦恼。如果觉得别人怀疑自己，应当安慰自己不必为别人的闲言碎语所纠缠，不要在意别人的议论，这样不仅解脱了自己，而且还取得了一次小小的精神胜利，产生的怀疑自然就烟消云散了。

（3）用理智力量克制冲动情绪的发生：当发现自己开始怀疑别人时，应当立即寻找产生怀疑的原因，在没有形成思维之前，引进正反两个方面的信息。如"疑人偷斧"中的那个农夫，如果失斧后冷静想一想，斧头会不会是自己砍柴时忘了带回家，或者挑柴时掉在路上了，那么，这个险些影响他同邻人关系的猜疑，或许根本就不会产生。现实生活中许多猜疑，戳穿了是很可笑的，但在戳穿之前，由于猜疑者的头脑被封闭性思路所主宰，却会觉得他的猜疑顺理成章。此时，冷静思考显然是十分必要的。

（4）及时沟通，解除疑惑：世界上不被误会的人是没有的，关键是我们要有消除误会的能力与办法。如果误会得不到尽快的解除，就会发展为猜疑；猜疑不能及时解除，就可能导致不幸。所以如果可能的话，最好同你"怀疑"的对象开诚布公地谈一谈，以便弄清真相，解除误会。猜疑者生疑之后，冷静地思索是很重要的，但冷静思索后如果疑惑依然存在，那就该通过适当方式，同被疑者进行推心置腹的交谈。若是误会，可以及时消除；若是看法不同，通过谈心，了解对方的想法，也很有好处；若真的证实了猜疑并非无端，那么，心平气和地讨论，也有可能使事情解决在冲突之前。

如何克服狭隘心理

（1）拓广心胸：陶铸同志曾经写过这样两句诗："往事如烟俱忘却，心底无私天地宽。"要想改掉自己心胸狭隘的毛病，首先要加强个人的思想品德修养，破私立公，遇到有关个人得失、荣辱之事时，经常想到国家、集体和他人，经常想到自己的目标和事业，就会感到犯不着计较闲言碎语，也没有什么想不开的事情了。

（2）充实知识：人的气量与人的知识修养有密切的关系。有句古诗说："曾经沧海难为水，除却巫山不是云。"一个人知识多了，立足点就会提高，视野也会相应开阔，此时，就会对一些"身外之物"拎得起、放得下、丢得开，就会"大肚能容，容天下能容之物"。当然，满腹经纶、气量狭隘的人也有的是，但这并不意味着知识有害于修养，而只能说明我们应当言行一致。培根说："读书使人明智。"经常读一些心理健康方面的书籍，对于开阔自己的胸怀，收益当不在小。

（3）缩小"自我"：你一定要不断提醒自己，在生活中不要期望过高，可以来点阿Q精神降低你的期望。如果你坚持抱着一成不变的期望，不愿做任何改变，以缩减期望和现实之间的差距，那么你就会很快被激怒，让事情变得更糟。根据莫菲定律："只要事情有可能出错，就一定会出错。"这正好说明了降低期望、明智看待事情的想法，它也说明了该如何调整期望才不会留下满腹的失望和挫折感。

（4）走向自然：人们在学习工作之余，在庭院花卉、草坪旁休息，在绿树成荫的大道上散步，在风景秀丽的幽静的公园里游玩，往往心旷神怡，精神振奋，忘却烦恼，消除疲劳。当你情绪低落时，不要一个人闷在屋子里，要走到大自然中去，到绿色的世界中去，到自然中欣赏美好的风光来摆脱苦恼是一种心理调节的方法。令人心旷神怡的风景将冲洗掉心中的苦闷，惆怅的情绪将融化在大自然的壮丽之中。

如何消除吝啬心理

（1）自我醒悟法：吝啬心理改正的方法是自我反省、自我思考，从内心深处领悟吝啬的危害，客观、理智、正确地看待一切事物，逐渐纠正这种不正常、不健康的心理状态。

（2）阅读浏览一些佛教书籍：几乎所有的佛教书籍都提倡扬善除恶，告诫人们要普度众生，慈悲为怀，多做好事，多做善事，强调善有善报。通过阅读此类书籍，潜移默化地逐渐消除吝啬心理。

（3）小量施舍法：消除吝啬心理不妨从小事做起，如给乞丐以小数量金钱、衣物、食物的施舍，参加一些社会公益活动，为公益事业、鳏寡孤独者募捐。通过这些活动对钱财有一个正确的认识，积小善为大善。

如何消除报复心理

（1）进行换位思考：当他人给你带来伤害或不愉快时，你应该试着回想自己是否在某时某刻也给别人带来过同样的伤害。如此将心比心，报复的欲念就会慢慢散去。在人际交往中，不可能没有利害冲突。当你受挫折或不愉快时，不妨进行一下心理换位，将自己置身于对方的境遇中，想想自己会怎么办。通过这样的换位，你也许能理解对方的许多苦衷，正确看待他人给自己带来的挫折或不愉快，从而消除报复心理。

（2）多考虑报复的危害性：一定要先用理智驾驭住冲动着的感情，冷静地思考自己打算采取的行为将可能导致的后果，充分意识到它将给他人及自己带来的伤害，克制过火行为。如某同学想找人揍一个得罪过他的人，如果他能想到：这个行为可能伤害对方，对方也可能会再次报复自己，自己得到的将是更大的痛苦与惩罚，还会连累自己的亲人，并因此而影响自己今后的前途，将遭人唾骂，等等。经过全面的思考，觉得弊大于利，太不值得，就会放弃了这一念头。

（3）淡化报复心理：当遭受

欺侮，自尊心受到伤害时，愤怒之情会油然而生，甚至怒火中烧。这时，可通过自我心理调节加以淡化、转移。如暂时离开一下看不顺眼的人或环境，转而从事一些自己最开心的活动以帮助转移注意力。也可以找知心朋友倾诉、请教，以宣泄心理压力，听听他人的评论、劝解，冷静反思一下，看看对方的真正动机，弄清是有意的还是无意的，是客观存在的还是自己主观臆造或有人从中制造的，是不是事出有因。想想自己如采取报复行为是否值得，有没有不妥之处。经过冷静、理智的反思与调节，可能心中的火会不知不觉熄了一大半，甚至烟消云散。

如何克服嫉妒心理

　　嫉妒也是交往中的一种病态心理。自从人类进入文明时代以来，嫉贤妒能这个怪物就从来没有绝种，它不时地变换着面孔和姿态，坑害善良的人们，到处留下它的恶名。在圣洁的科学殿堂上，它如同暴虐的风刀霜剑，摧残科学新苗，恣意扼杀人才。

　　嫉妒，最容易发生在年龄、性别、职务、能力、水平相近的人之间。嫉妒的表现行为，就是破坏和拆台，而破坏、拆台则会影响团结，损害友谊。所以，看到别人事业上有了进步，或在某些方面超过了自己，请你不要嫉妒，最好的办法就是学习。学习别人的长处，增长自己的才干，通过自己的努力去超过他。

如何克服逃避心理

　　（1）要承担自己行为的后果：一个人如果对自己都没有责任感，就更不会对其他人有责任感了。可以让他先从小事做起，比如在家里应该买菜、做饭、洗衣服；应该出去挣钱，不能等着家里人来养；要有人生目标，应该自食其力，应该肯定自己。

　　（2）不在厄运面前低头：人性有一个弱点，就是把厄运当作难以逾越的障碍。人的一生中都会遇到困难，甚至是大的灾难。问题是，当有的人面临困难时，他们无所畏惧、百折不挠，将困难视为一种考验，并使之转化为一种积极有利的因素；而有些人遇到困难，首先会畏惧退缩，并且抱怨，他们把困难当作是一种无法逾越的障碍，甚至是人生的一种不幸。一个不成熟的人随时可以把自己与众不同的地方看成是缺陷、是障碍，然后期望自己能受到特别的待遇。成熟的人则不然，他们会先认清自己的不同处，然后看是要接受它们，或是加以改进。

（3）拥有自己的信仰并付诸行动：一个没有信仰的人就如一艘没有航标的生命之舟，你不知道自己将驶入何方。当然，只有信仰并不足以让我们变得成熟。信仰的好处是能增加勇气，使我们在接受考验的时候，不致临阵退却。除非我们以信仰做基础，然后付诸行动，否则任何道理原则都没有用处。

（4）学会摆脱生活中的不幸：人的幸福结局，并非是平淡安稳的喜乐，而是轰轰烈烈地与不幸斗争。接受不可避免的事实，让时间去治疗伤痛；采取行动以抵制困境；集中精神帮助他人；在有生之年，充分利用自己的生命；计算我们所拥有的幸福。

第二节　不可不知的社会定律

首因效应的应用

"首因"也可以说是第一印象，一般指人们初次交往接触时各自对交往对象的直觉观察和归因判断。人际交往中，首因效应对人们交往印象的形成起着决定性作用。

初次见面时，对方的表情、体态、仪表、服装、谈吐、礼节等形成了我们对对方的第一印象。现实生活中，首因效应作用下形成的第一印象常常左右着我们对他人日后的看法。因为第一印象一旦形成，就不容易改变。初次印象是长期交往的基础，是取信于人的出发点。因此，我们在人际交往中应该注意留给他人好的第一印象。如何做呢？首先，我们应该注意仪表，比如衣着要整洁、服饰搭配要和谐得体等；其次，我们要注意自己的言谈举止，为此必须锻炼和提高言谈技能、掌握适当的社交礼仪。

近因效应的应用

人际交往中，人们初次见面时所留下的印象往往是深刻的，它对以后的交往有很大的影响,这是首因效应在起作用,而近因效应则是指近期所接受的刺激改变了以往的印象。主要是对熟人的感知,如果熟人的行为出现某些新奇表现,那么近因效应就会起很大作用,这时你往往认为某人"变了"。当然有变好和变坏之分了。"士别三日,当刮目相看"指的就是近因效应。

在人际交往中,在与陌生人接触过程中,第一印象起重要作用,而熟悉的人在行为上表现出某种新异的动作,常常会影响或改变别人对这个人的根本看法。"此人原来很好,怎么他现在会这样无情无义了?"或者是听了一次报告,对报告人生动有力的结束词感到很新颖,或有新鲜感,就会对这个人有一种肃然起敬的感觉,逢人便会介绍"某某的报告真有感染力",下次有他的报告还想去听。这表现了近因效应有莫大的魅力。所以在人际交往中,不论是首因效应还是近因效应,都会产生很重要的作用,它能使人们之间增进了解,互相加深认识,可以获得愉快的合作。我们要充分利用这种心理效应的作用。当然也要注意到它们的副作用,在人们相处中常常会看别人的缺点,对别人的某些品质或某种新异性,用固定不变的眼光去看、去评价,就会不利于人际的和睦相处,不利于调动人们的积极性、主动性和创造性。

马太效应的应用

《圣经》中有这样几句话:"凡有的,还要加给他,叫他有余;没有的,连他所有的也要夺过来。"

这几句话是来自其中一章"马太福音"中的一个故事:

主人要到外国去,把三位仆人叫来,按其才干分银子给他们。第一个得了五千,第二个得了二千,第三个得了一千。

主人走后,第一个仆人用五千两银子做买卖,又赚了五千;第二个仆人赚了二千;第三个仆人则把一千两银子埋在了地下。

过了好久,主人回来了,与仆人算账。

第一个仆人汇报赚了五千两银子,主人说:"好,我要把许多事派你管理，可以让你享受主人的快乐。"

第二个仆人汇报赚了两千两银子，主人说："好，我要派你管理很多的事，让你享受主人的快乐。"

第三个仆人汇报说："我把你分给的银子埋在地下，一个也没少。"主人骂了这个仆人一顿，决定夺回他这一千两银子，分给拥有一万两银子的人。

美国著名科学家、哲学家默顿，最早用这句话来概括一种社会心理效应——"对已有相当声誉的科学家作出的贡献给予的荣誉越来越多，而对于那些还没有出名的科学家则不肯承认他们的成绩。"这便是"马太效应"一词的由来。

在我们生活的许多方面，如贫富不均，管理中的用人，青少年教育以及日常的社会交往等方面，都有"马太效应"的影子。

在社会交往中，"马太效应"的表现是，朋友多的人会借助频繁的交往得到更多的朋友；缺少朋友的人则会一直孤独下去。

如果"马太效应"发生在我们身上，我们该怎样对待呢？当我们处于负面的"马太效应"中时，不要自怨自艾地顺着"马太效应"发展下去，而是要逆转这个效应，要不信邪，把逆境当成磨炼自己的机会，无论怎样艰难的环境和条件，都要奋发图强，争取改变自己的环境，从而进入正面的"马太效应"。同时，利用正面的"马太效应"，使自己越来越向成功靠近。在人际交往中，正面的"马太效应"告诉我们，如果你懂得交友之道，朋友会越来越多的。而这正是我们走向成功的必备条件之一。

投射效应的应用

生活中，在认识和评价别人的时候，我们常常免不了要受自身特点的影响，我们总会不由自主地以自己的想法去推测别人的想法，觉得既然我们都这么想，别人肯定也这么想。俗语"以小人之心，度君子之腹"讲的就是这种情况。这种现象在心理学上被称作投射效应。

所谓投射效应是指当人们不知道别人的情况（如个性、好恶、欲望、观念、情绪等）时，就往往主观地认为别人有同自己相同的特性。也就是说，人们总是喜欢假设别人与自己有某些相同的倾向，喜欢认为自己具有的某些特点别人也具有。投射效应是以己度人，把自己的感情、意志等投射到他人身上并强加于人的一种认知障碍。例如，贪婪的人，总是认为别人也都嗜钱如命；自己经常说谎，就认为别人也总是在骗自己；自我感觉良好，就认为别人也都认为自己很出色……

生活中的主观投射心理，常常对我们的人际关系和自己的心理健康有害。为了避免投射效应，我们需要学会换位思考，也就是设身处地地站在对方的立场上去看别人。在与人交往时，如果我们能站在对方的立场上，为对方着想，理解对方的需要和情感，这样我们才能与他人进行很好的交流和沟通，也更容易达成谅解和共识。

光环效应的应用

光环效应又叫晕轮效应，是指当一个人戴上美丽的光环时，顿时他就会变得身价百倍，人们不再顾及他的其他方面的不足甚至缺陷了，而一味地拜倒在这美丽的光环之下。

在人际交往中，光环效应是很重要的，光环具有无穷的魅力。在生活中常常遇到这样的事情：一个很不起眼的人，突然在某一方面一鸣惊人，很多人马上对他刮目相看，相继而来的是使很多追随者和崇拜者一拥而上。

光环效应之所以有威力，是因为它改变了人们的知觉评价。正如一些人在谈恋爱时，对自己所爱的人那种"情人眼里出西施"的感觉，即爱他（她）的一切乃至缺点，这是一种无条件的爱。乌鸦本是不招人喜欢的"不祥之物"，但因为爱上了一个人，所以连停在他屋上的乌鸦也爱得不行，这就是"爱屋及乌"之说了。

一个人如果被戴上美丽的光环，就变得一好百好了。什么是美丽的光环呢？美丽的光环主要指内在的美，如学识、人品，等等，人们在交往中十分看重这些信息。

在人际吸引中，我们要一分为二地对待光环效应，即：

一方面利用它，增加自己的吸引力，从第一印象做起，重在优化自己的个性，因为只有它才是持久吸引力的关键。

另一方面，要预防光环效应的副作用，特别是在与异性交往时，切记不可狂热，一个人某一方面的光彩不等于一切，更重要的是一个人的人品，这是真正的人格魅力。在人际交往的过程中，我们要善于倾听和接受他人的意见，尽量避免感情用事，全面评价他人，理性和他人交往。

邻里效应的应用

"邻里效应"，说的是一个人的性格、品性与其周围的环境有很大关系。

社会感染对处于邻近空间中的人群起到一定的整合作用，人们相互之间靠感染达到情绪上的传递交流，使之逐渐一致起来，进而引起比较一致的行为。

但这不是说，在邻近的人群中就一定能发生正常的社会感染，产生良好的"邻里效应"。个体的理智水平高低，是决定是否受消极"社会感染"的重要因素。不过，我们也必须承认，即使在人类文明高度发展的今天，任何人仍然不能完全摆脱"情不自禁"受感染的现象。对一个头脑冷静、自制力强的人来说，即使在自我控制的注意有所分散、自我控制的意志有所放松时，也可能会发生感染。

所以，对蕴藏于"邻里效应"背后的社会感染机制，我们应当采取分析态度，既要善于强化良性"邻里效应"，为自己与"邻里"双方扮演社会角色服务，也要注意防止恶性"邻里效应"对自己和他人的影响。

权威效应的应用

所谓"权威效应"，是指如果一个人地位高，有威信、受人尊敬，那么他所说的话，所做的事容易引起别人的重视，并相信其正确性。这就是说，人们对权威的信任要远远超过对常人的信任。

不可否认，"权威效应"有它积极的一面，在日常生活中，积极、上进的"权威效应"是值得提倡的。如果权威人士给群众做出好的榜样，会有助于形成良好的社会风尚。而消极、颓废的"权威效应"则应该杜绝和制止。

作为普通人，我们应该明白，其实"权威"也是凡人，他们或多或少都会受到时代和自身条件的局限。如果我们不能认识到这一点，而总是跪倒在"权威"的面前，那么我们的社会就永远不会进步。

其实，如果用辩证法的观点来看，权威是相对的，只要我们足够努力、勤奋，我们也可以从非权威变成权威。所以，我们不能盲目地迷信权威。

刻板效应的应用

我们在评判他人时，往往喜欢把他看成是某一类人中的一员，而很容易认为他具有这一类人所具有的共同特征，这就是刻板效应。比如，北方人常被认为性情豪爽、胆大正直；南方人常被认为聪明伶俐、随机应变；商人常被认为奸诈，所谓"无奸不商"；教授常常被认为是白发苍苍、文质彬彬的老人……

刻板效应在人际交往中既有积极作用，又有消极作用：积极作用在于它简化了我们的认识过程，因为当我们知道某类人的特征时，就比较容易推断这类人中的个体的特征，尽管有时候有所偏颇；消极作用，常使人以点带面、固执待人，使人产生认识上的错觉，比如种族偏见、民族偏见、性别偏见等等就是刻板效应下的产物。

定式效应的应用

定式效应也称心理定式效应。心理定式，是指人们在认知活动中用"老眼光"——已有的知识经验来看待当前事物的一种心理倾向。或许你听过这样一个故事：有一个农夫丢失了一把斧头，怀疑是邻居的儿子偷的。于是他观察邻居的儿子的言行举止，没有一点不像偷斧头的贼。后来农夫在深山里找到了丢失的斧头，再看邻居的儿子，怎么也不像一个贼了。这个农夫就是受了心理定式效应的左右。

在人际交往中，定式效应常使人们对他人的认知固定化。比如，与老年人交往，我们往往会认为他们思想僵化、墨守成规、过时落伍;与年轻人交往,又会认为他们"嘴上无毛,办事不牢";与男性交往,往往会觉得他们粗手粗脚、大大咧咧;与女性交往,则会觉得她们优柔寡断、没有魄力;与一向诚实的人交往,我们会觉得他始终不会说谎;碰到了曾经圆滑过的人,我们定会倍加小心。知道了定式效应的负面影响,我们就应该注意克服,看待别人要"与时俱进",要有"士别三日,当刮目相看"的精神。

互惠原理的应用

互惠原理认为:我们应该尽量以相同的方式报答他人为我们所做的一切。简单地说,就是对他人的某种行为,我们要以一种类似的行为去回报。如果人家给了我们某种好处,我们就应该以另一种好处来报答他人的恩惠,而不能对此无动于衷,更不能以怨报德。于是,我们身边这一最有效的影响力的武器,就被某些人利用来谋取利益了。

中国有句俗话:吃了人家的嘴软,拿了人家的手短。任何人都不希望背后被同事或者朋友说成是小气鬼,一旦被朋友请了一次客,就要牢牢地记住对方请客用了多少钱,并努力争取尽快回请这个朋友,并计划支出相应的金额。这其实就是回报的心理作用。

墨菲定律的应用

"永远与错误共生"是人类不得不接受的命运。幸好它并不像我们所认为的那样可怕,更不可能使人裹足不前。其实,在很多情况下,错误并不是什么坏事,在对自然法则有个全面的了解后,这将有助于指导人类一切正常的日常生活行为,或者及时纠正错误。

墨菲定律给我们带来终生受益的启示,我们必须保持谦恭敬畏的态度。因为人永远也不可能成为上帝,当你妄自尊大时,墨菲定律会让你承受失败之痛;相反,如果你承认自己的无知,墨菲定律会帮助你把事情做得更好些来提升你的人际影响力。

视网膜效应的应用

"视网膜效应"就是当我们自己拥有一件东西或一项特征时,我们就会比平常人更加注意别人是否跟我们一样具备这种特征。

"视网膜效应"对人们有什么影响呢？戴尔·卡耐基先生很久以前就提出一个论点，那就是每个人的特质中大约有80%是长处或优点，而20%左右是我们的缺点。当一个人只知道自己的缺点是什么，而不知发掘优点时，"视网膜效应"就会促使这个人发现他身边也有许多人拥有类似的缺点，进而使得他的人际关系无法改善，生活也不快乐。你有没有发现那些常常骂别人很凶的人，其实自己脾气也不太好？这就是"视网膜效应"的影响力。

一个人要人缘好，要受人欢迎，一定要养成欣赏自己与肯定自己的能力。因为在"视网膜效应"的影响下，一个看到自己优点的人，才会看到他人的可取之处。能用积极的态度看待他人，往往是良好人际关系的必备条件。所以，从现在起，学会欣赏自己的优点和长处吧！

皮格马利翁效应的应用

古希腊有一个著名的神话故事。一位年轻的王子名叫皮格马利翁，他很喜欢雕塑。有一天，他得到了一块洁白无瑕的象牙，就用它雕刻了一个美丽的少女。这个雕塑太美了，以至于王子爱上了这个雕塑，热切地希望"她"成为一个真正的少女，并且每天不停地赞赏"她"的美丽。后来，雕像经不起王子的赞美，并被他的诚心感动，因此真的就变成了一个美丽的少女，和王子生活在一起了。

心理学家用这个故事命名了一个心理定律——皮格马利翁效应。是指我们对人的看法，无论是正面的还是负面的，都会对对方产生影响，对方的行为结果也越来越接近这种看法。这个效应告诉我们，要想使一个人发展更好，就应该给他传递积极的期望，即不断地赞赏他，因为这对于人的行为有巨大影响。皮格马利翁效应在人际交往中非常有用处。

一有机会就赞赏你身边的人，永远不要嫌多。赞赏你身边的人，可以用真诚的微笑来表达，许多人都支持这样的说法："微笑的力量，无坚不摧，微笑是最好的交流。"当然，最直接的方式，还是用语言来赞赏别人。

人际交往中，有这样的不等式：赞赏别人所付出的要远远小于被赞赏者所得到的。在人际交往中如果人人都乐于赞赏他人，善于夸奖他人的长处，那么，人际间的愉快度将会大大增加。

事实上，对别人进行肯定的认可是我们可以做的最重要的事情之一。仅仅听几句赞赏的话就会形成更密切的关系。

手表定律的应用

只有一只手表，可以知道是几点，拥有两只或两只以上的手表，却无法确定是几点；两只手表并不能告诉一个人更准确的时间，反而会让看表的人失去对准确时间的信心；这就是著名的"手表定律"。

手表定律给我们的社会交往带来一种非常直观的启发：在与人交往的过程中，一定要信任他人。如果只是一味地怀疑他人，交再多的朋友也是不管用的，因为在你真正需要帮助时，一个也帮不上你的忙。只有发自内心的信任，才能在交往中给你带来信任的快乐。

手表定律给看表的人带来烦恼，但就其烦恼的源头而言，它是来自于看表人本身。试想，如果看表的人相信其中的一只表，又怎么会有第二块表的出现？不难看出，是看表人对表的不信任导致了他后来的无所适从。

其实，相信别人是很快乐的事，在一个自己所信任的朋友那里，我们会得到安全感，觉得可以靠着他温暖地睡去，而不必担心任何危险；我们会将自己心里的事全部说出来，不会有任何负担。人和人之间，若失去信任感，即使彼此吸引，也难以建立长久真挚的感情。

刺猬定律的应用

有这样一个有趣的现象：

两只困倦的刺猬，由于寒冷而拥在一起，可因为各自身上都长着刺，刺得对方怎么也睡不舒服。于是，它们离开了一段距离，但又冷得受不了，于是又凑到一起。几经折腾，两只刺猬终于找到了一个合适的距离，既能互相获得对方的体温又不至于被扎。

后来，人们把这则故事作为人际交往的准则，即刺猬定律。

根据刺猬定律，人与人之间的交往应该保持一定的距离，即"身体距离"和"心理距离"。"身体距离"即"私人空间"；"心理距离"即"孤独感"。

"私人空间"是人与人的双边关系，"心理距离"则是个体的内心需求。无论是"身体距离"，还是"心理距离"都只能说明：人作为高智能生物，彼此之间的关系是很微妙的，距离是必不可少的。

那么，每个人的个人空间到底有多大呢？大多数心理学家认为，人们空间范围圈的大小，除了取决于不同民族和文化因素之外，同时也和许多其他因素有关。美国人类学家爱德华·霍尔就曾为此制定了一个人际心理距离和空间距离相对应的尺度。有的心理学家认为，这类空间都是人类为了追求内心的安定而设计的。

现实生活中，我们都知道，在人际交往中，应该热情些。但是，人和人不一样，情境和情境不一样，根据刺猬定律，有时"冷"一些，与他人保持一定的距离反倒有好处。

鲇鱼效应的应用

很久以前，挪威人从深海捕捞的沙丁鱼，总是还没到达岸边就已经口吐白沫，渔民们想了无数的办法，想让沙丁鱼活着上岸，但都失败了。

然而，有一条渔船总能带着活鱼上岸，他们带来的活鱼自然比死鱼的价格贵出好几倍。这是为什么呢？这条船又有什么秘密呢？

原来，他们在沙丁鱼槽里放进了鲇鱼。鲇鱼是沙丁鱼的天敌，当鱼槽里同时放有沙丁鱼和鲇鱼时，鲇鱼出于天性会不断地追逐沙丁鱼。在鲇鱼的追逐下，沙丁鱼拼命游动，激发了其内部的活力，从而活了下来。

自从"鲇鱼效应"的秘密被大家知道以后，已经被用到生活的各个方面。

许多人都把对手视为心腹大患，是异己、眼中钉、肉中刺，恨不得马上除之而后快。其实，能有一个强劲的对手，反而是一种福分、一种造化，因为一个强劲的对手会让你时刻都有危机感，会激发你更加旺盛的精神和斗志。

因此，欢迎你的对手，积极参与到你们之间的竞争当中，你会惊喜地发现，正因为有他的存在，你的进步才是惊人的。同时，你应该明白，你与对手间不光是竞争关系，如果处理得当，你们之间的合作也将会更有成效。

奥卡姆剃刀定律的应用

公元14世纪前期，从法国的一所监狱中逃出一个囚犯。

那时欧洲正处在黑暗的中世纪，一个犯人越狱算不了什么大事，可是这个人非比寻常，他是一位很有学问的天主教教士，人称"驳不倒的博士"。

他叫威廉，出生于英国的奥卡姆，人们叫他"奥卡姆的威廉"。他曾在巴黎大学和牛津大学学习，知识渊博，能言善辩。由于他发表的言论有许多与当时的罗马教廷不合，因此被囚禁在法国的监狱。

在狱中过了四五年，他找到机会逃了出来，跑到巴伐利亚并投靠了教皇的死敌——德国的路易皇帝。他对路易皇帝说："你用剑来保卫我，我用笔来保卫你。"于是正在和教廷闹别扭的路易皇帝立刻收容了他。

随后他著书立说，但影响都不大。他对当时无休无止的关于"共相""本质"之类的争吵感到厌倦，主张唯名论，只承认确实存在的东西，认为那些空洞无物的普遍性概念都是无用的累赘，应当被无情地"剃除"。

这也就是他所谓的"思维经济原则"，概括起来就是"如无必要，勿增实体"。这句格言为他带来巨大的声誉，因为他是英国奥卡姆人，人们就把这句话称为"奥卡姆剃刀"。它表达了这样一种意思：把事情变复杂很简单，把事情变简单很复杂。人们在处理事情时，要把握事情的主要实质，把握主流，解决最根本的问题。尤其要顺应自然，不要把事情人为地复杂化，这样才能把事情处理好。

奥卡姆剃刀定律自从诞生以来，历经岁月洗礼，被广泛地应用于各个领域。

在人际交往中，奥卡姆剃刀定律可以帮助人们克服为难情绪，使人们更有效地进行交往。现实生活中有许多人害怕社会交往，也就是患上了通常我们所说的社交恐惧症。这是因为这部分人人为地将社会交往复杂化的结果，如果他们能够拿起"奥卡姆剃刀"，剃除社交中的多余成分，他们就会发现：社交其实很简单，它不过是两个人或多个人的相互对话、相互作用而已。懂得了这个定律，还能够使人们的社交活动顺利地继续下去。

华盛顿合作定律的应用

聪明的美国人喜欢把简单的道理总结成定律，所以中国版的"三个和尚"的故事就变成美国版的"华盛顿合作定律"：一个人敷衍了事，两个人互相推诿，三个人则永无成事之日。钓过螃蟹的人或许都知道，篓子中放一群螃蟹，不必盖上盖子，螃蟹是爬不出来的。因为只要有一只想往上爬，其他螃蟹便会纷纷攀附在它的身上，把它也拉下来，最后没有一只能够出去。

与此类似的是邦尼人力定律："一个人一分钟可以挖一个洞，六十个人一秒钟挖不了一个洞。"

人与人的合作不是力气的简单相加，其中的关系要微妙和复杂得多。在人与人的合作中，假定每个人的能量都为1，那么10个人的能量可能比10大得多，也可能甚至比1还小。因为人的合作不是静止的，它更像方向各异的能量，互相推动时自然事半功倍，相互抵触时则一事无成。

与人有效地合作是非常重要的。现代社会里，谁孤立，谁失败；如果失败了还坚持孤立，那他就只有一生与失败同伴，而且没有成功的可能。这绝不是危言耸听，毕竟在这个千变万化的年代，在这个日新月异的社会，个人的力量是渺小的，是微不足道的。在现代社会，沉默不再是金，开口寻求帮助，寻求合作才是金不换！

每个人的能力都有一定限度，善于与别人合作的人，才能够弥补自己能力的不足，达到自己原本达不到的目的。

第三节 让自己受欢迎的心理应对

微笑，吸引别人的利器

有句谚语说得好：微笑是两个人之间最短的距离。在人际交往中，真诚的微笑可以拉近人与人之间的距离。尤其是初次见面时，人通常会有一种不安的感觉，存有戒心。而微笑是人际关系的润滑剂，可以消除这种初次见面的心理状态，让人与人之间的沟通变得更容易。有人做了一个有趣的实验，以证明微笑的魅力。

他给两个人分别戴上一模一样的面具，上面没有任何表情。然后，他问观众最喜欢哪一个人，答案几乎一样：一个也不喜欢，因为那两个面具都没有表情，他们不想选择。

然后，他要求两个模特儿把面具拿开，现在舞台上有两个不同的人，两张不同的脸。他要其中一个人把手盘在胸前，愁眉不展并且一句话也不说，另一个人则面带微笑。

他再问每一位观众："现在，你们对哪一个人最有兴趣？"答案异口同声：是个面带微笑的人。

任何一个人都希望自己能给别人留下深刻的印象，赢得别人的好感，而微笑就是最得力的武器。试想，当你遇到一位陌生人正对着你笑时，你是否感觉到有一种无形的力量在推着你跟他认识。相反，如果你看到的是一张"苦瓜脸""驴脸"，你还会有好心情吗？你是不是只能对这种人避而远之呢？

保持良好的仪表，增加人际吸引力

与人交往时，尤其是第一次见面时，给人留下良好的第一印象十分重要。心理学家指出，在初次见面时，人们首先注意的是对方的外貌。

《三国演义》中有这样一段：

庞统相貌丑陋，但很有才能。他去拜见孙权，想要效力于东吴。孙权本来是个爱才的领袖，但是一看到庞统相貌丑陋，就不太喜欢他，又看他性格傲慢不羁，更加没有好感。最后，他竟把与诸葛亮齐名的旷世奇才庞统拒之门外，鲁肃苦劝也无济于事。

由此可见，外貌对于人际吸引有极大的影响，尤其是和陌生人初次打交道更是如此。虽然有些人认为外貌几乎是无法经过个人努力而改变的特征，以它作为人际吸引的因素不公道；尽管人们常说"人不可貌相，海水不可斗量，以貌取人，贻误大事"，但是，爱美之心，人皆有之，爱美是人的天性，无论在哪种文化背景中，漂亮的人总是容易被人喜欢，总是更容易促进其人际关系的发展。

也许你会说，相貌是父母给的，自己又岂能改变。的确，我们不能改变自己的容貌，但我们可以改变自己的形象，通过仪表来展现自己。也许你长得很丑，但你是一个注重言谈举止，知道如何穿戴的人，那么你的容貌往往会被别人忽略，你也会很容易被人接受、得到别人的喜爱。

幽默，最具亲和力的"形象大使"

幽默是一个具有亲和力的"形象大使"，在人际交往中，得体的幽默最能取悦人心，吸引并获得他人的好感。

一个秃头者，当别人称他"理发不花钱，洗头不费水"时，他当场变了脸，使原本比较轻松的环境变得紧张起来。一位演讲的教授，也是一个秃头，他在自我介绍时说："一位朋友称我聪明透顶，我含笑地回答：'你小看我了，我早就聪明绝顶了。'"然后他指了指自己的头说，"我今天演讲的题目是外表美是心灵美的反映。"教授就这样开始了自己的演讲，整个会场充满了活跃的气氛。同样是秃头，同样容易受到别人的揶揄和嘲谑，却得到不同的认可，这就是幽默的魅力。

鲁特克先生在《幽默人生》一书中指出，在人生的各种际遇中，幽默是人际关系的润滑剂。它以善意的微笑代替抱怨，避免争吵，使你与他人的关系变得更有意义；它能帮助你把许多不可能变为可能；它比笑更有深度，它产生的效果远胜于咧嘴一笑。

做一个高情商的人

丹尼尔·戈尔曼说："成功是一个自我实现的过程，如果你控制了情绪，便控制了人生；认识了自我，就成功了一半。"

一个具有高情商的人，他受欢迎的程度往往更高，从而取得更大的成功。在今天这个凡事都离不开分工合作的时代，情商直接决定了一个人受欢迎的程度，情商高的人能够游刃有余地影响自己的下级、同事、上级、周围的人，成就自我。

西西里娅博士毕业于世界名校伦敦商学院，曾在巴林银行担任风险管理全球总管，她的成功与她的专业技术关系很小。她的顶头上司最欣赏的是她的情绪自控能力，"她很理智，有着极高的自我控制能力，她知道如何处理与各部门的人际关系。每当冲突出现时，她能客观地看待问题，把个人的情绪抛在事外。她积极乐观的态度，使我相信交给她的任何任务，我都可以放心地等待答案。"

像西西里娅这样的人，就是依靠高度的情商走向成功的。

打造非凡的亲和力

有时候，我们初见到一个人，他身上散发出一种独特的力量，迫使我们不得不去喜欢他，那神秘的力量便是亲和力，我们就是被这种力量给影响了。

有些人却不了解这一点。对他们来说，说一声"你好"来跟别人打招呼，都显得是那么多此一举。

他们只会点头，或低哼一声，表示知道你在那里了。他们就是跟你打招呼，也是一副勉强的样子。这样要不了多少时间，别人也会以同样的态度来回应他的招呼。

利用语言影响他人

对于个人来讲，语言是影响他人的一个关键因素，每个人都可以利用语言去说服他人接受自己的意愿，这本身就是影响人的一个过程。

话说得体、有分量的人，处处受人欢迎，因为他们能够和许多不相识的人成为朋友，亦能使许多本来彼此毫不相干的人互相了解，建立深厚的感情。而且还能使一些悲观厌世的人摆脱那些不良心理，使他们更聪明、更快乐。

增加接触的频率

一般来说,人与人之间的熟识程度,是与交往次数直接相关的。交往次数越多,心理上的距离越近,越容易产生共同的经验,取得彼此了解和建立友谊,由此形成良好的人际关系。例如教师和学生、领导和秘书等,由于工作的需要,交往的次数多,所以较容易建立亲近的人际关系。相反,如果两个人没有一定的交往,"老死不相往来",那么情感、友谊就无法建立。

其实,人与人之间的感情发展,就像银行业务中的存钱,平时一点儿一点儿的储蓄,到了几年之后就有一笔钱了。朋友、同事、亲人之间的关系同样需要维护和经营,平时互不来往,相当于不存钱;有事才想到找他们帮忙,相当于从存折中取钱,只取不存,存折迟早会空的。

所以,在人际交往中,我们要想得到别人的喜欢,让别人熟悉你,就要多走动,多联系。

当然,任何事物都是辩证的,不是绝对的,我们应该承认交往的次数和频率对吸引的作用,但是不能过分夸大其对交往的作用。俗话说:距离产生美,任何事情都存在一个度的问题。有些心理学家孤立地把研究重点放在交往的次数上,过分注重交往的形式,而忽略了人们之间交往的内容、交往的性质,这是不恰当的。实际上,交往次数和频率并不能给我们带来预想的结果,有时,反而会适得其反。

故意在明显的地方留一点儿瑕疵

生活中,我们常可以见到这样一种现象:有一些看起来各方面都比较完美的人,却往往不太讨人喜欢;而讨人喜欢的,却往往是那些虽然有优点,但也有一些明显缺点的人。

为什么会这样呢?这是因为,一般人与完美无缺点的人交往时,总难免因为自己不如对方而有点自卑。如果发现精明人也和自己一样有缺点,就会减轻自己的自卑,感到安全,也就更愿意与之交往。你想,谁会愿意和那些容易让自己感到自卑的人交往呢?所以,不太完美的人，更容易让人觉得可亲、可爱。

从另一个角度来看，世界上不可能存在真正完美、没有缺点的人。如果一个人总是表现得很完美，倒很容易让人怀疑其中有造假的成分。或者说，故意把自己表现得很完美，这本身恐怕就是一个缺点。

所以，一个善于处世的人，常常会故意在明显的地方留一点儿瑕疵，让人一眼就看见他"连这么简单的都搞错了"。这样一来，尽管你出人头地，木秀于林，别人也不会对你敬而远之。一旦他发现"原来你也有错"，反而会缩短与你之间的距离。

避免争论

年轻人在一起喜欢讨论各种各样的问题，期间，难免会因意见不合而发生争论，这是很正常的事。但是这些争论往往都是以面红耳赤和不愉快结束的。事实证明，无论谁输了，都会很不舒服，更何况争论往往会演化成直接的人身攻击，对于人际关系是非常有害的。因此，解决观点上的不一致的最好途径是讨论、协商，要避免发生争论。

尽量不要去指责他人

无论是在交际中，还是在工作中，都尽量不要去指责别人，以一种平和的态度来面对对方的错误往往能够收到更好的效果。

人们可以接受外貌、身高、收入、地位上的差距，却很少能接受智力上的差距。由于你的自以为"识"而开始指责别人时，无论你是用一个眼神、一种说话的声调，还是一个手势，都会使你面临失败和社交悲剧的命运。因为没有人愿意承认自己的愚笨，你的指责直接打击了他的智慧、判断力和自尊心，这只会使对方产生反击的心理，却绝不会使他改变自己的主意。

背后不揭他人短

逢人不说他人过，谈话不揭他人短。揭人短遭人恨，补人台受人敬。背后揭人短，更让人咒骂。人无完人，金无足赤，看人还应多看对方的长处。刻意揭人之短，是一种恶劣的品行，是小人之举。无意之中揭人之短，也会造成不良的后果。善意补人之台,是一种优良的品行,是君子之举。每个人都喜欢炫耀自己的长处,都小心翼翼地掩盖自己的短处,决不喜欢别人张扬自己的短处。对于别人揭己之短的举动,哪怕是无意的,或者是善意的,往往也会采取断然地反击,而且这种反击是全力的、致命的。

在矛盾中能礼让

在人际交往中,发生矛盾是在所难免的,面对矛盾,如果一意孤行,不去想方设法解决矛盾,非要以自己的意见为准,必然会使矛盾激化。那些善于在交际中调节自己交际策略的人,必会千方百计使矛盾弱化。要弱化矛盾,办法并不难,其根本原则是礼让。我国是一个十分讲究礼让的国家,有与人交往礼让三分的优秀传统。事实上是:一旦交际中发生了意见分歧或者矛盾冲突,只要一方能礼让,问题大多数能得到解决。能在矛盾冲突时及时做到礼让,不是一种畏缩退让,而是在特殊的交际环境中策略的调整。由此可知:礼让,实际上是在矛盾冲突中寻找交叉点;有了这个交叉点,矛盾双方会因为都能接受使矛盾有所缓和。中国古代所谓的"中庸"之道,并不单是封建遗毒,实际是在教导人们在人际交往中要学会自我调节。如能中庸一些,必会以礼让为先。能礼让,即使有矛盾,也会因让步而化解。可见,礼让,作为一种交际调节行为,在交际活动中的作用不能忽视。

塑造个人的外在素质

追求美、欣赏美、塑造美是人的天性。美的外貌、风度能使人感到轻松愉快,并且在心理上产生喜爱、欣赏的感觉。所以,即使你达不到美的标准,也应当修饰自己的容貌,扬长避短,注意在不同场合下选择样式和色彩适合自己的服装,形成自己独特的气质和风度,给人以舒服的感觉。同时,在注意追求外在美的同时,更要注意,内在美是更重要的。因为随着时间的推移,交往的加深,对外在的重视程度会越来越弱,而对你个人品质的关注成为关键。

加强交往，密切关系

心理学研究表明，人与人之间空间距离上的接近，是促进人际关系密切的重要因素，因为人与人之间空间位置上越接近，彼此交往的频率就越高，越有助于相互了解、沟通情感、密切关系。即使两个人的人际关系比较紧张，通过交往，也有可能找到机会逐步消除猜疑、误会。反之，即使两人关系很好，但如果长期不交往，彼此的了解必然会减少，留在两人头脑中的都是过去的印象，而人是会随环境的改变而调整的，两人也会因长时间不联系而不易找到共同的话题，其关系也就可能逐渐淡薄。因此，密切接触绝对是建立友情的首要条件，应充分利用这一条件，与朋友保持适度的接触频率，才使人际关系不至于淡化甚至消失。切忌"有事有人，无事无人"。

献出自己"挚情的爱"

古希腊哲学家苏格拉底曾经说过："不要靠馈赠来获得一个朋友。你必须贡献你挚情的爱，学习怎么用正当的方法来赢得一个人的心。"交友处世的"正当方法"很多，但其中贡献自己"挚情的爱"是至关重要的。生活是不能没有"爱"的，有了爱才有热情，才有追求，才有进取。人与人之间，也同样如此。俗话说得好："投桃报李。"你敬别人一寸，别人就可能敬你一尺，你付出了"挚情的爱"，别人不可能给你"满腔的恨"。所以，贡献自己"挚情的爱"，应该是我们为人处世的基本态度，是我们交朋结友的出发点。

英国作家萨克雷在他著名小说《名利场》中，借女主人公爱米丽亚之口说道："世界是一面镜子，每个人都可以在里面看见自己的影子。你对它皱眉，它还你一副尖酸的嘴脸。你对着它笑，跟着它乐，它就是个高兴和善的伴侣。"这话用于我们对待生活、对待友谊的态度，不仅是形象的也是很恰当的。只要我们不失挚情的爱，并且能够运用一些正确的办法，相信是可以在人际关系中获得"如鱼得水"的效果的。

诚恳待人，不虚伪做作

诚恳待人基本上可以归结为两个方面：诚恳地对待别人的优点和成绩，善意地对待别人的缺点和过失。

对别人的优点、长处和成绩，应该由衷地感到高兴并表示赞美。"良言一句三冬暖"，真诚的赞美是一种鼓励，是关心的具体表现，不仅可以使人的尊重需要得到满足，而且还可以进一步激发他的成就需要。赞美应该中肯，鼓励应该真诚，而不是言不由衷的阿谀奉承，也不是虚伪的应酬话。阿谀奉承和虚伪的应酬话都会损伤正常的人际关系。诚然，社会上有一些人喜欢别人的阿谀奉承，但大多数人都能辨别出别人话中的诚意，只有中肯的赞美和真心的鼓励，才能加深双方的感情。

善意地指出别人的不足之处，是诚恳待人的另一方面。

常言道"忠言逆耳"，批评本来是逆耳，如果不善意不真诚，那就会变成恶语伤人，使人难于接受。在批评别人的时候，要把握两条：一要实事求是，二要注意方式方法。要做到实事求是，就要了解当事人的处境和造成错误的原因，否则，就会使当事者感到委屈，而难于接受。人非圣贤，孰能无过。犯错误是难免的，多数人犯的错误，是由于不得已而酿成，或者由于客观原因而不得不这样做。因此，在批评时，首先应了解当事人的态度和造成错误的原因。等到整个情况都弄得一清二楚的时候，我们也许就会发现，当事者的全部行动过程中，并不是一无是处。其中有许多具体的做法，可能是对的。如果单根据其表面现象指责一通，就会伤害被批评者的自尊心，助长其防卫倾向。那么，即使我们的话是对的，他也会充耳不闻。

助人为乐，但要坚持原则

"一个篱笆三个桩，一个好汉三个帮。"人是需要帮助的，特别是在困难的时候更需要帮助。患难之中见真情，如果在朋友困难的时候袖手旁观，那还有什么友情？

帮助别人，有时要牺牲一些自己的利益，请不要吝啬，那是友谊的代价。我们的朋友对我们的帮助，将会铭记在心。投之以桃，报之以李，历来如此。当然，我们给别人的帮助，绝不应该以期望他的回报为前提。我们应该记住别人给我们的恩惠，而要遗忘自己给予别人的帮助。

也许，我们的朋友会提出一些使我们进退维谷的难题，这时你应当先将事情弄清楚，如果他的要求是合理的、正当的，那就应尽力而为。如果实在无法可想，帮助他又会违背原则，有损于他人，则可以婉言相劝，以取得他的谅解。在不得已时，"恕难从命"也是需要的。拒绝别人的要求，有一点应该注意，这就是千万不要强调自己的道德或行为标准，标榜自己公正无私、清高、坚持原则的品质，这会使对方感到难堪，甚至会觉得下不了台。要说明不能满足他的愿望即可。必要时，可以用诚恳的态度指出无益于对方或只有损于他人的情况。

保持本身人格的完整

每个人都有其独特的个性，有其特有的行为模式，这是健全的人格特征之一。与人相处，固然要尊重别人，谅解别人，要比较随和，但尊重、谅解不等于无原则的迁就。无原则的迁就，不会得到别人的信任和尊敬，当然也无法让别人欢迎你。

一个人要获得别人的尊重，必须首先要自己尊重自己。自尊和尊重别人是统一的，尊重他人，是尊重他崇高的美德，尊重他对社会的贡献，是为了向他学习，而不是向他叩首礼拜。因此尊重别人不能降低自己的人格。

维持自己人格的独立和完整，是自尊的表现。一个人如果没有独立的人格，那无异于行尸走肉。

保持人格的独立，就不能人云亦云，遇事要独立思考，要有主见。独立思考既是人的权利，又是个性的优良品质。善于独立思考的人，对别人的意见既不盲从，也不一概排斥，而是择善者而从之。迷信、盲从是自己不要权利，自己降低自己的人格。不考虑别人的意见是盲目自信。周恩来总理有一段话，很值得我们参考："我建议改革戏曲的同志们,你们对旁人提的意见,听一半,不听一半。好像我们年纪大的对医生的意见,就是听一半,不听一半。如果你要全听的话,这也危险,那也危险,紧张得不得了。这样,没有病也会有病的。"

让别人了解我们

让自己受到别人的欢迎,要以情感为支点,相互了解是彼此产生情感的前提。世界上没有无缘无故的爱,只有知之深,才能爱之切。因此,我们应该让别人了解自己。即使是缺点,也不要怕被别人了解。如果你躲躲闪闪、文过饰非,就难取信于别人。

相互了解也包括了解彼此的个性特点,一个人的个性特点包括气质、能力、性格、兴趣等,它可以在人的活动中表现出来,并且影响活动的速度、效率、活动方式等。了解了彼此的个性特点,有利于相互配合和以后的交往,防止误会的发生,从而增进人际吸引。

多和别人沟通意见

让别人喜欢你依赖于相互了解。意见沟通,是达到相互了解的途径。我们应该利用工作、学习之余,多和别人沟通意见(当然,有关工作问题,还可在工作时间进行讨论),以求得彼此的了解。工作之余的交谈,不一定要局限于学习、工作问题。可以海阔天空无所不谈。一般谈论,也是各人表达其态度的机会。"闲谈不超过三分钟"的见解未必正确,因为"闲谈"不仅能使我们获得各方面的社会信息,增长我们的社会知识,而且是了解他人增进人际吸引的途径。像俞伯牙、钟子期那样,一次交谈就成知音,古代不多,今天也是罕见的。良好的人际关系,不仅可以增进个人的幸福和进步,而且有利于集体的团结和目标的实现。因此,我们应该努力去建立良好的人际关系,种瓜得瓜,种豆得豆。爱人者人恒爱之。只要我们用善意和诚挚去浇灌,必将会获得鲜艳娇美的人际吸引之花。

得意不忘形

常言道:"人狂没好事,狗狂挨砖头。"生活中的得志者,最易得意忘形：或口出狂言，或行为倨傲，或目中无人，或自以为是。人在得意之时，也正是人们目光集中之日。这集中的，多是挑剔的目光。这时，要想改善人际关系，便应当多些自控，少些得意忘形。得意忘形，也许自我感觉良好，但你的自我陶醉会使众人心理不平衡；多些自控，多认同大家的挑剔，用以平衡人们的心理，容易降低人们的失落感。如果没有这种自我省悟和自觉，得意忘形之日，便是失去群众之时。

有人被单位提拔，大家本来就心里不平衡，他却沉浸在喜悦之中不能自拔，且又有几分轻狂。本来他在单位人缘不错，但由于他得意忘形，失去了自控，自提拔后反倒成了孤家寡人。分析原因，是他在得意之时，没有通过自我反省来平衡人际关系，故而好事反而成了坏事。

小事儿不要太计较

上下班高峰期的时候，公交车一向都很拥挤。王玲费了九牛二虎之力，终于挤上了车。但挤车时一不小心，踩到旁边的高个儿大婶一脚。高个儿大婶的大嗓门叫开了："踩什么踩，你瞎了眼了？"王玲本还想道歉来着，但一听这话面子上挂不住了，喊道："就踩你了，怎么着？"

于是，两个女人的好戏开演了。双方互相谩骂，恶语相加。随着火力的升级，两人竟然动起了手，高个儿大婶先给了王玲一下，王玲也立即以牙还牙，两手都上去了，在高个儿大婶脸上乱抓一通。

王玲的长指甲抓破了高个儿大婶的脸，而她自己却没怎么受伤，想到这里，王玲不禁得意起来。

终于回到了家，一进家门王玲便向妈妈倒起了苦水。不过她认为自己没吃亏，反倒把那恶妇抓破了脸，所以，讲到这里时一脸的灿烂，这时妈妈看了她一眼，惊奇地问道："你右耳朵上的那个金耳坠呢？"王玲一摸耳朵，耳坠早已不见了……

我们总是习惯性地认为，以牙还牙就是让自己不吃亏的最大原则，如果别人占了自己一分便宜，自己就要想尽办法占三分回来，否则便是吃了大亏，但事实真的就像我们想象的那么单纯吗？其实不然，因为当你得意洋洋地以为自己什么亏都没吃时，实际上可能反而是吃了大大的亏。

不要强迫别人接受你的意见

很多人都是一副"天下第一聪明人"的样子，自己什么都是对的，别人都得听你的。其实有时候，我们很难用简单的是非对错来衡量某一件事情。看问题的角度不一样，结果也就不一样。有人总是试图把自己的观点强加到别人身上，强迫别人接受自己的意见，结果却往往引起他人的不满。

所以，在与别人交往的过程中，我们一定要顾及对方的感受，以宽容为怀，即使他人的观点真的不正确，应该坚持与对方共同探讨下去，而不是自以为是地强迫别人接受你的意见。

要有一颗容忍之心

有句话说得好："心字头上一把刀，一事当前忍为高。"忍作为一种处世的学问，对于任何人来说都是不可缺少的，因为生活中我们会同形形色色的人打交道，也并不是所有的人在所有的时候都谦恭讲理。所以，在面临一件棘手的事情时，我们要有一颗容忍之心，才能不致将事情搞得更糟。

在别人说话时不要随便插嘴

在社会交往中，当你看到你的一个朋友和另外一个你不认识的人聊得很起劲，此时，你可能就会有加进去的想法。

因为你不知道他们谈的话题是什么，而你突然加入，可能会令他们觉得不自然，也许因此话题接不下去。更糟的是，也许他们正在进行一项重大的谈判，却由于你的加入使他们无法再集中思想而无意中失去了这笔交易；或许他们正在热烈地讨论，苦苦思索解决一个难题，正当这个关键时刻，也许就由于你的插话，会导致对他们有利的解决办法告吹，到后来场面气氛就会转为尴尬，而无法收拾。此时，大家一定会觉得你没有礼貌，进而厌恶你。

当你与上司交谈时，更不能自以为是地随便打断他说话，否则他不会给你好脸色看。

上司给你安排工作的时候，他会作出各项说明，通常他的话只是说明经过，或许结论并不是你想的那样。中途插嘴表示意见，除了让人觉得你很轻率之外，也表示你蔑视上司。如果碰到性格暴躁的上司，恐怕会大声地怒喝："闭嘴！听我把话说完！"

要想在与人交往时获得好人缘，要想让别人喜欢你、接纳你，就必须根除随便打断别人说话的陋习，在别人说话时千万不要插嘴。

悭吝小气的人不受欢迎

一起外出吃饭，总是同伴出钱，坐车、看电影也是朋友掏腰包；从不把自己的任何东西借给别人，唯恐人家不还他；说话做事斤斤计较。这种人，朋友都会离他而去。久而久之，便会失去朋友。

耍小聪明的人不受欢迎

说谎，待人不诚，说话办事喜欢兜圈子。想去打桌球，却说去会朋友。每逢朋友有事要帮忙，总是推三阻四，找理由逃避。

吹毛求疵的人不受欢迎

只知道指责和批判别人，成天这也不对，那也不对，鸡蛋里挑骨头，似乎世上所有的人都全无可取之处，唯有他最真最纯，至善至美。然而"水至清则无鱼，人至察则无徒"。喜欢挑肥拣瘦的人永远交不到真朋友。

虚伪做作的人不受欢迎

人前说一套，背后做一套。表示歉意几次三番，没有一次真心实意；表达感谢，一说再说，从来不是发自心底。留人吃饭，热情备至，人家走了，又说"早该离去"。这种人，迟早会被识破真面目。

不注重细节的人不受欢迎

当众挖鼻子、掏耳朵、脱鞋子；不敲门直接闯入别人家，进门后痰吐在地板上，临出门又把主人正在读的书拿走。随随便便，只图自己一时痛快，不管别人方便不方便。这种不拘小节的行为实际上是不尊重他人的表现，最不讨人喜欢。

唯我独尊的人不受欢迎

  自以为是，好为人师，每到一处都趾高气扬，盛气凌人。喜欢评头论足，把自己的意见强加于人，全不顾人家是否愿意听从，乐不乐意接受，总想让别人按照自己的规则去行事。事实上，谁都不愿意被别人看成是无知而愚蠢的人。

受人欢迎的20个原则

  （1）学会聆听。

  （2）不要向朋友借钱。

  （3）尊敬不喜欢你的人。

  （4）打球时不要一直赢。

  （5）不必什么都用"我"做主语。

  （6）不要把过去的事全告诉别人。

  （7）为每一位上台唱歌的人鼓掌。

  （8）对事不对人；对事无情，对人要有情；做人第一，做事其次。

  （9）不要期望所有人都喜欢你，那是不可能的，让大多数人喜欢就是成功。

  （10）自己开小车，不要特地停下来和一个骑自行车的同事打招呼，人家会以为你在炫耀。

  （11）有时要明知故问："你的钻戒很贵吧！"有时，即使想问也不能问，比如"你多大了？"

  （12）把未出口的"不"改成"这需要时间""我尽力""我不确定""当我决定后，会给你打电话"……

  （13）同事生病时，去探望他，很自然地坐在他的病床上，回家再认真洗手。

  （14）坚持在背后说别人好话，别担心这样的好话传不到当事人耳朵里。

  （15）如果你知道停电、停水通知，请通知你的邻居或同事。

  （16）不要把别人的好视为理所当然，要知道感恩。

  （17）自我批评总能让人相信，自我表扬则不然。

  （18）有人在你面前说某人坏话时，你只微笑。

  （19）与人握手时，可多握一会儿。真诚是宝。

  （20）尊重传达室的师傅及搞卫生的阿姨。

第四节　建立良好人际关系的心理学

主动与人交往

有一个丰富多彩的人际关系世界是每一个正常人的需要。可是，很多人的这个需要都没有得到满足。他们总是慨叹世界上缺少真情，缺少帮助，缺少爱，那种强烈的孤独感困扰着他们，折磨着他们。其实，很多人之所以缺少朋友，仅仅是因为他们在人际交往中总是采取消极的、被动的退缩方式，总是期待友谊和爱情从天而降。这样，他们虽然生活在一个人来人往的世界里，却仍然无法摆脱心灵上的孤寂。这些人，只做交往的响应者，不做交往的始动者。

我们知道，根据人际互动的原理，别人是没有理由无缘无故对我们感兴趣的。因此，如果想赢得别人，与别人建立良好的人际关系，摆脱孤独的折磨，就必须主动交往。

设身处地为别人着想

站在别人的立场上，设身处地为别人着想，用别人的眼睛来看这个世界，用别人的心来理解这个世界。积极地参与他人的思想感情，意识到"我也会有这样的时候"，"我遇到这样的事情会怎么样？"这样才能实现与别人的情感交流。这种积极地参与别人思想、情感的能力是一个深刻的交际心态的转变，是一种真正的交际本领，他会把自己和他人拉得很近，并能化解很多矛盾和冲突。而如果一个人不能很好地理解别人，体验别人内心的真实情感，他就不可能与别人发展深入的人际关系。

敢于承认自己的错误

尽管承认自己的错误是一种自我否定，但承认错误后你会感到很轻松。明知错了而不承认，会使你背上沉重的思想包袱，使自己在别人的面前始终不能理直气壮地昂起头。另一方面，承认自己的错误，等于变相地承认别人，会使对方显示出超乎寻常的容忍性，从而维持人际关系的稳定。

不伤及别人的自尊

卡耐基警告人们："要比别人

聪明，但不能告诉别人你比他聪明。"任何自作聪明的批评都会招致别人的厌烦，而缺乏移情的责怪和抱怨则更有损于人际关系的发展。本杰明·富兰克林年轻的时候并不圆滑，后来却变得富有外交手腕，善于与人应对，因而成了美国驻法大使。他的成功秘诀就是：只说别人的好处，从不说别人的坏话。要学会用提醒别人的方式，使别人感到我们并不认为他不聪明或无知。记住，只要你不伤及别人的自尊和自我价值感，什么事情都好办。

自爱自重是取得他人信赖的基础

人高贵在于自重，人卑贱在于自轻。一个人若能自重，才会赢得他人的尊重和信任。自己珍重自己的人，别人也会看重自己，信赖自己。自己作践自己的人，别人也会看轻自己，更谈不上信赖了。一个人连自己都不能珍重，却希望别人来尊重自己，这是不可能的。一个总是作践自己的人，并且又埋怨别人轻视自己，这只会是自作自受。不自重最严重的一种表现是贪求，一个人心里贪婪则必然缺少做人的骨气，谁会看重一个贪得无厌的人呢？廉洁的人，因为懂得自爱、自重，虽然生活清贫，但能完全获得别人的尊敬和信赖，建立良好的人际关系。

用"五德"律己

孔子以"温"（温和）、"良"（善良）、"恭"（恭谨）、"俭"（节俭）、"让"（谦逊）五德作为与人交往的道德标准。这个标准在现代社会仍然适用。在如今愈来愈重视诚信的时代，做人更要讲究宽厚、诚实、勤奋、仁慈和庄重，更应真诚可信。对自己严格要求，对别人宽宏大量、容人小过，这样的人生之路就会越走越宽。

不要做不懂装懂的人

在众人面前，我们要有低调的心态，要有谦卑的口气，要有踏实的作风，还要有诚实的品行，而不是无知地去显示和卖弄自己。对于确实不知道的东西，我们就要谦虚地、脸带微笑地表示不知道；对于只知一二的东西，最好的办法是沉默并倾听、学习。

如果什么都说知道,那么结果往往是什么都不知道而且很容易失去别人对你的信赖。

珍视别人的秘密

"我告诉你某某的秘密,但你千万别告诉别人。"生活中我们经常听到这种愚蠢的声音。总喜欢图嘴巴一时之快,到处宣扬别人秘密的人,结果是既惹恼了别人,又败坏了自己的名誉。不能严守秘密的人谈不上诚信,也谈不上事业的成功。别人出于信任,把其心中的秘密和盘托出,自己就应珍惜这种信任。

复述一下对方的意见

不论是打电话还是当面交谈,认真倾听至关重要。如果你不仅仅是随声附和,而是适时把对方说的内容归纳一下复述出来,交流的效果会更明显。这样既可以避免双方交流中出现的理解上的差异,又能使对方加深对你的印象,增强其对你的好感。

不要做"语言的巨人,行动的矮子"

爱说大话的人总是一事无成,越是豪言满怀,越是无法获得别人的信赖。肯踏踏实实做小事的人,才能做成大事。从小事开始,以大事结束,从大处着想,从小处做起,这是成功的必要步骤。

一个不会做小事的人,也绝对做不出大事来。喜欢说大话而不行动的人,总是自己把别人对自己的信任一点点给破坏了,更别说能取得什么大成就了。

善于解决冲突

尽管人人都期望朋友之间能够和睦相处,但有时往往事与愿违,朋友之间会发生一些令人不愉快的冲突。善于解决这些冲突会有效地防止人际关系的破裂。心理学家提出了能够有效地帮助人们控制和消除冲突的步骤:

(1)相信一切冲突都可以解决。

(2)客观地了解冲突的原因。

(3)具体地描述冲突。

(4)向别人请教自己的观念是

否客观。

（5）提出可能的解决冲突的办法。

（6）评价这些办法，筛选出对双方都有益的最佳办法。

（7）尝试使用选择出的最佳方法。

（8）评估方法的执行效果，并适当加以修正。

有了矛盾不把话说绝

在与人发生矛盾时不说绝话，能体现一个人宽容大度的高尚品格。在正常情况下，人们的度量大小是很难表现出来的。而当与别人发生了矛盾，使你难以容忍的时候，能否容人，就能表现得一清二楚了。这时只有那些思想品格高尚的人，才会保持头脑清醒，做出宽容的姿态，不把话说绝，避免两颗本已受伤的心再受到进一步的伤害。

在发生矛盾后，双方肯定谁心里都不痛快，很容易失态，口出恶言，把话说绝了。这样的痛快只能是一时的，受伤害的是双方长远的关系和自己的声誉。所以，即使有了再大的矛盾，我们也应该把握住一点，就是不把话说绝，给对方，也给自己一个台阶下。

有的人会说："发生矛盾，我就打算和他绝交了，把话说绝了又怎么样？"真是这样吗？要知道，暂时分手并不等于绝交。

友好分手还会为日后可能出现的和好埋下伏笔。有时朋友间分手绝交并非是彼此感情的彻底决裂，而是因一时误会造成的。如果大家采取友好分手的方式，不把话说绝，那么，有朝一日误会解除了，很可能重归于好，使友谊的种子重新绽放出绚丽的花朵。

向他人吐露一点秘密

人之相识，贵在相知；人之相知，贵在知心。要想与别人成为知心朋友，就必须向对方袒露自己，即表露自己的真实感情和真实想法，向别人讲心里话，坦率地表白自己，陈述自己，推销自己。

心理学家认为，一个人应该至少让一个重要的他人知道和了解真实的自我。这样的人在心理上是健康的，也是实现自我价值所必需的。所以，在与人交往时，你不妨向对方袒露一下自己的内心，吐露一下秘密，这样会一下子赢得对方的心，与对方建立起亲密的关系。

袒露自己要适当

一个从不自我暴露的人，很难与他人建立起密切的关系，而一个总是向别人谈论自己的人，也不会赢得友谊，甚至会招人厌烦，就像鲁迅小说中的祥林嫂那样总是喋喋不休地谈论自己的事情的人，刚开始可能会得到别人的认可，但时间长了就会遭到人们的厌烦。所以，在向别人袒露自己时要恰到好处，不可过多，也不能过少。

心理学家认为，理想的自我暴露是对少数亲密的朋友做较多的自我暴露，而对一般朋友和其他人做中等程度的暴露。而且，你也不一定要说你的秘密，在不太了解的人面前，我们可以交流一些生活中的并不私密的情感，既给人亲近之感，又不会让自己处于不安全的境地。

给别人一些特殊的对待

人都希望别人重视自己，待自己与众不同。因此，当你给别人一些异于常人的对待，稍多一点的好处，让他感觉到特殊的话语和行为时，都会引起对方的好感。比如情人眼里的一丝特殊的闪亮，话语中渗透的特别语调，都会令对方心旷神怡。

赢得别人好感的一个重要方法就是给人一些特殊的对待。这种特殊不在于实质的多少，只在于对方感觉你待他与众不同。

表现浓厚的人情味

多年前，王松只身一人去广州一家公司打工。元旦那天，王松独处一室，心中泛起阵阵酸楚。正在此时，他的BP机响了。回电话后，原来是公司的赵总，请王松到他家去过元旦。王松当时就非常感动，一个打工仔，能受到经理如此的关心，他怎能不努力工作呢？事情虽小，却是充满了浓厚的人情味。人人都喜爱有人情味的人。人情味还表现在做人的灵活性上。有些规则是死的，但人是活的，大家都讨厌那些像铁板一块，过分拘泥于条条框框，而不知适当通融的领导。优秀的领导应善于将规则和人情恰当调和，很多问题当你从人情味的角度去考虑，就会得出不同的结论。

记住对方的生日

记住别人的生日，在他们生日的那天，给他们寄去一张生日贺卡，或送上一束鲜花，或是为他举办一次小型的生日宴会，其效果必定非常好。这种在别人情感上引起的震颤，是金钱所无法比拟的。

很多时候，情感是大多数人的软肋，是人最容易攻破的地方。只要感情投资运用得当，你就会收到意想不到的效果。

给人足够的私人空间

在生活中，不知你是否注意到这样一种现象：

在车站、公园供人休息的长凳上，通常坐两端的人多，一旦两端位置都有人占据，几乎很少有人会主动去坐中间的位置。

一个能坐4个人的一排长凳，先来的人会坐在凳子的正中，后来的人会坐在长凳的一边，而正中的人则会挪到长凳的另一端。于是，原本可以坐4人的长凳，两个人就"客满"。

坐公交车时，如果只有最后一排还有空位，走在前面的人坐在了中间，旁边还有两个座位时，后面的人多半会坐在两边靠窗户的座位上，而不会紧挨着前面的人坐下。

无论在拥挤的车厢里还是电梯内，你都会在意他人与自己的距离。当别人过于接近你时，你会通过调整自己的位置来逃避这种接近的不快感；但是挤满了人无法改变时，你又会以对其他乘客漠不关心的态度来忍受心中的不快，看上去也会神态木然。

……

所有的这种现象，都说明人与人之间需要保持一定的空间距离。任何一个人，都需要在自己的周围有一个自己把握的自我空间，它就像一个无形的"气泡"一样为自己"割据"了一定的"领域"。而当这个自我空间被人触犯，就会感到不舒服、不安全，甚至恼怒起来。所以，我们在与人交往时，一定要注意这点，不管是在空间上，还是在心理上，都要给人一定的空间距离，这样才能更好地与人相处。

亲密距离不适合社交场合

亲密距离是人际交往中的最小间隔,即我们常说的"亲密无间",其范围在6英寸(约15厘米)之内,彼此间可能肌肤相触、耳鬓厮磨,以至于相互能感受到对方的体温、气味和气息;其远范围是6~18英寸(15~44厘米)之间,身体上的接触可能表现为挽臂执手,或促膝谈心,仍体现出亲密友好的人际关系。

就交往情境而言,亲密距离属于私下情境,只限于在情感联系上高度密切的人之间使用。在社交场合,大庭广众之下,两个人(尤其是异性)如此贴近,就不太雅观。在同性别的人之间,往往只限于贴心朋友,彼此十分熟识而随和,可以不拘小节,无话不谈;在异性之间,只限于夫妻和恋人之间。因此,在人际交往中,一个不属于这个亲密距离圈子内的人随意闯入这一空间,不管他的用心如何,都是不礼貌的,会引起对方的反感,也会自讨没趣。

拿捏好个人距离的范围

个人距离是人际间隔上稍有分寸感的距离,较少有直接的身体接触。个人距离的近范围为1.5~2.5英尺(46~76厘米)之间,正好能相互亲切握手,友好交谈。这是与熟人交往的空间。陌生人进入这个距离会构成对别人的侵犯。个人距离的远范围是2.5~4英尺(76~122厘米),任何朋友和熟人都可以自由地进入这个空间。不过,在通常情况下,较为融洽的熟人之间交往时保持的距离更靠近远范围的近距离(2.5英尺)一端,而陌生人之间谈话则更靠近远范围的远距离(4英尺)端。

人际交往中,亲密距离与个人距离通常都是在非正式社交情境中使用,在正式社交场合则使用社交距离。

社交距离适用于社交场合

社交距离已超出了亲密或熟人的人际关系,而是体现出一种社交性或礼节上的较正式关系。其近范围为4~7英尺(1.2~2.1米),一般在工作环境和社交聚会上，人们都保持这种程度的距离。

社交距离的远范围为7~12英尺（2.1~3.7米），表现为一种更加正式的交往关系。公司的经理们常用一个大而宽阔的办公桌，并将来访者的座位放在离桌子一段距离的地方，这样与来访者谈话时就能保持一定的距离。如企业或国家领导人之间的谈判、工作招聘时的面谈、教授和大学生的论文答辩等，往往都要隔一张桌子或保持一定距离，这样就增加了一种庄重的气氛。

能容纳一切人的公众距离

能容纳一切人的公众距离是公开演说时演说者与听众所保持的距离。其近范围为12~25英尺（3.7~7.6米），远范围在25英尺之外。这是一个几乎能容纳一切人的"门户开放"的空间，人们完全可以对处于空间的其他人"视而不见"、不予交往，因为相互之间未必发生一定联系。因此，这个空间的交往，大多是当众演讲之类，当演讲者试图与一个特定的听众谈话时，他必须走下讲台，使两个人的距离缩短为个人距离或社交距离，才能够实现有效沟通。

不要过度为他人操心

在人际交往中，经常会有人会过分地关心朋友的事情，朋友遇到困难了，他比朋友还忧心忡忡；朋友办事出现失误，他比朋友还内疚和自责。在心理学上，这种过度为他人操心和受他人影响的心理情绪，称为"心理卷入程度过高"。

心理卷入程度过高的人，很容易受到外界环境的影响，总是把自己和周围的环境联系在一起，导致情绪波动大，行为控制不当，进而出现心理问题或人际关系障碍。许多初涉社交圈中的人就经常犯这样的错误，总是喜欢"好事一次做尽"，以为自己全心全意为对方做事会使关系融洽、密切。但事实上却并非如此。因为人不能一味接受别人的付出，否则心理会感到不平衡。"滴水之恩，涌泉相报"，这也是为了使关系平衡的一种做法。如果你总是在帮别人，使人感到无法回报或没有机会回报的时候，愧疚感就会让受惠的一方选择疏远。

因而，留有余地，好事不应一次做尽，这也是平衡人际关系的重要准则。

以最快的速度解除彼此之间的误会

一个猎人在山林里打猎时拣到一只小狼，他把小狼抱回家，像养自己的孩子一样把小狼养大。猎人对小狼很满意，夜里就让它睡在自己的床边。有一天夜里，猎人睡得正香，却觉得被什么东西咬了一下，他睁开眼，正看见小狼眼露凶光，撕扯着自己的袖子，他大吃一惊，心想真是本性难移呀！他迅速地挣出袖子，从床边抽出斧头把小狼砍死了。这时，他突然闻到一股焦味，冲到门口一看，他呆住了，原来厨房着了火，小狼扯他的衣服，只是为了叫醒他，猎人的斧子一下子掉在了地上。

误会是一堵冰冷的墙，它隔开了彼此的感情交流；误会是一颗不定时炸弹，说不定什么时候就会把大家炸得人仰马翻。

一个小小的误会也常会制造出严重的后果，所以人与人之间产生误会时一定要以最快的速度想办法消除，不要等到无法挽回时再痛悔自责。

强调与对方的共同点

"你家住哪儿……喔，那个地方我以前常去，附近是不是有一家卖香烟的杂货店？"像这样，为了缩短与对方之间的距离，只要是可以拉近彼此距离的话题，就算再细微的也要强调。因为人与人之间一旦有了共同点，就可以很快地消除彼此间的陌生感，产生亲近的感觉。这样不但可以使对方感到轻松，同时也具有使对方说出真心话的作用。事实上，我们每个人都具有这样相同的心理。例如两个陌生人一旦发现彼此竟然曾就读于同一所小学，顷刻间就会产生"自己人"的感觉，立刻会打成一片。

因而，与人交往时，找到一些共同点强调一下，往往会收到意想不到的效果。

把与自己关系密切的人名写在电话记事簿的首页

当你到一位交往很久的同事家做客，你们尽兴地谈完准备回家的时候,他对你说:"这些文件待会儿再送到您家。"说完他顺手打开电话记事簿,准备确认你的电话号码与住址。突然间你发现,你的名字竟然被写在第一位,老实说,你当时一定非常高兴!

每个人对"自己"都非常敏感,因此一旦发现自己受到与众不同的待遇时,不是感到非常兴奋就是感到非常愤怒!

如果把与自己关系密切的人名写在备忘录的首页,往往可以让对方感到高兴,而收到意想不到的效果。

尽量制造与对方身体接触的机会

事实上,每个人都拥有一个无形的"自我保护圈",除非是非常亲密的人,否则不容易侵入这个范围。但反过来说,若对方已经侵入了这个圈内,则往往就会产生对方是自己亲密者的错觉。人与人之间有了直接的接触,彼此间的距离会一下子缩短许多。

因此,若想在短时间内缩短与初识者间的距离,最简单的方法就是尽可能地制造与对方身体接触的机会。

悦纳他就能改变他

悦纳他人,就要满怀热忱地和他们相处,容忍并且诚心地尊重别人与己不同的性格、兴趣和生活方式,还要主动地了解别人的性格特征,熟悉别人的生活习惯,在这个基础上创造和谐融洽的人际环境。

有些人因为不喜欢他人的个性而产生一些恩怨纠纷,做事情时不能很好地合作,关系紧张,甚至互相为难。反之,对于跟自己合得来的人,则不惜牺牲原则,给予种种方便。如果你采取的是这种方法,必会招致不良的后果。

正确的态度应该是抛弃个人的成见。如对某位同事有不好的看法,不喜欢与他(她)私下相处,也应该在工作上保持合作,绝不故意为难。最好还要在工作上多关心他(她),帮助他(她)解决困难,同心协力做好工作。另外,对私人交情好的同事和朋友,也不能放弃原则,姑息迁就他们的缺点与错误。这既是对朋友负责,也是对自己负责。倘若我们能够这样做,日久天长,就必定可以得到别人的信任，并确立自己的威信，建立良好的人际关系，使他人乐于听从自己的意见。

要学会乐道人之善

对待同事、朋友，要多看他们的长处，多学他们的优点，不能看自己是"一朵花"，看别人就是"满身疤"。

我们经常会见到这样一种人：他对自己所做的工作一点一滴都记在心头、挂在嘴上，挑别人的毛病也绝无遗漏，说起来如数家珍。而对自己的毛病、别人的长处，则一概缄口不语。这种人往往为人们所不齿，被称为"不团结因子"。所以，我们要想影响改变他人，就要学会乐道人之善，不能因为自己比别人做的工作多一点或能力强一点，就沾沾自喜，瞧不起别人；另一方面还要善于发现别人的优点、长处，对他人的工作成绩多加恰如其分的褒扬。这样，不仅显示出自己虚怀若谷的风度，有益于团结，而且对自己的成长与进步也会大有好处。

恪守信用才能使他人信服

在人与人的相处中，讲信用是非常重要的一个交往原则。在与他人交往中，如果一个人说真话不说假话、遵守诺言、实践诺言、言行一致、表里如一，周围的人就愿意与之进行正常的交往。

一个恪守承诺的人，才能赢得别人的信服，受到别人的欢迎赞颂，《中国青年报》曾连续报道过清华大学思想政治工作的经验，其中讲了这样一个故事：

一天深夜，一位校党委副书记接到同学的电话，学生问："我们宿舍楼的厕所坏了，你们当领导的管不管？""管！"于是，他连夜找到校总务长，带领后勤人员赶到现场，疏通了厕所。第二天清晨，当同学们发现厕所畅通，楼道干干净净时，连连称赞校领导"言而有信"。

在人与人的交往中，讲究信用是非常重要的。如果不能做到这点，则会失去民心，受到别人的斥责和唾骂。

恪守信用是人际交往中，赢得

别人信服的条件。然而处于复杂的社会中，有时守信并不一定会助我们成功，说谎有时反而会对自己有利，如果没有什么波折，甚至会被视为有能耐的人。由此看来，背信弃义在社会交往中似乎有它一定的价值，但这只不过是一种短期的社会行为。老舍先生曾说过："守信的人所以失败并非因守信而失败，而狡诈弃信的人所以成功，也并非因狡诈弃信而成功。"这是一句值得大家深思的话。孔子说过："久而不忘平生言。"的确，恪守承诺是我们立于这个社会的上上之策，是人与人相互交往中最高贵的情操，也是使他人能够信服于你的重要条件。

互惠是与人持续良好交往的保证

著名的考古学家理查德·李凯认为，人类之所以成其为人类，互惠原理功不可没。他说："我们人类社会能发展成为今天的样子，是因为我们的祖先学会了在一个以名誉作担保的义务偿还网中，分享他们的食物和技能。"正是由于有了这样一张网，才会有劳动的分工，不同商品的交换。互相交换服务使人们得以发展自己在某一方面的技能，成为这方面的专家和能手，也使得许多互相依赖的个体得以结合成一个高效率的社会单元，从而推动了社会的进步。

互惠原理是人类社会永恒的法则，它是各种交易和交往得以存在的基础。我国古代讲究的礼尚往来，就是互惠原理的一种表现。人与人之间的互动，就如坐跷跷板一样，不能永远固定某一端高、另一端低，就是要高低交替。一个永远不肯吃亏、不肯让步、不与别人互惠的人，即使真正赢了、讨到了不少好处，从长远来看，他一定是输家，因为没有人愿和他玩下去了。

互惠原理是与人持续良好交往的保证，不可缺少的一门艺术。所以，如果一个人帮了我们一次忙，我们也应该帮他一次；如果一个人送了我们一件生日礼物，我们也应该记住他的生日，届时也给他买一件礼品；如果一对夫妇邀请我们参加了一个聚会，我们也一定要记得邀请他们到我们的一个聚会上来……

逐步提高要求，更能达到预期的目的

曾有心理学家做过这样一个实验：

派两个大学生去访问加州郊区的家庭主妇。先派一个大学生登门拜访了一组家庭主妇，请求她们帮一个小忙：在一个呼吁安全驾驶的请愿书上签名。这是一个社会公益事件，每年死在车轮底下的人不知道有多少！不就是签个字吗，太容易了。于是绝大部分家庭主妇都很合作地在请愿书上签了名，只有少数人以"我很忙"为借口拒绝了这个要求。

在两周之后，再派另一个大学生再次挨家挨户地去访问那些家庭主妇。不过，这次他除了拜访第一个大学生拜访过的家庭主妇之外，还要去拜访另外一组家庭主妇。与上一次的任务不同，这个大学生访问时还背着一个呼吁安全驾驶的大招牌，请求家庭主妇们把它竖立在她们各自的院子的草坪上。可是，这是个又大又笨的招牌，与周围的环境很不协调。按照一般的经验，这个有点过分的要求很可能被这些家庭主妇拒绝。毕竟，这个大学生与她们素昧平生，要求她们帮这么大的忙，真的有些难为她们。

实验结果是：第二组家庭主妇中，只有17%的人接受了该项要求，但是，第一组家庭主妇中，则有55%的人接受了这项要求，远远超过第二组。

对此，心理学家的解释是，人们都希望给别人留下前后一致的好印象。为了保证这种印象的一致性，人们有时会做一些理智上难以解释的事情。在上面的实验中，答应了第一个请求的家庭主妇表现出了乐于合作的特点。当她们面对第二个更大的请求时，为了保持自己在他人眼中乐于助人的形象，她们只能同意在自家院子里竖一块粗笨难看的招牌。

这个实验告诉我们，一个人一旦接受了他人的一个小要求之后，如果他人在此基础上再提出一个更高一点的要求，那么，这个人就倾向于接受更高的要求。这样逐步提高要求，就可以有效地达到预期的目的。这在心理学上，就是我们前面讲到的"进门槛效应"。

所以，在人际交往中，要想改变他人的行为，达到自己的目的，你就可以先提出一个较小的要求，一旦对方答应，再提出那个较大的要求，这样会很容易得到满足。

用兴趣吸引对方的注意力

在与人交往的过程中，如果想寻求别人帮助时，对方能不能答应你的要求，能不能全力帮助你把事情办成，关键的问题就是他心里是怎么想的。他的心里怎么想问题，就决定了他对你提出的事是给办还是不给办。

很显然，人们对什么事儿有兴趣或认为什么事儿有满意的回报，就会乐于对什么事儿投入感情，投入精力甚至投入资金。心理学家也告诉我们，人们怎样想一件事情完全是外在情趣和利益诱惑的结果。他对A问题感兴趣或者想获得A的帮助他就会说对A有利的话，也会做对A有利的事，反之，他便具有原始的不自觉的拒绝的心理。所以，我们在社交中要想改变他人，在办事时要想争取对方应允或帮忙，就应该设法使对方对这件事产生积极的兴趣，或者设法让对方感觉到办完这件事后会得到自己感兴趣的利益。

利用兴趣求人办事必须让对方感到自然愉悦，深信不疑，大有希望，只有用兴趣把对方吸引住，对方才肯为你的事付出代价。下面介绍此法在具体运用时需要掌握的小窍门。

（1）你可以利用那些新颖的东西，引起他人的好奇心，使他人常常情不自禁、穷追不舍地要弄个明白，这时人们就会对你产生强烈的兴趣，不由自主地跟你"黏"在一起，再进一步，就可能被你牵着鼻子走了。

（2）当我们很谨慎地根据他人的经验、兴趣，而设法接近他人时，除了拿出"新颖"的东西之外，还得掺和着一些别人"熟悉"的成分。因为我们的目的是抓住他人的注意力。

展现你的亲和力

亲和力是人们说话时一种让人易于接受的态度。这种方式的优点是易于消减人与人之间的隔膜，进而使传达者有效地把自己的思想传递给被传达者。因此，学会并运用好亲和力，我们就可以使自己的想法更易于被人接受。

我们可以把亲和力比作盛装佳肴的器具，而把我们所要表达给别人的思想比作佳肴。如果这器具是脏兮兮且令人讨厌的，恐怕也不会有人愿意品尝盛在其中的佳肴。

学会保守秘密

在人际交往中，许多人常常把自己的秘密毫无保留地表露出来。

有时如果没把自己的心事完完全全地告诉问及的人，心中就会不安，认为自己没有以诚待人，感到对不起人家。

实际上，抱有这种想法是十分错误的，根本无益于自己的社会交往。

诚然，坦诚是交际中的美好品格之一，谁都不愿与一个从不袒露自己的内心世界、对任何问题都不明确表态的高深莫测的人交往。然而，坦诚并不意味着别人要把内心世界的一切都暴露给你，也不意味着你要把内心世界的一切都暴露给别人。每个人都有秘密，这是正常的，也是必要的。

用泄露别人秘密的方法伤害别人、娱乐自己，甚至把掌握的秘密当作要挟别人的把柄，当作自己晋升的阶梯，这种人在现实生活中也大有人在，我们对这种人应该提高警惕。

当对于自己的某种想法、某件事情认为有必要保密时，你该怎样做呢？有两点：一是要耐得住孤独，自己不向他人吐露；二是他人问及时，能够婉言谢绝。谢绝时最好不用"无可奉告""暂时保密"这类过于直白的言辞，而是应该把话说得柔和些。

第二章 日常交往

第一节 与人相处

如何应对清高自傲者

清高自傲者多看重自我形象，对自我评价较高，自我感觉良好。与他打交道不妨采取投其所好的方式，对其业绩、学识、才能等给以实事求是的赞美，使其荣誉心、自尊心得到满足。这样就可以从心理上缩短距离，同样能起到左右他们态度的作用。比如，有位生性高傲的处长，一般生人很难接近他，他生硬冷漠的面孔常使人望而却步。有位外地来的办事员听说了他的脾气，一见面就微笑着递了一支烟说："处长，我一进门就有人告诉我，处长是个爽快人，办事认真，富有同情心，特别是对外地人格外关照。我一听，高兴极了。我就爱和这样的领导共事，痛快！"这几句开场白，把处长捧得脸上立刻露出一丝笑容，接下去谈正事，果然大见成效。

一些人自恃知识丰富，阅历广泛，因而目空一切，压根儿就瞧不起别人，表现出一股不可一世的傲气。对付这种傲气者只要巧妙地设置一个难题，就可抑制其傲气。这是因为，不管其知识多么广博，阅历多么丰富，在这个大千世界，一个人的认知毕竟是有限的，对方一旦发现自己也存在知识缺陷，其傲气自然就会烟消云散了。

如何应对自私自利的人

自私的人会以各种理由，推掉不属于自己的工作。如："自己的能力处理不了""自己手上的工作已很繁重""本来自己做也不妨，但宁愿把机会让给你，以使增加工作经验等"。在饭后结账时，总爱和别人斤斤计较，或喜爱拿着单据，逐项核对，不要期望他会在你有困难时帮助你。眼见别人犯错，他只会在旁偷笑，绝不会提醒别人，更不会拔刀相助。一旦有人向你嘲笑某人犯错也不自知时，你便要小心这个人了。

这种人尽管心目中只有自己，特别注重个人的得失和利益，但是，他们也常常会因利益而忘我地工作。对他们不必有太高的期望，也没有必要希望他们能够像朋友那样以义为重、以情为重。与这类人的交往关系可以仅仅是一种交换关系，干多少活，给多少利，干得好坏不同，利也不一样。人们之所以普遍地对这种自私自利的人感到厌恶，在很大程度上是因为仅仅按道德标准去衡量人，以其作为社会交往的准绳。这不能不有失片面，而当我们以一种利益标准作为社会交往的尺度时，你就不会在任何时候都对他们采取一种"敬而远之"的态度了。

如果换个角度、换种眼光来看待这种人，你会发现他们常常有不同于别人的优点——精打细算。如果我们能够通过适当的方式，将他们这种优点运用到某些比较合适的地方，也可以发挥其优势。例如，让这种自私自利的人干一些财务工作，在有严格约束的情况下，他们往往会成为集体的"守财奴"。这样，难道不是一件好事吗？

应付自私自利的人，切忌将他们一棍子打入"冷宫"，任何时候都得对他们采取一种敬而远之的态度。这种人虽惹人反感，招人讨厌，但如果不害人，也算是对别人损害较小的一类人。况且，他们还存在着非常人所具有的优点，促其发挥能带来不小的社会效益。

如何应对笑面虎

应付笑面虎这类同事并不难，表现上跟他维持友好关系，但暗地里却要防范他，一切与他有关的公事决策汇报如开会议均要请来有关人士出席；其他公事上的情报则一律采取避而不谈的策略；同时与他的交往只限于公事，个人隐私甚至其他同事的是非一概守口如瓶。只要你能做到滴水不漏，他便找不到缝隙向你下手了！

如果你是一名领导者，你或许会遇到一些可恶的笑面虎下属，他们不公开与你作对，而是等到足够多的同伙在场时才对你发起进攻。在公开场合攻击你时，他常常装作开玩笑，但话里带刺。在场的人会不安地发笑。不管你对攻击不予理睬，报以笑声，还是针锋相对地反驳，你都在大家面前丢了面子。

为了维护自己的领导地位，消除他给你的地位造成的损害、防止他未来的攻击，你可以采取如下方法来对付他们：

（1）表明你不会容忍他对你的诽谤。坚定而平心静气地申明，你乐于讨论任何合理的批评。

（2）语调要轻松，但表达的意思要十分明确。笑里藏刀者，你无须用幽默来掩盖你的敌意。接着，扭转局势，要他把话说得更具体，更清楚明确，借此揭穿他的真面目。要据理力争，不要消极防守。

（3）私下与他较量。努力探明他怀有敌意的根源。如果他不愿意说，那就告诉他，你很清楚他一直在攻击你，并要求他停止这种做法，语调要友好。

怎样与"闷死牛"的人相处

"闷死牛"的人沉默寡言，性格又极倔强。和"闷死牛"的人办事，人们总会感到沉闷和压力，特别是一些性格比较外向、活跃的人，更是觉得难受。因而，在这种情况下，有些人为了活跃气氛，打破这种局面，故意找话题。其实这是没有必要的。因为，对于沉默寡言的人来说，他们之所以这样，可能是出于有某种心事而不愿多言。在这种情况下，你应该尊重对方，不要去破坏对方的心境，让其保持内心选择的存在方式。相反，你如果故意地没话找话，并拼命想方设法与对方交谈，就会引起对方的反感和厌恶，以至于他们不愿意和你在一起。

人与人之间由于面对压力与竞争，特别是对事业成功的渴求，使自我意识和自尊心明显增强。"闷死牛"的人不仅关注自己的发展，渴望实现自己的价值，还表现出对周围人关于自己的评价异常敏感，并常常为之引起较大的情感波动。他们希望从别人对自己的态度、评论中了解自己，借助外物折射来认识自己，尤其是领导的重视、同事的尊重和对自己的态度。作为合作共事的人应持以诚心，对其言行予以客观、公正的评价，这样才会引起他内心的反思，从而产生与人交流的愿望。例如，要想得到这类人的帮助，你可以这样说："我了解到现在你还不便让我分享你的设计，然而我想知道你是否愿意看看这个，这是在工作中都可能出现的困难。老实说，这些问题我不在行，也许你可以指点指点我。"这样的话，既指出他在业务上精通，又对他很尊重，接下来的交流自然能水到渠成。

怎样与自以为是的人相处

同自以为是的人交往，你要注意以下几个方面：

（1）审视自我

你的目标是要客观可行，不要因对方的自以为是而感情用事。重新考虑自己的观点，自以为是的人观察问题的方法跟自己不同，而且固执己见。那个观点有道理吗？他是否在竭力把不能接受的标准强加于人？然而，再回到你自己的立场上，考虑正反两方面意见。在陈述观点时，要清楚具体。要仔细评估自己的方案，找出与对方的异同点，是自己的还是对方的方案更合适，或者能够互补，这样在应对他们的时候，你就有理有据了。

（2）充满自信

在陈述自己的观点时，要像自以为是的同事陈述观点时一样自信。因为自己的解决方案，除了有先进的理念、完美的步骤和平时积累的丰富素材外，还经过了严密的推理和论证。所以，只要充满自信地和对方竞争，自己就一定能够取胜。

（3）善意提醒

自以为是的同事都比较自信、固执，这其间你要探明他在多大程度上受到工作的影响，并在工作中注意提醒他，他就有可能对这些善意的言语有所接受。你可以讲一些巧妙的话语："你精力充沛、干劲十足，我们都很欣赏你全身心投入工作的精神。但这些记录提醒我们在哪个方面应谨慎从事,因为……的形势难以捉摸。"

"这项工作不能出半点差错,这关系着大家的利益特别是你的利益,如果出现闪失,其后果对你个人前途危害很大,而这一点,正是我要向你提及的。"

"工作中一个人不可能做到滴水不漏,必要的时候和大家一起碰碰头,交流一下意见,使工作质量更高,这有什么不好呢?"

怎样与脾气暴躁的人相处

一句幽默的话语,一个微笑,也许是与脾气暴躁的人相处的一个很好的武器,同时赞扬也可以助你一臂之力。这种人一般比较喜欢听奉承话,听好话。因此,我们要不失时机、恰如其分地赞扬他。与之交往,宜多采用正面的方式,而谨慎运用反面的、批评的方式。

(1)宽宏大量,一笑了之:遇上脾气暴躁的人冒犯你时,你一定得保持头脑冷静,置之不理,或者瞪他一眼,或者一笑了之。这种"一笑了之"的笑,可以是泰然处之的微笑,可以是表示藐视的冷笑,也可以是略带讽刺的嘲笑……最好的是泰然处之的微笑,它不仅可以使自己摆脱尴尬的局面,而且还可以让对方知难而退,避免事态恶化。

(2)暂时忍让,避开锋芒:当脾气暴躁者冒犯你时,如果你自己也是个急躁的人,急躁碰上急躁,针尖对麦芒,很容易着火。你应当压住心头的火,暂时忍让,避开锋芒。待对方锋芒锐减时,再充分地、轻言细语地说服对方,也可讲事实摆道理,消除对方的误会。

(3)开阔胸怀,宽宏大度:只要你有宽阔的胸怀,你就会对别人的态度不加计较,对自己的行为勇于承担责任,做到任劳任怨。他吵,你不吵;他凶,你不凶;他骂,你不骂。这样就吵不起来了。"宰相肚里能撑船",你只要有温和的态度,有宽广的胸怀,就会使本来发火的对方,火气消减,自感没趣,从而更加收敛。

(4)察言观色,防患未然:脾气暴躁的人,当他着火时,最容易对周围的一切人"发泄"。这时你就迁就一下。如果你与他计短长，就会成为他的"出气筒"。所以，你一定得察言观色，揣摩对方心理状态，先退一步，然后待他情绪稳定下来时，再进两步向他说明一切。

怎样与猜疑心重的人相处

同猜疑心重的人相处不要急于求成，要以诚相待。不要奢望在短时间内取得他们的信任，你需要较长的时间去慢慢说服对方，让他们相信你的真诚，而且是不带任何个人目的，只是为了帮助他们解决困难而已。

首先光明磊落地做人，当别人心里冒出严重猜疑的病症，开始影响到你和朋友的关系时，那就赶快寻求别人的帮助——不一定求专家，也可以找其他朋友。公开的对话有助于你们清醒头脑和驱散阴影。这时，你千万不要轻信多疑的人所说的与你有关的话，不管这类话是当着你的面还是在你背后说出来的。最高的境界是宽宏大量，不必在意别人的多疑。

相反，你可能因为一时的冲动，使误会变成了公开的顶撞，这样，不管谁取胜都会使另一方感到不快或委屈。你得善于调节和控制自己的情绪，别让情感冒出来并占了上风，而是用一种可行态度来应付这一切。

此外，要温和对待猜疑心重的人，避免粗暴说教，还要多鼓励他们与大家多接触、多沟通，如果他们做得好时要发自内心地给予真诚的表扬和称赞。

只要少一些猜忌和隔阂，以诚相待、宽宏大量、设身处地地去帮助他们，就会使性格多疑的人有所改变，千万不要和多疑的人斤斤计较那些毫无价值的是是非非，而要以自己光明磊落的胸怀去与他们相处。

怎样与搬弄是非者相处

怎样与搬弄是非者相处呢？

（1）坦荡：人生在世，全然不被人议论，是不可能的。背后议论，就其内容而言，有符合事实的，有不符合事实的；就其动机而言，有善意的，也有恶意的。但不管怎样，都应坦荡置之，不要因听到好议论而忘乎所以，觉得自己一下子高大起来，也不因听了难听的议论而怒发冲冠，耿耿于怀，或痛心疾首、惶惶不可终日。否则，就会失去心理平衡，做出蠢事，而中搬弄是非者的奸计。

（2）正直：背后议论别人，是一种不道德的行为，不能迁就，必须正直地站出来，帮助议论者改正不良习惯。帮助搬弄是非者改正恶习，行之有效的办法，是尊重对方，以朋友式的态度，进行善意的规劝；同时，巧妙地引导对方获得正确地认识人的方法。比如，当对方谈论他人时，可以先顺着对方的话音，谈谈这个人确实存在的缺点，然后再谈他的大量长处，从而形成一个正确的结论。

（3）三缄其口：与好搬弄是非的人相处时，涉及他人是非的话不说，关系到自己利害的话不说，不给挑拨离间者留下"做醋"的把柄和作料，让他无处下手才好。

在掌握以上三点原则的前提下，我们还应在具体相处中注重以下技巧的运用：

（1）谈工作，不谈关系：工作上多谈积极的，少谈或不谈消极的，或你与此人也许有工作上的合作关系，这也是很好的话题，谈一谈工作上的进展和工作方法，不牵连任何人际关系。

（2）只谈大事，不谈小事：这里所谓的大事可以是国家大事，也可以是世界大事，与本单位的人际关系和人事关系不沾边，不挂钩，对方从中找不到可以搬弄是非的对象。

如果对方搬弄是非恶习已成为性格特征，那就干脆不加理睬。"走自己的路，让别人去说吧！"千万不可一听到搬弄是非的话，就立即去找那人对质。这样会使大家都很难堪，解决不了根本问题。更不要一时性急，去找那人"算账"，打起来那就更难堪。这样也会使大家把你和他等同起来，看成没见识的人。

君子坦荡荡，小人常戚戚。的确，一个强者，是为自己的目标而活着；只有弱者，才被周围的是非议论所左右。

小心吹嘘有靠山的人

一些到处吹嘘、宣扬自己有靠山的人总是在别人不问及这种事时,自动把这个"秘密"得意洋洋地说出来。

他们吹嘘的内容,大致如下:

"某部门可畅通无阻。因为,在某部门很镇得住的一位有力人士,是我的近亲。所以,要打通关节,简直易如反掌。"

"在某医科大学,我有交情匪浅的几位大教授,如果你的孩子想进那所大学,我可替你拉线……"

对这种人,你绝对要小心。因为,当你真的想通过他与有力人士搭上线,请他促成某一件事时,他一定开口说下面的话:

"介绍某某跟你认识,当然可以,但你打算出多少钱作见面礼?"

"从后门进医科大学,可得花一大笔钱噢。"

如果你详加调查,就会发现如下的事实:他说的交情匪浅的前辈,根本就不屑与他为伍;他说的有力人士,原来是虚构的人物;他说的大教授,人家根本就不认识他。

小心轻易许诺的人

轻易许诺的人,别人越向他请求什么,或是托他办什么事,他就越振作。他们答应别人的要求时,总是毫不犹豫,轻松愉快。但事后却几乎都是食言而不了了之。

如果轻信他们,你就极有可能掉入陷阱。

对那些一开始就没有替人办事的真心,却事无巨细一律轻诺的人,应列入危险人物之列。对这种人千万不能轻信。否则,你将遭到意想不到的大损失。

小心因人而变的人

为了与客户应酬,花公司的交际费时,如上司不在场,总是把最贵的威士忌当茶猛喝;如上司在场,就故装客气地说:"我喝啤酒就好了。"

在部属面前,总是摆出科长的臭架子,一副唯我独尊的样子;可是,在上司面前就摇身一变,像伺候国王那样,毕恭毕敬。

这类因对象的不同而改变态度、主张的"善变型"人物，也该列为不值得信赖的危险人物。当他对你诚恳地说："这件事情的真相，其实是这样的……"或是说："这个秘密我只能对你说……"你也千万不要因他诚恳的口气而轻信。因为他在别人面前，八成也会说这种话。换句话说，他是个"一口两舌"的撒谎者。如此判定，你才不至于吃大亏。

这一类型的人，具备"善变"的本领，而且天天琢磨此技，其编造口实、假装正经的技巧，越来越高明。虽然在目前，好像不会让你受害，但你若太大意，有朝一日，定会掉在他的巧妙圈套或陷阱里。

小心搬弄是非的人

不要以为把是非告诉你的人便是你的朋友，他们很可能是希望从中得到更多的谈话材料，从你的反应中再编造故事，所以，聪明的人不会与这种人推心置腹。而令他远离你的办法，是对任何有关你的传闻反应冷淡，无须作答。

如对方总是不厌其烦地把不利于你的是非辗转相告，以至于对你的情绪造成很大的负面影响，你应拒绝和他见面或不接他来的电话，此类人不宜过多交往。

小心甜嘴巴的人

这种人开口便是大哥大姐，叫得又自然又亲热，也不管他和你认识多久；除此之外，还善于恭维你，拍你马屁，把你"哄"得麻酥酥的。这种人因为嘴巴伶俐，容易使人毫不设防，如果他对你有不轨之图，你的陶醉不就上了他的当？而且，你会因为他的奉承而不去注意他品行上的其他缺点，容易把小人当君子，把坏人当好人！

此外，这种人可以轻易对你如此，对别人当然也可如此。所以，碰到嘴巴甜会奉承的人，你必须升起你的警戒网，和他保持距离，以便好好观察。如果你冷静地不予热烈回应，若对方有不轨之图，便会自讨没趣，露出原形。不过，为了避免"以言废人"，你不必先入为主地拒他于千里之外，但是须随时警醒：古时很多朝代，就是被这种嘴巴甜的佞臣弄垮的。

小心刻意掩饰的人

这种人好像没有脾气，你骂他、打他、羞辱他，他都笑眯眯的，有再大的不高兴，也藏在心里，让你看不出来。这种人把自己隐藏起来，不让你知道他的过去、家庭、同学，也不让你知道他对某些事情的看法，换句话说，是个深沉、莫测的人。你搞不清楚这种人心里在想些什么，也搞不清楚他的好恶及情绪波动，碰到这种人，真的让人无从应对，也因此，如果他对你有不轨之图，你是无从防备的。因此对这种人，你要避免流露出内心的秘密，更不可和他谈论私人的事情，他不一定会害你，可是，概率在百分之五十！所以，不如保持礼貌性的交往，他打哈哈，你也打哈哈，同时，也要避免做出得罪他的事，他生气也就算了，他不生气才是可怕的。

不给大嘴巴以把柄

大嘴巴打"小报告""告黑状"、诬陷他人，总是想方设法抓住被侵害者身上的一点儿把柄，然后无限夸大，使劲攻击，这不仅是那些喜好挑拨离间、搬弄是非之辈的做法，一切坑人害命的奸邪小人都如此。

然而，俗话说："身正不怕影子歪。"如果为人办事都做到实事求是，口说老实话，身行老实事，襟怀坦荡，正直无私，做一个值得信赖、值得重用的人，那么，大嘴巴就不敢有非分之心，同时也难以抓住打"小报告"诬陷害人的把柄，因而，也就远离了一切罪恶之源，避免了祸患的发生。

利用第三者，揭穿打"小报告"者的谎言

汉武帝晚年时，疑心病极重，以为周围的人都要害他。奸臣江充利用了这一点，经常打"小报告"，诬陷太子，在这种情况下，要当事人自己去辩解，已无可能。这时，有一个叫令狐茂的人，上书汉武帝，指出太子无辜，江充奸诈，并举出历史上种种事例，希望汉武帝不要听信谗言。这样，才使汉武帝有所觉悟，江充的谗言最终被揭穿了。

如果没有比较超脱的第三者勇敢地介入，江充的谗言是很难被拆穿的。

在现代社会，当然不会再出现汉武帝和太子的悲剧，但是如果对那些打"小报告"的人不闻不问，任其诽谤，你最后的结局肯定不妙。

当你被打"小报告"的人所陷害，而自己又无法把事实澄清时，你可以选择这种利用第三者解决的方法。利用第三者客观、中立的态度向领导说明事实的真相，可以轻而易举地揭穿打"小报告"者的谎言。

与大嘴巴针锋相对

针锋相对也是应对大嘴巴的一种有效方法，对其到处传播的不真实情况进行大胆揭露和坚决批驳。

其一，我们要主动出击，把所发生的事情的原委详细客观地公布给大家，使大家对此都有一定了解。

其二，同大嘴巴进行公开论战，把客观事实与那些偷偷摸摸传播的材料的各种不实之词等都摆到桌面上来，帮助和引导人们把正确的客观事实与材料相互对比、推敲，进行参照。做到以上两点以后，大嘴巴向别人提供的"材料"的真假虚实自然会受到公众的评判，他们的险恶用心也就昭然若揭了，他们传播的谎言也就不攻自破了。

不宜与大嘴巴过多交往

有时候，尽管你听到关于自己的是非后感到愤慨，表面上你也必须努力控制自己的情绪，保持头脑冷静、清醒。你可以这样回答："啊，是吗？人家有表示不满，发表意见的权利嘛。"或者说："谢谢你告诉我这个消息，请放心，我不会在意的。"如此，对方会感到无空可钻或者尴尬，他也不会纠缠不休了。

区别对待不同类型的墙头草

墙头草善拍马屁，不管能力大小，逢迎媚上都得心应手，有不少人被奉承得昏了头，谁对他毕恭毕敬、阿谀奉承，就等于佩服他，他就对谁恩宠有加，大加赞赏和关爱。无疑，这种人更助长了阿谀奉承之风的盛行。

明智的人则不会这样做，对于能力不同的人，理当区别对待。

作为上司，首先应当保持清醒的头脑。

对于只会拍马而不学无术的墙头草，对付的方法就是炒他鱿鱼，让他走人。否则，你周围有这么一颗不知何时爆炸的炸弹，你说你还会有多少好日子可过。所以，及时让他走人比什么都强。

对于有一定能力而又有些奉承爱好的员工，最好给他找个合适的位子。这类人不好简单辞掉，因为他还有一定能力。也不可委以重任，因为他的忠诚度有待考验，一旦此人心猿意马，迟早会坏了你的大事。

朋友中的墙头草与上司所面对的墙头草也需要区别对待。朋友之间讲求真诚相待。墙头草利欲攻心，今天有利是朋友，明天可能就装作不认识。你对他再好，他不会记恩，因此慎交墙头草类的朋友，不让他们轻易接近你。

如果已经是朋友了，你才发现他的本面目，最好及早抽身，远离他们，墙头草不会无缘无故对你好，越是突然殷勤越应值得提防。锁住秘密保险柜，不随便透露自己的想法并和他们保持距离。

故意让墙头草感觉你无利可图

墙头草最大的特色便是"见利思迁"，见风使舵，哪边好往哪边靠。所以他的待人处世会以"利"作取向，也会为"利"而背叛良心、伤亲害友，可以今天和你好，也可明天将你害。所以和这种人客套一下就可以了，不必有利益、人情上的往来，甚至宁可故意向他显示你"无利可图"的一面，以免他没事就来打扰你。

相传，明代才子伦文叙天资聪颖，勤思敏行。少时博学，才华横溢，但其家境窘困，一贫如洗，时常东挪西借，聊以度日。每至年关，债主就逼门讨债。有一年年底，伦文叙料定债主再来，但无钱还债，便写一春联贴于门口："跃马挺枪，尔凭霸王勇武来讨债；整冠摇扇，吾用孔明妙计不还钱。"及至伦文叙状元及第，一举成名，衣锦还乡，平时那些讨债的债主，一个个提着厚礼来巴结他，伦文叙于是又写一对联："穷居闹市，伸五爪金龙，抓不住至亲好友；富隐深山，摆三节铁棍，打不退鳖子龟孙。"

别有用心、见风使舵的势利之徒，看后只得灰溜溜走了。

势利加上小人，就是墙头草。为了自己的利益，今天可以和你称兄道弟，甚至鞍前马后，明天你要是无利可图，他便说得你一无是处。为了达到自己的目的不择手段，说三道四搬弄是非，甚至降低自己的人格点头哈腰，围着权力者摇头摆尾。为了所谓自己的尊严，不顾影响工作、不顾百姓利益，争权斗气。这种人没有义举只有利行，没有朋友只有对手，就是今天看是表面的朋友关系，在他的内心也防犯着你对他的利益冲突。

势利小人，你喂他粥喝，他可能会对你唯唯诺诺，但要没了东西给他吃，他溜之大吉尚好，有时还不忘落井下石。

与其把自己搞得功劳尽没，不如提早高挂无利牌和他们划清界限，越少有瓜葛越好。

生存不易，人的私心根深蒂固，尤其是现在这竞争性极其残酷的时代，我们且拿出点小心来，观察这些墙头草，应付这些墙头草。

摆脱火爆型棘手之人的具体要诀

（1）给予对方缓和情绪及恢复自我克制的时间。

（2）如果对方仍未停止，大声喊叫诸如"停一下"等中立性词句，使对方中断乱发脾气的状态。

（3）无须表示自己的态度非常认真。

（4）如有需要或可能，设法先让大家暂停休息一下，并做私下的沟通。

不要与专泼冷水之人争辩

当你提出个人的看法时，切莫企图说服专泼冷水之人承认他们的观点错误。这是因为，第一，他们也许并没有错。极可能当你试过自己所建议的解决之道后，唯一的结果只不过是满足了你已竭尽所能的心愿而已，问题依然未获解决。第二，这种做法无异于是在浪费时间。要知道，专泼冷水型棘手之人通常已经有所根据而确信毫无办法可行，所以若要他们承认错误自是千难万难，最后，彼此的讨论不免流于"我对、你错"的争辩。如此一来，你原先提出看法而产生的任何积极作用，终将点滴无存。何况，你本身对自己所提的办法是否可行，尚属未知，但对方却"确已知道"行不通，在这样的争辩之中，哪一方较具说服力自是显而易见了。

所以，你应采取的对策乃是把某些值得一试的变通办法提出来，即使专泼冷水型棘手之人认为行不通的观点也许正确亦无妨，而不应采取直接争辩的做法。

帮助优柔寡断之人解决问题

（1）找出对方犹豫不决的原因：应付优柔寡断者的第一个步骤，也是不可或缺的步骤便是找出对方犹豫不决的真正原因，也只有如此，方能采取有效的措施来解决问题。

（2）帮助对方解决问题：一旦找出对方犹豫不决的原因，潜藏的问题也已呈现于表面，那么，便是你协助对方解决"他们的问题"的时候了。对于你本身是否即为问题的根源所在，你在应付手法上亦需稍有不同。

（3）当对方做出决定后，应给予支持：若是优柔寡断者在你的压力及说服之下终于接纳你的方案，你亦不可立即松懈下来，须知当你离去之际，对方脑中也许开始升起一连串的疑问，因为你可能尚未让对方所有的障碍浮出表面。对方也许是由于你的施压才暂时屈服，一旦你的压力退去，极可能立生变卦。

因此，你有必要从事一些与对方保持接触的后续动作，给予他热情的支持。

与伪君子交往必知

与伪君子交往时，对于自己的隐私万不可泄露出去。

首先保证不要犯什么错误，在原则问题上保持清醒的头脑。与伪君子交往，要先考虑做事的后果，多向其他人请教，不要一意孤行。

犯了错误之后，首先要认清是

什么错误，能够引起什么样的后果。对于触犯刑律的，不要心存侥幸心理。你的这种心理会成为伪君子得以利用你的机会。"世上没有不透风的墙"，一旦事情败露，你不仅会为你原来的事情承担责任，而且会为由于伪君子的利用而所作的行为承担责任。

不与贪婪之人争名夺利

人皆有好名之心，内心常有一种出人头地的渴望，期待着有一天能成为名人。那些对功名利禄充满饥渴的人，钻营投机，争功夺利，看见别人头上的光环就觉得刺眼，心生邪念，找机会想把它夺过来戴在自己头上。

名利可以让他们不择手段，丧失理智，做出伤害你的事。这时的光环反而让你成为招风大树，小人都争着以你为目标，展开不可告人的行动。放弃与他们争功名，反而是一种豁达和解脱，这时，你的内心会升起一种奇妙的平静感，你的成功自然昭示着一种无须声张的厚实，你会越来越受人欢迎。

能让功名的人，反而会留下美名。能把光环让给别人的人，反而得到更多的荣耀与赞美。

看清巴结者的恭维

没有人不喜欢听来自别人的赞美，无论是言语的还是动作的，也不管这些恭维的话出自何人之口，即使是不共戴天的人说出来，一样都让你倍感兴奋。但当你受到来自别人的赞美时，不要忘乎所以，迷失方向，要仔细体察他们的动机，小心其对你别有用心。

有些人带着巴结的口吻极尽谄媚之能事，恨不得口水用干，表扬得滔滔不绝，要注意了，巴结者出现！

如某天某位同事对你非常信服，当众给你戴高帽子，声称："在我们公司里只有你可以胜任这项工作。果然不出我所料，你把事情做得太棒了。"或者说："你真有能力，无论什么事情交给你去做，里里外外的人都喜欢跟你合作，如果这件事交给别人去做，就不会有这样的好结果。"

这些恭维的话不断向你飞来，这时你不要高兴得太早了，不妨公开说道："你过奖了，这件事让你去做，同样也可能干得非常出色，我跟你比并没有太大的区别。"或者是私下里告诉他："多谢你的夸奖，不过我不太喜欢这样，以后请不要公开说赞扬我的话。"

面对巴结者的口舌攻势，你只要头脑冷静，认真分析，不被夸奖冲昏头脑，他就不会对你构成威胁。

与巴结者保持距离

巴结者害人一般有两招：其一是借领导的权威或领导给他的机会报复人，其二是对于不和他套近乎的人，极尽口舌，破坏你在领导面前的形象。我们在与其相处时，千万要小心。这类人靠近上司，能力通天，是得罪不起的。因为他已经得到上司的认可和信任，而且整天在头头那里厮磨，一旦与他结下了冤仇，说不定哪天你就会落入不明不白的圈套中，有些时候，有些事情，是跳进黄河也洗不清的，在交往过程中，虽说你耻于巴结他，但不能把那种愤恨不屑表现出来。另一方面，不该说的话尽量不说。

这时候，沉默是金。俗话说得好，"言多必失"。咱又不是他肚子里的蛔虫，哪知道他想的是啥，一旦哪句他不乐意听，就有了难题。

如何促使不合作者合作

对待不合作的同事，在认清他们的特点之后，我们首先应该用实际行动帮助不合作的人消除不合作的因素。

我们应该清醒地认识到，在实际工作和生活中，要想使不合作者变为合作者，不仅仅是一个说服问题，还是一个实际行动问题，只有找到不合作的原因，在行动上帮助不合作者，消除对方不合作的原因，才能使不合作者成为合作者。

因此，消除不合作的因素是争取对方合作的最根本的方法，在日常相处中你一定要善于发现这类同事不愿意合作的原因，然后通过自己的实际行动巧妙地消除这些因素，这样可以使你与同事更好地合作，在工作中共同奋斗、共同进步。

诱导不合作者参加你的工作

在与不合作的同事相处时，你

应该千方百计地想办法诱导他参加你的工作。这是转变不合作者的又一重要措施。不合作者不和你合作，就是由于没有参加你的工作，如果你能巧妙地使其参加你的工作，那么，他（她）就不会不和你合作了。

在实际工作中，很多时候，与你不合作的同事并不是主观上持有与你不合作的态度，而是他（她）从没有参与过同你的合作，根本不了解你的工作，不知道与你合作的意义。所以，在这种情况下，你应当想办法使对方加入到你的工作中来，让其在与你一起工作的过程中，亲身感受到与你合作的意义，这样，你就自然而然地得到了他（她）的合作。

用微笑化解尖酸刻薄之人的"刻薄"

应对尖酸刻薄者的法宝就是不必当真，最好是一笑了之。比如，有人嘲笑一位老农民说："你这件褂子好像是在旧货市场买来的。"这位农民很快笑着说："你的眼光可真准，我是走了好几家旧货市场才挑了这么一件上等品。"把机智派上用场，持开玩笑的态度，的确是应对刻薄者的有力武器。同时，还应尽量和他保持距离，不要惹他。万一吃亏，听到一两句刺激的话或闲言碎语，就装作没有听见，千万不能动怒。否则是自讨没趣，惹祸上身。

勇敢面对尖酸刻薄之人

尖酸刻薄的人，天生一副伶牙俐齿，得理不饶人。对于你来说，能够勇敢地对抗别人的侮辱而又不至于反唇相讥，实在不是一件容易的事。一个有效的办法是不要回避，而采取直截了当的反问；另一个办法，是要求对方解释他的话，一旦嘲弄你的人知道你看穿了他，也就自觉无趣，不会再骚扰你了。

如何避免尖酸刻薄之人得寸进尺

对待尖酸刻薄的人，有一个方法是他说什么你不必动怒，反而顺着他的意思说下去，这也是一种抗拒之法。如他说："你怎么今天穿得花里胡哨的。"你可以这样笑着回答："我想做个小妖妹，你看好吧？"像这样的应对，既显出你的修养和素质，对方也就自然不能得寸进尺地伤人了。

对尖酸刻薄的话置之不理

谁都无法也不可能避免尖酸刻薄话的侵犯，就是最好的朋友，有时也会因各种原因说一些伤人的话，不管是无意的还是有意的。在这种情况下，你最好学得脸皮厚一点，既然人人都有这种缺点，你又何必为之耿耿于怀呢？

以大度的气量对待心胸狭窄之人

与心胸狭窄的人相处，肯定会发生一些不愉快的事，如果缺乏气量，与之斤斤计较，就无法相处。相反，如果气量大度，胸怀宽阔，就会使那些不愉快的事化为乌有。同时，对心胸狭窄的朋友也是个教育。

一个人怎样才能有气量呢？高尔基说过："一个人追求的目标越高，他的才力就发展得越快。"才力当然就包含着气量。诸葛亮之所以能对周瑜的嫉妒和迫害毫不计较，是因为他目光高远，时刻想的是如何联合东吴打败曹操，保卫蜀国。所以，他能从个人的恩怨中解脱出来，重事业，轻小侮。朋友之间也应如此。如果对方因心胸狭窄，做出对不住自己的事，我们应从有利于工作和友情的大局出发，能谅解的就谅解，能忍让的就忍让，不应为个人而斤斤计较，耿耿于怀。

第二节 与陌生人相处

微笑是最好的沟通桥梁

微笑是没有国界的。不论在哪个场合，也不论那个场合有多少陌生人，只要你能发自内心地微笑，就能与他人架起一座沟通的桥梁。也许今天的陌生人就是明天的好朋友。

用幽默打破僵局

有了好的开端就是成功的一半。在与陌生人相处的过程中，一句恰到好处的话语能及时化解尴尬气氛，让双方不知不觉地撤除心防。比如说当碰上比你更羞怯，更不善言辞的人时，你可以开开玩笑，缓和一下气氛："我长得像大灰狼吗？奇怪，我天天照镜子，怎么从来没发现这一点？"只要你能用幽默打破僵局，对方就不会轻易拒绝你向他（她）伸出的友善之手。

与陌生人攀谈时要善于寻找话题

与陌生人攀谈时，要善于寻找话题。有人说："交谈中要学会没话找话的本领。"所谓"找话"就是"找话题"。写文章，有了个好题目，往往会文思泉涌，一挥而就；交谈，有了个好话题，就能使谈话融洽自如。

与陌生人开口交谈关键是要找到共同点

你可以从一个人的服饰、举止、谈吐看出他的心情、精神状态和生活习惯。开始谈话前首先看对方与自己有何相同之处。例如，他和你一样都穿了一双耐克气垫运动鞋，你可以以耐克鞋为话题开始你们的谈话。与陌生人交谈，你最好寻找对方也熟悉的人和事，以此牵线搭桥，引出话题。尤其是双方都与之关系很深的人和事。当谈到此类话题时，你们之间的距离就会很快缩短。

提一些"投石"式的问题

与陌生人交谈时，还可以先提一些"投石"式的问题，在大略了解后再有目的地交谈，便能说得更加自如。如在聚会时见到陌生的邻座，便可先"投石"询问："你和主人是老乡还是老同学？"无论问话的前半句对，还是后半句对，都可循着对的方面交谈下去；如果问得都不对，对方回答说是"老同事"那也可谈下去。

以对方的兴趣作为话题

如果能问明陌生人的兴趣，循趣发问，便能顺利地进入话题。如对方喜爱象棋，便可以此为话题，谈下棋的情趣，车、马、炮的运用，等等。如果你对下棋略懂一二，那肯定谈得投机。如果你对下棋不太了解，那也正是个学习机会，可静心倾听，适时提问，借此大开眼界。

引发话题的方法很多，诸如"借事生题"法、"即景出题"

法、"由情入题"法等。可巧妙地从某事、某景、某种情感，引出一番议论。引发话题，类似"抽线头""插路标"，重点在引，目的在导出话茬儿。

找不到话题时，不妨坦白说明你的感受

例如你可能在晚餐会上对自己嘀咕："我太害羞，与这种聚会格格不入。或是刚好相反，你认为许多人讨厌这种聚会，但是我很喜欢。"

不管你怎么想，你要把你的感受向第一个似乎愿意洗耳恭听的人说出来。这个人可能就是你的知音。无论如何，坦白说出"我很害羞"或"我在这里一个人也不认识"，总比让自己显得拘谨、冷漠好得多。

最健谈的人就是勇于坦白的人。这还有一个好处，如果你能坦诚相见，对方也会无拘束地向你吐露心声。

谈周围的环境也是一个话题

如果你十分好奇，你自然会找到谈话题目。有一次，一个陌生人审视周围，然后打破沉默，开口说："在鸡尾酒会上可以看到人生百态！"这就是一句很有趣的开场白。

许多难忘的谈话都是从一个问题开始的

许多难忘的谈话都是从一个问题开始的。比如问别人："你每天的工作情况怎样？"通常人们都会热心回答。

与陌生人交谈要积极寻找话题，但要注意，此时的话题不宜海阔天空，否则会给对方留下轻浮、不可信任的印象，影响交谈的进行。另外，要尽量多给对方说话的机会，自己尽可能退居配角的位置上，且不时为对方寻找话题，以免冷场。

察言观色，从细微处入手

当你单独和陌生人相处时，比如说当你求职面试的时候，你的心跳会不会加速到120次／秒？那个面试官无论看起来有多么和蔼可亲，可他说的每一句话，是不是都会让

你紧张得手心出汗;他的每一个问题都让你觉得即使想破脑袋,可能还是不得要领……这该如何是好呀?

这时你就要发挥察言观色的能力,最好能从各个细微之处入手,看能否找出他也感兴趣的话题。比如,小麦色的皮肤说明他可能很喜欢户外运动,说话中明显的e时代特色在告诉你他也是网络一族,然后试着和他聊一聊。这样你们的沟通就会渐渐加强,他(她)对你的好感也会慢慢提升。

注意自己的谈吐与风度

与陌生人相处要摆正自己的姿态,调整自己的策略,既不能狂傲放肆,也不能卑微拘谨。要把自己视为一个平常人,不偏不倚、不高不低,这样才能收到彼此共融的效果。

不可故作惊人,搬弄是非,到处讲别人的隐私。

到陌生人家去拜访,如何找开场白

到一个陌生人家去拜访,如果有条件,首先应当对要拜访的客人作些了解,探知对方一些情况,关于他的职业、兴趣、性格之类。

当你走进陌生人住所时,你可凭借你的观察力,看看墙上挂的是什么?国画、摄影作品、乐器……都可以推断主人的兴趣所在,甚至室内某些物品会牵引起一段故事。如果你把它当作一个线索,就可以由浅入深地了解主人心灵的某个侧面。当你抓到一些线索后,就不难找到开场白。

不妨先做个倾听者

如果你确实觉得自己拙于言辞,在和陌生人相处时,不妨先做一个友好的倾听者,让他们多说一点,而后可以适当地提出自己的疑问,一般对方都会很乐意为你解答的,然后,你就可以顺利地加入他们的话题了。

用介绍自己作为攀谈的引子

在你决定和某个陌生人谈话时,不妨先介绍自己,给对方一个接近的线索,你不一定先介绍自己的姓名,因为这样人家可能会感到唐突。不妨先说说自己的工作单位，也可问问对方的工作单位。一般情况，你先说说自己的情况，人家也会相应告诉你他的有关情况。

接着，你可以问一些有关他本人的而又不属于秘密的问题。对方有一定年纪的，你可以向他问子女在哪里读书，也可以问问对方单位一般的业务情况。对方谈了之后，你也应该顺便谈谈自己的相应情况，才能达到交流的目的。

顺利地与陌生人开始攀谈，给人一个好印象，积累人脉资源为你所用。学会和陌生人攀谈，谁都可能成为你的朋友。

与陌生人谈话时，加倍留心对方的谈话

和陌生人谈话，要比对老朋友更加留心对方的谈话，因为你对他所知有限，更应当重视已经得到的任何线索。此外，他的声调、眼神和回答问题的方式，都可以揣摩一下，以决定下一步是否能纵深发展。

敷衍性的话，也可用在与陌生人的交往中

有人认为见面谈谈天气是无聊的事。其实，这要具体问题具体分析。如果一个人说："这几天的雨下得真好，否则田里的稻苗就旱死了。"而另一个则说："这几天的雨下得真糟，我们的旅行计划全给泡汤了。"你不是也可以从这两句话中分析两人的兴趣、性格吗？退一步说，光是敷衍性的话，在熟人中意义不大，但对与陌生人的交往还是有作用的。

与陌生人交谈时，尽量避免争论性话题

和陌生人谈话的开场白结束之后，特别要注意话题的选择。那些容易引起争论的话题，要尽量避免，为此当你选择某种话题时，要特别留心对方的眼神和小动作，一发现对方厌倦、冷淡的情绪时，应立即转换话题。

如遇到那种比你更羞怯的人，你更应该跟他先谈些无关紧要的事，让他心情放松，以激起他谈话的兴趣。

熟记名字抓住陌生人的心

人们在日常应酬中，如果一个

并不熟悉的人能叫出自己的姓名，就会产生一种亲切感和知己感；相反，如果见了几次面，对方还是叫不出你的名字，便会产生一种疏远感、陌生感，增加双方的心理隔阂。一位心理学家曾说："在人们的心目中，唯有自己的姓名是最美好、最动听的东西。"许多事实也已经证实，在公关活动中，广记人名，有助于公关活动的展开，并助其成功。

美国的前总统罗斯福在一次宴会上，看见席间坐着许多不认识的人，他找到一个熟悉的记者，从记者那里一一打听清楚了那些人的姓名和基本情况，然后主动和他们接近，叫出他们的名字。当那些人知道这位平易近人、了解自己的人竟是著名政治家罗斯福时，大为感动。以后，这些人都成了罗斯福竞选总统的支持者。

记住对方的名字，最好时而高呼出声，这不仅是起码的一种礼貌，更是交际场上值得推行的一个妙招。你想一想，对于轻易记住你的名字的人，我们怎不顿觉亲切，仿佛双方是老友相逢，这时，他来求我们什么事情，我们怎好不竭尽全力予以优先惠顾呢？

运用语言技巧，规避隐私话题

与陌生人相处，如被对方问及收入、年龄、职业、住址等你不想透露的隐私时，你可以运用某些语言技巧，来规避这些话题。例如，你可以避重就轻："我的收入是我们这个行业的一般水平，你所在的行业怎么样？"也可以避而不答："女士的年龄可是个秘密啊！"还可以反问对方："你看我像干哪一行的？"

但在有些时候，纯粹地规避问题是不太可行的，你必须既要表现出诚实的一面，又要有技巧地回答某些尖锐的问题。例如，在面试的过程中，对面试官的提问就要有针对性地进行回答。比如说，当面试官要你谈谈自己的弱点时，面对自己以前的失败，你可以将回答问题的重点放在自己发现问题、解决问题的方面，同时对于自己的失败要坦诚，但切忌过度渲染。这样可以给面试官留下一个诚恳、有能力，并且有自我完善能力的好印象。

如何缩短与陌生人的心理距离

与陌生人相处时,必须在缩短距离上下工夫,力求在短时间内了解得多些,缩短彼此的距离,力求在感情上融洽起来。孔子说:"道不同,不相为谋。"志同道合,才能谈得拢。

我们在百货公司买衬衫或领带时,女店员总是会说:"我替你量一下尺寸吧!"

这是因为对方要替你量尺寸时,她的身体势必会接近过来,有时还接近到只有情侣之间才可能的极近距离,使得被接近者的心中涌起一种兴奋感。

每个人对自己身体周围,都会有一种势力范围的感觉,而这种靠近身体的势力范围内,通常只能允许亲近之人接近。如果一个人允许别人进入他的身体四周,就会有种已经承认和对方有亲近关系的错觉,这一原理对任何人来说都是相同的。

本来一对陌生的男女,只要能把手放在对方的肩膀上,心理的距离就会一下子缩短,有时瞬间就成为情侣的关系。推销员就常用这种方法,他们经常一边谈话,一边很自然地移动位置,跟顾客离得很近。

因此,只要你想及早造成亲密关系,就应制造出自然接近对方身体的机会。

与陌生人相处时应避免的误区

在与陌生人交谈中,切忌提出一些只能让人回答"是"或"不是"的问题来。如果这样,就意味着你已经开始扼杀你们的谈话了。要给人能够展开话题的余地。而且,切忌说出太随便的话,否则很有可能会冒犯到你新认识的朋友,使得你之前所做的努力化为乌有。在交流的过程中,要对对方的话做出及时的反应,切忌总是说一些令自己"死机"的话,这样才可提升对方对你的好感。

第三节 与爱人相处

尊重:夫妻和谐的基础

尊重,是产生爱情的根源,是夫妻和谐的基础。恋人间没有相互尊重就不可能拥有真正的爱情，夫妻间没有相互尊重也就无法建立幸福美满的家庭。

相互尊重是幸福婚姻中不能忽视也不可忽视的因素，要想使家庭幸福，婚姻美满，夫妻之间就必须学会互相尊重，不能气势凌人，更不能轻视对方。

只有当你以一种平等的眼光看待爱人，把自己和对方摆在同等的位置上，不轻视、不压迫、不伤害、不利用爱人时，才能说你给了对方基本的尊重。

尊重，是爱的体现，只有尊重才能还原爱的本质。

信任：不给猜疑半点机会

夫妻之间最难得的是信任，而最要不得的是猜疑。建立一个幸福家庭需要两个人的共同努力，而毁了一个家庭却只需要一个人的猜疑。

电视剧《不要和陌生人说话》里面的男主角总对女主角疑神疑鬼，他把女主角看成了私人财产，严厉地干涉对方的社交活动和个人自由，最后使得原本很爱他的女主角装病逃跑，一个家庭破裂了。这个例子虽然比较极端，但也说明了一个问题：你的多疑会让对方产生逆反心理，进而厌倦你。当你自以为是地猜疑对方时，其实是在谋杀自己的婚姻。

生活中难免会遇到一些引人误解的事，这时两人应该相互信任，心平气和地把话说开，不要胡乱指责。被误解的一方也不要觉得受了委屈就不依不饶，你要理解爱人对你的感情——爱之深，责之切。用行动用语言向他（她）证明自己的清白，没有什么误会是解不开的。

关心：没有人能够拒绝

爱起源于关心，婚姻的保养更离不开关心。关心在婚姻生活中像阳光与水一样不可缺少，可以说，没有了关心，婚姻就会变得一片荒芜。

夫妻之间彼此都希望自己能在对方的心中占据最为重要的地位，关心的程度正好表现你对对方的重视程度。经常找时间打个电话给对方，关心地问候一句："工作辛苦吗？"又或者发短信给他："天气凉了,请加衣。"这些关心未必有实际用途,但起码能令对方暖在心头。

关心体现了你对另一半的牵挂,对另一半的关注重视。关心,有时仅仅是细微的一句话,就可以拉近夫妻之间的感情。

分工:明确分工,切断矛盾的源头

在你家里,谁来付账?谁倒垃圾?谁洗碗?谁做财务决策?谁做饭?谁安排度假?谁给孩子换尿布?谁洗衣服?谁参加家长会?如果你们不商量这些事情,并且做出明确、一致的分工,它们可能会成为你家里制造不满,甚至矛盾的源头。

在夫妻之间,未经讨论的职责通常会落到我们所谓的"传统"角色上。但是,传统是什么?如果你生长在一个父亲管账的家庭,而你的配偶却生长在一个母亲管账的家庭,问题就可能变得非常棘手。如果夫妻双方都忙于工作,没有时间谈,而有些"传统"的角色却不再明确时,事情就会更加复杂。因此,你们必须交流,必须阐明你们的预期。你们有必要对谁做什么、什么时候做达成一个明确的共识。

吵闹:不要因点滴小事伤害对方的心

小刘和小杨本来是一对最平常的夫妻,恋爱结婚都没有跌宕起伏的波折,可后来,经常为些鸡毛蒜皮的小事情,比如孩子的教育啦,对双方父母的态度啦,口角不断。最初,两人都没在意,觉得夫妻小吵小闹也没什么大不了的,哪有勺子不碰碗的?可争吵日日加剧,情绪也越来越激烈,就在这时,两个人几乎同时遭遇事业危机,心情都不好,没有彼此分担反而彼此埋怨,争吵就进入白热化阶段了。两个人开始摊开账目,细算彼此的所得和贡献,两人都不平衡!小杨问:"人家的妻子都是丈夫养着,整天穿金戴银,只管打扮自己。我这个不挂名的主妇包揽了所有的家务,还得自己挣钱,凭什么?你知道我有多累吗?"小刘说:"你挣的那点儿钱还不够你自己花的呢,你知道我在外面有多累吗?"一来二去,两个人吵伤了心,从热战变成了冷战。

小吵小闹，不仅影响了他们的感情，还影响了他们的生活基调，两个人都感叹生活好累、好烦、好没意思！

其实，谁家能没吵过架？舌头还有碰牙的时候呢！但是不能把吵架当作解决问题的方式。夫妻间有了矛盾就应该心平气和地解决，有什么话不能好好说？下次生气时，请在心里先默数到30再开口，你会发现自己的火气已经小了很多。人就是这样，你敬我一尺，我敬你一丈！这次你没发脾气，下次他（她）也不会为了一点儿小事骂你，双方都这样互敬互让，家里又怎么会不安宁！

注意沟通的语言艺术

生活中，夫妻因为一句话而大动干戈、狼烟四起的情况并不少见，恩爱夫妻为何会只因为一句话就争执不休？

究其原因，就是因为夫妻之间交流沟通不掌握语言艺术，刺伤了对方的心，天长日久冲突在所难免。

在夫妻进行有效的语言沟通时，委婉是一种颇有奇效的黏合剂。委婉是一种以坦诚开放的沟通来对待对方的方式，同时，要尊重他人的感受，不作无谓的伤害。

下面看一则对话：

丈夫：为什么你从来不帮我把干净的衬衫准备好，放在抽屉里？

妻子：我知道这惹得你生气，我以后注意。但是，你也要帮助我，记住把脏衣服放进洗衣盆里，好吗？

那位聪明妻子用委婉的语言艺术处理丈夫夸大其词的毛病，并以建设性的方式回答丈夫的夸大其词，慨然接受他攻击中的"合理部分"。这位妻子的回答丝毫没有纵容，也没有虚伪和掩饰感情的意思，有的只是尊重和体贴，结果就能使双方都感到满意。

恰当运用"我信息"

许多人常喜欢用"你信息"来沟通，如"你不准这样……""你难道不能……""你以为家里只有你一个人吗？"这容易让对方感受威胁，而引起反抗心理，或者激怒对方而引发矛盾。运用"我信息"，以我开头，"我觉得……""因为……我"则较无攻击性，让听者有较大的心理空间来思考你所说的话，而且用"我"开头，表示说话者自己负起这次沟通的责任；若用"你"来叙述，则把过错丢给听者，容易激起听者的负面情绪。

例如，"我很难过，因为我原本以为我们早就约好今天要一起吃饭的。"就比"你每次都说要忙公司的事情，到底是公事重要还是我重要！"让对方更清楚地了解你的感受，而不是遭受单纯的指责而已。

清楚地传递自己的感受

夫妻间在进行沟通时，一方要尽可能把自己的感受与期待明确地表达出来，简单、具体、明确，能让对方清楚你要表达的重点。

每个人的内在状态有如水面下的冰山，不容易让别人了解，除非你愿意表达出来，告诉配偶你的感受、观点、期待、渴望与需求，才能让配偶了解你的内在状态。

许多人习惯于表达看法，但只停留在表面的事件讨论及解决问题，很少把真正的感受表达出来，而表达感受却是让对方了解你的重点所在。

倾听比说更重要

在沟通时，许多人往往着急表达自己的意见，而忽视了别人，使沟通效果大打折扣。倾听是指站在对方的立场上，用心去了解对方所表达的意思。不只包含听到对方说什么，还要体会到对方话语里蕴含的意义，注意其手势、表情、声调、身体语言，然后对于所听到、观察到的，给予适当而简短的反应，例如"原来如此……""是……"以及点头，让对方知道你在听，也会让对方感受到被尊重。

倾听有以下几种态度：

（1）专注、不批评。未经对方请求所给予的建议都有可能被视为批评。

（2）不管是他或她在说话都要全神贯注。常常另一半跟我们说话时，我们不是想着下面要说些什么，就是把注意力放在别的事上，比如准备晚餐或是看电视。

（3）用感情聆听，而不要论断。伴侣所说的话只不过是很单纯说出心中的感受，这些感受对你来说都是很宝贵的信息。不要说："你不能这么想！"相反的，反问他："这不是你的感受，我说对了吗？"

（4）不要打断对方说话，早晚会轮到你发言。嘴巴闭上时，话语听得最明白。

不要强迫对方接受你的想法

如果有人总是强迫你接受他的看法，企图说服你跟他想法一致，这样的谈话，很少不让人感到讨厌。这个人显然不尊重你做决定的权利。如果你要另一半了解你的感受，自然得设法向对方表达，但是在诉说自己感受的同时，并不表示另一半必须放弃他对事物的看法或价值观。

千万不要强迫对方接受你的想法，如果无法找到彼此都同意的论点，不妨学着去尊重对方的看法，并尝试对他产生这种观点的背景做一番整体性的了解。这样相互尊重的结果，你反而更有机会表达你的立场。

温柔地回报他（她）的爱

研究证实，夫妻之间存在着一种"镜子效应"：丈夫对妻子笑，他便会从妻子脸上看到满足和幸福；反之，妻子对丈夫也是一样的。要知道，男性和女性在心理上都有很脆弱的一面，婚姻像个细瓷碗，要轻拿轻放；婚姻是棵缓慢生长的珍贵植物，需要耐心地浇灌施肥，不要让它经历太多的酷暑严寒。

小王体谅到妻子做家事的繁杂与无聊，对妻子说，每个星期六下午放妻子四小时假，由小王来看小孩，而妻子可以在这四小时当中逛街、美容、看书、探望同学朋友，做任何她高兴做的事情。

小王的做法无疑是聪明的，他不仅不认为女人必须做永远做不完的家务事，他更体会到让妻子高兴也就是使自己快乐的最好方法。妻子有了每周四小时的自由时间来调剂，平时家事做得更顺心与尽力，对丈夫的体贴更是满怀感激与爱意。家庭并没有因放假而大乱，反而更有效率、更有气氛。更重要的是，夫妻之间的一个主动关怀，才是彼此为对方着想的绝佳状况，这种婚姻才能长久。

付出了真切的爱，却没有相应的回报，是一件最令婚姻中夫妻感到心理不平衡的事情。无论丈夫还是妻子，在付出时都渴望"镜子效应"的实现，当你的另一半对你表现出爱意时，切记一定要在尽可能短的时间内，也去温柔地回报他（她），哪怕只是一句暖人心肺的话。

坦然面对婚后感情淡化问题

步入婚姻这座"围城"之后，夫妻之间往往不如恋人之间那样相互亲热和富有吸引力了，双方都感到彼此的感悟比婚前淡化了许多。有人说婚姻是爱情的坟墓，就是对这种现象的夸大。

所以，在感情出现淡化的情况下，夫妻双方要积极调整心态，坦然接受这一现实，然后寻求其他的方式发展感情。

夫妻相互的容忍，是保持心理平衡不可缺少的因素。夫妻间最忌讳的是两个人都大声说话，只要多顾忌对方的想法，就不会闹得不可开交。就好像"情侣"的"侣"，这个字有两个口，但两个口是不一样大的，也就是一个"大口"，一个"小口"，这告诉我们，夫妻或情侣间当有一方大声讲话时，另一方就要小声一点儿。如果两个人都一样大声，恶语相向，最后演变成"言语暴力"，很容易就会出现大问题，到了后来，很可能一发不可收拾。

因此，夫妻双方就像坐在跷跷板的两端一样，各自都必须不断调整自己的位置，否则就无法达到稳定的关系。婚姻破裂的最主要因素，不是夫妻间的差异，而是无法适当地处理这些差异。所以，唯有相互的容忍和适应，才能让夫妻双方的心理保持平衡，从而拥有一份幸福美满的婚姻。

冲突发生时，不应该有的行为

夫妻相处难免会有冲突发生，但在愤怒的当下，最好不要做出以下行为：

（1）威胁要离婚——假如你其实

并不想离婚。

（2）攻击对方的品格、动机、价值。

（3）攻击对方的家人。

（4）不要翻旧账，例如：你老是那样，上一次也是……

（5）把别人牵扯进来，例如：你难道认为你父亲是个负责任的人吗？

（6）在被要求时反要求，例如：你自己昨天还不是这样。

积极配合你的另一半

如果想消除夫妻性生活中的危机，拥有一个美满和谐的性生活，夫妻双方要积极配合，其中有秘诀：

（1）彼此付出无条件的爱。丈夫必须全心爱护妻子，让妻子感觉到安全感，而妻子也必须相信及爱护丈夫，而不是胡乱猜疑，两者只有在爱和被爱的情况下，性爱才会美满。

（2）彼此不要羞辱对方。两者不要因为不满彼此身体部位的体积或是"床上功"不佳而直言批评，应该大方地接受并尊重彼此的缺点

及性能力，互相勉励和支持。

（3）彼此配合而不是单方面掌控。丈夫普遍喜欢在床上控制大局，等待妻子"服侍"，其实他应该考虑到妻子的性需求，总之，两者必须互相配合，而不是任由一方控制。

（4）彼此坦诚表明自己的感受。两者必须公开表明自己的性需求及感受，以及最喜欢对方为自己做什么，然后互相了解及做出取舍。

第四节 与家庭成员相处

父母应给予孩子尊重与理解

父母与孩子，作为两个不同的个体，最基本的就是平等，这样才能沟通。所以父母应放下自己的架子，把孩子当成一个大人，当成一个朋友，而不是把他们当成永远长不大、永远不懂事的小不点儿。父母应做到和孩子平等地讨论问题，让孩子有发言的机会，尊重孩子的想法，营造比较民主的家庭气氛，以缓和大人与孩子的紧张关系。

在日常生活中，父母可试着抽

时间与孩子聊聊天,耐心地倾听孩子的讲述,听取他的意见和建议,理解他的情绪,给他自主决策的机会。这样,孩子也就容易敞开自己的心扉,对父母讲自己的心里话。渐渐地,那条横在父母与子女之间的代沟便会日益缩小。

关心孩子的内心世界

父母与孩子之间的代沟很明显的表现是双方谈不到一块儿。与跟老年人谈话相比,跟孩子们谈话似乎更需要一种类似天赋的才能。你必须会说孩子们的话,懂得孩子们的内心世界,甚至还要保持与孩子们一样的天真,尊重孩子们的想法和观点。

在和孩子们交谈之前,你必须主动而自然地与孩子们接近。一般来说,未涉世的孩子都很害羞,不敢看你,不敢跟你接近,觉得你又怪、又大、又老。因此,你不要指望一下子就同孩子们亲热起来,因为你突然的亲近可能引起孩子们的害怕心理。开始同孩子们接触时,应该有意识地与孩子们保持一段距离,只对他们偶尔地注意一下,表示一下好感,等到孩子们对你的存在习以为常,感到你并无恶意之后,然后再寻机会同孩子们接近。

要真正与孩子们很好地相处,你还必须了解孩子们心理、生理上的特点,懂得他们喜欢什么,不喜欢什么。

随着社会的发展,科技的进步,孩子们智力的发展越来越趋向早熟。因此,经常看一些最新的关于儿童心理的书、电影和小说,对你与孩子们相处将大有裨益。

对孩子的"爱"需要讲究方法

每个做父母的都希望自己的"儿子成龙,女儿成凤",他们给孩子倾注了全身心的爱,事无巨细都替孩子着想,恨不得一切包办代替,就像有的母亲所说:"我一颗心都扑在孩子身上,可以说现在所做的一切都是为了孩子;只要孩子将来有出息,再苦再累我都愿意。"可是,做父母的不知道,有时太多的爱,对子女来说是一种负担,它会压得孩子透不过气来。而孩子为了甩掉这份爱,就可能对父母无缘无故地发脾气,或尽量躲避父母所给予的爱。而且，这种毫无节制的爱，也是对孩子成长空间的一种限制，将明显地扼杀孩子独立个性的发展。一句话，爱也会使孩子窒息。

因此，"爱"是需要讲究方法的。要做到理智地爱，最关键的是要尊重孩子，给孩子独立的空间，在关爱中引导孩子成长。这样也有助于缩小与孩子之间的距离。

有位母亲表现了一种现代父母对孩子的新认识与更博大的爱，她这样说："非常高兴今天我们能有这样一个交流的好机会。其实，孩子，妈妈很愿意成为你的朋友，你可以去闯自己的世界，妈妈不反对，困了、累了到家里歇歇，受伤的时候随时都可以回来，请相信无论你犯了什么错误，妈妈都一如既往地爱你，家永远是你的避风港，妈妈永远是最爱你的人。"

如果每一位父母都能以这样的胸怀来对待孩子、来爱孩子，孩子的逆反心理以及两代人之间的代沟冲突还会存在吗？

与孩子相处两忌

（1）切忌因为孩子小而看不起他们，而应尊重他们。他们与大人一样有独立的人格，有他们的感情、思想，不是低等动物，不是供你随意戏弄的玩物。他们对真与假、善与恶、是与非都有一定的辨别能力，甚至会记住一辈子。

（2）切忌对孩子过分施爱，这种非理智毫无节制的爱，只会限制孩子的成长空间，扼杀孩子独立个性的发展。

在婆婆面前演点"肉麻戏"

这并不是说要你和丈夫在婆婆面前表现得过分亲昵，而恰恰相反，这可是为人媳妇最应忌讳的一点！这里所说的"肉麻戏"，乃是指在婆婆面前你要表现出你对丈夫的疼爱与照顾。比如，如果你们没和婆婆住在一起，你就可以与丈夫在婆婆面前合演一些戏，让你的婆婆知道，你对她的宝贝儿子可是呕心沥血的，什么好吃的、好用的，你都不跟他抢；什么家里家外的事，你都抢着做。此时，肉麻一点、夸张一点儿都不要紧。重要的是，要让婆婆的心理得到满足，要知道，当妈妈的都偏心眼，就是看你怎么歪打正着啦！

一旦婆婆满意了你的这一点，她就会马上心疼你的营养不良、辛苦劳累，巧克力会成打地给你买，家务会大力地帮你做。终有一天，婆婆会把你拉到一旁说："你啊，不要把他宠坏了，让他自己动动手吧！"她嘴上虽然如此说，心里却是甜丝丝的，肯定是对你满意至极。

永远与婆婆同一战壕作战

一般来讲，婆婆很容易把媳妇看成"编外人员"，而心生隔膜，所以为了使婆婆早日接纳你，你必须要"更高、更快、更强"地灌输给婆婆一些"迷魂汤"，全方位地使她感受到你甚至比她亲儿子还要向着她。这是婆媳相处的重要一招，百试不爽！

做媳妇的不妨大度一点

在旧社会，"多年的媳妇熬成婆"，媳妇受尽了婆婆的欺负，可现在不同了，你又年轻又独立，她那宝贝儿子好不容易把你追到手，在他心目中你的地位可是如日中天。相比起来，婆婆却正好相反，所以她才会把你视作"竞争者"，潜意识里会对抗你的"入侵"。而这些，正是她心虚、敏感的表现，由此，她才会和你斤斤计较，不肯示弱。

此时，你不妨照顾一下婆婆的不良情绪，遇到一些明明是婆婆做得不好的事情时，你尽可以大度一下，低下你高昂的头颅，表现出你已经服输，等到婆婆心气顺了，想必她也不会真的和你没完没了。

婆媳相处四忌

（1）媳妇切忌跟婆婆年龄、地位相当的女性来往密切。遇到问题时要在第一时间和婆婆沟通，而不是别人。同时要把婆婆当作朋友看待。这样既可以赢得婆婆的信任又可以建立起密切的婆媳关系。

（2）不管你和丈夫之间的关系有多密切，也不管他在背地里如何的温顺。切忌在婆婆面前对他颐指气使，而要在婆婆面前充分表现出你的贤德来。

（3）切忌在老公面前批评他的任何亲戚，特别是婆婆那边的亲戚。

（4）切忌争吵。在任何情况下，婆媳都不要"针尖对麦芒"地吵，如果一方发威了，另一方要暂时忍让，平时如果有些意见，千万不要和邻居、亲友乱讲，话传来传去，往往没有矛盾也弄出矛盾来。但是有些事情如果非说不可，有机会双方可以好好地、开诚布公地说，或是由儿子恳切地转达。

取得小姑子心理上的认同

尊重小姑子，就是要尊重她的人格，尊重她的自尊心，切不可为一点儿小事，就以长者自居，挖苦她、贬低她；理解小姑子，就是正确对待她在生活、工作和学习中遇到的酸甜苦辣，并给予支持与帮助。小姑子在生活、工作和学习中，可能会遇到种种麻烦，甚至是挫折，也许在单位里人们不能理解她，不能正确对待她，这时，嫂子就要向她伸出热情之手，给她无微不至的关怀。关心小姑子，一方面要关心她的工作和学习，另一方面，还要关心她的生活、她的人生大事。只有这样做了，小姑子才会在心理上认同你，才会拉近彼此之间的距离，才会像亲姐妹一样无话不说，无事不讲。

多关心小姑子的学习或工作

由于年龄差异，有的小姑子也许在读书，有的小姑子也许参加了工作。不管在读书还是在工作，作为嫂子要多关心小姑子的学习和工作。不要因为她不是自己的亲妹妹，情就淡些，爱就少些。如果小姑子年龄尚小，正处于在校读书学习阶段，可抽时间去学校看看她，了解她学习和生活方面还存在哪些问题。小事见精神，小事能体现长者之爱。如果你真心实意地去关心她，爱护她，她也一定会把你当作自己的亲姐姐看待。如果小姑子已参加了工作，可结合自己的工作经历，教小姑子如何处理与同事和领导的关系，如何去面对新的人生，等等。

把小姑子当成自己的亲妹妹

有些嫂子把小姑子看成一个包

袄，把她当成争夺公公婆婆财产的"眼中钉"，对她往往不冷不热。看到婆婆对小姑子好，就生忌妒，心怀不满，生怕婆婆将自己的"私房钱"独自给了小姑子。媳妇应该明白，小姑子和婆婆本是母女俩，婆婆对女儿好点儿，在情理之中，媳妇应能理解。不要因为小姑子不是自己的亲妹妹，就对她漠不关心。只有把小姑子当成亲妹妹，有福同享，有难同当，这样才会有家庭的和睦和幸福。

对嫂嫂宽容大度，以礼相待

小姑子自幼生长在这个家庭，对家庭的生活模式是适应的，她的性格和习惯一般都能为家庭的其他成员所理解和谅解。因此，相对于嫂嫂来说，小姑子是生活在一个熟悉、友善、"左右逢源"的家庭中；而嫂嫂却不同，她是家庭中的新人，其他成员同她既没有血缘联系，又对她的性格和思想没有深入的了解，她自己也对婆家的生活模式在短时期内无法适应，因此，相对于小姑子来说，嫂嫂是生活在一个陌生的"碍手碍脚"的家庭。正因为如此，做小姑子的就应该理解嫂嫂的处境和心境，不仅要以礼相待，而且要对嫂嫂的缺点和过失采取宽容的态度，并热心帮助嫂嫂熟悉适应婆家的生活，并尽力让家中的其他成员了解嫂嫂，也让嫂嫂了解家庭中的其他成员。

搭建友好婆媳关系的桥梁

小姑子应主动搭建友好婆媳关系的桥梁，在沟通、融洽婆媳关系中做出重大贡献。嫂嫂不了解母亲的性格和生活习惯，小姑子理应主动介绍、解释；母亲同嫂嫂发生了不愉快的事，小姑子应该从中周旋，缓解矛盾，尽量不要让不愉快的事在双方的心灵上留下阴影。平时，小姑子应该注意，在母亲面前尽量不要说嫂嫂的坏话，多说嫂嫂的长处，因为，对于母亲来说，女儿对嫂子的评价比儿子对媳妇的评价更具有可取性。同时，婆媳关系搞好了也能更加促进姑嫂关系的融洽。

妯娌相处，重在彼此尊重和理解

也许有人会想，既然都是一家

人了，觉得没有必要像在人前那样，装出一副彬彬有礼的样子，其实这种想法是不对的。人，不管什么时候都应该讲礼貌，讲礼貌并不是装出来给别人看的。那种都是一家人，有没有礼貌都无所谓的想法无疑会让人与人之间的关系恶化，尤其对于妯娌来说，是更应该讲礼貌的。大家生活在一个礼貌谦让的家庭中，如果能够站在自己丈夫的立场上，多替他们兄弟想一想，彼此给予理解和尊重，注意彼此间感情的交流，好的家庭关系是很容易建立起来的。

妯娌相处，要多交流多沟通

由于妯娌是从各个不同的家庭走到一起的，双方都没有什么了解，因而，彼此间经常的感情交流、心灵沟通，对于增进了解和加深感情是很必要的。发生了什么事情，大家坐在一起，互相商量解决办法，这样才是最好的相处方式。切记不可自作主张、自以为是，那样会让人觉得你目中无人，反而会更加深彼此间的矛盾。凡事和她商量，会让对方觉得你很重视她，无形中，你们的距离就拉近了许多。

妯娌相处，要彼此真诚相待

由于妯娌是来自各个不同的家庭，生活的环境和生活习惯，所受过的教育、爱好、情趣等都会有很多的不同，这些都是产生矛盾的原因。完全不同的人，突然间生活在一起，发生一点儿小摩擦、小矛盾都是在所难免的。矛盾一旦发生，最好的办法就是双方都能敞开胸怀，谅解对方，以求和解。

妯娌间的相处，应该胜过亲姐妹，不要计较别人的闲言碎语，更不能要求在什么方面都一律平等，相互间要真诚相待，不能为了一点儿小事，就到处搬弄是非，挑起矛盾，或是去找来自己的亲人朋友帮忙，为了自己的一点儿私利就挑起事端，来破坏整个家庭的生活。

第三章

语言沟通

第一节 说服他人

抓住最佳时机

要抓住最佳时机，就要善于在人的思想、情绪容易发生变化或可能出现问题的关口及时进行说服。一般来说，工作调动、毕业分配、入党入团、家庭事件、婚恋受挫、提职加薪、意外事故、住房分配、子女就业、战士报考军校、退伍回乡、请假探家、负伤患病，等等，人们在面临这些情况时，极容易产生思想波动，这也正是进行说服的好时机，在这种时刻要及时劝导提醒，防患于未然。

个别说服的时机是否恰当，可以通过观察对方的情绪表现进行判断。如果对方心平气和，或者表现出情绪超乎平静的迹象，这往往说明时机较为合适。如果发现对方表现出反感和对立情绪，我们除应检查谈话方式、方法或自己的观点、态度是否正确外，还应考虑谈话的时机是否成熟，及时中止谈话，以免造成不利的后果。这时，我们应积极观察，耐心等待；或者采取恰当措施，创造有利的时机，使说服一举奏效。

说服他人时忌官腔官调

官腔官调会给人一种高高在上、唯我独尊、主观武断的官僚作风和指手画脚、发号施令的作用，这对于说服是十分不利的。所以在说服时还必须注意坚持实事求是的态度，慎用套话，加强语言表达能力的培养。此外,说服别人时,如果条件不具备就急于求成,不前思后想,总想一劳永逸,其结果往往事倍功半,"成"效甚微,甚至把矛盾激化。

从对方最得意的事情说起

生活中每个人都有自己认为得意的事情,这事情的本身,究竟有多大价值,是另一问题,而在他本人看来,却认为是一件值得终身纪念的事。你如果能预先打听清楚,在有意无意之间,很自然地讲到他得意的事情,只要他对你没有厌恶的情绪,只要他目前没有其他不如意的事情,在情绪正常的情况下,他一定会高兴地听你说的,当然此时说服他就容易多了。

当然,对方得意的事情要从哪里去探听,就需要另谋途径,你可以试着在你的朋友之中找一下有否与对方交往的人,如果有,向他探听当然是最容易的。如能留心报纸上的新闻或其他刊物,平日记牢关于对方的得意事情,到时便可以应用。此外,随时留心交际场中的谈话,像这些时候谈到对方得意的事情,也是很平常的。但是必须注意,对方得意的事情,是否曾遭到某种打击而消灭,如有这种情形,千万别再提起,以免引起对方不快,反而对你不利。因为对方在高兴的时候,他易于接受你的请求;在对方不高兴的时候,虽是极平常的请求,也会遭到拒绝。比如对方新近做成了一笔生意,你称赞他目光精准,手腕灵活,引得他眉飞色舞,乘机稍示来意,也是好机会。诸如此类的例子很多,全在于你随时留心,善于利用。

避开正面,迂回劝导

在人际关系中,当遇到难以正面说服的人或难以拒绝的人时,我们就要考虑改变一下策略,避开正面,绕绕远路迂回出击对付说服的对象,在他们的头脑中总会抱有一定的观点、立场,乃至成见;这些观点、立场乃至成见又不是随意产生的,而是经过生活的点滴积累和思考分析后形成的,所以它的根牢固,不容易改变。说服者如果只知道单刀直入、直截了当地针对对方的观点、立场、成见展开辩论,肯定难于奏效。倘若从旁门、侧面入手，通过一些迂回的劝导应能自然而然地创立一种和谐的环境和气氛。进而借机转入正题，展开说服，这就是迂回劝导的说服方法。

先接受对方的想法

当你感觉到对方仍对他原来的想法保持不舍的态度，其原因是尚有可取之处，所以他反对你的新提议。此时最好的办法，就是先接受他的想法，甚至先站在对方的立场发言。

"我也觉得过去的做法还是有可取之处，确实令人难以舍弃。"先接受对方的立场，说出对方想讲的话。为什么要这样做呢？因为当一个人的想法遭到别人一无是处的否决时，极可能为了维持尊严或咽不下这口气，反而变得更倔强地坚持己见，抗拒反对者的新建议。若是说服别人沦落到这地步，成功的希望就不大了。

某家庭电器公司的推销员挨家挨户推销洗衣机，当他到一户人家里，看见这户人家的太太正在用洗衣机洗衣服，就忙说："哎呀！这台洗衣机太旧了，用旧洗衣机是很费时间的，太太，该换新的啦……"

结果，不等这位推销员说完，这位太太马上产生反感，驳斥道：

"你在说什么啊！这台洗衣机很耐用的，到现在都没有故障，新的也不见得好到哪儿去，我才不换新的呢！"

过了几天，又有一名推销员来拜访。他说：

"这是令人怀念的旧洗衣机，因为很耐用，所以对太太有很大的帮助。"

这位推销员先站在太太的立场上说出她心里想说的话，使得这位太太非常高兴；于是她说："是啊！这倒是真的！我家这部洗衣机确实已经用了很久，是太旧了点，我倒想换台新的洗衣机！"

于是推销员马上拿出洗衣机的宣传小册子，提供给她做参考。

这种推销说服技巧，确实大有帮助，因为这位太太已被动摇而产生购买新洗衣机的决心。至于推销员是否能说服成功，无疑是可以肯定的，只不过是时间长短的问题了。

先"捧"再说服

为了说服他人，我们不妨"捧"他几下。所谓"捧"，并不是"瞎捧"，也不是"乱捧"，要根据对方的实际情形来"捧"，因为每个人各有所短，也各有所长。

战国时期，韩国修筑新城的城墙，规定限15天完工。大臣段乔负责主管此事。有一个县拖延了两天，段乔就逮捕了这个县的主管员，将其囚禁起来。这个官员的儿子设法解救父亲，就找到管理疆界的官员子高，让子高去替父亲求情。子高答应了这件事。

一天，见了段乔后，子高并不直接提及释人的事，而是和段乔共同登上城墙，故意左右张望，然后说："这墙修得太漂亮了，真算得上是一件了不起的功劳。功劳这样大，并且整个工程结束后又未曾处罚过一个人，这确实让人敬佩不已。不过，我听说大人将一个县里主管工程的官员叫来审查，我看大可不必，整个工程修建得这样好，出现一点小小的纰漏是不足为奇的，又何必为一点小事影响您的功劳呢？"

段乔见子高如此评价他的工作，心中甚是高兴，然后又听子高的见解也在情理之中，于是便把那个官员放了。

那个官员之所以能够获免，原因在于子高的求情。子高把一顶高帽子给段乔带上，然后就事论题，深得要领，不能不令人拍案叫绝。其实，一般人都存在顺承心理和斥异心理，对那些合自己心意的就容易接受。因此，顺应事物的发展规律，巧言游说，便容易成功。

当然，"捧"不等于奉承，不等于谄媚。普通人对于别人，只见其短处，不见其长处，且把短处看得很重大，把长处看得很平凡，所以往往觉得"欲捧而已无可捧"之感，其实只要你先存着"人无完人"的思想，原谅他的短处，看重他的长处，可捧的地方多着呢！所以，要说服别人，不妨找准他的痒处，把他吹捧上天，让他在舒服的同时又无法拒绝你的要求，从而达到你的目的。

巧用悬念，说服固执之人

在生活中，再随和的人有时也有固执的一面，人在固执时其心理往往处于一种紧张封闭状态。直言相劝恐怕会碰钉子，巧妙地制造悬念，通过卖关子来吊对方的胃口，松弛对方的紧张抗拒情绪，转移其注意力，然后再进行劝说，则比较容易达到目的。

某建筑公司的李工程师，有一次说服了一个刚愎自用的人。一个工头，他常常坚持反对一切改进的计划。李工想换装一个新式的指数表，但他想到那个工头必定要反对的。李工去找他，腋下挟着一个新式的指数表，手里拿着一些要征求他的意见的文件。当大家讨论着关于这些文件的事情的时候，李工把那指数表从左腋下移动了好几次，工头终于先开口了："你拿着什么东西？"李工漠然地说："哦！这个吗？这不过是一个指数表。"工头说："让我看一看。"李工说："哦！你不要看的！"并假装要走的样子，并说："这是给别的部门用的，你们部门用不到这东西。"

但是，工头又说："我很想看一看。"当他审视的时候，李工就随便但又非常详尽地把这东西的效用讲给他听。他终于喊起来说："我们部门用不到这东西吗？糟糕，它正是我想要的东西呢！"李工故意这样做，果然很巧妙地把工头说动了。

对于自以为是的人，要说服他，最忌正面交锋、针锋相对，这样不但不能达到预期的目的，反而会激怒被说服者，使其更加坚守自己的观点。要说服这种人，应该先巧妙地制造悬念，把他的好奇心诱发出来，在解释悬念的过程中，可用简单的事理或推论证明对方的错误性，从而让其改变观点。

那么，怎样才能很好地运用制造悬念这一方法呢？有两点需要注意：一是悬念要具有新奇性；二是悬念和劝说的主题要具有关联性。紧紧把握住这两点，你便能巧妙地说服对方。

肯定性的问答，更易说服对方

我们在说服他人时，对方能不能被说服，关键是你能否牵着对方的思维跟着你的话题走。这种行为就是"诱导"。

诱导别人的一个绝妙方法就是从一开始你就要对方回答"是",而千万不要让他说出"不"来。

心理学家说,当一个人对某件事说出了"不"字,无论在心理上还是生理上,比他往常说其他字要来得紧张,他全身组织——分泌腺、神经和肌肉——都聚集起来,成为一种抗拒的状态,整个神经组织都准备拒绝接受。反过来看,一个人说"是"的时候,没有收缩作用的产生,反而放开,准备接受,所以在开头我们获得"是"的反应越多,才能越容易得到对方对我们最终提议的认同。

而且,每个人都坚持他的人格尊严,他开头用了"不"字,即使后来他知道这"不"字是用错了,但为了自尊,他所说的每句话,他都会坚持到底,所以我们要绝对避免对方一开头就说"不"字。

可见,学会循序渐进,一点一点引别人接受,一点一点诱别人上钩,既是说服他人的小技巧,也是嫁接成功的大原则。

站在对方的立场进行说服

说服时,不考虑对方的立场,或是找些莫名其妙的解释来搪塞,都会使事情更难处理。如果你想改变人们的看法,说服别人,而不伤害感情或引起憎恨,最好的方法就是:试着诚实地从他人的角度来看事情。你想让他人接受你的建议,就应该设身处地地想一想他们的处境、他们的感受。唯有如此,你才能取得说服的成功。

卡耐基有一次租用某家饭店的大礼堂来讲课。有一天,他突然接到通知,租金要增加三倍。卡耐基去与经理交涉,他说:"我接到通知,有点儿震惊,不过这不怪你。如果我是你,我也会那样做。因为你是饭店的经理,你的职责是尽可能使饭店获利。"

紧接着,卡耐基为他算了一笔账:"将礼堂用于办舞会、晚会,当然会获大利。但你撵走了我,也等于撵走了成千上万有文化的中层管理人员,而他们光顾贵饭店,是你花五千元也买不到的活广告。那么哪样更有利呢?"经理被他说服了。

卡耐基之所以成功，在于当他说"如果我是你，我也会这样做"时，他已经完全站到了经理的角度。接着，他站在经理的角度上算了一笔账，抓住了经理的诉求：赢利。使经理心甘情愿地把天平砝码加到卡耐基这边。

试着去了解别人，从别人的观点来看待事情，就能赢得别人的信任，在说服别人的同时还能减少人际交往的摩擦，使你获得友谊。设身处地替别人着想，了解别人的态度和观点。不但能得到你与对方的沟通和谅解，而且能更清楚地了解对方的思想轨迹及其中的要害点，瞄准目标，击中要害，就能使你的说服力大大提高。

说服他人时如何避免激化矛盾

大量的说服事例表明，因说服而使矛盾更加激化了的情况，主要有两类：

第一类是强化了对方本来就不该有的消极情绪，从而火上浇油，扩大了事态。

第二类是"惹火烧身"。因说服方法不当，激怒了对方，使对方把全部的不满和怨恨情绪都转移到你身上，你成了他的对立面和"出气筒"。

所以要想做说服者，就要有涵养，有博大的胸怀和宽厚仁义的气质。遇到上述情况，绝不可为了顾全自己的面子而反唇相讥，以牙还牙，使玉帛变干戈。

由别人去做结论

平庸的说服者会急于切中他的主题，抢先做出结论，而优秀的说服者则首先创造一个互相信任和心心相印的气氛，然后再提供自己的看法，而且仅仅是提供看法，而由别人做结论。

天锐公司需要添购一套自动化电镀设备，许多厂商闻讯纷纷前来介绍产品，负责电镀车间的老王因而不胜其扰。但是，有一家制造厂商就别出心裁，写来这样的一封信："我们工厂最近完成了一套自动化电镀设备，前不久才运到公司来。由于这套设备并非尽善尽美，为了能进一步改良，我们诚恳地请您拨冗前来指教。为了不耽误您的宝贵时间，请随时与我们联系，我们会马上开车接您。""接到这封信真使我惊讶。"老王说,"以前从没有厂商询问过我的意见,所以这封信让我觉得自己重要。"看了这套设备之后,没有人向他推销,而是老王自己向公司建议买下那套设备。所以,要说服成功,就不要把自己的意见强加于别人身上,而是由别人自己做出结论。

第二节 调解纠纷

根据调解对象的心理特点加以调解

既然是调解,那么调解的双方均属于没有什么严重冲突的人民内部矛盾,应以和平解决为最佳途径,这就要求调解语言既符合法律规范,又要符合调解对象的特定心理。有时调解语言虽然合理、合法,却不合"情"。可见,调解语言不可生搬硬套,必须根据调解对象的不同的心理特点,选用不同的调解语言。

晓之以理,动之以情

世人常说"良药苦口利于病,忠言逆耳利于行"。但随着科学技术的迅速发展,良药也裹上了糖衣,变得可口了。既然良药未必苦口,那么忠言也未必逆耳,这就取决于说话的方式方法的优劣了。作为调解人员的你要抓住了调解对象自尊心理、爱面子的心理,从维护双方名誉出发,晓之以理,动之以情,使忠言的表达深刻得体,忠言也变得顺耳利行了。

抬高一方使其主动退出

俗话说:"一个巴掌拍不响。"在双方接受自己来进行调解之后,可以考虑主攻一方,让其主动退出争执,另一方没了冲突对象,纠纷自然化解了。

让当事人为顾全面子而退出争执。对一方当事人进行夸奖,讲述他曾经有过的可引以为自豪的事情,唤起他的荣誉感,使之为了保全荣誉感和面子,主动退出争执。这种方式对于绝大多数受过良好教育的人都非常有效,因为荣誉和颜面往往是他们很看重的,是他们约束自己的动力。

小王与小刘是学校新来的两位年轻教师,小王心细,考虑事情周到;小刘性情鲁莽,但业务能力强。两人因一件小事发生争执,小王说不过小刘,并且被小刘训了一顿,觉得非常委屈,就去向校长诉苦。校长说:"小王啊,你脾气好,办事周到,大家都很欣赏。你是个细致的人,小刘是个急性子,脾气上来了连自己说了什么都不知道。你怎么能和他计较呢?你一向都非常注意团结同事、不感情用事的,怎么能为了这么点事情就觉得委屈呢?"一番话说得小王心里又甜又酸,从此再也不与同事争执了。

事例中校长就是巧妙地运用了这一方法。他先夸奖小王,然后强调两人之间的差距,让听话者的一方受到赞扬,从而轻易化解了两人之间的冲突。

不过这个调解办法在使用时必须注意不可伤害到另一方的自尊,你对一方的"抬高"最好不要当着另一方的面说,否则会事倍功半,收效不佳。

另外,跟当事人说一件很重要的事让他感觉到自己的地位及价值的存在,从而让他退出争执,也是一种不错的方法技巧。冲突之所以持续,往往是一种非理性情绪支配的结果。所以,如果在调解冲突时,提出一件足以唤起一方理性思考的事情,转移其注意力,往往也能达到让一方退出争执、化解冲突的目的。

劝架要一碗水端平

劝架最重要的是一碗水端平,要做到公平。

(1) 了解情况

盲目劝架,讲不到点子上,非但无效,有时还会引起当事人的反感:"不了解情况,瞎说什么?"而弄清情况再讲话,效果就较好。假如对邻居、同事间原因复杂的争吵,更要从正面、侧面尽可能详尽地把情况摸清,力求把话讲到当事人的心坎上。解绳结就要看清绳结的形状,解除心上的疙瘩,更要把疙瘩看透。

(2) 分清主次

矛盾有主次方面,吵架的双方有主次之分。劝架不能平均使用力量,对措辞激烈、吵得过分的一方重点做工作,就比较容易平息纠纷。如果不分主次,平均使用力量，效果肯定不佳。

（3）客观公正

劝架要分清是非，客观公正，做到分析中肯，批评合理，劝说适当。不能无原则地"和稀泥"，不分是非各打五十大板；应该实事求是，既要弄清是非，又要团结同志。

冲突双方之所以争论不休，往往是对于某个问题看法不同，而非要争个对错是非出来，结果各执己见、互相褒贬，一发而不可收，甚至互伤对方尊严。作为调解人，面对争论的双方，不能轻易下结论说谁对谁错，不能对哪一方做道德的评价，这样只会加剧冲突。

调解人最好是把双方的争执点，把双方的差异性归结为一种客观原因，让双方都不承担对错责任。这等于给双方台阶下，让双方的心理都能感到平衡，所以双方往往能平静下来，逐渐消除冲突力。

其实做一个好的调解人，也并不是特别困难。只要秉着一颗公正无私的心，做到"一碗水端平"加一些语言的技巧就可以了。

调解纠纷时先表"赞同"

在进行调解时，由于其特定的身份，往往使调解对象持有紧张、戒备，乃至对立的情绪。要使自己的意见易于被调解对象接受，不妨适当采用"赞同"的方法，即强调谈话双方在某一方面的"一致性"的方法，如强调共同愿望，肯定对方某一点意见的正确等等。

这种寻找"一致性"的方法，有助于打消调解对象的对立心理，平定激动情绪，从而理智地、心平气和地接受自己的正确意见。这种找共鸣点，先赞同长处，后驳斥短处的调解语言，既使调解对象的委屈、愤怒心理得到了平衡，又使其顺其自然地接受了自己的意见，收到了事半功倍之效。

唤起当事人的荣誉感

讲述吵架者可引为自豪的一面，唤起其内心的荣誉感。一个人曾经拥有的荣耀和嘉奖常常会成为鞭策其严于律己的动力，但是在吵架的过程中，人们由于情绪激动，往往容易忘记平时对自己的要求。

因此，调解人应该适时地点明争吵者引以为豪的地方，唤起他的荣誉感，使他认识到作为一个受人尊敬的人，应该克制自己的情绪，用理智来解决问题，这样才无愧于自己的荣誉，于是自觉放弃争吵。

例如，在一辆公共汽车上，乘务员关车门时夹住了乘客，但自己还不认账。这时一位名叫小丁的青年打抱不平，对乘务员说："你是干什么吃的！不爱干，回家抱孩子去！"乘务员嘴像刀子，两人吵了起来。这时，站在小丁旁边的一位老人发话了，他拍了拍小丁的肩膀说："小丁，你当机修大王还不够，还想当个吵架大王吗？"青年说："师傅，我可不认识你呀！"

"我认识你，上次我去你们厂，你站在门口的光荣榜上欢迎我，那特大照片可神气呢！"小伙子一下红了脸。老者说："以后可不要再吵架了，这不是解决问题的办法嘛。"一场纠纷就这样平息了。

在这个例子里，被唤醒的荣誉感发挥了很大的作用。小伙子由于打抱不平而与人争吵，那位老者及时地提醒他回想起自己曾上过光荣榜，暗示他吵架会损害他的荣耀，小伙子意识到这一点之后，立刻为自己的冲动感到惭愧，于是很快恢复了平静。

唤起内心的真情，互谅互让

当人们在吵架时，双方都处于不理智的状态，如果劝架的人硬是去为他们评个是非曲直，反而很容易加深他们的矛盾。如果能与他们一起回顾过去彼此之间的往事，唤起他们发自内心的真情，可能会让双方真正做到互谅互让。

有两个同胞姐妹为了父母的遗产产生了纠纷。大家一边吃晚饭一边讨论起这件事，两姐妹又吵起来了，互不相让。大姐假装不理会她们的争吵，而叹了口气，自顾自地说起来：

"还记得你们小时候吗？有时候连鸡蛋都吃不上呢！我记得有一次你们俩看见邻居家的孩子拿着一个煮熟的鸡蛋，就吵着要吃鸡蛋。妈妈没法子了，就煮了一个洋山芋骗你们说这是洋鸡蛋。你们俩高兴得手舞足蹈。大妹说'小妹你先咬一口吧'，小妹说'还是姐姐你先咬一口'……"

说着说着，大姐哽咽起来，听着的两姐妹也都落下泪来，一场遗产纠纷就此化解了。

这位大姐是聪明的，如果她就事论事地去分割财产，想以此来化解两姐妹的争吵和矛盾，只会越闹越僵，说不定两姐妹还会对做大姐的都产生意见。大姐对姐妹俩以前的真情进行了回顾，勾起了姐妹俩温馨的回忆，才使得矛盾得以成功地化解。

强调争执双方的差异性

不对争执双方作人格上的评价，而强调双方在性格、能力等方面的差异性，在客观上起到褒贬的效果，从而化解争执。人们在吵架的时候，经常为了谁对谁错，谁好谁坏而争执不休，直接的褒贬至少会引起一方的不满，甚至伤害其自尊心。因此，劝架者在对一方进行劝解时应该避重就轻，不对双方道德上的孰优孰劣做出判断，而是强调二者在个性、能力上的差异，在客观上肯定一方，使其心里得到满足并放弃争执。

抓住矛盾的主要方面，重点突破

与较通达的一方相配合，通过适当的方法解开较固执一方的心理疙瘩，打消其怨气。在产生矛盾的双方中，经常有一方比较容易说话，另一方比较固执的情况，而且往往因为固执一方坚持己见，不肯忍让而造成双方僵持的尴尬局面，此时，劝解者应该抓住矛盾的主要方面，利用较通达一方希望和解的心理并与之积极配合，主要针对固执一方做工作，只要解开了他的心理疙瘩，问题也就迎刃而解了。

例如，1943年，苏、美、英三国首脑在德黑兰会谈。斯大林傲慢、严肃、冷淡，而且沉默寡言。罗斯福想尽一切办法来打破斯大林的缄默。3天过去了，毫无进展。到了第四天，他决定采取一个新战术。他先在暗中对丘吉尔说："温斯顿，过一会儿我将要干一些事情可能和你无关而冒犯你，我希望你别恼火。"

罗斯福先和斯大林进行个别谈话，谈得好像十分友好而投机，结果引得其他俄国人也来旁听。斯大林脸上仍然没有笑意。这时候，罗斯福用手遮着口角，低声说道："温斯顿今天早上真有点儿古怪，他从床的一头转到另一头，不知他干些什么玩意儿。"此时，斯大林的眼神微露笑意。随后，他们坐在会议桌前时，罗斯福进攻丘吉尔，用一连串无聊的话取笑他，说他的英国绅士风度、他的大雪茄、他的古怪动作，又讲了约翰牛（指英国人）的种种笑料。

斯大林开始有所动，可丘吉尔满脸涨红，瞪目怒视。他越恼火，斯大林越发感到可笑。最后，斯大林终于禁不住哈哈大笑起来。罗斯福接着讲下去，一直讲到大家和斯大林一同欢快地大笑为止。此后，斯大林称罗斯福为"约瑟大叔"，经常向他露出笑容，还常常主动和他握手。

在本例中，斯大林的傲慢和顽固使得谈判出现了僵持的局面，阻碍了会议的顺利进行，而丘吉尔相对来说比较容易相处。在这种情况下，罗斯福抓住斯大林这个"主要矛盾"，事先暗示丘吉尔，然后对丘吉尔开一些善意的玩笑，这些玩笑正好迎合了斯大林的心理，使他很快打破缄默，气氛立刻变得轻松起来，尴尬的局面也由此而结束，会谈取得了进展。

将严肃的问题诙谐化

在双方僵持不下时，采用巧妙的方法将严肃的争执点转化为幽默诙谐的形式，以此来缓和气氛，制造转机。如果纠纷双方是为了一个严肃的问题而互相争执，那么这个问题的严重性带来的压力往往会加深他们之间的相互敌视，促使他们更加坚持己见、互不示弱，为了打破这种僵持不下的局面，调解方应该采取巧妙的方法将严肃的争执点转化为诙谐幽默的形式，使双方的心理压力得到缓解、气氛变得轻松，为问题的解决制造转机。

例如，1943年11月底，在德黑兰会议上，就如何处置德国纳粹分子一事，苏联元首斯大林跟英国首相丘吉尔发生争吵。斯大林毫不掩饰他对纳粹的仇恨，认为至少应处决5万名纳粹分子，一经俘获，立即处决。企图利用德国来制约苏联的丘吉尔一听，跳起来大声反对。

斯大林紧盯着丘吉尔，斩钉截铁地说："一定要枪毙5万人！"丘吉尔毫不示弱，坚持己见。在场的美国总统罗斯福在这个问题上倾向于斯大林，但他不是简单地支持斯大林，而是用折中的方法笑着打圆场："我要来调解你们的争执了，那么减为49500人行不行？"斯大林一听，自然高兴，而丘吉尔则感到自尊心得到尊重，便不再坚持，于是会议顺利地进行下去。

在这个例子里，如何处置德国纳粹分子一事关系到苏联、英国的切身利益，是至关重要的问题，因此，斯大林和丘吉尔为了本国利益互不让步，争执不下。斯大林说的"5万"并不是一个确切的数字，罗斯福把它降为"49500"这个确定的数字，就好像用市场上的讨价还价来解决这个严肃的问题。这种有意的不合时宜的说法产生了幽默风趣的效果，缓和了会议上剑拔弩张的紧张气氛，使事态出现好转，会谈得以顺利进行。

只给出一个模糊的解决方案

不指明谁是谁非，只给出一个模糊的解决方案，让争执的双方都有台阶可下。

有些人因为一点小事而争执不下，以至于矛盾激化，主要原因倒不是因为争执的双方认为自己有多么正确，一定要捍卫"真理"，而是为了维护自己的面子，只好通过试图压倒对方来获得平衡，而这显然分外困难。那么，作为调解人，此时根本没有必要指明谁是谁非，以免进一步激化矛盾，只需给出一个模糊的解决方案，让争执的双方都有台阶下就可以了。

有两位中级主管近来行动反常，双方感情恶化，公司经理便把他们两人找来，动之以情："你们两人就如同车子的两只轮子，只要有一方脱离，整辆车子就无法动弹了。希望你们同心协力发挥力量，把工作做得更好。"

两位中级主管缺乏作为总经理助手应该怎样做的自觉意识，缺少公司是一盘棋的观念。于是经理便又用比喻来加以说明：

"部门的职能就像一位家庭主妇，主妇如能尽心尽力地把家弄好，这位户主在公司才能安下心来去闯事业。"

经理没有判明谁是谁非，干脆给出了一个"各自分路而行"的解决方案，让两人都有了充分的理由掉转车头，找个台阶下。这样，两人的争执就"不明不白"地解决了。

委婉表达自己的倾向

换一种富于情趣的委婉说法，把化解争执的理由和自己的良苦用心寓于其中，让争执双方自己领悟。

如果你是一位领导，自己的两位下属发生了争执，这时你该如何来进行调解呢。

对于相互争执的下属来说，利益固然重要，面子也不容轻视，特别是在领导的眼皮底下，谁都渴望成为让领导刮目相看的强者。但对于领导来说，下属谁强谁弱并不是最重要的，最重要的是大家都能够为共同的事业倾注心力。为了协调好下属之间的关系，领导可以不直接批评哪一方肯定哪一方，只采用富有情趣的幽默说法，委婉地表达自己的倾向或苦心。

一天，乾隆皇帝在新任宰相和珅与三朝元老刘通训的陪同下，游山赏景。乾隆随口问了一句："什么高、什么低，什么东、什么西？"饱读诗书的刘通训随口即应："君子高、臣子低，文在东来武在西！"和珅见刘通训抢在自己的前面，十分不快，随即相讥："天最高、地最低，河（和）在东来流（刘）在西！"因为当时的皇家礼仪中，上首为东、下首为西，此话暗示：你刘通训再老再有能耐，还在我和珅的下首。

刘通训知道和珅的用心，心里也极不满。当三人来到桥上，乾隆要他们各人以水为题，拆一个字，说一句俗语，做成一首诗。刘通训张口即来："有水念溪，无水也念奚，单奚落鸟变为鸡（繁体为'鷄'），得食的狐狸欢如虎，落坡的凤凰不如鸡。"和珅一听，好呀！老家伙骂我是鸡！岂能饶过他："有水念湘，无水还念相，雨露相上使为霜，各人自扫门前雪，休管他人瓦上霜！"告诫刘通训，给我当心点儿！乾隆听出了新老不和的弦外之音，二相不和，有损大清事业！于是，他一手拉一人，面对湖水中映出的三个人影说道:"二位爱卿听着,孤家也对上一联:'有水念清,无水也念青,爱卿共协力,心中便有清。不看僧面看佛面,不看孤情看水情。'"二人听罢,心中为之一震,深为乾隆的如此循循善诱而不降罪的龙恩所感动。和珅和刘通训立刻拜谢乾隆,当着皇上的面握手言和,结为忘年交。

在皇帝面前,刘通训与和珅都渴望自己成为强者,成为皇帝最赏识的人,因此展露才华,互相贬低,搞得很不团结,此时乾隆如直接褒贬,一定会伤害一方的面子,致使双方的矛盾加深。因此,乾隆故意吟诗一首,通过诗歌来隐晦地传达自己希望二人和好的愿望,避免了对双方面子的伤害,收到了良好的效果。

拿出可感可触的证据进行证明

不单纯从感情上表现个人好恶,而拿出充足的证据来证明某一方所具有的业绩与才能,让另一方心服口服。

领导重用某位下属,主要看重的当然是他的真才实学,但这并不意味着其下属也这样看,特别是一些自恃才高或嫉妒心较强的下属,常常会认为领导是因为某种原因"复杂"的个人好恶而重用该人,于是在工作上不予配合,结果引发了种种争执。在这种情况下,如果你是领导,你应尽量避免表现出自己感情上的好恶(虽然这种好恶是不可避免和理所当然的),而应拿出可感可触的证据来证明被重用者的业绩与才能,让争执者在事实面前心服口服,无话可说。

建安22年,曹操和孙权在濡须交战之后,各自退兵。孙权留下了平房将军周泰为镇守濡须的主将。当时,划归周泰指挥的朱然、徐盛等都是江东的名门望族,他们对于这个出自寒门的人来指挥自己,很不服气。孙权得知后,借巡视为名,来到濡须,置酒宴请众将。席间,他乘众人酒酣耳热之际,让周泰露出身上的累累伤痕。孙权指一处,问一处,周泰一一回答是在哪次战斗中留下的。最后,孙权拉着他的手流着泪说:"你临战勇如虎豹,不惜自己的安危,以至负伤几十处,我怎能不像亲兄弟一样对待你，把重任托付给你呢？"

从此，朱然、徐盛等人才心悦诚服地听命于周泰。

在本例中，孙权就巧妙地使用了"表现一方才能"的方法来化解争执。他并没有批评朱然、徐盛等人的不服指挥，避免他们产生更大的误解，而是在适当的时机让周泰展示其身上的累累伤痕，来表明自己正是因此而看重周泰的。面对周泰身上所记录的勇敢与功绩，朱、徐等人无法不心悦诚服，众将之间的争执也就化解了。

第三节 探望病人

用积极的思维引导病人

人生病了，从哪个角度去讲都没有积极意义。但是，为了让病人宽心，我们完全可以换个相反的角度，从人生的过程着眼，赋予生病一些价值与意义，使病人觉得自己尽管耗损了身体，耽误了工作，却一样能够收获一些特殊的体验或能力，从而在精神上有一种补偿感。当然，在此之前最好先强调一下病人病情好转，使其具备一个深入思考的心理基础。

某人去看望朋友，他一反惯例，既不问病情也不讲调治方法，而这样安慰道："看来，你的危险期已经过去，这就好了。今后，你就多了一种免疫功能，比起我们，也就增加了一重屏障，这种病，也许就再也不会打扰你了！"探病者对生病意义的另一面的看法颇为独到。他先指出病人的危险期已经过去，让病人稍感安慰，然后再强调生病虽然不是好事，但却使病人具备了别人没有的优势：对此病产生了免疫能力，今后不会再得此病了。病人听他这样一说，心理自然得到了某种安慰，心情也就好多了。

多鼓励病人，增强治疗信心

有一个年轻建筑工人在高空作业时不慎摔伤，处于昏迷状态。患者在医院里苏醒后，觉得下肢不听使唤，遂怀疑自己将终生残废，萌生了轻生念头。患者的一个友人发现他的这一思想苗头后及时鼓励说："你年轻力壮，生理机能强，新陈代谢旺盛，只要你积极配合治疗,日后加强锻炼,肯定不会残废,这是医生说的,请你相信我!"短短几句鼓励话,终使患者抛却了轻生念头,增强了治疗信心。以后的日子,患者不但积极配合治疗,而且坚强地投入了生理机能的恢复锻炼。数月后即伤愈出院。后来他跟友人说:"要不是你适时给予我鼓励,我是无论如何也不会对恢复健康抱有信心的。"

案例中,病人仅根据自己下肢不听使唤这一症状就认为自己将终生残废,这说明他过多地考虑病情,却没有认识到其他方面的影响因素。友人则抓住病人身体素质好这一优势,突出强调,尽力使他相信自己不会残废,并强调这是医生所说,起到了良好的安抚劝导效果,结果使病人重新对康复抱有了信心,并顺利出院。

在病人面前尽量显得轻松愉快

探望身患严重疾病的病人时,不仅应该尊重医嘱,尊重病人家庭的意愿,做到守口如瓶,而且在病人面前还要做到若无其事,甚至与之谈笑风生,显得轻松愉快。病人对周围亲友的一举一动一般是十分注意的。所以,要规劝病人的家属善于控制自己的感情,尤其是危重病人面前,绝不能流露出自己的悲伤情绪。一定要表现得镇静自若。

还要注意:当病人有什么治疗上的要求时,应尽可能给予满足。病人托办的事,要千方百计去完成。在向病人告别时,要转达其他亲友对病人的问候和祝愿,并表示自己下一次一定会再来看望,使病人满怀希望和信心。

多说些有益养病的话

一般而言,我们在探视病人之时应多说些有益于养病的话。你可向病人介绍:你的熟人中有什么人得过同样的病,由于吃了某种药或使用某种体育疗法,很快好了,以增加病人的信心。你也可把报纸杂志上读到的某些人与疾病斗争的事例介绍一二,以鼓舞病人与疾病作斗争的勇气。总之,探视病人时谈话的内容、方式和语气都要以有助于病人恢复健康为宗旨,让他们轻松愉快地战胜疾病。

不要触及病人的痛苦

探望身患重病的不幸者，不必过多谈论病情，谈话不要触到病人最难受的症状，以免病人心烦。如果对方本来就背着病的精神包袱，你再过多地谈病情，势必包袱加重。当你看到病人脸色憔悴时，不能大吃一惊地问："您的脸色怎么这样难看？"而要说："这儿医疗条件好，您的病一定会很快好转的。"

探望时较好的谈话方式是：先简要问问病情，然后多谈一谈社会上生动有趣的新闻，以转移对方的注意力，减轻精神负担。久居病房，这种新消息正是他渴望知道的。如能尽量多谈点与对方有关的喜事、好消息，使他精神愉快，心宽体胖，更有利于早日康复。

怎样的安慰最有效

探视病人时，我们总免不了要安慰几句。可是，应当如何安慰呢？一个朋友生病了，你到医院或他家里看他。你也许会说："安心地休养一些时候吧，你不久一定会康复的。"你大概以为这是最妥善的安慰话了吧！但照谈话的艺术看来，这两句话不过是一种善意的祝愿，却不能算是安慰。"你不久一定会康复的"，除了医生，病人不会因从任何人口里听到这话而感到宽心。我们去看病人时，千万不要一副怜悯他的样子，因为你越怜悯他，越使他觉得自己的疾病是一种痛苦。所以，我们要用相反的方法。一个人生了小小的毛病，卧在床上不能起来，他的朋友来探望，一见面就说了这样的话："你多么幸运啊，唯愿我也生点小病，好让我也能安静地躺在床上休息几天。"若你去看一个伤寒病者，临走的时候，你对病人说："你的危险期已过，好了之后你将再不会害伤寒病了，你比我们多了一重保障。"相信这话一定会在病人的心里闪出光亮的。

如何安慰焦虑的病人

病人生病后，正常的学习、工作、生活等都被迫中断，自己不得不暂时与外界隔离，过上与病痛为伴的索然无味的生活，换了任何一个人，恐怕都会为此而感到烦躁、焦虑，特别是一些急性子的人，巴不得马上康复，把失去的时间补回来。对于这样的病人，讲个故事或打个比方，让其意识到"一心不得二用"的道理是非常必要的。只有明白了这个道理，病人才能够认识到自己的焦虑是非但无益，反而有害的，从而安心养病。下面就是这样一个例子：某校的高中生蒙军，因班内学习竞争比较激烈，又面临期末考试，结果一下子把身体累垮了，住进了医院，体重锐减了十几斤。住院期间，他一方面病痛缠身，一方面又总惦记着自己的学习，生怕因为耽误了功课而落到后面去，结果反而加重了病情。他的朋友许兵来探望他，知道了蒙军的这种情况，对他说：

"我希望你把你的生活想象成一个沙漏。你知道吗？在沙漏的上一半，有成千上万粒沙子。然而，永远也没有办法让两粒以上的沙子同时从一个窄细的漏管中流下去。我们每个人都像这个沙漏。每一天都有许多事情要做，如果我们一件一件地做，就像沙子一粒一粒地通过沙漏一样，那么我们就既能把事情做好，又能保证身体不受损害。相反，如果像你这样一面养病，一面还想着去背课文、做习题，那你就既没法搞好成绩，又养不好病，只有坏处没有好处，是不是？"

蒙军听了许兵的话，终于慢慢地把心态放平了。他记住了许兵说的"一次只流过一粒流子，一次只做一件事情"的忠告，很快恢复了健康。

许兵以沙漏作比方，向蒙军讲述了"一心不得二用"的道理，形象生动，颇给人启发。蒙军明白了这个道理，意识到只有现在安心养病，才能把失去的功课补回来，真正搞好学习，也就不再焦躁了。

以某些症状缓解为依据，给予积极的安慰

有些病人往往因自己的疾病好转缓慢而灰心。这时，探视者如果能抓住病人在治疗过程中出现的某些症状缓解的依据，适时予以积极的安慰，将会消除病人的悲观心理，使其鼓起希望的风帆，积极配合治疗。

有一个患黄疸型肝炎的病人通

过一段时间的住院治疗，总以为自己的病没有好转，产生了悲观情绪，丧失了治疗信心。这时，一个亲戚前来探视，遂暗示说："你的脸色比以前好多了，听医生说，你的黄疸指数已有所下降，这说明你的病情在好转！"这句积极的安慰话，客观实在，使病人的精神倏然振作，于是，他乐观地接受治疗，加快了康复进程，不久便病愈出院了。

运用现身说法对病人进行劝说

一些患者在治疗过程中，往往会因为手术的疼痛或怀疑有危险而产生恐慌心理，进而拒绝治疗。面对患者的这一心理障碍，人们去医院探望时，应该积极做些说服工作。尤其是一些颇具现身说法的劝说性语言，说服力更强，效果最好。

有一个年老的胃癌早期患者，因为害怕剖开腹腔而拒绝手术。其家属虽一再劝说，都不奏效。一个做过胃切除手术的老朋友前来探视，他通过自己的亲身经历劝慰道："你看我做了手术后恢复得多好。你还是早期，手术后更容易复原。所以，你不用害怕。"通过朋友的劝说，这个患者终于接受了手术。

不要在交谈中以自我为中心

当你看望生病的朋友时，请牢牢记住，你是去提供帮助、表示关心的。因此要多多注意别人的感情，而不要以自我为中心。

不要借朋友的不幸，引述出你自己的类似经历。你可以说"我也碰到过这种事"或者说"我能理解你现在的心情"。对待磨难各人有各人的处理方式，所以，不要把你自己的处世态度强加给或许并非与你一样感情外露的朋友。

不要使用怜悯的话语

人都是有自尊的，尤其是生病以后。自尊心的敏感度更是胜过以往。你若是怜悯他，他很可能认为你是在嘲笑他，越觉得自己的病非同一般。所以我们要使用相反的方法。当我们看望患者时，可以说："多幸运呀，我也想生点小病，好好地休息几天。"让患者不由自主地觉得偶尔生一点小病，也是一种幸福。

总之，探病是为了安慰病人、

鼓励病人战胜困难，激发他们与病魔作斗争的勇气。因此，在与病人谈话时千万要做全盘细致周密的考虑，懂得什么样的话可说，什么样的话不可说。

第四节 向人道歉

道歉必须及时

道歉必须及时。即使不能马上道歉，也要日后找准时机表示歉意。认错、道歉还要真心实意，不必找客观原因做过多的辩解。即使确有非解释不可的客观原因，也最好在诚恳道歉之后略为解释，而不宜一开口就辩解不休。这样只会扩大双方思想感情的裂痕，加深彼此的隔阂。

道歉不要一味找客观原因

有时，没有错也需要道歉。例如，由于客观原因：变幻无常的天气情况、出乎意料的交通事故，等等，你没有准时赴约或耽误了时机，造成了对方的许多麻烦和损失，为什么不道歉呢？如果一味找客观原因，虽然对方表面上不会责怪，但内心还是会有所抱怨的，那就不利于增进友谊。

直截了当，不推三阻四

向人道歉时，一定要注意不为自己找借口。强调客观原因，这只会冲淡你的诚意，对你的这种态度，即使对方表面上原谅你，但一定仍会心存芥蒂。无论你应该负全部或部分责任，都没关系，只要你心甘情愿地担负起责任，就会被对方看作是宽宏大度的人，就能使对方真心地原谅你。

不要怕碰钉子

一般的人，在异性面前都特别爱惜自己的面子，深恐对方让自己下不了台而不敢去向对方道歉。其实，这种担心往往是不必要的，对方未必像你想象的那样不通情理。退一步说，即使对方在你面前"发泄"一下，因为你做了对不起他的事，也是可以理解的啊！而且让他发泄出来，总比埋在心里好得多吧！

适当赔偿更能表达歉意

如果你做了有损于对方的事，就应该对人家有所补偿。当然，弄坏了别人的东西赔偿是不用说的了，但你使对方蒙受其他方面的损失呢？比如人格、形象等方面的伤害，是不是也可以考虑在一个适当的场合予以挽回，来作为你真诚歉意的表达呢？

异性面前不要一再道歉

向异性道歉，要大方，不要忸忸怩怩，一再向对方表示歉意。如果你是男性，更应注意这些方面，否则，对方会对你啰唆的行为厌烦，认为你不像一个真正的男子汉。

把道歉作为一种美德

道歉绝不是一件丢脸的事，你做错了事，向人家道歉，这是诚实和成熟的表现，是一种可贵的美德，特别是主动向他人道歉，体现了你对他人的尊重，会博得对方的好感。

总之，向他人道歉，不要觉得"丢脸"，应该把它看成是自己风度和修养的外在表现。

先发制人，首先道歉

如果我们免不了会受责备，就要学会先认错道歉。因为自己谴责自己比挨别人的批评要好受得多。你要是知道某人准备责备你，你自己先把对方责备你的话说出来，他十有八九会以宽大、谅解的态度对待你。

对对方尽了力但没办成的事要表示谢意和歉意

如果你有求于人，对方尽了最大的努力，但由于受多方面条件的限制，事未办成，而他为此付出了艰辛的劳动；或事办成了，但对方因此遇到了超乎想象的麻烦。这时为什么不能表示自己发自肺腑的谢意和歉意呢？这体现了对他人劳动的尊重，而且以后有求于他时，也好再开口。

找准道歉的时机

小雨不小心伤害了同学文，文一连好多天都没理她。小雨感到十分内疚，可看到文那双蕴涵怒气的眼睛，又觉得没有勇气开口道歉。过了几天，文的生日到了，小雨到学校广播台为文点了首歌，并说：

"文，对不起，我真的不是故意伤害你的，你能原谅上周惹你生气的朋友吗？今天是你的生日，真心祝福你生日快乐，前程似锦，每天都有好心情！"

文听到了广播很感动，立刻主动找到了小雨致谢，两人和好如初。

当你惹朋友生气时，需要真诚地道歉，但道歉也要讲究时机的选择。道歉最好选在对方心平气和、心情较好的时候，这时，你在道歉的同时，再加上对对方真诚的问候或祝福，对方一定更容易接受你的道歉，与你握手言欢，而不至于被人拒绝接受道歉，使你遭遇尴尬。

运用赞美式道歉法

在道歉的时候，还可以称赞对方，让对方获得一种自我满足感，知道自己是正确的，别人是错误的，这样能轻而易举地获得对方的谅解。例如，当你用言语伤害了同一单位一位平常挺关心你的同事之后，你向他道歉。话可以这样说："我早就想给你做检讨，当年咱俩一块到单位，你对我一直很关心，像个老大哥似的，后来只怪我不懂事，做了些不恰当的事……""当初说的一些话是我不对，知道你宽宏大量，一定能原谅我的过错。"一般说来，在道歉时责备自己大家能做到，但是却常常忘了称赞对方几句。其实，赞美法是道歉的一个好方法。

巧妙别致的道歉法

直接道歉，在某些情况下可能会使自己和对方都产生尴尬之情，造成不太好的局面，但如果能采用巧妙别致的方式来道歉，就可以使对方在惊讶感动之余，不计前嫌，欣然接受。

借助第三者来转达自己的歉意

当你所犯过错很严重、对方对你成见很深时，直接当面道歉肯定会被对方劈头盖脸地训斥一通。在这个时候，对方只会发泄情绪，而难以接受道歉，所以你最好先借助第三者来转达自己的歉意，让对方先消消气，然后等对方心情稍稍平静之后，再亲自上门道歉。

一次，苏东坡去拜访王安石，恰逢王安石不在家，但见其书桌砚台底下压着一首未写完的诗："昨夜西风过园林，吹落黄花满地金。"苏东坡想：菊花有傲霜之骨，花瓣怎么会四处飘落？王公真是"江郎才尽"铸成大错啊！于是，苏轼挥笔续诗："秋花不比春花落，说与诗人仔细吟。"然后拂袖而去。

过了些时候，苏东坡去后花园赏菊，正值刮了几天大风，园中十几株菊花枝上，一朵花也没有，只见落英缤纷，满地铺金。苏东坡一时瞠目结舌，想起那两句续诗，羞红了耳根，想亲自向王安石道歉，又担心解释不清，自讨没趣。他终于想出了一个办法，邀请王安石最亲密的诗友王令来家做客。然后向他说了那天乱改诗句的事情，随后感叹：

"我迄今对王安石深感惭愧内疚，这事给我的教训太大了，凡事不可自恃聪明，随便讥笑别人啊！"

后来，王令将苏轼的歉意转告了王安石。王安石知其良苦用心，便消除了与苏轼的隔阂。

第五节 拒绝别人

拒绝态度要真诚

拒绝总是令人不快的。"委婉"的目的也无非是为了减轻双方，特别是对方的心理负担，并非玩弄"技巧"来捉弄对方。特别是领导、师长拒绝下级、晚辈的要求，不能盛气凌人，要以同情的态度，关切的口吻讲述理由，使之心服。在结束交谈时，要热情握手，热情相送，表示歉意。一次成功的拒绝，也可能为将来的重新握手、更深层次的交际播下希望的种子呢！

选择适当的时间、地点和机会

拒绝的时间，一般是早拒比晚拒好，因为及早拒绝，可以让对方抓住时机争取别的出路。无目的地拖拉，是对人不负责的态度。至于地点，拒绝时一般把对方请到自己办公室来为好。如果在公共场所，宜小不宜大，宜暗淡不宜明亮。为了避免眼光的直接接触，两人的座位也以斜对面或并肩为宜。合适的时机也很重要，不宜在人多的场合拒绝。

拒绝他人时，尽量间接一点

拒绝他人时切忌过于直接。尽量使用间接拒绝的方法。直截了当地对他人说"不"当然是再好不过了，可是话到嘴边却很难开口，担心这样做会使对方感到难堪，甚至会伤害彼此的感情，从而失去了亲人、朋友，如果我们拒绝他人时，从对方的立场出发，阐明自己的观点，就会使对方自然而然地接受了。比如你的朋友约你去旅游，而你当时不想去，你可以对他说："你看你的感冒刚刚好，身体挺虚的，游泳对你身体不好，等以后再说吧！"他听了你的话，一定十分高兴，当然不会再提去游泳的事了。

拒绝他人时，要顾及对方尊严

拒绝别人时，要顾及对方的尊严。因为自尊之心，人皆有之。人们一旦投入社交，无论他的地位、职务多高，成就多大，他们无一例外地都关心外界对自己的评价。由于来自外界评价的性质、强度和方式不同，人们会相应地做出不同反应，并对交际过程及其结果产生积极或消极的影响。通常的规律是：尊之则悦，不尊则哀。也就是说，当得到肯定的评价时，人们的自尊心理得到满足，便会产生一种成功的情绪体验，表现出欢愉乐观和兴奋激动的心情，进而"投桃报李"，对满足自己自尊欲望的人产生好感和亲近力，采取积极的合作态度，交际随之向成功的方向发展。反之，当人们不受尊重，受到不公正的评价时，便会产生失落感、不满和愤怒情绪，进而出现对抗姿态，使交际陷入危机。

在社交场合上，无论是举止或是言语都应尊重他人，即使在拒绝别人的时候也要顾及对方的尊严。也只有这样，才能赢得别人的尊重。

拒绝他人时，要以礼相待

拒绝人时，也要有礼貌。任何人都不愿被拒绝，因为被别人拒绝，会使人感到失望和痛苦。当对方向自己提出不合理要求时，你感到气愤，甚至根本无法忍受时，也要沉住气，不可大发雷霆、出言不逊、恶语伤人，因此在拒绝对方时，要表现出你的歉意，多给对方以安慰，多说几个"对不起""请原谅""不好意思""您别生气"之类的话。由于你的态度十分有礼貌，即使对方是无理取闹，也说不出什么，一个懂得拒绝的人，对人都会以礼相待、以和待人。

以"制度"为借口进行拒绝

制度挂在墙上，人们司空见惯以至于漠然，可有时以制度为借口拒绝别人的要求，恰是一服很好的灵丹妙药。

某公司的一位普通职员走进经理办公室说："对不起，我想该给我加薪了……"

经理回答道："你确实应该加薪了，但是……"经理指着玻璃板下的一张印刷卡不慌不忙地说，"根据本公司职务工资制度，你的工资已经是你这一档中最高的了。"

职员泄气了："哎，我忘记我的工资级别了！"他退了出来。几条打印出的制度使他放弃自己本应得到的东西。他也许在想："我怎么能够推翻那张压在玻璃板下的印刷表格呢？"这也许正是经理希望他讲的话。

用"习俗"为借口进行拒绝

一位女士因公出差，在火车上与一位看起来挺有涵养的男士坐在一起。这位男士主动和她搭讪，女士觉得一个人干坐着也挺乏味的，于是就和他攀谈起来。开始时这位男士还算规矩，和女士只是谈谈乘车难的感受以及交流交流对当今社会上一些不合理现象的看法。可不知怎的，谈着谈着，这位男士竟然话题一转，问了女士一句："你结婚了吗？"

显然，这个问题可能别有用心，所以女士有些不高兴，但她态度平和地对那位男士说："先生，我听人说过这样一句话，前半句是'对男人不能问收入'，所以我才没有问你的收入。后半句是'对女人不能问婚否'，所以你这个问题我是不能回答了。请原谅。"那位男士听女士这么一说,也觉得有点唐突,尴尬地笑了笑,不再说话了。

这位女士既表达了对对方失礼的不满,又没有令对方下不来台,可谓一举两得。

以"他人"为借口进行拒绝

以他人为借口,这个"他人"是否说过你想借用的话不要紧,只要将眼前难办的事推脱掉而又不丢别人的面子,就达到了目的。

刘文在电器商场工作。一天,他的一位朋友来买彩电。看遍了店里陈列的样品,他还没有找到令自己十分满意的那种。最后,他要求刘文领他到仓库里去看看。刘文面对朋友,"不"字说不出口。于是,他笑着说:"前几天我们经理刚宣布过,不准任何顾客进仓库。"尽管刘文的朋友心中不悦,但毕竟比直接听到"不行"的回答要好多了。

以"外交辞令"为借口进行拒绝

外交官们在遇到他们不想回答或不愿回答的问题时,总是用一句话来搪塞:"无可奉告。"生活中,当我们暂时无法说"是与不是"时,也可用这句话。另外,你还可以用"天知道""事实会告诉你的""这个嘛……难说"等搪塞过去。

推托其辞巧拒绝

在不便明言相拒的时候,推托其辞是一种富有策略的办法。人处在一个大的社会背景中,互相制约的因素很多,为什么不选择一个盾牌挡一挡呢?

如,一个人求某单位的领导办事。领导说:"我们单位是集体领导,像你的事,需要大家讨论,才能决定。你最好别抱太大的希望,如果实在坚持的话,待大家讨论后再说,我个人说了算不了数。"这就是推托其辞,把矛盾引向另外的地方,意思是我不是不给你办,而是我确定不了。听者听了这样的话,一般都会明白其中的意思。

含糊拒绝法

如:"今晚我请客,请务必光临。"

"今天恐怕不行，下次一定来。"

下次是什么时候，并没有说定，实际上给对方的是一个含糊不定的概念。对方若是聪明人，一定会听出其中的意思，而不会强人所难了。

答非所问，装糊涂

答非所问是装糊涂，给请托者以暗示。

如："此事您能不能帮忙？"

"我明天必须去参加会议。"

答非所问，婉拒了对方，对方会从你的话语中感受到，他的请托得不到你的帮助，只好采取别的办法。

避实就虚，避免实质性回答

当别人要求你公开某些情况，而你不想或不能做出一些明确的回答时，可以采取避实就虚的手法，避免作实质性回答。

球王贝利在一次比赛中打了个大胜仗，被记者们团团围住。一位记者问："贝利先生，你认为刚才你踢进的球中，哪一个最满意？"他如果回答一个也不满意，这当然也是一种否定法。他笑笑说："下一个。"记者们一愣，然后热烈地鼓起掌来。这个回答确实十分巧妙。表面上看，他是答非所问。但既表达了他对已有的成绩不满足，又表现出他对未来充满信心。又如，在汉城举行24届奥运会时，中国代表团一到汉城，记者就团团围住李梦华团长问道："中国能拿几块金牌？"李梦华回答："10月2日之后，你们肯定知道。"记者又追问："新华社曾预测能拿8到11枚金牌，你认为客观吗？"李梦华笑答："中国有充分的言论自由，记者怎么想，他就可以怎么写。"

这样回答很巧妙，避实就虚，似答非答，达到了在要害问题上拒绝答复的目的，又显得落落大方，无懈可击。

转移话题，改变他人意图

如不愿回答别人向你打听的事情时，可用巧妙变换话题的方法，让对方处于被动地位，从而改变意图。

一位胖姑娘穿了一件新做的连衣裙，自以为很得体，高兴地问你:"漂亮不漂亮?"她自然是想得到你的赞美。你不能违心地称赞她,又不能直说,伤她的心。怎么办呢?你可以说:"世界上的女孩子都是爱美的,比如……"或者说:"啊,今年夏天姑娘们都爱穿连衣裙。你看过电视'裙之魅'吗?那上面介绍的款式可真多,又时新又漂亮……"

这种"顾左右而言他"的办法就是转移话题法。当然,这个新的话题必须和原来的话题有一定联系,还必须能引起提问人的兴趣。否则,会引起对方的疑虑或反感。话题一转移,对方自然不好再问同样的问题。

通过暗示来拒绝

"不"字是很难说出口的,但很多时候我们不得不去拒绝别人。许多人都苦于找不到合适的办法,其实通过暗示来说"不"是一种不错的选择。当然这种暗示可以是语言的暗示,也可以是身体动作的暗示。

美国出版家赫斯脱在旧金山办第一张报纸时,著名漫画大师纳斯特为该报创作了一幅漫画,内容是唤起公众来迫使电车公司在电车前面装上保险栏杆,防止意外伤人。然而,纳斯特的这幅漫画完全是失败之作。发表这幅漫画,有损报纸质量。但不刊这幅画,怎么向纳斯特开口呢?

当天晚上,赫斯脱邀请纳斯特共进晚餐,先对这幅漫画大加赞赏,然后一边喝酒,一边唠叨不休地自言自语:"唉,这里的电车已经伤了好多孩子,多可怜的孩子,这些电车,这些司机简直不像话……这些司机真像魔鬼,瞪着大眼睛,专门搜索着在街上玩的孩子,一见到孩子们就不顾一切地冲上去……"听到这里,纳斯特从坐椅上弹跳起来,大声喊道:"我的上帝,赫斯脱先生,这才是一幅出色的漫画!我原来寄给你的那幅漫画,请扔入纸篓。"

赫斯脱就是通过自言自语的方式,暗示纳斯特的漫画不能发表,让纳斯特欣然地接受了意见。

给对方留退路

如果一个人满腔热情求助于你,结果被一棍子打回去,一点回旋余地也没有，往往会使他很伤心，甚至导致不堪设想的严重后果。比如对求职者，你可以告诉他，这次主要是外语水平低一点，如果努力一下，下一次也许能成功。或者说，你的外语水平对我们涉外宾馆来说，还欠缺一点，但你完全可以胜任别的饭店的工作。如果他能从你为他设想的退路中取得成功，一定会感谢你这个"拒绝者"的。

巧用反弹加以拒绝

这种方法要求别人以什么样的理由向你提出要求，你用什么理由进行拒绝，让对方无话可说。在《帕尔斯警长》这部电视剧中，帕尔斯警长的妻子出于对帕尔斯的前程和人身安全考虑，企图说服帕尔斯中止调查一位大人物虐杀自己妻子的案子。最后她说："帕尔斯，请听我这个做妻子的一次吧。"他却回答说："是的，这话很有道理，尤其是我的妻子这样劝我，我更应该慎重考虑。可是你不要忘记了这个坏蛋亲手杀死了他的妻子！"

用敷衍法进行拒绝

敷衍式的拒绝是最常用的一种拒绝方法，敷衍是在不便明言回绝的情况下，含糊回绝请托人。敷衍是一种艺术，运用好了会取得良好的效果。如有一次庄子向监河侯借贷，监河侯敷衍他，说道："好！再过一段时间，等我去收租，收齐了，就借你三百两金子。"监河侯的敷衍很有水平，不说不借，也不说马上借，而是说过一段时间收租后再借。这话有几层意思：一是我目前没有，现在不能借给你；二是我也不是富人；三是过一段时间不是确指，到时借不借再说。庄子听后已经很明白了，但他不会怨恨什么，因为监河侯并没有说不借，只是过一段时间再说而已，还是有希望的。拒绝亲密之人的不当要求也可采用这一方法。当然运用这种方法时，也需对方有比较强的领悟能力，否则也不可能见其功效。具体采用这种方法时，我们可以运用推托其辞、答非所问、含糊拒绝等具体的方式。

用迂回方式巧妙拒绝

不好正面拒绝时，可以采取迂回的战术，转移话题也好，另有理由也好，主要是善于利用语气的转折——绝不会答应，但也不致撕破脸。比如，先向对方表示同情，或给予赞美，然后再提出理由，加以拒绝。由于先前对方在心理上已因为你的同情而对你产生好感，所以对于你的拒绝也能以"可以谅解"的态度接受。

比如，当你的好朋友向你开口借钱时，但你确实办不到，可以这样委婉地拒绝他："如果有可能的话，我会倾力相助的，碰巧我手头不方便，真是爱莫能助了。你专门来拜访，而我却不能伸以援手，真是从心底感到难过呢！我希望你能够原谅我。"

或者说："你我是要好的朋友，如果数目少一些的话，我当然乐意借给你。然而数目太大，我就爱莫能助了。请你原谅。"

诸如此类的说法，不仅得体，而且也表现出了对好友的体恤之情，也不至于影响到你们之间的关系。

用替代方式加以拒绝

有一位父亲问他的儿子："宝宝，你是愿意把梨子给爸爸吃呢，还是愿意把可乐给爸爸喝？"因为小男孩这时一手拿着雪梨，一手拿着可乐。没想到不到5岁的孩子竟说："你快去，爸爸，妈妈那儿还有！"

这小孩脑瓜真是转得快，爸爸将他的军不但没有把他难住，反而用了个替代方式将了爸爸一军。

拒绝别人不适当要求的时候，要以一种客气的态度讲话。对于客气的拒绝，人们是乐意接受的。如果你想婉转地拒绝，可以提出一个相反的其他建议即向其献出其他的建议来代替所求之人提出的要求。

别用借口来拖延说"不"的时机

有些人觉得不便说"不"，便随便找些不值一驳的理由来暂时搪塞对方，以求得一时的解脱。这个方法并不好，因为对方仍可以找理由跟你纠缠下去，直到你答应为止。比如你不想答应帮他做事，推说："今天没有时间。"他就会说："没有关系，你明天再帮我做好了，事情就拜托你了。"

又如，你不想要对方想转让给你的一件衣服，你推说："钱不够。"那么对方会说："钱以后再说好了。"就把你轻易应付过去了。

或者你不愿意跟对方跳舞，推说："我跳不好。"那么他一定会说："没关系，我慢慢带着你跳好了。"

因为这些都是小小的谎言，一经反驳，你定会慌乱，更难说出"不"字了。所以对付这种情况，你倒不如直截了当地用较单纯的理由明确地告诉对方："你托办的这件事办不到，请原谅。""这件衣服的颜色我不喜欢，很抱歉。""我已经另约了舞伴，不能跟你跳，对不起。"等。

这样虽说显得生硬些，但理由单纯明快，不给对方可乘之机，倒可以免除后患。

警惕对方的套近乎

给人以"敬而远之"的态度，比较容易把"不"说出来并说得较好，或者说，对方试图与你套近乎，你要保持头脑清醒，以免做了感情俘虏，给对方可乘之机。一般说来，见一次面就能记住别人名字的人，就容易与人接近。故此，在交谈中不断称呼别人名字，并冠之以"兄""先生"等常产生亲近感。那么，反过来你想说"不"时，便应杜绝这种亲密的表示，即对方的名字一概不提，这样加大对方心理距离，容易说"不"。还有，谈话时尽量距离对方远些，使其不容易行使拍、拉等触动性的亲密动作。据心理学家研究，"触动"是很容易产生共同感受的，故想说"不"时应注意避免。另外，也最好不要触摸对方递出来的东西。东西也和人一样，一经"触摸"也会产生"亲密感"，想要拒绝就不容易了。

第六节 赞美他人

赞美要独树一帜

在称赞别人的时候，要明白无误地告诉他，是什么使你对他印象深刻的。你的赞赏越是与众不同，就会越清楚地让对方知道，你曾尽力深入地了解他并且清楚地知道自己现在有此表达的愿望。

称赞对方具备某种你所欣赏的个性时,你可以列举事例为证。比如,他提过的某个建议或采取过的某一行动:"对您那次的果断决定,我还记忆犹新呢。这个决定使您的利润额上升了不少吧?"

应尽量点明你赞赏他的理由。不仅要赞赏,还要让对方知道为什么要赞赏他:"当时您是唯一准确地预料到这一点的人。"

数据可使你的赞赏更加真实可信:"有一回我算了一下,用您的方法可以节省不少时间,结果是……"

如果可能,不妨有选择地给你的一些客户或合作伙伴书面致函,表示你对他们的欣赏。只要你有充足的理由,完全可以把你的赞美之词诉诸笔墨。

书面赞赏的效果往往非常好。"赞扬信"不会被对方丢弃。如果你的文笔既有深度又与众不同,对方还会百读不厌。

赞美要集中精力,不要中途"跑题"

赞赏对方的机会几乎总是出现在偏重私人性的谈话中。大多数时候在谈话中你一定会谈及其他事情。但你对对方的称赞应始终成为一个相对独立的话题和段落。赞赏对方的这个时刻,你越是集中注意力,心无旁骛,赞赏的效果就会越好。所以,在这一刻你不要再扯其他事情,要让这一段谈话紧紧围绕你的赞赏之词,不要中途"跑题"。

让对方对你的赞美之词有一个"余音绕梁"的回味空间,不要话音刚落就硬生生地谈其他双方有分歧的事,弄得对方前一刻的喜悦心情顷刻化为乌有。

赞美要注意因人而异

即使是因为相同的事由,你也不应以同样的方式来称赞所有的人。不要去找任何时间、场合下对任何人都适用的"赞赏万金油",它不存在。避免给对方留下"这人对谁都讲那么一套"的坏印象。

在很多人的聚会中,你千万不要搬出前不久刚称赞过其中某一位的话,再次恭维其他人。要仔细想一想,每位顾客与他人相比,到底有何突出之处,这样就能因人制宜、恰到好处地赞扬别人。

赞美要注意措辞

在表扬或称赞他人时也请谨慎小心。请注意你的措辞，尤其要掌握以下几条基本原则：

（1）你的赞扬不可暗含对对方缺点的影射。比如一句口无遮拦的话："太好了，在一次次半途而废、错误和失败之后，您终于大获成功了一回！"

（2）不能以你曾经不相信对方能取得今日的成绩为由来称赞他。比如："我从来没想到你能做成这件事"，或是"能取得这样的成绩，你恐怕自己都没想到吧。"

（3）列举对方身上的优点或成绩时，不要举出让听者觉得无足轻重的内容，比如向客户介绍自己的销售员时说他"很和气"或"纪律观念强"之类和推销工作无甚干系的事。

另外，赞美之词不能是对待小孩或晚辈的口吻，比如："小伙子，你做得很棒啊，这可是个了不起的成绩，就这样好好干！"

赞赏要利用恰当的机会

不要突然没头没脑地就大放颂词。你对对方的赞赏应该与你们眼下所谈的话题有所联系。请留意你在何时以什么事为引子开始称赞对方。对方提及的一个话题，他讲述的一个经历，也可能是他列举的某个数字，或是他向你解释的一种结果，都可以用来作为引子。

要是他没有给你这样的机会，你就自己"谱"一段合适的"赞赏前奏"，使得对方不致感觉这赞扬来得太突然。不妨用一句谦恭有礼的话来开头："恕我冒昧，我想告诉您……""我常常在想，我是不是可以说说我对您的一些看法……"

这种"前奏"还有两大功用：一是唤起听话者的注意力；二是使你的称赞显得更加恳切诚挚。

赞美时看得远一点

赞美不仅要符合眼前的实际，而且要高瞻远瞩，具有一定的前瞻性和预见性。那样才能提升你赞美的高度，使你的赞美经得起推敲和时间的考验。

有些东西具有相对稳定性，比如人的容貌、性格、习惯等，这方面比较容易称赞。而有些东西则不稳定，如人的行为、成绩、思想、态度等，若从长远考虑，赞美时要谨慎。如有些人入党之前各方面表现都很积极，领导便开始称赞他："该同志一直……"有经验的人就会想，先别夸那个，慢慢儿看吧。果然，他入党之后，各方面就开始松懈了。人迫于某种压力或某种需求，做一件好事很容易，难的是一辈子都做好事。如果赞美人时仅限于就事论事，极易犯目光短浅的错误。

有新意的赞美更能打动人

赞美的创新很重要，如果我们在赞美他人之时能加上一些"新意"的话，让它与众不同一些，那么赞美之术就会更趋于完美，效果也更佳了。

一位摄影师在为一位女明星拍照，女明星对着镜头有些紧张。摄影师在拍照前十几秒钟对她说："小姐，你的耳朵真漂亮，我从来没见过这么漂亮的耳朵。"女明星平常被人夸的地方太多了，已经习惯了。但此时听到居然有人赞美她的耳朵，以前连她自己都没有发现，她赶紧摸摸自己的耳朵。当她自然地把手放下时，摄影师的快门已经按下去了。

摄影师在关键的时候赞美别人看不到的地方，这一招真是很厉害，面对客户时更应当如此。

赞美对方引以为荣的事

有人认为，人不过是历史的符号，同时在每个人成长发展的历史过程中又满载着历史记录，其中不乏自己引以为荣的事情。对这些引以为荣的事情，每个人都渴望得到别人较高的评价，如果能够得到衷心地肯定和赞美，更是让人高兴和自豪的事。

了解一个人引以为荣的事情其实很简单。如果是经常接触的人，他的言谈之中常常会流露出一些线索，"兄弟在美国的时候……""我年轻的时候……""参加抗美援朝战争的那一年……"所以，一个人真正引以为荣的事情是常常挂在嘴边的。

避开公认特长

每个人都有一技之长，大家往往都很容易发现这一点，赞美某专长的人也最多，时间长了，被赞美的人听腻了，对这方面的赞美也就不起作用了。

周女士是某大企业的法人。她把企业经营管理得非常优秀，业内人士都称赞周女士为"铁娘子"。一记者前去采访时对周女士说："董事长，大家都认为你管理精到，我倒是认为您身上更具有传统女性的魅力，善良、心细。"听到这番赞扬，周女士非常高兴，忙说："他们大家只看到我的表面，并不真正了解我。"

记者的这番话得到周女士的好感，是因为她听到对管理水平高的赞美太多了，而这位记者称赞她的为人让她感到新颖。

避开套词俗语

一些刚刚走入社会的青年没有社交经验，他们总是把从故事书中看来的诸如久仰大名、如雷贯耳、百闻不如一见、生意兴隆、财源茂盛等常见的恭维词作为赞美之词来恭维他人。这种公式化的套词，使人感觉对方缺乏诚意、玩世不恭，给人留下不值得深交的印象。

赞美他人的动机大多是良好的，但如果不把握好赞美的分寸、赞美的尺度，就会产生一些不良的后果，因此掌握赞美他人的艺术需要我们在生活中多观察、多总结，只有这样，才能够准确恰当地运用它来达到我们与他人沟通的目的。

赞美别人最想被赞美的地方

赞美作为一门学问，其奥妙无穷，"懂行"是一个非常重要的法则，"懂行"的实质就是能够把握所赞美对象的实质，赞美别人赞到他最想被赞美的地方。如能这样，那么你的赞美就能让对方产生同感，并让对方心悦诚服。

赞美不可言过其实

请注意，你的赞赏要恰如其分。不要借一件不足挂齿的小事赞不绝口，大肆发挥，也别抓住一个细枝末节便夸张地大唱颂歌，这样太过牵强和虚假。

你的用词不可过分渲染夸张，不要动辄言"最"。当对方用五升装的大瓶为你斟酒时，你可别故意讨好："这绝对是最好的葡萄酒。"

小心别让对方觉得你对他的称赞是例行公事。你当然应该比现在更经常地对你的伙伴表示赞赏，但不要在每次谈话时都重复一遍，特别是在对方与你经常见面的情况下更要牢记这一条。最重要的一点是，不要每次都用一模一样的话来称赞对方。

赞美不可与实际利益联系在一起

别把你的称赞和关系实际利益的话题联系在一起。假若你的谈话旨在推销产品或获取信息，你称赞了对方之后要留出些时间，不能马上话锋一转切入主题。要避免给对方这样的印象：你前面的赞誉只是实现你推销目标的一块铺路石。

请不要用煞风景的陈词滥调来结束你们的谈话，记住，纯粹的赞赏效果最佳！

第七节 批评他人

批评他人时要分清场合

聪明的批评者总是在什么场合下说什么话，从而创造出一个否定和批评下级的良好时机。有些批评者则往往不分场合，不看火候，随便行使权力，大耍威风，结果，使问题反而变得更加复杂和严峻。通常的批评宜在小范围里进行，这样会创造亲近融洽的语言环境。实在有必要在公众场合批评时，措辞也要审慎，不宜大兴问罪之师。

某日公司的一位主管在众人面前大声地斥责了一位个性较温和的新进员工："既然是男人，就应该挺起胸膛。不要畏首畏尾的像个女人，难道不觉得丢我们男人的脸吗？"在众人面前遭到斥责的这位员工，低着头往办公室外走去，主管想他或许是去洗手间，但是过了许久却仍不见踪影。四处找了又找，终于发现他在屋顶，手靠着围墙正往下看。主管见状，不禁心中起了一阵凉意："最近一些神经衰弱、身心不健全的人，经常做出令人出乎意料的事，或许自己想得太多，不过从今以后，一定要先看场合再斥责。"

批评他人时尽量少让第三人知道

俗话说"人要脸，树要皮"，谁被批评都不希望被别人知道。在工作中，上级经常都会有给下级提意见或进行批评教育的情况，但一定要注意不要声张，要给他尊严的安全感，让他知道"改过就好，这事我不向别人说"。

有的领导者很不注意这一点，刚批评完下级就把这事说给了别人；或者事隔不久批评另一个人时，又随便举这个人做例子，无意间将批评之事散布出去，弄得风言风语，增加了当事人的思想压力和反感情绪。

人人都有自尊，都有保护自尊的心理倾向。领导批评下级，就要爱护下级，尽量将其心理振荡控制在最低限度，绝不能无意中增加新的干扰素，影响下级接受批评，改正错误。

任何一个谈话高手都知道，批评的话最好不超过三四句。会做工作的人，在对别人进行批评教育时，总是三言两语见好就收，不忘给对方留一定的余地，而有的人就不是这样了，他们总是不肯善罢甘休，非把对方批得"体无完肤"不可，结果是过犹不及，往往把事情推到了反面。

批评他人时要指明问题所在

当批评他人时，要明确指出你有具体针对这一问题的有关记录。向当事人出示违规发生的时间、地点、参与者及其他任何环境因素。要用准确的语言来表述和界定过失，而不要仅仅引证组织的规章制度或劳动合同。你要表达的并不是违反规则这件事情本身，而是违规行为对整个组织绩效所造成的影响。要具体阐明违规行为对员工个人的工作绩效、对整个单位的工作绩效以及对周围其他同事所造成的不良影响，这样才能解释这一行为不应再发生的原因。

批评他人时可采用声东击西法

指出别人的错误时采取委婉式的批评方式，声东击西，让被批评者有一个思考余地。其特点是含蓄蕴藉，不伤被批评者的自尊心。有如晏子"曲线"救人的故事：齐景公酷爱打猎，非常喜欢喂养捉野兔的老鹰。一天，烛邹不当心，让一只老鹰逃走了。景公知道后大发雷霆，命令将烛邹推出去斩首。晏子知道此事后，急忙上堂。对景公说："烛邹有三大罪状，哪能这么轻易就杀了？待我公布他的罪状后再处死吧！"景公点头同意了。晏子指着烛邹说道："烛邹，你为大王养鹰，却让鹰逃走了，这是第一条罪状；你使得大王为了鸟的缘故要杀人，这是第二条罪状；把你杀了让天下诸侯都知道大王重鸟轻士，这是你的第三条罪状。好了，大王，请处死他吧。"景公满脸通红，半天才说："不用杀了，我听懂你的话了。"晏子批评景公的方式不同寻常，表面上他在数落烛邹的罪状，实际上是批评景公重鸟轻人的错误。这种声东击西的方式既没有使君王难堪，又替烛邹说情，真可谓是一箭双雕。

批评他人时，给人铺条退路

当有些错误必须要当面指出的时候，有一件事是你一定要做的，那就是在批评时给对方铺退路。

为了给对方"铺退路"，你可以假定双方在一开始时没有掌握全部事实。例如，你可以这样说：

"当然，我完全理解你为什么会这样设想，因为你那时不知道那回事。"

"在这种情况下，任何人都会这样做的。"

"最初，我也是这样想的，但后来当我了解到全部情况时，我就知道自己错了。"

聪明的人在批评他人时都懂得不撕破脸，在对方没有退路时给对方铺退路。这样对方也会自知理亏，继而改正自己的错误。

批评他人时可采用指桑骂槐法

传说汉武帝晚年时，很希望自己长生不老。一天，他对侍臣说："相书上说，一个人鼻子下面的'人中'越长，命越长。'人中'长一寸能活百岁。不知是真是假？"东方朔感到皇帝的长生不老梦非常可笑。皇上见东方朔似有讥讽之意，面有不悦，喝道：

"你怎么敢笑话我？"东方朔脱下帽子，恭恭敬敬地说："我怎么敢笑皇上呢？我是笑彭祖的脸太难看了。"汉武帝问："你为什么笑彭祖呢？"东方朔说："据说彭祖活了八百岁，如果真像皇上刚才所说的，'人中'应有八寸长，那么，他的脸不是有丈把长吗？"汉帝听了也大笑起来。东方朔批评汉武帝的愚昧，讽刺汉武帝的荒唐，正是采用指桑骂槐的方式，通过嘲笑彭祖来完成的。而汉武帝却在谈笑中接受了东方朔的批评。

批评他人时，宜点到为止

人都是有自尊的，批评他人时，言语要简练扼要。如果话讲多了，会起到相反的作用，令对方反感，产生事与愿违的后果。点到为止才是最佳方案。

晏子是齐国一位善谏的大臣。在他去世17年后，齐景公有一次请大夫们喝酒。酒后，景公射箭射到了靶子外面，满屋子的人却众口一词地称赞他。景公听后变了脸色，并叹了口气，把弓丢在一旁。

这时，弦章进来了。景公说："弦章，自从我失去晏子到现在已经有17年了，从来没有听到别人对我过失的批评。今天我把箭射到了靶子外，他们却众口一词赞美我。"

弦章说："这是那些大臣们的不好。他们本身素质不高，所以看不到国君哪些地方不好；他们勇气不够，所以不敢冒犯国君的尊严。但是，您应该注意一点，我听说：'国君喜欢的衣服，那么大臣就会拿来替他穿上；国君喜欢的食物，大臣就会送给他吃。'像尺蠖这种虫子，吃了黄颜色的东西，它的身体就要变黄，吃了绿颜色的东西，它的身体就要变绿，作为国君大概总会有人说奉承话吧！"

弦章的话在景公听来颇有道理，明白了奉承者不过是投自己所好，如果自己对奉承话深恶痛绝的话，就很少会有人来讨好了。

弦章虽未直接进一步批评景公喜欢听奉承话才造成如此局面，但景公已深刻领悟到了这一点，事实上，若弦章再画蛇添足地批评景公一番，效果反而不会有仅点到为止好。

在现实生活中，人们普遍存在吃软不吃硬的心态。特别是那些性格刚烈、很有主见的人，你如果说硬话，比如用命令的口吻，对方不但不会理睬，说不定比你更硬；因此，不妨点到为止，让对方自己去领会其中的意思。

批评他人时不可翻老账

许多人总是对以前曾犯过错误、受过处分甚至惩罚的人，抱有很深的成见。这样，在对他们进行批评教育时，就会自觉不自觉地把眼前的事和以前的事扯到一块儿，翻老账。而这往往就触动了别人最敏感的、最不愿意让他人触及的神经，从而使人产生极大的反感。

一名车间工人，因为工作失误，受到一个通报批评的处分。后来，他和一名同事吵了一架，于是车间主任找他谈话，对他进行批评，可只进行了几句，就谈崩了。下面是他们的对话：

车间主任："你对同事大打出手，可真够威风的啊。"

工人："我……"

车间主任（打断工人）："你怎么样？上次那个通报你忘了吧？我可是没忘啊……"

工人："那你就给我再来一个通报吧！一个我抱着，两个我背着！"

车间主任："你……"

批评最忌翻陈年老账，将对方过去的问题一股脑儿地抖出来以显示自己的理直气壮。殊不知，连珠炮式的指责只会扩大对方的对抗情绪，使所遇到的问题更难解决。

"并不是我喜欢揭人的疮疤，而是他的态度实在太恶劣，一点悔过的意思都没有。我这才忍不住翻起旧账来的。"车间主任事后为自己辩解说。

批评应针对当前发生的问题，帮助下属提高认识，改正错误。翻老账会使下属产生逆反心理，直觉告诉他领导一直在作收集他全部缺点的工作，这一次是在和他算总账，因而会产生对立情绪，不会做出任何配合的。

批评他人时可采用曲说隐衷法

倘若你对你的上级领导或长辈有些不满，想对他们表达出来，加之这种愿望又并无难言之处，则可采用曲说隐衷的方式。如：

有个酒徒，贪恋杯中之物，酒醉之后常常误了大事。妻子多次劝他，他怎么也听不进去。一天，他的儿子对他说了几句话，却使他心灵受到极大的震撼，以后就再也不喝酒了。原来，他的儿子说："爸爸，我送给你一个指南针。"

"孩子，你留着玩吧，我用不着它。"

"你从酒吧间出来时，不是常常迷路吗？"

在这个故事中，儿子用的就是"曲说隐衷"法。儿子对父亲老是喝醉酒，深为不满，但作为小辈，又不便直接对父亲的行为提出批评，于是便以这种委婉的方式向父亲提出劝诫。

批评他人时可采用软话服人法

现实生活中，人们普遍存在着吃软不吃硬的心态。特别是性格刚烈、很有主见的人，你如果说"硬"话，比如以命令的口吻，对方不但会不理睬，说不定比你更硬；你如果来"软"的，对方反倒产生同情心，纵使自己为难，也会顺从你的要求。

一位干部到广州出差，在街头小货摊上买了几件衣服，付款时发现刚刚还在身上的一百多元外汇券不见了。货摊只有他和姑娘两人，明知与姑娘有关，但他没有抓住把柄。当他提及此事时，姑娘翻脸说他诬陷人。

在这种情况下，这位干部没有和她来"硬"的，而是压低声音，悄悄地说："姑娘，我一下子照顾了你五六十元的生意，你怎么能这样对待我呢？你在这个热闹街道摆摊，一个月收入几百上千，我想你绝对看不上那几张外汇券的。再说，你们做生意的，信誉要紧啊！"他见姑娘似有所动，又恳求道："人家托我买东西，好不容易换来百把块外汇券，丢了我真没法交代，你就替我仔细找找吧，或许忙乱中混到衣服里去了。我知道，你们个体户还是能体谅人的。"

姑娘终于被说动了，她就坡下驴，在衣服堆里找出了外汇券，不好意思地交给他。

说"软"话会让对方觉得自己

是在吃糖，心里甜甜的。在上述事例中，这位干部的一番至情至理的说辞，不但指责了那位姑娘，而且使外汇券失而复得。

批评他人时切忌一棍子打死

批评应就事论事，一就是一，二就是二，哪儿疼就治哪儿的病，而不能夸大其词，借机整人。不能因一时一事的失误，就将人的过去全盘否定，或形成限定印象，觉得此人"朽木不可雕也"，更不能当面断定人"不可救药"。

批评他人时切忌仗势欺人

个别上级如果和下属发生口角，气头上的口头语是："听你的，还是听我的？""这样做谁说了算？"他们不是平心静气地批评，而是用扣奖金，扣工资，调离岗位相威胁；不是以理服人，而是仗势压人，仗势欺人。这样做的结果，常常是压而不服，还结下了矛盾。

批评他人时切忌怒发冲冠

批评和发脾气不是一回事。发脾气有时不但无助于批评的效果，往往还会把事情搞僵。员工做了错事，或说了错话，你难免生气，生气归生气，做上级的总要有气度和涵养，要能够把握自己的情绪，批评时千万不要声嘶力竭。

批评他人时切忌恶语相向

批评宜以理服人，摆事实，讲道理。你一味地挖苦污蔑，或者以对方的缺陷为笑柄，过分地伤害人的自尊，往往会适得其反。对方一旦产生抵触，就很可能以其人之道，还治其人之身。

第四章

场景口才

第一节 推销口才

幽默可以增进与客户之间的关系

一个推销人员，想要成功就需要借助幽默的力量。幽默可以增进与客户之间的关系，融洽彼此之间的联系，使许多尴尬、难堪的洽谈场面变得轻松，从而促进彼此之间的合作，进而发展更多的客户。

日本推销大师齐藤竹之助说："什么都可以少，唯独幽默不能少。"这是齐藤竹之助对推销员的特别要求。许多人觉得幽默好像没有什么大的作用，其实是他们不知道怎么运用幽默。

那种不失时机、意味深长的幽默更是一种使人们身心放松的好方法，因为它能让人感觉舒服，有时候还能缓和紧张的气氛，打破沉默和僵局。

据说，美国300多家大公司的企业主管，参加了一项幽默意见调查。这项调查的结果表明：90%的企业主管相信，幽默在企业界具有相当的价值；60%的企业主管相信，幽默感决定着人的事业成功的程度。这一切说明，幽默对于现代人以及现代人的成功至关重要。

幽默要运用得巧妙，有分寸、有品位。运用幽默语言时要注意：千万不要油腔滑调，否则会让人生厌；说话时要特别注意声调与态度的和谐，是否运用幽默要以对方的品位而定。

在你打算轻松幽默一番之前，最好先分析你的产品和你的客户，一定要确信不会激怒对方，因为这种幽默对有些人来说根本不起作用，说不定还会适得其反。

迅速打开客户的"心防"

任何人与陌生人打交道时，内心深处总是会有一些警戒心，当准客户第一次接触业务员时，也是带有"防备"心理的。

只有在推销人员能迅速地打开准客户的"心防"后，客户才可能用心听你的谈话。打开客户"心防"的基本途径是：①让客户对你产生信任；②引起客户的注意；③引起客户的兴趣。

TOYOTA的神谷卓一曾说："接近准客户时，不需要一味地向客户低头行礼，也不应该迫不及待地向客户介绍商品，这样做，反而会引起客户逃避。当我刚进入公司做推销时，在接近客户时，我只会向他们介绍我的汽车，因此，在初次接近客户时，往往都无法迅速地与客户进行沟通。在无数次的体验揣摩下，我终于体会到，与其直接说明商品不如谈些有关客户的太太、小孩的话题或谈些社会新闻之类的事

情，让客户喜欢你才真正关系着销售的成败，因此接近客户的重点是让客户对一位以推销为职业的业务员产生好感，从心理上先接受他。"

准确叫出客户的名字

戴尔·卡耐基说："一种最简单但又最重要的获取别人好感的方法，就是牢记他或她的名字。"

准确记住客户的名字，不仅对一次推销有帮助，而且还可能影响一个人的一生。

只要用心去记，不断地重复，记住并准确地说出客户的姓名并不难。如果你能够尊重并牢记别人的姓名，就表示你在乎他，这不但能建立起良好的人际关系，而且对业务的拓展也大有帮助。试想，某一天，当你碰到自己的客户时能清楚地叫出对方的名字，客户一定会觉得你很尊重他，这对你日后的工作有很大的帮助。

要牢记他人的名字，下面4种方法可以借鉴。

（1）用心仔细听

把记别人姓名当成重要的事。

每当认识新朋友时，一方面用心注意听，一方面牢牢记住。切记！每一个人对自己名字的重视程度绝对超出你的想象！

（2）利用笔记，帮助记忆

别太信任自己的记忆力，在获得对方名片之后，必须把他的特征、嗜好、专长、生日等写在名片背后，以帮助记忆。当然，若能配合照片另制资料卡，则更理想。

（3）重复记忆

对于一个名字，如果重复几遍，就会记得更加牢固。因此，在初次见面时，要多叫几次对方的名字，以加深印象。

（4）运用有趣的联想

利用对方的特征、个性以及名字的谐音产生联想，以帮助记忆。

只做有建设性的拜访

所谓建设性的拜访，就是推销员在拜访客户之前，先调查、了解客户的需要和问题，然后针对客户的需要和问题，提出建设性的意见，例如提出能够增加客户销售或能够使客户节省费用、增加利润的方法。只有撒下这样的诱饵，客户才会慢慢上"钩"。

一位推销高手曾这样谈到："准客户对自己的需要，总是比我们推销员所说的话还要重视。根据我个人的经验，除非我有一个有益于对方的构想，否则我不会去访问他。"

推销员向客户做建设性的访问，必然会受到客户的欢迎，因为你帮助客户解决了问题，满足了客户的需要，这比你对客户说"我来是推销产品的"更能打动客户。尤其是要连续拜访客户时，推销员带给客户一个有益的构想，乃是给对方留下良好印象的一个不可缺少的条件。

推销员一定要抱着自己能够对客户有所帮助的信念去访问客户。只要你把如何才能对客户有所帮助的想法铭刻在心，那么，你就不会放过任何一个能对客户有所帮助的机会。即使是一个偶然的机会，你就能够提出一个对客户有帮助的建设性构想。

介绍产品要用客户听得懂的语言

用客户听得懂的语言向客户介

绍产品，这是最简单的常识，尤其对于非专业的客户来说，推销员一定不要过多使用专业术语。有一条基本原则对所有想吸引客户的人都适用，那就是如果信息的接受者不能理解该信息的内容，这个信息便产生不了它预期的效果。推销员对产品和交易条件的介绍必须简单明了，表达方式必须直截了当。表达不清楚，语言不明白，就可能会产生沟通障碍。

所以在向客户介绍产品时，你必须做到简洁、准确、流畅、生动，而且还要注意时机的选择，切不可卖弄专业术语。要记住：你推销的是产品，而不是那些抽象的代码！

强调产品的好处

从事推销工作的人是否曾经思考过，你们销售的是产品，还是产品带给顾客的好处呢？我们通常都认为自己向顾客推销的是产品，衣服、领带、化妆品、广告、软件……却忽略了顾客需要的不是这些产品，顾客真正需要的是产品带给他们的好处。所以，推销的关键，是要向客户展示产品能为他们带来哪些好处。

根据对实际的销售行为的观察和统计研究，60%的销售人员经常将特点与好处混为一谈，无法清楚地区分；50%的销售人员在做销售陈述或者说服销售的时候不知道强调产品的好处。销售人员必须清楚地了解特点与好处的区别，这一点在进行销售陈述和说服销售的时候十分重要。

推销中可以强调产品哪些好处

（1）帮助顾客省钱。

（2）帮助顾客节省时间。效率就是生命，时间就是金钱，如果我们开发一种产品可以帮顾客节省时间，顾客也会非常喜欢。

（3）帮助顾客赚钱。假如我们能提供一套产品帮助顾客赚钱，当顾客真正了解后，他就会购买。

（4）安全感。顾客买航空保险，不是买的那张保单，买的是一种对他的家人、他自己的安全感。

（5）地位的象征。一块百达翡丽的手表拍卖价700万元人民币，从一块手表的功用价值看，实在不值得花费，但还是有顾客选择它，那是因为它独特、稀少，能给人一种地位的象征。

（6）健康。市面上有各种滋补保健的药品，就是抓住了人类害怕病痛死亡的天性，所以当顾客相信你的产品能帮他解决此类问题时，他也就有了此类需求。

（7）方便、舒适。

以客户为谈话的中心

和客户谈话时，要以客户为谈话的中心。一定要把客户放在你做一切努力的核心位置上！不要以你或你的产品为谈话的中心，除非客户愿意这么做。

这是一种对客户的尊重，也是赢得客户认可的重要技巧。销售人员必须要摆正自己的位置，即明确自己扮演的角色和行动目标——满足客户的需求，为客户提供最满意的产品或服务。

如果客户善于表达，那你就不要随意打断对方说话，但要在客户停顿的时候给予积极回应，比如，夸对方说话生动形象、很幽默等。如果客户不善表达，那也不要只顾着你自己滔滔不绝地说话，而应该通过引导性话语或者合适的询问让客户参与到沟通的过程当中。

找到一个与众不同的卖点

从销售的角度来说，没有卖不出去的产品，只有卖不出去产品的人。因为聪明的推销员总可以找到一个与众不同的卖点将产品卖出去。独特卖点可以与产品本身有关，有时候，也可以与产品无关。独特卖点与产品有关时，可以是产品的独特功效、质量、服务、价格、包装等；当与产品无关时，这时销售的就是一种感觉、一种信任。

一个推销员带领一对夫妇看一幢老房子，当客户看到院子中的樱桃树时显得很高兴，推销员及时捕捉到了这个信息，并作出判断：客户喜欢这棵樱桃树。这是推销员优秀的思考习惯的反应。

发现这一点后，当客户对客厅陈旧的地板、厨房简陋的设备等缺点表现不满意时，推销员及时说道："你们从任何一个房间的窗户向外看，都可以看到院子里的樱桃树。"最后，客户买下了这栋并不满意的房子，只是因为喜欢那棵樱桃树。这个过程是推销员卓越的推销能力的体现，她可以根据客户的反应及时强调房子的独特卖点，把客户的思维始终控制在独特的卖点上，最后作出购买的决策。

所以，如果你想卖出产品，就先把产品的独特卖点找出来并展示给客户。

巧用利益解说策略

利益解说策略是指推销员用适合客户需求的产品特性和利益，进行有针对性的解说，从而使得客户接受产品。这种策略，对于专业的推销员而言，是必须掌握的。其中，利益是指产品能给客户带来的益处，能够满足客户的需求。

汽车推销员小吴通过对某一潜在客户的调查发现他们对配送车的需求特征，就是要提高效率。而提高效率的关键点在于客户配送的东西大小规格都不一致，导致每一辆车的装载量少、装卸速度慢。

在明确了客户的具体需求后，小吴便有针对性地解说他们公司所提供的配送车的利益点："它除了比一般同型货车超出了15%的空间外，并设计有可调整的陈放位置……同时能活动编号，依号码迅速取出配送物。"

在客户说明原来的车还没有到企业规定的汰旧换新的年限且停车场也不够时，小吴更是抓住时机说明使用××配送车的利益点："每天平均能提升20%的配送量，也就是可以减少目前1/5的配送车辆，相对地也可以节省1/5的停车场地。""若采取××型专业配送车，不但可以因提高配送效率而降低整体的配送成本，而且还能节省下停车场地的空间，让贵企业两年内不需为停车场地操心。"

最后，小吴根据客户的实际情况，建议将其中10辆接近汰旧换新年限的车换成××型专业配送车。

在整个销售解说过程中，小吴一直牢牢地把握住客户的需求并结合自己产品的特性和利益来解说××型专业配送车，让客户在利益需求思考下作出购买决定。

推荐给客户的产品最好是三款

推荐的过程说白了就是找出符合客户要求的产品，然后介绍它们的品牌、型号、配置和价格。最后由客户来选择。

这个选择性过程基本可以总结为以下两步：第一步，列举几种可供选择的产品和这些产品各自特点；第二步，让消费者从中选择认可的一个备选选项。

但是，切记只能推荐两到三款，三款最好。少了，客户没有挑选的余地，自己也没有回旋的余地；多了，客户会挑花眼，自己也会因为盲目推荐而没有目标。接下来的谈话很重要，要让客户实实在在地体会产品本身的优异性能。

利用客户的好奇心

"好奇"是人类一种非常普遍的心理，当你能够准确地把握并利用这一心理的时候，你往往能够轻而易举地征服客户。在商务电话沟通中，业务员可以首先唤起客户的好奇心，引起客户的注意力和兴趣，建立与客户的关系，从而获得与客户的顺利沟通。

利用客户的好奇心必须根据具体情况来设计具体的语言，激起客户好奇心的方法应该合情合理，奇妙而不荒诞。业务员应该向客户展示各种新闻、奇遇、奇才、奇谈、奇货等合乎客观规律的新奇事物来唤起客户的好奇心，以达到接近客户的目的，而不应该凭空捏造违背客观事实的奇谈怪论来诱惑客户，更不可装神弄鬼，进行迷信宣传。

另外还要注意，无论利用什么语言，都应该与推销活动有关。如果客户发现业务员的接近与推销活动完全无关，很可能立即转移注意力并失去兴趣。

把话说到点子上

出色的口才不仅要求口齿伶俐、思维敏捷，还要求语言要有逻辑性，把话说到点子上。对于推销员来说，良好的口才是说服客户的利器，是把握主动权的保证。

例如，面对游戏软盘的推销，客户认为玩游戏会影响孩子的学习时，推销员则把自己的游戏软盘与中学生的智力开发问题联系起来，并且把游戏软盘定位于帮助孩子学习的重要工具。我们知道,家长非常重视孩子的学习和智力开发,推销员这样说就说到点子上了,说到客户心里去了。果然,客户被打动了,交易做成了。

可见,推销员要取得很好的销售业绩,就必须加强自己的口才训练,做到把话说到点子上,提高自己的销售能力。

站在客户的角度考虑问题

优秀的推销员关注客户而非产品本身,他们在销售之前往往会站在客户的角度来考虑问题,将心比心、感同身受。这与拙劣的推销员只顾向客户推销产品而不站在客户的角度去考虑是否真正需要是完全不同的。

当客户认为产品价格高时,虽然原因各有不同,但主要原因是想买便宜的货物,销售人员要能够站在客户的角度思考,了解他的需求后,再向他介绍合适的东西,要做到让客户心里有这样一种感觉:他买的是一种很适合他用的东西。

例如,如果购买罐头的顾客认为你推荐的产品价格有些贵,你就不应该再强调那种品牌如何如何好,应该说:"那种品牌的产品,定价都较高一点,我建议您买另外一种牌子的看看,东西也很不错,价钱则便宜了五分钱。"假如看她有了要买的意思,要轻描淡写地说明这种产品的缺点,让客户了解罐头内部的情况。你不妨这样说:"很多客户吃了这种罐头都说,色泽虽然稍差一些,可味道一点也不差。"这样一交代,就符合我们不欺骗客户的原则了,而且满足了客户的需求。

许多生意的成交,关键就在于销售员把握了客户的真实需求,并进行了有针对性的推销。

给予客户沉默的时间

客户的沉默,相当于我们常听到的"请稍候"。业务员在敦促签单的话告一段落之后应给予对方沉默的时间。

当对方沉默时,如果业务员沉不住气,不能等待客户思考之后,就将客户的思路打断。那样就不仅只是打断他的思路,还打断了一个明确的答复。正如有的业务员所说的那样:"对方一沉默,我就像被人用枪瞄着,却总也听不见枪响。这比挨一枪还难受。"这就是业务新人常犯的沉默恐惧症。

有些业务员认为沉默意味着缺陷。客户的沉默使业务员感到压抑,很冲动地产生打破沉默的念头。相反,有经验的业务员在敦促到一定程度的时候,会主动沉默。这种沉默是允许的,而且也是受客户欢迎的。

在商务电话沟通中,我们要做好充分的"打持久战"的心理准备,尤其是在等待客户决策,对方沉默不语时更不能操之过急。

其实,沉默的时间并非像有些耐不住的业务员感受的那样漫长。当客户沉默的时候,他比业务员承受的压力要大得多,他们沉默一般不会超过30秒。一般来说,客户在你沉默10秒最多不超过20秒后,他就会对你开口。在这种情况下,客户说出的基本上是实质性的决定。

听出对方的谈话重点

能听出对方的谈话重点,是一种能力,也是成功进行商务沟通的关键之一。这就要求我们在沟通中,不仅要集中精力认真倾听,更要认真思考。在思考的过程中,你可能会发现一些问题,也许这些问题正是决定沟通是否成功的关键。

另外,在沟通中发现的问题,需要客户进行确认,你应当及时让客户确认;需要认真核对的,应当及时核对。比如你可以这样说:"您这句话的意思是……我这样理解对吗?""按我的理解,您是指……""您能再详细说说吗?"这些话语的运用,同样使客户有一种受尊重的感觉,当然,最主要的作用还是深层次地了解客户谈话的意图。

及时领会客户的意思

销售过程中及时领会客户的意思非常重要。只有及时领会客户的意思,推销员才能及时做好准备,为下一步的销售创造条件。

推销员只有及时领会了客户的意思,巧妙地作出适当的回应,才能使事情朝越来越好的方向发展,如果推销员不能及时领会客户的话，就不能很好地解除对方的疑虑。

及时领会客户话中的意思，及时发现成交信号，是促成成交最关键的环节。

尽量问一些能得到肯定回答的问题

在法律系学生的课程中，教授会告诉他们："当你盘问证人席的嫌犯时，不要问事先不知道答案的问题。"

相同的训诫也可以用在销售上。辩护律师如果不事先知道答案就盘问证人，会为他自己惹来很多麻烦，同样的情形也会发生在销售人员身上。

绝对不要问只有"是"与"否"两个答案的问题，除非你十分肯定答案是"是"。

例如，不要问客户："你想买双门轿车吗？"而要说："你想要双门还是四门轿车？"

如果你用后面这种二选一的问题，你的客户就无法拒绝你。相反的，如果你用前面的问法，客户很可能会对你说："不。"下面有几个二选一的问题：

"你比较喜欢三月一号还是三月八号交货？"

"发票要寄给你还是你的秘书？"

"你要用信用卡还是现金付账？"

"你要红色还是蓝色的汽车？"

"你要用货运还是空运的？"

可以看出，在上述问题中，无论客户选择哪个答案，业务员都可以顺利做成一笔生意。

要养成经常这样说话的习惯："难道你不同意……"例如："难道你不同意这是一辆漂亮的车子，先生？""难道你不同意这块地可以看到壮观的海景，先生？""难道你不同意你试穿的这件貂皮大衣非常暖和，女士？""难道你不同意这价钱表示它有特优的价值，先生？"因为，这些问题你已很有把握客户会作出肯定的回答。当客户赞同你的意见时，也会衍生出肯定的回应。

了解何时该"温和地推销"

作为一个优秀的推销员，应该了解何时该"温和地推销"。对于极有潜力的未来客户，推销员应该沉住气，潜入海底。所谓潜入海底，是指能够耐得住性子，尽力接近他们而不是让他们从一开始就怀有戒心，相互信任是关系营销的最高境界。

例如推销员托马斯，喜欢打高尔夫球，也因此结识了很多有实力的客户，但他并没有利用这个机会去推销，而是把个人娱乐和生意分开，与球伴建立了很好的关系，这是建立信任、赢得客户好感的一种典型策略，它也常常能取得非常好的效果。

正是这样的做法，使得托马斯赢得了与他一起打球的某公司的总经理吉米的敬佩，对方主动要求与他做生意，于是，吉米成了托马斯最大的客户。

这桩生意做得看似轻而易举，其实是与客户长期接触、赢得客户的信任与尊重而获得的。这其中，与潜在客户长期接触时的言谈尤其重要，不能流露出功利心，这也是托马斯取得成功的关键。

可见，强硬推销的结果必是遭到拒绝，而经过一段时间发展得来的关系会更长久。作为推销员，不妨借鉴一下托马斯的做法，先取得潜在客户的信任，生意自然水到渠成。

了解客户顾虑的根源

在推销过程中，客户提出顾虑是很正常的，而且顾虑往往是客户表示兴趣的一种信号。但遗憾的是，当客户提出顾虑时，不少推销员往往不是首先识别顾虑，而是直接进入到化解顾虑的状态，这样极易造成客户的不信赖。错误的顾虑化解方式不但无助于推进销售，反而可能导致新的顾虑，甚至成为推销失败的重要因素。

例如，当客户提出"你们的售后服务怎么样"时，说明这个问题是客户经过慎重考虑提出来的，是一种理性思考的结果。这时候，要化解客户的顾虑就需要推销员把客户内心的想法了解得一清二楚，并促使其决策。

这时不妨采用提问的方式："您所指的售后服务是哪些方面呢？"给予客户被尊重的感觉，同时协助客户找到问题的症结所在，然后利用自己的专业知识，轻松化解客户的顾虑，获得推销的成功。

正确理解客户的顾虑甚至比提供正确的解决方案更重要。至少，针对客户顾虑的提问表达了对客户的关心与尊重。推销员只有充分了解客户顾虑的根源，从根本上解决问题，才能顺利成交。

突破客户的防线，开发潜在需求

当客户对你说出拒绝的话语时，一个成熟而有经验的推销人员会通过有策略的交谈，巧妙突破客户的防线，从而开发出客户的潜在需求。推销时挖掘客户的消费需求至关重要。

挖掘客户的消费需求，就是要让他觉得眼前的商品可以给他带来远远超出商品价值之外的东西。每位顾客由于其年龄、性别、职业、文化程度以及消费知识和经验的差异，他们在购买商品时，会有不同的购买动机和消费需求，因此，他们所要求得到的服务也不同，销售人员面对每一位顾客都要细心观察，热情、细致地为他们提供所需要的服务。

客户的消费需求要求推销员去开发，聪明的推销员会在无意中给顾客限制选择的权利或者是让消费者作出有利于推销员的选择。要想占有更大的市场，就要求推销员不断开发客户的需要。

运用数字技术化解价格异议

价格异议是任何一个推销员都遇到过的情形。比如"太贵了""我还是想买便宜点的""我还是等价格下降时再买这种产品吧"等。对于这类反对意见，如果你不想降低价格的话，你就必须向对方证明，你的产品的价格是合理的，是产品价值的正确反映，使对方觉得你的产品物有所值。在销售中，运用数字技术就可以化解顾客类似的价格异议。

例如，当推销员向客户推销一套价格昂贵的家具，客户认为太贵了，比自己的预期超过了1000多元。这时候推销员需要做的就是淡化客户的这种印象。推销员可以运用数字技术，先假设这套家具能够使用10年，然后把客户认为贵了的1000多元分摊到每年、每月、每天、每次，最后得出的数据为每次不到1毛5分钱，这大大淡化了客户

"太贵了"的印象,从而有效促成这套昂贵的家具的成交。

可见,推销员在与客户的沟通中,如果能够在回答潜在客户的问题时自然地采用数字技术,那么成交也就不再是难事了。

不断追问,找出客户的疑虑根源

在进行产品介绍和要求订货时,大多数客户总会对产品心存疑虑。他们担心的问题可能是客观存在的,也可能只是心理作用。销售人员应该采取主动的方式,发现客户的疑问,并打消客户的疑虑。

例如,他们说:"我还是再考虑考虑。"这只不过是一种推托之语,销售人员追问一句,他们往往会说:"如果不好好考虑……"这还是一种婉转的拒绝。怎样才能把他们那种模棱两可的说法变成肯定的决定,这就是销售人员应该来完成的事。

当客户说:"我再好好考虑……"

销售人员就应表现出一种极其诚恳的态度对他说:"你往下说吧,不知是哪方面原因,是有关我们公司方面的吗?"

若客户说:"不是,不是。"

那么销售人员马上接下去说:"那么,是由于商品质量不高的原因?"

客户又说:"也不是。"

这时销售人员再追问:"是不是因为付款问题使您感到不满意?"追问到最后,客户大都会说出自己"考虑"的真正原因:"说实在话,我考虑的就是你的付款方法问题。"

不断地追问,一直到他说出真正的原因所在。当然,追问也必须讲究一些技巧,而不可顺口答话。例如,销售人员接着他的话说:"您说得也有道理,做事总得多考虑一些。"这样一来,生意成功的希望则成为泡影。

留给自己解释产品性能的机会

在推销比较昂贵的产品时,销售人员在遇到顾客直接询问价格的时候,第一反应应该是确认顾客是否了解这个产品。如果顾客不了解产品销售人员就直接回答顾客的询价,顾客必然会觉得价格不合适。

这样，销售人员没有任何解释的空间，顾客也不给销售人员机会来解释产品的技术或独到的领先之处。

我们来看一个成功案例：

顾客："你介绍的这个34寸的高清数码彩电多少钱呀？"

销售人员："您真是行家，您看中的可是现在最流行的、最新推出的款式，价格可不便宜，挺贵的！"

（暂停，将沉默留给客户。）

顾客（有些着急）："到底多少钱呀？"

销售人员："要不说您是行家呢，3480元。"

顾客："为什么这么贵呢？"

在本案例中，推销员在顾客直接问价后先说贵，等客户继续问贵是多少的时候，再回答具体的价格。当客户再次询问贵的原因时，则正好是销售人员解释产品性能的机会。

价格谈判中的说服术

如何说服你的客户接受你的建议或意见，这其中有很大的学问，特别是在价格的谈判中。以下是价格谈判中的一些技巧和策略。

（1）在谈判过程中尽量列举一些产品的核心优点，并说一些与同行相比略高的特点，尽量避免说一些大众化的功能。

（2）在适当的时候可以与比自己的报价低的产品相比较，可以从以下几方面考虑：

①客户的使用情况（当然你必须对你的和你对手的客户使用情况非常了解——知己知彼）。

②列举一些自己和竞争对手在为取得同一个项目工程，并同时展示产品和价格时，客户的反应情况（当然，这些情况全都是对自己有利的）。

③列举一些公司的产品在参加各种各样的会议或博览会时专家、学者或有威望的人员对自己的产品的高度专业评语。

④列举一些公司产品获得的荣誉证书或奖杯等。

巧用"假设成交法"促成交易

什么是"假设成交法"？

在通话时，如果是以下情况：

"××先生，我是××。"

"您好。"

"××先生您好，好久没有听到您的声音了，上次开课的时候，你每天都坐在我的对面，我看您很有精神。"（开始建立亲和力）

"最近过得怎么样？生活怎么样？有没有烦心的事情？"

"没有。"

"想想看，是不是有一两件事令你烦恼呢？想不想解除烦恼？"

"想解除烦恼。"

"假如想……"

于是就跟客户讲怎么追求快乐，怎么逃离痛苦，他开始被锁定注意力，最后就会参加培训课程。

这就是"假设成交"。假设成交就是先给客户一幅成交的画面，让他想象已经购买了某产品或服务，而此产品或服务给他带来多大好处。这就是假设成交真正的用处。假设成交的关键是你要为客户创造一幅景象和画面：他已经买了你的产品，带来了什么样的好处和利益。

表达出你的认同心理

在推销中，无论从事何种交易，表达出你的认同心理，都将有助于交易的顺利进行。

表达同理心和赞美一样，是推销沟通中的"润滑剂"，而这一点也是在推销中听到最少的，即推销人员说得最少的。一位推销方面的专家经常会问他的学员："如果你的一个朋友来你们家串门，向你哭诉，说他的小孩子不听话，天天爬上爬下的，这不，又从楼上摔下来了，摔得脸都青了。这时，你会对你的朋友说什么？"而他大部分的学生都会说："现在的小孩子都是这样的。"这就是表达同理心。例如，如果你是某电信运营商的推销人员，客户对你说："我的手机丢了。"这时，你首先不是问那些原来已经设计好的问题，而是先关注客户："啊，手机丢了，应该立即办理停机。"这样，客户才会真正感觉被关注。

在推销中，销售人员应学会使用同理心，以促进交易成功。

利用"从众"心理进行推销

"从众"指个人受到外界人群行为的影响，而在自己的知觉、判断、认识上表现出符合公众舆论或多数人的行为方式，是社会认可作用的一个表现。"从众"应用到销售中，是推销员影响潜在客户的又一个诀窍，利用人们的从众心理，往往可以起到事半功倍的作用。

例如汽车推销员小汪，他就使用了这个方法成功销售了一辆价格不菲的汽车。

小汪在公司销售记录中搜寻了一些有影响力的客户，把客户姓名和购买的车型都记录下来，并随身携带，以备查用。

当潜在客户刘总来看车时，小汪通过分析，把握了客户的心理，并想好了对策。

先是赞美客户，获得客户的好感，为最后的成交奠定基础；然后，使出"撒手锏"："对了，刘总，××贸易公司的林总裁您认识吗？半年前他也在这儿买了一辆跟您一模一样的车，真是英雄所见略同呀。"看似不经意的一句话，其实是充分利用了潜在客户的从众心理，通过他人认同影响潜在客户，促使潜在客户作出购买决定。

结果正如小汪预料的那样，刘总非常痛快地签了单。

可见，在销售中，遇到类似的客户时，推销员不妨采取类似的办法，相信比直接介绍产品的优越性能的效果要好得多。

利用最后期限成交策略

心理学有一个观点："得不到的东西才是最好的。"所以当客户在最后关头还是表现出犹豫不决时，推销人员可以运用最后期限成交法，让客户知道如果他不尽快做决定的话，可能会失去这次机会。

在使用这种方法的时候，推销人员要做到下面几点：

（1）告诉客户优惠期限是多久。

（2）告诉客户为什么优惠。

（3）分析优惠期内购买带来的好处。

（4）分析非优惠期内购买带来的损失。

这样，给客户限定了一个日期，就会给客户带来一种紧迫感，情急之下就会和你成交的。

为了能使成交的"限期完成"发挥其应有的效果，对于成交截止前可能发生的一切，销售员都必须负起责任来，这就是"设限"所应具备的前提条件。只有在有新的状况发生或理由充足的情况下，才能"延长期限"。如果对方认为你是个不遵守既定期限的人，那么，所谓"设限"，对你的客户就发挥不了什么作用。

不能直接回答和直接问的问题

虽然成交要等客户的同意，但是最后的关键时刻，推销人员的话却至关重要，它可以使客户坚定最后的决心，促进成交，也可以使客户动摇购买的决心，放弃交易。

在客户发出成交信号时，要注意下面几种情况。

（1）有的问题别直接回答

假设，当你正在对产品进行解说时，一位客户发问："这种产品的售价是多少？"

A.直接回答："150元。"

B.反问："您真的想要买吗？"

C.不正面回答价格问题，而是向客户提出："您要多少？"

如果你用第一种方法回答，客户的反应很可能是："让我再考虑考虑。"如果以第二种方式回答，客户的反应往往是："不，我随便问问。"

（2）有的问题别直接问

客户常常有这样的心理："轻易改变主意，显得自己很没主见！"所以，要注意给客户一个"台阶"。你不要生硬地问客户这样的问题："您下定决心了吗？""您是买还是不买？"

尽管客户已经觉得这商品值得一买，但你如果这么一问，出于自我保护，他很有可能一下子又退回到原来的立场上去了。

许下的承诺必须信守

承诺是一种约定，推销人员对客户的承诺是推销人员表现的大好机会。兑现你的承诺，你就会赢得客户的信任和支持。如果你不能兑现已经说出口的承诺，你就会永远失去客户。因此，推销人员不要轻易许诺。

推销人员常常通过向顾客许诺来打消顾客的顾虑，如许诺承担质量风险，保证商品优质，保证赔偿顾客的损失；答应在购买时间、数量、价格、交货期、服务等方面给顾客提供优惠。但要记住,不要做过多的承诺,同时要考虑自己的诺言是否符合公司的方针政策,不能开空头支票。推销人员一旦许下诺言,就要不折不扣地实现诺言。为了赢得交易而胡乱许诺,其结果必定是失去客户的信赖。

遵守诺言是一个人最可贵的品性,要想销售更多的产品,推销人员必须信守承诺。

如何应对从容不迫型的客户

有些客户严肃冷静,遇事沉着,不易被外界事物和广告宣传所影响。他们对销售人员的建议认真聆听,有时还会提出问题和自己的看法,但不会轻易做出购买决定。他们对于第一印象恶劣的销售人员绝不会给予第二次销售机会,而总是与之保持距离。

对此类客户,销售人员必须从熟悉产品特点着手,谨慎地应用层层推进引导的办法,多方分析、比较、举证、提示,使客户全面了解利益所在,以期获得对方理性的支持。

如何应对优柔寡断型的客户

优柔寡断型客户经常被新出现的问题所左右,虽然也觉得产品不错,对自己有利,但最后却不做出购买决定。这类型的客户具有这样的特点:不能做出决定,不能直截了当地处理问题,如果面对面交谈,无法保持目光接触;敷衍、拖延,在电话里不会承诺什么;做决定前总要和别人谈,这样他就可以不用承担责任。

对于这类客户,销售人员首先要做到不受对方影响,商谈时切忌急于成交,要冷静地诱导客户表达出所疑虑的问题,然后根据问题做出说明,以消除客户的犹豫心理。等到对方确已产生购买欲望后,销售人员不妨采取直接行动,促使对方做出决定。可以这样说:"好吧,交货时间就定在下周三上午。"或者:"那么,什么时候送货,您比较方便呢?"

如何应对吹毛求疵型的客户

吹毛求疵型客户疑心重,一向不信任销售人员,片面认为销售人员只会夸张地介绍产品的优点，而尽可能地掩饰缺点不足，如果相信销售人员的甜言蜜语，可能会上当受骗。

例如：

客户："你的态度太差了吧！"

营销员："对不起，真的很抱歉让您遇到这样的服务，今后我一定改进。"

客户："你居然把我订购的商品弄错。"

营销员："对不起，我立刻给您更换。"

客户："不要把我当作傻瓜。"

营销员："我绝对没有这个意思。如果让您有这种感觉的话，我郑重向您道歉。"

客户："你说话能不能再客气一点？"

营销员："冒犯您了，真是对不起。"

客户："你懂不懂通话礼节？"

营销员："真对不起，以后我一定注意。"

与这类客户打交道，销售人员要采取迂回战术，先与他交锋几个回合，但必须适可而止，最后故作宣布"投降"，假装战败而退下阵来，宣称对方高见，让其吹毛求疵的心态发泄之后，再转入销售的主题。

如何应对爽快干脆型的客户

爽快干脆型客户做事爽快，决策果断，以事实为中心。他们讲求高效率，但是往往在上次电话里答应得很爽快，一到行动阶段，马上又改变主意。

与这类客户交涉时，不要太相信他们所说的"下次再谈"，他们是在争取时间或是找借口推托。一定要争取一次搞定，对他"穷追不舍"，不再给他出尔反尔的机会，让其立即拍板。

如何应对沉默寡言型的客户

沉默寡言型客户老成持重，稳健不迫，对销售人员的宣传劝说之词虽然认真倾听，但反应冷淡，不轻易谈出自己的想法、内心感受和评价，令外人难以揣测。对于这类客户，销售人员应该避免讲得过多，尽量使对方有讲话的机会和体验的时间，着重以逻辑启发的方式劝说客户，详细说明产品的使用价值和销售利益所在，加强客户的购买信心，引起对方的购买欲望。

如何应对冷淡傲慢型的客户

冷淡傲慢型客户多半高傲自视，不通情理，自尊心强，不善与他人交往。他们的最大特征就是具有坚持到底的精神，比较顽固，不易接近，而一旦建立起业务关系，便能够持续较长时间。由于这种类型的客户个性严肃而灵活性不够，对销售商品和交易条件会逐项检查审问，商谈时需要花费较长时间，销售人员在给他们打电话时由熟人介绍效果最好。

对这类客户，有时候销售人员用尽各种宣传技巧之后，所得到的依然是一副冷淡、傲慢的脸孔，甚至是刻薄的拒绝。因此，销售人员必须事先做好思想准备。碰到这种情况，有时可以采取激将法，给予适当的反击，例如：

"别人老是说你最好商量，今天你却让我大失所望，到底是怎么回事？"

"早知道你没有这个能力，我当初真不该对你浪费时间和口舌！"

如此这般以引起对方辩解表白，刺激对方的购买兴趣和欲望，有时反而更容易达成电话销售交易。

第二节 谈判口才

通过据理力争的方式打破僵局

对原则问题要寸步不让，据理力争。如果业务洽谈陷入僵局完全是由于对方提出的不合理要求造成的，特别是在一些原则问题上表现得蛮横无理时，要做出明确而又坚决的反应。因为这时任何其他替代性方案都将意味着无原则的妥协。一味地让步往往不是解决问题的好办法，只会增加对方更多的欲望和要求。因此，要据理力争，让对方自知观点难立，能够更为清醒地权衡得失，做出相应的让步，从而打破僵局。

通过从对方角度观察问题的方式打破僵局

设身处地，从对方的角度来观

察问题。这是谈判双方实现有效沟通的重要方式之一，同样也是打破僵局的好办法。实践证明，如果善于用对方思考问题的方式进行分析，会获得更多打破僵局的思路。当谈判陷入僵局时，如果我们能够做到从对方的角度思考问题，或设计使得对方站到己方的立场上来思考问题，就能够多一些彼此之间的理解，消除误解与分歧，找到更多的共同点，积极地推动谈判的进程。

通过抓对方漏洞借题发挥的方式打破僵局

抓住对方的漏洞借题发挥。在一些特定的形势下，抓住对方的漏洞，小题大做，会令对方措手不及，对于打破谈判僵局有意想不到的效果。如果谈判中对方某些人采取了不合作的态度或试图恃强欺弱的做法，运用从对方的漏洞中借题发挥的方法做出反击，往往可以有效地使对方有所收敛。

通过换方案的方式打破僵局

换一种双方更容易接受的方案。不论是国际业务洽谈，还是国内业务磋商，都不可能总是一帆风顺的，双方之间磕磕碰碰是很正常的事情。这时，谁能够创造性地提出可供选择的方案，谁就能掌握谈判中的主动。当然这种替代方案一定既能有效地维护自身的利益，又能兼顾对方的利益要求。

对于谈判，双方都做出努力，已经进行的谈判也耗费了很多人的精力和心血，任何一方都不愿轻易放弃，因此，暗示对方谈判已经进行了大部分，借助已经协商好的事项作为跳板同样可以打破僵局。

没有摸清对方的实力时，可用婉转型提问方式

这种提问是用婉转的方法和语气，在适宜的场所向对方发问。

这种提问是没有摸清对方虚实，先虚问，投一颗"问题的石子"，避免对方拒绝而出现难堪局面，又能探出对方的虚实，达到提问的目的。

例如，谈判一方想把自己的产品推销出去，但并不知道对方是否会接受，又不好直接问对方要不

要,于是他试探地问:"这种产品的功能还不错吧?你能评价一下吗?"

如果对方有意,他会接受;如果对方不满意,他的拒绝也不会使自己难堪。

要激起对方情绪时,可用攻击型提问方式

当谈判双方发生分歧时,有时出于某种策略,要显示己方的强硬态度,或者要故意激起对方的某种情绪,就可以使用攻击型提问。其结果多会造成双方情绪对抗与语言冲突,如:"我倒是想问你一句,你这么说到底是什么用意?""如果我们不想接受你们的建议,你们会怎么办?"

攻击型提问的不友好态度,决定了它不能在谈判中任意使用。只有在谈判对方瞻前顾后、犹豫不决的情况下,如果态度强硬,倒可以促使他下定决心。

要让对方同意,尽量用协商型提问方式

如果你要对方同意你的观点,应尽量用商量的口吻向对方提问,如:"你看这样写是否妥当?"这种提问,对方比较容易接受。而且,即使对方没有接受你的条件,但是谈判的气氛仍能保持融洽,双方仍有合作的可能。

尽可能以提问方式操纵对方思维

直接性提问:"谁能解决这个问题?"这种提问具有限制性,回答是可以控制的。

一般性提问:"你认为如何?""你为什么这样做?"这种提问没有限制,回答难以控制。

诱导性提问:"这不就是事实吗?"这种回答也是可以控制的。

发现事实的提问:"何处""何人""何时""何故"。

探询观点的提问:"是不是?""你认为如何?"

描述性提问:"看来你很高兴,是不是遇上什么好事?""我知道你为难,能想想办法吗?"

理解性提问:"是这个意思吗?……"

求同式提问:"你怎么看?""有什么想法?"

鼓励性提问:"能再讲一点吗?""你怎么能肯定?"

持续性提问:"后来呢?""那怎么办?"

追踪性提问:"为什么?"

冷场或僵局的提问:"你看,要不然这样好不好?""只要你同意,其他都好商量,你说呢?"

可选择在自己发言前后提问

谈判中,当轮到自己发言时,可以在谈自己的观点之前,对对方的发言提出设问。

此时并不一定要求对方回答,而是自问自答。这样可以争取主动,防止对方接过话头,影响自己发言。例如:"你刚才的发言要说明什么问题呢?我的理解是……对这个问题,我谈几点看法。"

"价格问题您讲得很清楚,但质量怎样呢?我先谈谈我们的要求,然后请您答复。"

在自己充分阐述了己方的观点之后,为了使谈判沿着自己的思路发展,牵着对方的鼻子走,往往要进一步提出要求,让对方回答。

例如:"我们的基本立场和观点就是这样,您对此有何看法呢?"

"我们对产品的质量要求就是这样,请问贵公司能否达到我们的要求呢?"

可选择在对方发言完毕之后提问

在对方发言的过程中,不要急于提问。因为打断别人的发言是不礼貌的,容易引起别人反感。

对方发言时,你要积极倾听。即使你发现了对方的问题,想急于提问,也不要打断对方,可先把想要问的问题记下来,等对方发言完毕再提问。这样,不仅显示了自己的修养,而且能全面地、完整地了解对方的观点和意图,避免操之过急,曲解或误解了对方的意图。

可选择在对方发言停顿、间歇时提问

如果谈判中,对方发言冗长,或不得要领,或纠缠细节,或离题太远,影响谈判过程,那么,你可以借他停顿、间歇时提问。

例如:当对方停顿时,你可以借机提问:"您的意思是……"

"细节问题以后再谈，请谈谈您的主要观点好吗？"

可选择在对方情绪好时提问

现实生活中我们常常看到，有些人高兴起来一掷千金，反之，则一毛不拔。显然，人情绪的不同，对同一件事可以做出完全不同的反应。

谈判者受情绪的影响在所难免。谈判中，要随时留心对手的心境，在你认为适当的时候提出相应的问题。

例如，对手心境好时，常常会轻易地满足你所提出的要求。并且还会变得粗心大意，很容易露出口气。此时，你抓住机会，提出问题，通常会有所收获。

有些谈判者在提问时往往操之过急，对所提问题本身没有进行充分的思考，凭一时冲动脱口而出。这种提问常常不是显得冒失，就是提问者自己前言不搭后语，让对方弄不清楚你所问的问题。结果，问题没有提成，反而留下笑柄，使自己难堪。

可选择在议程规定的辩论时间提问

大型谈判一般要事先双方议定谈判议程，设定辩论的时间。在双方各自介绍情况、阐述观点的时间里一般不进行辩论，也不向对方提问。

只有在辩论时间里，双方才可自由地提出问题，进行辩论。

在这种情况下提问，要事先做好准备，"不打无把握之战"。可以设想对方的几种答案，针对这些答案考虑好己方的对策，然后再提问。

在辩论前的几轮谈判中，要做好记录，归纳出谈判桌上的分歧，准备好提问的"石头"，以便看准对方的弱点，投掷出去，击中对方要害。

在谈判休会时，要多思考一些新的问题，利用和对方谈判人员闲谈之机，探求有关情报，摸清对方的真实意图，为辩论时的提问做好充分的准备。

将问话者范围缩小，不要彻底回答所提的问题

答话者要将问话者的范围缩小，或者对回答的前提加以修饰和说明。比如，对方对某种产品的价格表示出关心，发问者直接询问这种产品的价格。如果彻底回答对方，把价钱一说了之，那么在进一步谈判过程中，回答的一方可能就比较被动了。倘若这样回答："我相信产品的价格会令你们满意的，请先让我把这种产品的几种性能做一个说明好吗？我相信你们会对这种产品感兴趣的……"这样回答，就明显地避免了一下子把对方的注意力吸引到价格问题的焦点上来。

给自己留有余地，不要确切回答对方的提问

回答问题，要给自己留有一定的余地。在回答时，不要过早地暴露你的实力。通常可先说明一件类似的情况，再拉回正题，或者利用反问把重点转移。例如："是的，我猜想你会这样问，我可以给你满意的答复。不过，在我回答之前，请先允许我问一个问题。"若是对方还不满意，可以这样回答："也许，你的想法很对，不过，你的理由是什么？""那么，你希望我怎么解释呢？"等等。

依发问人的心理假设回答

问答的过程中，有两种不同的心理假设：一是问话人的，一是答话人的。答话人应依照问话人的心理假设回答，而不要考虑自己的心理假设。

一个美国陆军上尉在军队中担任财务官，多年来他已经私下挪用了不少公款。有一天，他在美军专用市场买东西，有两个宪兵走过来拍拍他的肩膀，说："上尉，请你跟我们到外面一下好吗？"上尉说，他要先去洗手间，麻烦那两位宪兵等一下。上尉进了洗手间以后，就开枪自杀了。那两个宪兵大吃一惊。他们只是看到他的车停在门外消防水龙头旁边，要他把车子倒退一点而已。

这便是那位上尉以自己的心理假设行动的结果，他以为自己挪用公款被发觉了。撇开是非不谈，如

果那位上尉是以宪兵的心理假设反问一句："什么事？"跟着出去看一看的话，说不定还活得好好的。

找借口拖延答复

有时可以用资料不全或需要请示等借口来拖延答复。比如，你可以这么回答："对你所提的问题，我没有第一手的资料来做答复，我想，你是希望我为你做详尽并圆满的答复的，但这需要时间，你说对吗？"

当然，拖延时间只是缓兵之计，它并不意味着可以拒绝回答对方提出的问题。因此，谈判者要进一步思考如何来回答问题。

有些问题不值得回答

在谈判中，对方提出问题或是想了解我方的观点、立场和态度，或是想确认某些事情。对此，我们应视情况而定。对于应该让对方了解，或者需要表明己方态度的问题，要认真回答；而对于那些可能会有损己方形象、或泄密、或近于无聊的问题，谈判者也不必为难，不予理睬是最好的回答。当然，用外交辞令中的"无可奉告"一语来拒绝，也是回答这类问题的好办法。

回答对方的问题，有时可以将错就错

谈判中，由于双方在表述与理解上的不一致，错误理解对方讲话意思的事情是经常发生的。

一般情况下，这会增加谈判双方信息交流与沟通上的困难，因而有必要予以更正、解释。但是，当谈判对手对你的答复做了错误的理解，而这种理解又有利于你时，你不必去更正对方的理解，而应该将错就错，因势利导。

比如，当买方询问某种商品的供应条件时，卖方答复买方可以享受优惠价格。而买方把卖方的答复理解为，如果他想享受优惠价格就必须成批购买。而实际上卖方只是希望买方多购买一些，并非买方享受优惠价格的先决条件。如果买方做了这样的理解后，仍表示出购买的意向，卖方当然不必再把自己的原意解释一番。

总之，谈判中的应答技巧不在

于回答对方的"对"或"错",而在于应该说什么、不应该说什么和如何说,这样才能产生最佳效应。

对于一些问话,不要马上回答

对于一些问话,不一定要马上回答。特别是对一些可能会暴露自己意图、目的的话题,更要慎重。例如,对方问:"你们准备开价多少?"如果时机还不成熟,就不要马上回答。可以找一些其他借口谈别的,或是闪烁其词,答非所问,如谈一谈产品质量、交货期限等,等时机成熟再摊牌,这样效果会更理想。

不轻易作答

谈判者回答问题,应该具有针对性,有的放矢,因此有必要了解问题的真实含义。同时,有些谈判者会提出一些模棱两可或旁敲侧击的问题,意在以此摸对方的底。对这一类问题更要清楚地了解对方的用意。否则,轻易、随意作答,会造成己方的被动。

找些借口,避开对己方不利的回答

在许多场合下,提问者会采取连珠炮的形式提问,这对回答者很不利。特别是当对方有准备时,会诱使答话者落入其圈套。因此,要尽量使问话者找不到继续追问的话题和借口。比较好的方法是,在回答时,可以说明许多客观理由,但却避开自己的原因,例如:"我们交货延期,是由于铁路运输……""许可证办理……"等,但不说自己公司方面可能出现的问题。

有时,可以借口无法回答或资料不在,来回避难以回答的问题,冲淡回答的气氛。此外,当对方的问题不能予以清晰、有条理地回答时,可以降低问题的意义,如:"我们考虑过,情况没有你想得那样严重。"

谈判中的投石问路技巧

投石问路是一种向对方的试探,它在谈判中常常借助提问的方式,来摸索、了解对方的意图以及某些实际情况。

当你作为买主,在讨价还价时,可以提出下列问题:

"假如我们订货的数量加倍,或者减半呢?"

"假如我们和你们签订一年的合同，或者更长时间的合同呢？"

"如果我们减少保证，你有何想法？"

"假如我们自己提供材料呢？"

"假如我们要求改变产品的规格呢？"

"假如我们采取分期付款的方式呢？"

"假如我们自己解决运输问题呢？"

当你想取得对方的情报，获取所需要的信息时，可以提出下列问题：

"请您告诉我，为什么半个月后才可以发货？"

"请问这批货物的出厂价是多少？"

"请问，提货地点在哪里？"

"究竟什么时候才能到货？"

当你想引起对方的注意，并引导他的谈话方向时，可以这样提出问题：

"您能否说明一下，这种类型的商品的修理方法？"

"如果我们大批订货，你们公司能不能充分供应？"

"您有没有想过要增加生产，扩大一些交易额？"

"请您考虑签订一份三年的合同，好吗？"

当你希望对方做出结论时，可以这样提问：

"您想订多少货？"

"您对这种产品的样式感到满意吗？"

"这个问题解决了，我们可以签订协议了吧？"

当你想表达己方的某种情绪或思想时，可使用这类问话：

"我们的价格如此低廉，您一定会感到吃惊吧（表达炫耀的情绪）？"

"您是否调查过本公司的财务状况和信用（表达自信和自豪的情绪）？"

"对于那个建议，您的反应如何（引起他人注意，为他人思考指引方向）？"

"请原谅，您是否知道这是达成协议的唯一途径（引起对方注意，引导对方自己做结论）？"总之，每一个提问都是一粒探路的

"石子",你可以通过对产品质量、购买数量、付款方式、交货时间等问题来了解对方的虚实。

谈判中常用的解围用语

当谈判出现困难,无法达成协议时,为了突破困境,给自己解围,可以运用解围用语。例如:

"真遗憾,只差一步就成功了!"

"就快要达到目标了,真可惜!"

"行百里者半九十,最后的阶段是最难的啊!"

"这样做,肯定对双方都不利。"

"再这样拖延下去,只怕最后结果不妙。"

"既然事情已经到这个地步了,懊恼也没有用,还是让我们再做一次努力吧!"

这些解围用语,有时能产生较好的效果。只要双方都有谈判的诚意,对方就可能会接受你的意见,促成谈判的成功。

谈判中常用的转折用语

谈判中如遇到问题难以解决,或者有话不得不说,或者接过对方的话题转向有利于自己的方面,都要使用转折用语。

例如:

"可是……"

"但是……"

"虽然如此……"

"不过……"

"然而……"

这种用语具有缓冲作用,可以防止气氛僵化。既不致使对方感到太难堪,又可以使问题向有利于己方的方向转化。

谈判中常用的弹性用语

对不同的谈判者,应"看人下菜碟"。如果对方很有修养,语言文雅,己方也要采取相似语言,谈吐不凡;如果对方语言朴实无华,那么己方用语也不必过多修饰;如果对方语言爽快、耿直,那么己方就无需迂回曲折,可以打开天窗说亮话,干脆利索地摊牌。总之,在谈判中要根据对方的学识、气度、修养,随时调整己方的说话语气、用词。这是双方沟通思想、交流感情的有效方法。

从人的听觉习惯去考察,在某

一场合，他听到的第一句话与最后一句话，常常能留下很深的印象。在谈判中假如你以否定性话语来结束会谈，那么，这否定性话语会给对方一种不愉快的感受，并且印象深刻。同时，对下一轮谈判将会带来不利影响，甚至危及上一轮谈判中已谈妥的问题或已达成的协议。所以，在谈判终了时，最好能给予谈判对手以正面的评价。例如：

"您在这次谈判中表现很出色，给我留下了深刻的印象。"

"您处理问题大刀阔斧，钦佩，钦佩！"

不论谈判结果如何，对参与谈判的人来说，每一次谈判都是谈判双方的一次合作过程。因此，一般情况下在谈判结束时对对方给予的合作表示谢意，既是谈判者应有的礼节，同时，这也是对今后的谈判大有裨益的。

谈判中的补偿安慰拒绝法

在谈判中，有时己方对某些贸易成交寄予较大期望，志在必得，但在某些条款上对方要求太高，己方无法接受，如果斩钉截铁地一口拒绝对方，会损害谈判的气氛，甚至激怒对方而导致谈判破裂，使己方的希望全部落空。

为避免这种情况出现，我们可以采用这样一种技巧，就是在答复拒绝的同时，在心理需求和物质利益上，在己方力所能及的范围内，给对方以其他方面的适当补偿，以缓解对方因失望而带来的心理不平衡。

谈判中的敬语拒绝法

在谈判中使用一些敬语，也可以表达你拒绝的愿望，传递你拒绝的信息。

有位长年从事房地产交易的人说，生意能否谈成，可以从客人看过土地房屋后打来的电话上得知一个大概。

大部分客人在看过房屋之后，会留下一句"我会用电话和你联系"，然后回去，不多久，他们就打来电话了。从电话的语气中，可以明了客人的心意。

若是有希望的回答，那语气一定有亲密感，而一开始就想拒绝的客人，则多半会使用敬语，说得彬彬有礼。根据多年的经验，这位房地产经营老手一下子就会判断出事情有没有希望。

在法院的离婚判决席上出现的夫妻，很多都会连连发出敬语，好像彼此都很陌生似的。这也是想用敬语来设置彼此间的心理距离，互相在拒绝着对方的表现。

所以，当你拒绝对方时，可以连连发出敬语，使对方产生"可能被拒绝"的预感，形成对方对于"不"的心理准备。

谈判中的围魏救赵拒绝法

当对方提出己方所不能接受的要求或意见时，己方不受对方的牵制，不采取直接拒绝或反对的方式，而是针对前面的谈判中对方拒绝己方意见的某些要害问题，以攻为守，再次要求对方退让，使对方反处于被要求给予理解的位置而忙于招架。这一来，如果对方坚持不能退让，也就不得不主动放弃要求己方作出较大退让的要求了。

谈判中的局限抑制拒绝法

在谈判中，假如对方提出的要求超过了己方所能同意的程度，而运用其他晓之以理的方法仍无法摆脱对方的纠缠时，为了使对方真正意识到再磨下去也是白费劲，不妨在对方面前摆出一些自己无法逾越的客观上的障碍，表示自己实在力不从心、爱莫能助，从而使对方在放弃纠缠的同时对自己的拒绝给予谅解。

这里的局限和障碍可从两方面去强调：一是自身缺乏满足对方要求的某些必要条件，如技术力量、权限、资金等；二是社会局限抑制，如法律、制度、纪律、惯例和形势等。这两者有时可单独运用，有时也可综合运用。

谈判中的吹毛求疵策略

运用吹毛求疵策略是指为了达到自己的目的，对对方的产品鸡蛋里挑骨头，想方设法地去找出毛病、缺点，以便迫使对方让价。运用该法得当，往往可以使买方获得物美价廉的产品。

商贸交易中的无数事实证明，这种挑剔战术不仅是行得通的，而且是富有成效的，因为它可以动摇卖方的自信心。面对顾客横挑鼻子竖挑眼所提出的一大堆问题和要求，卖方往往招架不住，尽管这些毛病只是买方的夸大其词、虚张声势。

需要注意的是，任何谈判策略的运用都是有一定限度的，因此，买方在提出问题和要求时，不能过于苛刻，漫无边际，不能与通行的做法和惯例相距太远，否则，会被人认为没有诚意，以致中断交易。

一般来说，买方所挑剔的应是实际存在，可以把它略为夸大；进行苛责的方面，最好是卖方对此信息比较缺乏。不然，一下子就让卖方识破了你的战术，就会采取应对的措施。

谈判中的后发制人策略

后发制人策略往往会在谈判过程中显示出出乎意料的优势，尤其当意见分歧很大，气氛处于比较紧张的状况时，效果更佳。后发制人策略就是指，在谈判过程中，先让一方尽可能多地发表意见，不与之争论，而是仔细倾听，待到对方说完，再以相应的对策使其折服。

1987年，我国南平铝厂厂长高泽瑞赴意大利与伯勒达公司就引进先进技术设备的有关问题进行谈判。谈判开始时，伯勒达公司的谈判代表，对中方代表流露出不尊重。他们依仗技术优势，胡乱要价，抛出的价格高于市场最高价，同时，卖方代表还竭力宣传他们的设备是世界一流水平，对中方代表实施先声夺人策略。

高泽瑞没有被对手的技法所蛊惑，而是注意认真的倾听。等对方报价、自我夸奖等一系列表演结束后，高泽瑞沉着且彬彬有礼地回答："我们中国人民最讲究实事求是，还是请你们把图纸拿来看看吧！"

等对方代表把图纸拿来后，高泽瑞根据设备图纸分析比较，指出成套设备在哪些方面是先进合理的，哪些方面有欠缺，不如德国的等等。高泽瑞的分析有理有据，使意方代表面露窘色，深为叹服，一反傲慢态度。高泽瑞继续说："先进的液压系统是贵公司对世界铝业的重大贡献，20年前我们就研究过……。"高泽瑞的发言不仅让意方代表折服，还减少了双方的距离。最后意方代表："了不起，了不起……你们需要什么，我们可以提供，一切从优考虑。"南平铝厂以优惠价格成交了一系列先进的铝加工设备，为国家节约了大量外汇。

高泽瑞就是使用了后发制人的策略，待对方滔滔不绝之后，已无话可说之时，再发表自己超人的见解，不可谓不是明智之举。而相反，如果是在对方胡乱要价，侃侃而谈之时沉不住气而与之争论，不但显得极无礼貌，有失身份，而且很可能导致谈判进入僵局甚或破裂。

谈判中的远利诱惑策略

谈判者就好像证券市场中的投资者，都是为了利润而投资。只不过在谈判中所谓的利润乃是指欲望的满足，不单只是金钱的获得。

这便可以了解谈判中基本而微妙的特点，即任何交易所产生的未来满足或不满足完全在于谈判者自己的看法。有的谈判者对于未来是乐观的，有的则是悲观的；有的谈判者希望马上完成交易，有的却能先等待一段时间后再说。

远利诱惑策略就是以较高的未来值吸引谈判对手，保证谈判成功。

谈判中的虚虚实实策略

对于那些愚笨、贪心或者不够幸运的人，这个策略有效的原因是由于这些人喜欢谈判，可是又不愿意去做太辛苦的工作，他们会被诱入设好的圈套中。

虚虚实实的策略就是为了对付谈判对手，在一席谈话中掺杂着真实与虚假的情况，同时表现出严肃认真、镇定自若的神情，致使对方信以之真，而使最终结果有利于己方。

但是，在谈判过程中，还要提防，对方采用一种所谓的"虚虚实实"策略：先提供很好的条件，结果什么也得不到。而对付这种人最有效的方法是只要看到有信用不好的迹象，就赶快躲得远远的。这也是对付这种"虚虚实实策略"的策略。

谈判中的事实抗辩策略

在谈判时双方是平等的，双方都必须遵守公共的准则，不得采取不正当的手段来取得谈判的成功，也不能以势压人。在某个问题发生争论时，关键是要以理服人。因此，摆事实、讲道理就显得非常重要。但决不能空洞，而应有科学根据，有确凿的事实。这就要求参加谈判的人员有理、有利、有节。谈判双方在涉及全局利益的原则问题时都不会轻易退让，而往往是针锋相对，据理力争。因此，谈判过程中，辩论是经常使用的一种语言手段。谈判桌前的辩论必须是以事实来抗辩，逻辑严密，语言有力。

谈判中的软硬联手策略

两手的策略是指先由唱"黑脸"的人登场，他傲慢无礼，苛刻无比，强硬僵死，让对方产生极大的反感，具有进攻性和威慑力。然后，唱"白脸"的人登场，以合情合理的态度，对待对方。他左右逢源，十分理智，但却巧妙地暗示，若谈判陷入僵局，那么"黑脸"会再度登场。在这种情况下，谈判对手一方面由于不愿与那位"黑脸"再度交手，另一方面迷恋于"白脸"的礼遇，而被迫答应"白脸"提出的要求。

同日本人谈判的要诀

美国学者韦恩·卡肖研究了日本工商企业的谈判方式，向外国谈判人员提供了以下谈判要诀：

（1）只要是正式的谈判，就不能让妇女参加。日本妇女是不允许参与大公司的经营管理活动的。日本人在一些重要的社交场合是不带女伴的（这一点很难被欧美的职业妇女所接受）。

（2）尽量不要选派年龄在35岁以下的人去同日本人谈判。如果派一名年轻人去同日本一位65岁的经理人谈判，意味着对日本对手的不尊敬。

（3）不要把日本人礼节性的表示误认为是同意的表示。在谈判中，日方代表可能会不断地点头，并且嘴里说："嗨！"（是）但是日本人这样说往往不是表示同意，而是在提醒对方，他在注意听。这种表示方法同英语中的"阿哈"或是"我懂"之类的表示方法是一样的。简言之,"是"这个词不总表示"同意"的意思,尤其在日本。

(4)当日方谈判代表在仔细推敲某一问题时,总是一下子变得沉默不语。这一点常常叫一些外国人"丈二金刚摸不着头脑"。滑稽的是,每当日方代表沉默时,西方人就容易掉进圈套,等他们醒悟过来时,已是后悔莫及。如美国国际电话电报公司与日本一家公司进行一项商业谈判,在一切都谈妥后,美国国际电报电话公司就在双方均已认可的合同上签了字。可是当这份合同送到日本那家公司总裁面前请他签字时,这位总裁却坐在那里一动不动,沉思默想。见此状,国际电话电报公司的经理以为日本公司的总裁不肯签字,于是急忙同意再付给日方25万美元。其实,国际电话电报公司的经理只要再耐心等待几分钟,他就能为自己公司省下这一大笔钱。

要想在同日本人的谈判中取得成功,国外学者概括的要诀就是:千万不要把你心中想的告诉给对方,要不动声色;要有无限的耐心;要使自己显得彬彬有礼。一句话,就是要像地道的日本人那样。

同美国人谈判的要诀

其实了解了美国人的谈判风格,就是掌握了同美国人谈判的要诀。

(1)爽直干脆,民族优越感强:美国谈判者要求谈判对手表达意见要直接,是就是,非则非,不得含糊其辞;当双方发生纠纷时,美国谈判者希望谈判对手态度认真、诚恳,即使争得面红耳赤,他们也不会在乎;相反,如果你支支吾吾,敷衍塞责,那么,他们就会真的生起气来。

(2)重视效率、速战速决:在国际谈判中,美国人总是直截了当,按事先安排的议程行事。

(3)讲究谋略、追求实利:美国人在谈判活动中,十分讲究谋略,以卓越的智谋和策略成功地进行讨价还价,从而达到其目的。

(4)全盘平衡、一揽子交易:美国凭其经济大国的地位,在谈判方案上喜欢搞全盘平衡、一揽子交易。所谓一揽子交易，主要是指美国商人在谈判某一项目时，不是孤立地谈它的生产和销售，而是将谈判项目从设计、开发、生产、工程、销售到价格等一起洽谈，最后达成一揽子方案。

（5）律师在谈判中扮演重要角色：凡有工商谈判，特别是到国外的谈判，美国人一定要带上自己的律师，一旦谈判协议达成，必须请律师到场。

（6）非常注重担保：许多美国人在同未曾谋面的人通话时异常谨慎，有时甚至拒绝通话，更谈不上亲自会见一个完全陌生的人，除非对方有为该美国人所熟知并受其尊重的第三方——一个为外国谈判者的声誉提供担保的人或公司的介绍，此时美国人的一些疑虑方可消除。

同德国人谈判的要诀

（1）做好充分准备：德国人在进行谈判前要进行充分的专业准备，因此，和德国人谈判，一定也要做好充分准备，以便回答他们关于公司和其他方面的详细提问，用满意的回答表明自己的实力。

（2）尊重德国人的商权：德国人极度珍惜自己的商权。在德国的法律条文中，保护商权规定得严格而明确。所以，在与德国人进行洽谈时，要切记商权的处理千万不可大意。

（3）务必要守时：德国人不管是工作还是干其他事情，都是有板有眼，一本正经的。因此在同他们打交道时，也应努力适应他们的这些特点。不仅谈判不能迟到，其他社交活动也不能随便迟到。

（4）正确看待谈判对手：在洽谈时，不能想当然地认为"这种事情凡是谈判人都应该会了解的"而不对细节详加规定，为日后纠纷的产生留下隐患。

（5）尊重契约：德国谈判者订立契约之后，一定会履行。因此，只有认真履行谈判合同，才能牢固树立在德国人心目中的形象，增强信誉。

（6）不能太着急：德国人同谈判对方正式签约之前，会一丝不苟地搜集、了解一切可能得到的信息。此外，他们还要与谈判对方进行一系列的讨价还价,这都需要一定的时间。因此,在同德国人进行工商谈判时一定要耐着性子,不要过于急躁,以免使他们产生不信任感。

(7)尽量不在晚上进行谈判:德国人工作起来常常废寝忘食,但他们对家庭生活也看得很重要。尤其到了晚上,家人团聚,共享天伦之乐。若非特别重要,与德国人的谈判就不要安排在晚上。

同阿拉伯人的谈判要诀

(1)放慢谈判节奏:同阿拉伯人打交道,往往是"欲速则不达"。不管实际情况如何,都要显得耐心、镇静。倘若原定计划不能实现,也应在表面上显得从容不迫。

(2)讲究拜访策略,注意不断增进彼此的感情:通过友好的拜访建立、巩固和加深已有的良好关系是在阿拉伯国家取得成功的关键,往往使客商在以后的谈判中获得意想不到的回报。

(3)在谈判中采取数字、图形文字相结合的方式,以增强说服力:许多阿拉伯人不习惯花钱买原始知识和统计数据,他们不欣赏不能实际摸到的产品。

(4)按阿拉伯的文化要求,做好翻译工作:因为阿拉伯人不欣赏抽象介绍和说明,而假如在工商谈判中又确实需要提供一些附属材料,那么必须要做的一件事是:按照阿拉伯人的风俗习惯,将这些材料进行精细的翻译。哪怕成本高些,也应尽可能地雇用最好的翻译。

(5)留心图片的使用是否正确:如果附属材料中有图片,那么应当注意一下图片的顺序是否正确。因为阿拉伯人阅览图片的顺序是从右向左。

(6)最好不要派妇女前往阿拉伯国家谈判:在许多阿拉伯国家,妇女是不能在公开场合抛头露面的。在同这些国家进行工商谈判时,如果谈判小组中有妇女,她应该在谈判中处于从属地位。

同拉美人谈判要诀

(1)处理好同拉美人的私人关系:同与美国人谈判不一样,在同拉美人的谈判中，感情的因素显得很重要。

（2）切忌居高临下：拉美人有着强烈的民族自尊心。弄清楚这一点，在和拉美人打交道时，尊重他们的人格，尊重他们的历史，对于谈判的成功来说，就已经迈出了最基本的也是最关键的一步。

（3）贸易谈判之前应尽量熟悉拉美的保护政策：拉美采取了一系列奖出限入的贸易保护主义政策，通过的一些法律，也以此为基本出发点。就此而言，作为同拉美人进行工商谈判的外国人，必须深入了解这些情况，以免陷入"泥淖"。

（4）同拉美代理商的谈判不可大意：一些拉美国家的法律禁止随便解雇代理商。在另外一些国家里，即使能够解雇，雇主也必须赔偿由于其"任意"解雇而给代理人造成的损失。因此，谈判时要小心谨慎。

（5）适应拉美人的习惯：拉美人是享乐至上主义者，即便是谈判做生意，他们也不愿因之而使一些娱乐活动受到妨碍。因此同他们的商务谈判应尽量避开他们的狂欢节等盛大节日及一些重大体育比赛，如有兴趣与之同乐效果更佳。在双方均很愉快的心境下，谈判成功的可能性最大。

同北欧人谈判的要诀

（1）力戒铺张：北欧人一般比较朴素、实在。如果客户为了答谢他们而做东请客，也同样不要大手大脚，否则，只会引起他们的一些误解。

（2）对谈判对方持宽容态度：北欧人在商业交往中常常不怎么准时。遇到这些情况，只要不造成严重后果，都不应将其看得太重，更不要轻易流露出不悦的表情。否则，倘若被他们看成一个斤斤计较、生硬古板、缺乏生活情趣之人，那将在此后的生意中处于不利的境地。

（3）注意选择谈判时间：北欧地区的人们对太阳光特别珍惜，夏天和冬天他们分别有三星期和一星期的时间去度假。在这段时间里，几乎所有公司的业务都处于停顿状态。因此，远赴北欧进行商务洽谈时，应设法避开这些假期，已经进行的交易最好赶在假期开始之前办妥。当然，在有些时候，也可以拿假期逼近作为借口来催促对方成交。

（4）努力去尝试他们的某些生活习惯：在北欧人的日常生活中，蒸汽浴是必不可少的一部分。在有的国家，交易过程中或交易后的蒸汽浴几乎是强制性的。在这种情况下，尽管外国谈判者可能不习惯蒸汽浴，但不论理由如何充分，最好还是不要使他们觉得扫兴。须知，有许多谈判正是在令人神经松弛的蒸汽浴室中达成协议的呢！

同韩国人谈判的要诀

（1）谈判前重视咨询：韩国商人十分重视商务谈判的准备工作。在谈判前，通常要对对方进行咨询了解。如果不是对对方有了一定的了解，他们是不会与对方一同坐在谈判桌前的。而一旦同对方坐到谈判桌前，那么可以充分肯定韩国商人一定已经对这场谈判进行了周密的准备，从而胸有成竹了。

（2）注重谈判礼仪和创造良好的气氛：韩国商人十分注意选择谈判地点。一般喜欢选择有名气的酒店、饭店会晤。会晤地点如果是韩国方面选择的，他们一定会准时到达，如果是对方选择的，韩国商人则不会提前到达，往往会推迟一点到达。在进入谈判地点时，一般是地位最高的人或主谈人走在最前面，因为他也是谈判的拍板者。

韩国商人十分重视会谈初始阶段的气氛。一见面就会全力创造友好的谈判气氛。见面时总是热情打招呼，向对方介绍自己的姓名、职务等；落座后，当被问及喜欢用哪种饮料时，他们一般选择对方喜欢的饮料，以示对对方的尊重和了解。然后，再寒暄几句与谈判无关的话题如天气、旅游等等，以此创造一个和谐的气氛。尔后，才正式开始谈判。

（3）注重技巧：韩国商人逻辑性强，做事喜欢条理化。谈判也不例外。所以，在谈判开始后，他们往往是与对方商谈谈判主要议题。而谈判的主要议题虽然每次各有不同，但一般须包括下列五个方面的内容，即各自意图、叫价、讨价还价、协商、签订合同。尤其是较大型的谈判，往往是直奔主题，开门见山。

在完成谈判签约时，喜欢使用合作对象国家的语言、英语、朝鲜语三种文字签订合同，三种文字具有同等的效力。

同东南亚华侨谈判的要诀

（1）作风果断，不拖泥带水：在谈判当中，许多华侨之所以成功，很重要的一个原因，就在于他们从不优柔寡断，看准了就干，同时将功利主义的传统进行了发扬光大。有利就图，敢干而善干，正是在市场竞争中出奇制胜的法宝。

（2）善于讨价还价：华侨在谈判桌上有一套巧妙的报价办法，从不仅以一次降低为满足，总是一而再、再而三地讨价还价，直到该商品实在不能再降价为止。也许有人以为，这样的谈判是既不地道也不长远的。但华侨却十分明白，在谈判竞争中像俗语所说的"吃小亏占大便宜"的事情是不多见的。他们认为谈判双方都十分精明，不可能有太多的便宜可占。因此谈判的时候应该有小便宜就占，否则错过这

一村就没有那个店了。

第三节 演讲口才

演讲语言要有生活常识色彩

演讲要尽可能地掌握各种有用同时又极其普通的生活常识，如风俗人情、乡土言谈、趣闻轶事以及谚语笑话等。各种知识在演讲中的恰当运用，常常可以取得很好的效果。实现语言生活化的途径：一是要接触基层民众，多亲近群众生活，自觉接受来自基层的传统文化精髓的熏陶；二是要学会思考实际问题，学会汲取大众智慧。

演讲语言要有专业知识色彩

演讲需要常识，更需要专业知识。如果说常识能使演讲显得生动、活泼，那么，专业知识却可以使演讲深刻、严密。

鲁迅先生在中华艺术大学做过一次演讲，他从上古时代的绘画、19世纪的新派画，一直谈到当时中国美术界的各种倾向，充分显示了鲁迅先生的知多识广，使听众受益匪浅。

演讲者的专业学识水平直接关系着听众获取的知识量（或称信息量）及其质量。领导者的专业知识丰富且有较深造诣，演讲就能深刻，给人以启迪。

演讲语言要符合逻辑

语言学家吕叔湘、朱德熙在《语法修辞讲话》中指出："要把我们的意思正确表达出来，第一件事情就是要讲逻辑，一般人所说的'这句话不通'，多半不是语法上有毛病，而是逻辑上有问题。"显然，逻辑是正确表达思想的首要条件。演讲者要使自己的演讲概念准确，判断恰当，推理合理，论证有力，同样要依靠逻辑，使之符合逻辑要求。

1919年3月，列宁在乌里茨基宫发表演讲。当时听众中别有用心的人叫喊："自由在哪里？"

列宁便用无可辩驳的逻辑痛斥叫喊者："自由是个好的字眼，到处都可碰到'自由'，贸易自由，买卖自由等等。孟什维克和社会革命党人这些无赖在每一种报纸上，每一次演讲中，都要这样或那样地引用'自由'这个美丽的字眼，但所有这些人都是把人民拉向后退的资本主义的骗子和奴才。"革命导师用简明而有条理的逻辑判断和论证，有力地批驳了敌人的攻击。

演讲要善于运用警句

警句，就是诗文、谈话中言简意深、语意新颖、警策动人的句子。在演讲中适当使用警句，往往能够妙趣横生、余味无穷，使听众眼界大开，收到事半功倍的效果。

李燕杰同志在给青年的一次演讲时，引用了"宁可枝头抱香死，不随落叶舞东风"这一警句，来歌颂像鲁迅、闻一多、张志新等这样一批"威武不能屈、富贵不能淫、贫贱不能移"的品德高尚者，进而鞭挞那些为了升官发财而不择手段、助纣为虐的人，使听众从富有哲理的警句中受到了教育。

演讲语言要规范化、条理化

要想让演讲获得成功，演讲者必须具有一定的驾驭语言的能力。诚然，每一个演讲者的演讲风格是由他的个性气质、生活经历、立场观点、知识修养等条件决定的,但是,我们也应该提倡在具体的一篇演讲稿、一场演讲中熔多种表现样式于一炉,使之规范化、条理化。

选对演讲风格

(1)庄重大方型:由于演讲者知识丰富,学识渊博,社会地位较高,又拥有大量材料,在登台演讲时,能不卑不亢,落落大方。演讲使用的语言稳重缓慢,铿锵有力,手势动作适度。

(2)潇洒自如型:由于演讲者风度翩翩,装束大方,口齿伶俐,对于所讲内容十分熟悉,讲起话来从容不迫,侃侃而谈,长期以来,就形成一种潇洒自如的演讲风格。如一些竞选演讲者、著名演说家,多属这种类型。

(3)缜密严谨型:由于演讲者学识渊博,造诣颇深,专攻甚勤,又善于条分缕析,缜密思维。对所讲内容掌握大量材料,或阐释评述,或严密推理,都思路清晰,逻辑严谨。在长期的演讲实践中,就形成了一种缜密严谨的演讲风格。如一些理论家、研究人员的学术报告、科技演讲,多属这种风格。

(4)幽默诙谐型:由于演讲者思维敏捷,语词丰富,口齿伶俐,又有一定的传情达意的技巧,能将平淡无奇的事稍加组合与调换,道出一些新颖别致、超乎寻常而又能说明问题的道理来。或讥讽嘲笑,或挖苦批驳,或揭穿表象,或赞美歌颂,或支持表扬,都能恰到好处地运用口头语言和态势语言,演讲起来,轻松活跃,令人捧腹,常使听众难以忍俊。文学家、诗人、演员及主持人常有这种风格。

演讲可采用赞扬式开场白

人们一般都有爱听赞扬性语言的心理。说几句让听众感到舒服的话能收到奇功异效。演讲者在开场时说几句赞扬性的话,可尽快缩短与听众的感情距离。有位演讲者到宜城作演讲,开场白充满赞美之情:"有人问我,最喜欢哪一首民歌,我脱口而出:《回娘家》!是的,宜城是我的娘家,是我母亲的土地。我热爱宜城,赞美宜城,也许首先是因为宜城人外表美。古代宜城有个大文学家叫作宋玉的写道：'天下之美在楚国，楚国之美者在臣里，臣里之美者为臣东邻之女，臣东邻之女，增之一分则太长，减之一分则太短，施朱则太赤，著粉则太白。'宋玉说，天下最美的人是我家东边隔壁的那位姑娘，那位姑娘增一分就太高了，减一分又太矮了；抹点胭脂太红了，擦点粉又太白了。各位老乡，你们说我们宜城人美不美呀？"（台下热烈鼓掌）巧妙的引用，深情的赞美，一下子抓住了听众的心。接着他讲宜城人心灵如何美，家乡如何可爱，一步步切入"爱家乡才能爱祖国，爱祖国就要投身改革大潮，创造有价值人生"的主题，收到了良好的效果。

演讲可采用提问式开场白

提问式开场白，也叫作"问题引路"。演讲者一上台便向听众提出一个问题，请听众和自己一起思考，这样可以立即引起听众的注意，使他们一边迅速思考，一边留神听。这样，不仅有利于集中听众的思想，而且有利于控制场面。同时，听众带着问题听讲，将大大增加他们对演讲内容认识的深度和广度。例如，在为财贸系统职工演讲时，有位演讲者是这样开场的："我们财贸系统的同志，被人们戏称为'财神爷'。在座的各位，都是理财行家，做生意的能手。现在，请允许我向大家请教一个问题：（略停顿）美国十大金融财团的首富摩根，当年从欧洲到美洲时，穷得发慌，只得卖鸡蛋为生。他弄了三篓鸡蛋，可卖了三天，一个也没卖出去。第四天，他让妻子去卖。结果，不到半天全卖完了。请问，这是什么原因呢？"这样以生意之"磁"吸"财神爷"们的兴趣之"铁"，吸引力自然是很大的，一下抓住了听众的心。

演讲可采用悬念式开场白

悬念式开场白也叫"故事式开场白"。即开头讲一个内容生动精彩、情节扣人心弦的小故事，或举一个触目惊心的事实来制造悬念，使听众对故事发展和人物命运深表关切，从而仔细听下去。例如，李燕杰同志的演讲《爱情与美》是这样开头的："前年四月，北京一家公司的团委书记要请我去作报告,我因教学任务紧张推脱不去。这个团委书记恳切地说:'李老师,你一定要去,我们这次是请你去救命的。'我很纳闷……"听演讲者这么一说,听众也纳闷了:到底发生了什么事,非请他去不可?这样开场,吸引力极强。

演讲可采用渲染式开场白

渲染式开场白,即运用形象的、充满情感的语言开头,创造适宜的环境气氛,引发听众相应的感情,进而吸引听众。如恩格斯在《马克思墓前的讲话》的开头:"3月14日下午两点二刻,当代最伟大的思想家停止思想了。让他一个人留在房里还不到两分钟,等我们再进去的时候,便发现他在安乐椅上安静地睡着了——但已经是永远地睡着了。"

这个开场白,只用了短短的两句话,便把听众引进了一个庄严、肃穆、沉痛的气氛之中,激发了人们对革命导师的景仰、悼念之情,有利于听众接受演讲者在正文中所要展开的论述。

演讲可采用模仿式开场白

模仿某个人的语调或动作姿态,使听众产生丰富的回忆和想象,有助于推动演讲的深入。例如,"大家还记得吗?1980年12月,在香港伊丽莎白体育场举行的世界杯亚太区足球预选赛中,中国队32岁的足坛老将18号容志行,(模仿宋世雄的音调)以其熟练、细腻、漂亮的盘带动作,晃过了对方三个后卫队员的拦截,在离对方禁区15米远处起脚射门!射出一个什么呢?射出了一个'足球热'。"由于演讲者模仿得惟妙惟肖,几乎能以假乱真,因此一下子就使全场的气氛活跃起来。但运用模仿式开场白,要注意内容、场所、听众心理、民族风格等因素的制约,要以讲为主,以演为辅,且适可而止,否则会使人觉得华而不实,产生逆反心理。

演讲可采用套近乎式开场白

演讲者根据听众的社会阅历、兴趣爱好、思想感情等方面的特点,描述自己的一段生活经历或学习、工作中遇到的问题,甚至讲自己的烦恼、自己的喜乐,这样容易给听众一种亲切感,他们会自然而然地把你当成"自家人"而乐于听你演讲。例如,某大学教授一次应邀到某体育学校演讲。一开始,他就介绍自己学生时代曾是大学田径代表队的队员,使听众觉得他是同行,有共同语言,双方的感情距离一下子缩短了。

演讲可采用道具式开场白

道具式开场白,也叫"实物式开场白",即开讲之前先展示某件实物,给听众以新鲜、形象的感觉,引起他们的注意,从而一下子抓住听众的注意力,收到意想不到的效果。有位演讲者向数百名教师作一场题为《做教育改革弄潮儿》的演讲。一上台就展示出齐白石的名画《雏鸡》,当听众的目光全被吸引过来之后,他才开口:"请看,在这幅一米多长、一尺来宽的画面上,齐白石先生只画了三只毛茸茸、憨乎乎的小鸡,其余处皆为空白,这些空白,给我们留下了无限广阔的想象和再创造的天地。看了这幅画,你是否会想到雏鸡会长成'一唱天下白'的雄鸡呢?你是否感到了春天的无限生命力呢?每个人可以根据自己的体验想象到很多很多——这就是'空白'的魅力。我们做教师的,能否都打破45分钟的'满堂灌',也给学生留下一点回味和进行创造性思维的'空白'呢?"

运用设问创造演讲的高潮

设问就是自问自答。它之所以被广泛用于演讲,是因为它能够调节演讲时的气氛,唤起听众听讲的兴趣和热情,达到提醒和强调的目的,激发听众共同思考问题,从而使演讲者牢牢掌握住演讲的主动权。

我们不妨具体分析一下丘吉尔著名的《出任首相后的首次演讲》中最后一段的演讲:"你们问:我们的政策是什么?我说,我们的政策就是用我们的全部能力,用上帝所能给予我们的全部力量,在海上、陆地和空中进行战争,同一个在人类黑暗悲惨的罪恶史上所从未有过的穷凶极恶的暴政进行战斗,这就是我们的政策。你们问：我们的目标是什么？我们可以用两个字来回答：胜利——不惜一切代价，去赢得胜利；无论多么可怕，也要赢得胜利；无论道路多么遥远和艰难，也要赢得胜利……"

该演讲的前部分主要报告新政府组阁的情况，后部分则是阐明新政府的态度和政策。通读全篇演讲不难看出，通过步步上升和层层推进，演讲者的思想表达越来越鲜明、深刻和完整，其感情也随之越来越强烈。到了结尾部分，演讲者巧妙地运用两个设问句，全盘托出了自己的观点主张，酣畅淋漓地抒发了自己的情感情绪，使演讲达到了最高潮。

运用反问创造演讲的高潮

与设问不同，反问是问而不答，是用疑问句的形式表达确定的内容。这种句式感情色彩浓重，有很强的感染力和说服力，因而同样有助于构筑演讲高潮，特别是在说理性、论辩性和鼓动性很强的演讲中，其作用显得尤为突出。请看：

"我们的同胞已身在疆场了，我们为什么还要站在这里袖手旁观呢？先生们希望的是什么？想要达到什么目的？生命就那么可贵？和平就那么甜美？甚至不惜以戴锁链、受奴役的代价来换取吗？"这是亨利在美国弗吉尼亚州议会上演讲结尾中的一组反问句。全篇演讲就像跌宕起伏的海浪；一个高潮接着一个高潮，而且处理高潮的语言修辞手段各不相同。这一连串反问句，使演讲显得更加轩昂激越，文气也随之大振，充分显示了反问所特有的鼓动力量。紧接着，亨利用呼吁式的口吻结束了演讲："全能的上帝啊，阻止这一切吧！在这场斗争中，我不知道别人会如何行事，至于我，不自由，毋宁死！"

演讲至此，演讲者的思想、意志、信念和感情都达到了最高潮，犹如空谷回音，三日不绝，给听众留下了深刻的印象。

运用排比创造演讲的高潮

连用两个或两个以上结构形式相同的句子，多角度地表达演讲者的思想感情，这就是排比修辞。使用排比句的地方，未必一定是演讲高潮的地方，但演讲高潮的地方却往往离不开排比句。

竞选演讲要展示自身优势

竞选演说是通过自信地"说我行"来展示个人优势，从而达到竞选成功的目的，所以自信心是竞选演说成功的重要基础。由于受中国传统思想的影响，长期以来，"说我行"这一观念，并没有被大多数中国人所接受。中国古代虽有著名的"毛遂自荐"的故事，但自我推荐、表现自我，一直都不是个褒义词，"说我行"一不留神就会落下个"好表现""好出风头"的骂名。但是随着社会竞争的日益激烈，作为竞选者，必须在"说我行"中走上历史舞台的前台。竞争上岗的演说，就是要非常自信地"说我行"，通过介绍个人的条件、个人的优势、个人的工作谋略来成功地展现自我，从而达到竞选成功的目的。如一位参加竞选处长的应聘者在竞争上岗的演说中是这样"说我行"的："今天，我竞争的职位是综合处长，我认为自己具备担当该职务必需的政治素养和个人品质。理由有四：第一，我的敬业精神非常强，工作认真负责，兢兢业业，任劳任怨，干一行，爱一行，专一行。尤其是十多年的军旅生涯，培养了我严明的组织纪律性、吃苦耐劳的优良品质、雷厉风行的工作作风，这是干好一切工作的基础。第二，我思想非常活跃，接受新事物比较快，爱学习、爱思考、爱出点子，工作中注意发挥主观能动性，超前意识强，善于开拓工作新局面。第三，我办事稳妥，处世严谨，廉洁自律，对自己要求严格。第四，我信奉诚实、正派的做人宗旨，能够与人团结共事，而且具有良好的协调能力。"

竞选演讲要对应岗位特点

各行各业有自己的业务特点，在演说时要对不同岗位的业务情况有比较清醒的认识和了解。如司法部门、审计部门、文化部门、民政部门等都有自己独特的工作特点，在演说中就要根据这些业务特点来展示自己的长处。如竞选办公室主任，竞选者就要对办公室的公文写作、公文运行、服务领导、沟通上下等业务有所了解，才能在演说中有针对性地发表见解。

竞选演讲要了解竞争对手

竞选演说还须充分了解竞争对手的具体情况，在比较中突出自己的强项。如你的学历比对方高，就可以突出学历的特长；如进行的是本行业本部门岗位的竞争，你就要突出对业务的熟悉程度；如你的年龄比对方小，就可突出年轻有为的特点；如是跨行业、跨部门的竞争，就要突出横向联系的优势等等。总之，从自己的长处和优势入手，能较好参与竞争，赢得竞争。

例如，有两位军人竞选国会议员。一位是将军，他功勋卓著，曾任过两三次国会议员；而另一位则是名普通士兵，他曾是将军的部下。在参加竞选演说时，将军说："诸位同胞们，记得战争时期的一个晚上，我曾带兵与敌人激战，经过激烈的血战后，我在山上的树丛里睡了一个晚上。如果大家还没有忘记那次艰苦卓绝的战斗，请在选举中也不要忘记那位吃尽苦头、风餐露宿的、造就伟大战功的人。"

他的讲话很精彩，博得了大家的掌声。这时，轮到那名普通士兵演讲了，他走上台说："同胞们，将军说得不错，他确实在那次战争中立下奇功。我当时是他手下的一个无名小卒，替他出生入死，冲锋陷阵。但这还不算，当他在树林里安睡时，我还得携带武器，站在荒野上，饱尝风寒露冷的味儿，来保护他。"士兵的演讲建立在将军演讲的基础上，说明了如果不是他的保护，将军是不可能"造就伟大战功的"，由于他对对手的熟悉和了解，最终那名普通士兵获得了竞选成功。

竞选演讲要语言质朴纯真

竞选演说中，竞选者要把服务群众的思想表现在竞争上岗的演说中，从而取得广大群众的信任。同时，在表述过程中也须注意语言的质朴纯真。

例如某地进行村民委员会换届选举，竞选者老张最后一位上场，这位朴实的农民走上讲台后，很平静地说道："我只讲两句话。第一句，如果大家选我干，我一定玩命干,好好干。第二句,如果大家不选我,我屋里还有两万斤谷,400只鸭,每年也有两万块钱的收入。我讲的完了。"这段质朴的语言,赢来了在场的村民的一片掌声。在此后的投票中,老张以最高的票数顺利当选。这虽然是短短的两句话,但是村民们从第一句话中感受到老张为他们服务的真诚和好好干的决心。第二句话使人感到他的纯朴和高尚。如果不能当选,决不在背后搞名堂,而是好好生活。这位农民用他那发自内心的真诚,向村民们质朴地表达了他服务群众的施政纲领,深深地打动了大家,所以获胜也就是自然而然的事情。

竞选演讲要感情真挚深切

竞选演说一般都比较平实,但是在平实中适当地倾注感情,使听众能在被感动的情况下接受你,并进一步在情感上认同你,也是竞选者惯用的一种艺术手法。如一位竞争护林队队长的演讲是这样说的:

"我是在大山里长大的,是大山养育了我。每每看见有人乱砍滥伐,从而引起水土流失、山洪暴发给我们的生产生活带来的灾难,我的心好痛啊!我在护林队干了很多年了,我护过的树和我抓过的盗林贼都已记不清了。去年,在我进山缉捕一个盗伐团伙时,我的老父亲去世了。依照乡俗,长子不在床前为老人送终是要遭人唾骂的,可我偏偏就不能床前尽孝!老父亲临死前留话给我,他说他干了一辈子伐木工,他造了孽啊,他要我替他看好这最后的林子,给子孙后代积点儿德。所以,今天,就是顶着坏蛋的枪子儿,我也要干这个护林队长!为我爹,为我,更为子孙后代!"

这段话把老父亲和"我"对大山的感情以及一家人与大山的恩恩怨怨都很好地表现了出来。竞争者甘心护林并奉献包括生命在内的一切,成为老父亲的嘱托,是竞选者的心愿,这个心愿,正是干好这个护林队长的基础。面对用真情的音符弹出的为事业奉献的"曲调",选民能不动容吗?

领导就职演说要以民为本

领导者的就职演说,一定要在字里行间体现出以民为本的思想。

这是因为在我国，领导不分级别，都是人民的公仆，都要向人民负责，使人民安家乐业。而作为一名新当选的领导，更要把为人民服务当作宗旨。

领导就职演说要注重创新

新上任的领导在就职演说中如何接好前棒，做到延续创新，是摆在他面前的难题，这问题解决好了，有利于进入角色、引导群众，并创造一个良好的开端。

领导就职演说要结构严谨

就职演说的形式将多种多样，有的简短，有的生动，也有的本身就是一篇结构严谨的演讲稿。如某市长在就职演说中，从六个方面表达了内容：

（1）关于我与老市长工作连续问题。

（2）关于为政宗旨。这可以概括为三句话：一叫服务企业，二叫支持基层，三叫为人民办真事。

（3）关于从政准则。这也可以概括为四句话：一叫为政清廉，二叫治政从严，三叫从政务实，四叫勤政求效。

（4）我的人才观。

（5）关于三项工作的初步构思。

（6）干好政府工作靠什么。

述职演讲要多"实"少"虚"

这里的多"实"，是指实事；"虚"，是指理论。多实少虚，也就是要多讲述"实际"的东西，少说点理论的认识。如今，人们最崇尚的是"求实"精神，当你述职时听众最关心的往往是你干了哪些大事、实事，是否实现了你任职期间的目标，有哪些效益。因此一定要在"实"上下功夫。比如一位厂长在述职演讲中简单讲了一些对"三个代表"的认识后，便用一句"认识的提高，需要用实践进行检验，说得好听不如做得好看"作过渡，然后"口述"了一年来所做的几件实事：一是厂里办了再就业培训班，为108名下岗职工解决了工作问题。二是集资兴建了两幢住宅楼。三是为厂里的产品找到了销路。在讲每一件事时也是以实衬虚。他在讲第三个问题时说："贯彻'三个代表'的思想贵在转变作风。过去只是坐在办公室里接电话，等订单，今年是亲自带人下去搞调查'跑'客户。我和王主任三个月走遍了东北三省的21个城市，穿坏了3双鞋，结果使咱们厂的产品不仅在国内有了市场，而且还接到了美国、俄罗斯等五个国家的订单，使我们的企业走出了低谷，利税达980万元！"（热烈鼓掌）因为他的述职突出了一个"实"字，所以，不时引发听众的喝彩和笑声。

述职演讲要淡化自我

有人在述职时，一句一个"我"字：我认真学习了"七一"讲话；我带病下乡宣传；我帮助年轻同志提高讲课水平……让人听起来很不舒服。你站在讲台上述职，自然讲的就是你自己的事情，因此，要注意把"我"的身份淡化一些。方法是尽可能用无主句，省略主语"我"，也可用"自己"代"我"或把"我"说成"和大家一起"。有时还可以在述完以后加点谦虚的"小料"。一位会计科科长汇报完工作诚恳地对大家说：

"总之，是因为有了上级的正确领导和同志们的捧场，工作才取得了成绩，说真的，我这老头子就是浑身是铁也打不了几个钉，对吧？"他的话激起了大家会心的微笑。事实上，功绩不会因为你对"我"的淡化处理而减少，也不会因为你对"我"的强化而突出。关键是不能给听众一个"把功劳归于自己"的坏印象。

述职演讲要实话实说

"真"是述职演讲的灵魂和生命。听述职演讲的听众往往是自己的同事和直接领导，他们心里对你都有一本账，他们喜欢的是你掷地有声的"真"玩意儿。如果掺了假或讲过了"火"，人们就会对你嗤之以鼻，不买你的账。

农业局有位技术员在讲述自己"诚心向果农献技术"时说道："通过自己向农民传授技术，使原来不结果子和结果子少的树都果实累累，获得了从未有过的大丰收。每户果农收入增加万余元，全县水果产量比去年提高了30%左右。"听众听了他的话有的故意咳嗽，有的伸舌头，有的还小声说"你以为你是神仙呢"。因为实际情况并不像他讲述的那样，果实丰收是事实，但丰收的原因却是由于天时好、侍弄应时等多方面的因素，而不单是他传授技术的结果。另外，他用"万余元""左右"等模糊性数字，也有不实之嫌。他夸大其词讲过头话的结果不仅影响了他述职的效果，还使他在人们中的威信降低了"百分点"。

除了事"真"、数字"真"外，还要有发自肺腑实话实说的真情感。尤其是讲问题时要克服轻描淡写、一带而过的毛病；一位校长汇报完工作业绩后，诚恳地向大家说道："这一年来，大家看得见的是咱校受到的表彰和奖励，看不见的却是我由于素质不高所犯的错误。五名学生辍学，一位老师因职称没得到解决而离职经商，一位下属受贿，还有我的家人几次私用公车等，这些都是我一把手的过失……"人们听了他掏心窝的真话，不由得向他伸出了大拇指。

述职演讲要加些"旁白"

述职时不顾听众心理，拿着稿一"念"到底是很糟糕的。为了满足听众求"知"欲望，述职者可进行必要的"稿"外"旁白"，即对大家很想了解的事实做简单的补充说明（包括细节、背景和不便写在材料中而大家又非常想知道的内容）。县公安局刘局长在讲述"集中警力进行大案要案的侦破"时，脱稿讲了用三天时间便破获了小王村出现的那起绑架人案的详细过程，人们听得入了神。当他讲完"组织开展了为期两个月的打击机动车犯罪专项活动，破案46起，追缴被盗机动车49辆，有效控制了机动车被盗窃案的高发势头"这一事实后，他放下稿说："大家知道，今年夏天，盗窃分子盯上了县城一些质量好、档次高的摩托车大肆进行犯罪活动。仅8月一个月就出现了50多起摩托车被盗的案件。据我所知，在座的各位中就有三个人向我们报过案。"（笑声）他的"旁白"，不仅丰富了汇报的内容，吸引了听众的注意力，而且起到了很好的烘托作用。

述职演讲要平中见"趣"

述职演讲的语言一般以平实为主，但也应不失情趣，否则，就会成了催眠曲。一位老教师在参加县教育局举行的述职演讲时，被安排在了最后一位，他开头就说"有句成语叫抛砖引玉，而今天述职的实际情况却是抛玉引出了我这块普通的砖。不过，这块砖的质量如何还得请大家听完我的介绍进行技术鉴定。"他的一开场就以新鲜有趣的话语吸引了大家。而在讲述每一条成绩时又以"果实"作比喻："我班的一名学生在全国数学比赛中获得一等奖，功劳是他的，我是他的指导老师，列在这里也算我一条功绩吧，这是我收获的一个大金苹果。"（笑声）"工作中将教学与科研相结合，一篇《如何推进中学素质教育》的论文获得了市级一等奖，这是收获的一个银苹果。"接着他高兴地说："最让我欣慰的，那就是我教的两个班参加毕业生会考，双双合格。这可是咬一口甜掉牙的两个大西瓜呀！"说得大家哈哈大笑。最后结束时他没有高谈阔论今后如何做，而是借诗表意、用名字打趣："我不想说豪言壮语，只想告诉大家，我爱我所从事的太阳底下最辉煌的事业，我愿做春蚕吐丝尽，愿做红烛不流泪。我的名字叫马跃，就得不停地奔腾飞跃，争取在'马'年结出更丰硕的果实！"（热烈掌声）由于他打破常规，语言新鲜生动，富有趣味，因此，激起了听众的兴趣，受到了听众的好评。

第四节 即席讲话口才

即席讲话要先声夺人，抓住听众

即席讲话的开头，也叫开场白，它很重要，能不能马上抓住听众，往往决定着整个讲话的成败。好的开场白就像一个出色的导游员，一下子就可以把听众带入讲话者为他们拟设的胜境；好的开场白是演讲人奉献给听众的一束多姿的花朵；好的开场白最易打开局面，便于引入正题。因此，开场白不能平铺直叙，平庸无奇，而要努力做到不落俗套，语出惊人，这样才能出奇制胜，先声夺人。

即席讲话要快速组织，顺理成章

即席讲话没有精心制作的讲话稿，因此在讲话时，需要临场发挥。即席讲话者在构思初具轮廓后，应注意观察现场和听众，捕捉那些与讲话主题有关的人或情景，因地设喻，见景生情，以使讲话生动形象，沟通与听众的感情。

那么，在极有限的时间里，如何富有条理地做好即席讲话的呢？

大致可分两步，即先明确讲什么，再设计怎么讲。分开来说，第一步便是明确讲话主旨、确定材料范围，也就是选择一个恰当的话题。第二步是顺应思路组织材料。从即席讲话人来说，现场准备，不可能去讲鸿篇巨论；从听众来看，由于是一种特殊场合，既不可能，也没心思去听滔滔不绝的讲话。即席讲话要精彩、热烈，要少而精，多则五六分钟，少则两三分钟，最好不要超过五分钟；从内容上说，一次只说一个问题，集中力量，说深说透说精彩，给人留下深刻印象。短话比长话更难讲，但是，它留给人的印象却也往往更深刻。

即席讲话要入情入理，说服听众

讲话的效果如何，不仅要看能否准确地表达，更重要的是要看听众能否理解和接受。由于即席讲话是针对性很强的说话形式，所以，说话时一定要考虑到听众的心理需要，了解听众的特点，说出听众急切想听到的内容，这样才能使讲话受到欢迎，才能使听众易于理解，肯于接受讲话人的观点。另外，把话讲到群众的心坎上，必然大大促进双方的心理交流，使听众信服。

即席讲话要态度诚挚，以情动人

即席讲话的最大特点在于助"兴"。所谓"助兴"，就是指讲话者在环境、对象、内容的感召下，有一种强烈的表达欲望。这种欲望产生于讲话之前，贯穿于讲话的全过程中，它首先应当体现在讲话的态度诚挚。诚挚的态度能够直接影响听众的情绪，关系到听众对讲话内容的接受程度。诚挚、热情、坦率的讲话能够吸引听众，能够缩短讲话者与听众之间的距离，使听众始终为讲话者的诚恳坦直所打动,大大增强讲话的实效。

即席讲话要生动活泼,吸引听众

即席讲话,应力求生动活泼,以增强临场气氛。讲话者可用听众比较熟悉的特定的地点、特定的节目,或有某种象征意义、纪念意义的实物等来设喻,把抽象的道理说得生动形象,增强讲话的通俗性和说服力,使人听起来亲切动情。

如著名爱国人士续范亭在抗战学院开学时向学生作即兴讲话,开场就说:"我作为你们的校长,不像别人要你们服从我个人,不是的!而是要你们服从革命。今天礼堂门口挂着'熔炉'两个字,很好。现在中国有三个熔炉:一是延安、晋察冀边区,八路军和新四军所在地——这是革命的熔炉;二是大后方的熔炉,有革命的,也有施行顽固教育的;三是汪精卫——日本的奴才的熔炉……"他即景生情,信手拈来,把性质不同的三种环境比作影响人、改造人的三种不同"熔炉",加深了学员对革命熔炉的理解,使听众备受感染。

即席讲话要通俗易懂、灵活掌握

讲话的目的是让人听懂。台下听众水平尽管不一,但是都要在短时间内迅速弄懂讲话人的每一句话,全面理解话里的观点,这并不是一件很简单的事。如果讲话人在讲话时板着面孔,卖弄辞藻,用一些艰涩的语汇和听众捉迷藏,无异于存心让听众听不懂,这样的讲话岂不是瞎耽误工夫?人们对任何道理的认识,都要经过由浅入深、由具体到抽象的过程,所以在讲话中,应当使用通俗易懂、生动形象的语言来表情达意。这样,才能使所讲的道理易于被听众接受,才能使讲话受到听众的欢迎,才能给听众留下深刻的印象。事实上,有时一个精彩贴切的比喻,可以使一个复杂的道理显得十分简洁明确,这也是人们常常感到某些讲话乍听起来平淡朴素,但是却耐人回味,而且越琢磨越感到真切清新、寓意深刻的原因。

即席讲话要结尾利落、回味无穷

即席讲话,如能有一个好的开

头、好的内容，再有一个好的结尾，那就可以达到很好的表达效果。结尾时，更需要有力度，不冗长拖沓，更不画蛇添足，而要在言不必尽或达到高潮时戛然而止，给听众以深刻的印象，留有回味的余地。比如，美国的莱特兄弟在成功地驾驶动力飞机上蓝天后，人们在法国的一次欢迎酒会上再三邀请哥哥威尔伯讲话，他即席讲道："据我们所知，鸟类中会说话的只有鹦鹉，而鹦鹉是飞不高的。"这一句深含哲理的即席讲话，博得了与会者长时间的鼓掌，至今还一直为世人所称道。

即席讲话结尾的方法很多，可用充满激情的话语结尾、总结全篇的简短结论结尾、赞颂的话语结尾、名言警句结尾、诗词歌赋结尾、幽默的语言结尾和号召呼吁结尾等等。不论采用哪种方法，都应使结尾干净、利落，起到再现主题、收拢全篇的作用。

即席讲话要多使用通俗易懂的词

不少人在即席讲话中，总是自然而然地使用大量通俗易懂的口语词，即使是学问渊博的知识分子，在平时谈话时也是如此。这对于使话语亲切平易、入耳入脑，提高表达效果是很必要的。

第五节 辩论口才

善于抓住对方的要害之处

在辩论中要善于抓住对方的要害之处，针锋相对地进行反驳。一是反驳其错误论点，用事实分析，直接证明对方论点的虚假和荒谬；二是反驳其论据，直截了当地揭穿其论据的虚伪性，论点的不正确也就随之暴露出来了；三是反驳论证，通过揭露对方论点和论据之间的逻辑关系错误，最终推翻其论点。

运用两难推理，左右围攻

两难推理的方法，就是让对方骑上虎背、进退维谷的战术。即针对要反驳对方的某一个论题，进行逻辑推理，得出两种可能的选择，使对方不论肯定或否定其中哪一种可能，结果都将陷入进退两难的困境。如大家都熟悉的寓言故事《自相矛盾》就是典型的例子。在日常生活中也常常遇到：

甲：庄子说得对，辩论分不出胜负的。

乙：辩论可以分出胜负。

甲：谁来评判胜负呢？你评判我不同意，我评判你不同意，那么让第三者来评判吗？怎么知道他的评判是对是错呢？可见他的评判还需要别人评判。这样一来，实质上是找不到最终的评判标准的。所以，辩论是分不出胜负的。

乙：我看辩论可以分出胜负。

甲：你只讲空话，说不出道理，可见已经理屈辞穷了，还是服输吧！

乙：你不是说辩论分不出胜负吗？怎么又说我们俩的辩论是你胜我负了呢？

这例中乙用矛盾联结，将甲推到自相矛盾的境地。这种方法虽然简单，但是对使用者的辨察能力要求是较高的，否则就不能敏感地发现矛盾点。

抓住对方薄弱环节，给予针对性的攻击

在辩论中，辩论者要善于抓住对方的薄弱环节，给予针对性的攻击，使对方陷入极其被动的地位，如：

1984年，里根为竞选连任总统与对手蒙代尔展开了电视辩论。此时的里根是美国历史上年纪最大的总统竞选人，在辩论中蒙代尔对里根的年龄大加攻击。他说："里根总统，您的年龄已到了该退休的时候了。"对此，里根笑着说道："蒙代尔说我年龄过大，我却不会利用对方年龄太轻、经验不足作为把柄来攻击他。"里根的巧妙回答使选民在笑声中接纳了他。

把道理寓于比喻中

在辩论中，把道理寓于比喻中，运用比喻手法说明道理，既可言简意赅地阐述道理，又能理趣浑然，风采夺目。如《名人的幽默与妙答》中有这样一个事例：

春秋时代的墨子不但是大学问家，也是一位辩才，说话很富哲理。

一日他的学生子禽问他：

"老师，是多说话好，还是少说话好？"

墨子沉思了一下说："你看，池塘里的青蛙，不分昼夜地呱呱叫，声音又高又亮，可从来没有人注意他们。而鸡棚里的公鸡，平时轻易不叫，只在每天天亮时才叫几声。人们听到它的叫声，就知道天亮了，于是起床做事。这说明人们很注意公鸡的鸣叫声。"

子禽会意地点点头。

一开始便发起攻势，处于主动

从辩论一开始便发起攻势，使自己处于主动地位，在给对方威慑性的攻击之后，一步一步地引诱对方围绕自己的话题展开辩论，在辩论中以充分的事实驳斥对方，使对方陷入艰难境地。先发制人的情况主要有三种。一种是在对方"先发"而未发时，你抢在前面，从而使对方措手不及，乱了阵脚，失去心理平衡，从而败北。第二种情况是事先做了充分准备，在对方意料不到的情况下，拿出确凿的证据，向对方发起进攻，直捣要害，使对方没有喘息的余地，只能接受你的观点。第三种情况是预测敌论，先行批驳。即预先将对方可能提出的观点进行驳斥，这样既可使旁听者形成先入为主的印象，又可把对方置于被动。

当然，先发制人不是即兴发言，一定要知己知彼，有充分的准备方能百发百中。另外，辩论的语言必须句句在理，运用的事实须经反复核对，确凿无误，否则可为对方"后发制人"提供依据而使自己陷入被动。再次，要把握时机，切不可贻误战机。"猛虎一旦犹豫而失去进攻良机，还不如小小蜜蜂果敢的一刺。"说的就是这个道理。

用诱导性的提问，让对方跟自己走

为肯定自己的观点，诱导性地提问，让对方紧紧围绕自己的论题思考，再以反问的形式肯定自己的观点，迫使对方不得不接受。如：

一次，俄国文艺批评家赫尔岑应邀去参加一个宴会。宴会上不断演奏一些震耳欲聋的所谓流行音乐。赫尔岑实在忍受不住，最后不得不捂住了耳朵。主人看后惊讶地说："这可是最流行的音乐呀！"赫尔岑反问道："流行的就一定是高尚的吗？"主人也不甘示弱，反驳道:"不高尚的东西怎么会流行呢?"赫尔岑笑了,说道:"那么,流行感冒也是高尚的吗?"主人无话以对。

在具体进行辩论的时候,不同的对象涉及的范围和采用的方法,往往是各种辩论特点兼而有之,应视实际情况随机应变,临场发挥,才能战胜论敌,获取辩论的胜利。

步步紧逼,直到对方投降认输为止

由彼及此法是由远而近,步步紧逼,直到对方投降认输为止,例如:

某市长收到举报材料,得知某百货商场经理有违法乱纪行为,为挽救这位经理,使其悬崖勒马,改邪归正,便去找他谈话。谈话中,这位经理多方辩解,和市长争论起来。于是,市长改变方法,冷静地问道:"假若你家里喂了一条狗,只会偷吃睡懒觉,从不顾家守屋,有时还打烂碗盆,你怎么办?"经理回答:"把它赶出家门。"市长说:"假如你商场有个售货员工作懒惰,态度恶劣,胡乱提价,有时还将商品偷回家去,你怎么办?"

经理说:"开除他!"市长说:"假如他的经理知情不报,且与之暗中勾结,倒卖香烟,中饱私囊,你说该怎么办?"经理:"这……"

由彼及此法,往往是欲此先彼,欲实先虚,欲近先远,步步紧逼,最终使对方无路可逃,只好束手就擒。

婉曲作答,避其锋芒

婉曲作答法是对对方所提问题不作直接回答的一种辩论方法。

据说,有人问美国天文学家琼斯:"地球有多大年龄,你能说清楚吗?"琼斯回答:"这也不难。请你想象一下,有一座巍峨的高山,比如说高加索的厄尔布鲁士山吧。再设想有几只小麻雀,它无忧无虑地跳来跳去,啄着这座山。那么这几只麻雀把山啄完大约需要多少时间,地球就存在了多少时间。"琼斯这种委婉曲折的回答,不仅把一个容易引起争议的难题化解了,而且使人意识到地球存在的岁月异常悠久。

婉曲作答法,往往要避开锋

芒、摆脱困境，使对方由主动变为被动，比直接作答更形象、生动、有力，往往使对方无可辩驳。

抓住矛盾予以揭露

在辩论过程中，对方发言往往会出现前后矛盾的情况。此时，如能抓住矛盾予以揭露，往往能使对方哑口无言，而有口难辩。这种方法就是揭示矛盾法。

请看一则案例。有一女抢劫犯从事主荷包里抢得了165元，却否认事实，企图抵赖。下面是侦察员利用揭示矛盾法讯问人犯的一段笔录：

问：你从她（事主）荷包里掏了多少钱？

答：当时有点紧张，好像只看见了65块钱。

问：荷包的拉链拉上了吗？

答：拉上了。

问：荷包是怎样打开的呢？

答：是我跟她（事主）扭打时，被我抢到手后打开的。

问：钱是怎样放的呢？

答：是用大面钞包着小面钞折叠在一起。

问：既然这样，那你是否应该先看到大面额钞票呢？

答：当然。

问：那她（事主）包在外面的百元大钞呢？

答：我没看清。

问：你看见了里面的65元小钞，为什么没看到包在外层的百元大钞呢？

答：我……

从这段笔录可以看出，抢劫犯在供词中犯了"两可"错误，她既承认自己看清了荷包里的面钞，"当时有点紧张，好像只看见了65块钱""是用大面钞包着小面钞折叠在一起"等，后来又否认自己看清了荷包里的大面钞，说"我没看清"。在审讯中，犯罪分子虽然企图掩盖自己的抢劫金额，但侦察员机智地抓住矛盾，及时予以揭示严加追问，终于使犯罪分子无法隐匿罪行，承认了自己的犯罪事实。

权衡利害，明辨得失

在辩论中，有时争辩的核心问题往往是关于某一事物的利与害、得与失的问题，而趋利避害是人的天性。根据这个特点，我们在涉及这一类辩题的辩论中，可以针对对方的不同观点，喻之以利，晓之以害，让对方在权衡利害得失关系后，放弃其错误主张，使之与辩者的观点趋向同一，从而中止对方行为。这就是"晓以利害"的辩论技法，如：

某市无线电厂由于长期亏损，债台高筑，濒临破产。这天，该市电视机厂对无线电厂实行有偿兼并的大会在无线电厂举行。上千名职工感到耻辱，坚决反对兼并，人们争吵着，吼叫着，吹口哨，鼓倒掌，一片混乱。

这时，电视机厂刘厂长扯大嗓门讲道："我告诉你们一个事实：到下个月工商银行的抵押贷款已经到期，无线电厂马上就要破产，上千名职工就要失业！难道你们愿意这个具有几十年历史的我市唯一的收录机专业生产厂家破产吗？难道我们厂上千名职工心甘情愿失业，重新到社会上待业吗？请问，谁能使无线电厂不破产？谁能使上千名职工不失业？是能人，请站出来，有高招，请拿出来！你们反对兼并，拿出主意来！"

骚动的人们顿时静了下来。他面对上千双翘首以待的眼睛，接着说："我刘××不是资本家，是国家干部。就我个人来说，叫我兼并无线电厂，我才不干呢！我又何必自找苦吃？可是我是共产党员，看到国家受损失，我于心不忍啊！"

这时，有人站起来说："我要问刘厂长，你能保证我们不失业，保证无线电厂不破产吗？"

刘厂长说："有些同志对我不信任，这是可以理解的，因为不了解嘛。请大家放心，从并厂后第一个月起，如果再亏损，由我刘××负责。我和大家同舟共济。如果要跳海，我刘××第一个带头跳，至于具体办法，我这里就不说了！"

这时，全场爆发出雷鸣般的掌声。

在当时的情况下，面对骚乱的会场，训斥或是制止都不行，而婉言相劝也不行。这时，刘厂长直陈并厂与不并厂的利害得失，终于打破了人们的认识障碍，镇住了混乱的会场。

机智折服，不卑不亢

机智折服法，就是面对难于争辩的问题随机应变，运用智慧，化被动为主动，向对方发难使其折服的一种方法。如：

晋朝有个叫许允的书生，洞房花烛夜见新娘相貌平平，大为不悦。新娘问他何故，许允没好声气地说："你知道好妻子是什么样的吗？"新娘不卑不亢地说："孝顺老人，尊敬夫君，说话和气，做事利索，而且模样也不错。前几项我都能做到，只是模样是老天生成的，我就无法了。"许允听后仍然不高兴。新娘转问道："相公，你是读书人。我问你，一个人应具有的好品德你有多少呢？"许允答："我都具备"。新娘道："好品德的第一条，就是看人要重德，你却只是以貌取人。既然第一条就不符合要求，怎么能说都具备呢？"

许允被新娘的口才折服了，终于改变了对妻子的态度。

机智折服法，在辩论中运用时，要靠知识和头脑，才能机智地由答变问，折服对手。

风趣幽默，驳倒对手

风趣幽默法，是针对对手提出的不便正面辩驳的问题，用风趣幽默的回答来摆脱尴尬局面，以驳倒对手的一种方法。

比喻巧辩，贴切巧妙

比喻巧辩法，是用生动形象的比喻，来巧妙施辩的一种方法，例如：

有位小姐爱好文学创作，写了一本很厚的小说寄给一位名编辑，可是书稿很快就被退了回来。小姐异常气愤，给这位编辑打电话质问："编辑先生，你怎么没把我的书稿看完就把它枪毙了？为了考察你是否真的看过，在寄出前我把105页和106页粘在一起，当我查看退稿时，这两页仍然原封未动，你作何解释？"编辑回答道："小姐，比方我吃一瓶水果罐头，尝了一口发现是坏的，难道我非得把它全部吃完才下结论吗？"

辩论中，遇到棘手的质问或难于正面回答的提问，就可用比喻巧辩法。使用此法须注意比喻的贴切性、易懂性、巧妙性，以及表意的明确性，才能使对方无话可说。

类比反驳，形象直观

类比反驳就是辩论的一方不直接驳斥对方的论题，而是寻找一个与该论题有关的事例，通过对二者的比较，推导出对方论题的荒谬。这种反驳形象直观，避免了抽象说理的枯燥，使辩论更有力有趣。

避实击虚，立竿见影

避实击虚是一种实用性很强的辩论技法。当你已经掌握了论敌的部分情况，想通过攻击对方弱点再进一步扩大战果时，运用此法可使对方一触即溃。这种方法常用于对抗性较强的法庭辩论或审讯罪犯。

刑警初审罪犯，是一场心理战，特别是在尚未完全掌握证据的情况下进行突审，既是一种斗争，也是一种辩论。如果急于求成，直来直去，往往很难见效；而采用避实击虚之法，却容易敲开罪犯嘴巴，促使其交代事实真相。

某市刑警队长奉命侦破一起恶性杀人案，经过周密的调查，认定此案是两人所为，接着在某郊县抓获了一名有重大嫌疑的人犯。另一人是谁？他不肯交代。审问开始了。

警："你知道我们是干什么的吗？"

犯："是警察！"

警："知道我们是从哪里来的吗？"

犯："那我怎么知道？"

警："我告诉你吧，我们是从××市两路口来的，两路口你去过了吧？"

犯："我没去过。"

警："那就不对了，我们查了那里一家旅馆，你前几天在那里住过。"

犯："住过又怎样？"

警："住过倒不怎样。只是那里前天发生了一起命案，你不会不知道吧？"

犯："我不知道，也与我无关。"

警："与你的关系可大啦！"

犯："什么！"

警："我们从现场找到了血衣，你家里人看过，认出是你穿走的。你想不想看一看？"

犯："不不，不看了。"

警："看来你是个爽快人。既然这样，你大概该说出什么了吧？"

犯："那个司机被杀我是在场，你们总不能就说是我杀的！"

警："那汽车上有你的指纹，你推得了吗？"

犯："反正不是我亲手杀的。"

警："我们知道不是你一个干的，不说出同伙只好由你一人顶罪了。"

犯："我说……是他下的手，我只帮了忙。"

警："那人是谁？"

犯："是我表哥。"

刑警队长就是这样真真假假、虚虚实实，旁敲侧击，话中有话使罪犯的防线彻底崩溃了，不得不如实交代了这起命案的经过。

反诘进攻，出其不意

反诘进攻，是辩论的基本语言技巧之一，它是修辞学上的反问在辩论中的运用。所谓反诘，就是从反面提出问题，用否定的疑问句来表示肯定的语气，或者是用肯定的疑问句来表示肯定的语气。反诘进攻，往往能比正面提问更有力量，更能表达爱憎之情，更具有强烈的批判和讽刺作用。很多时候，还可以用反诘转守为攻，造成心理上的优势和咄咄逼人的气势，置对方于被动的地位。

反诘进攻的具体表现形式很多，下面从不同角度介绍几种。

（1）肯定式反诘

肯定式反诘就是以反问的形式，肯定或强调自己的观点。

亚洲大专学生辩论会决赛时，正方同学发言中有这样一段话："如果发展旅游业是弊多于利的话，那么，为什么许多国家和地区、包括参加这次辩论比赛的中国、新加坡都在发展旅游业呢？难道这些国家和地区那么多领导人都是愚不可及的吗？"这段话就是以反问的方式，肯定了正方"发展旅游业利大于弊"的观点。

（2）否定式反诘

否定式反诘就是用反问的形式，否定对方的观点。

放大法辩论技巧

放大法是引申归谬法的发挥。不同之处在于不仅归谬，而且按照荒谬的逻辑，推而广之。对论敌隐蔽的荒谬点，扩大其范围，加深其程度，强调其性质，使其荒唐之处暴露无遗。

扩大法就是利用反对派论点中隐含的前提，加以扩大，推出明显荒唐的结论，却又符合对方的逻辑，使对方的论点不攻自破。

无中生有法辩论技巧

无中生有法总体说来，主要是利用对方的观点，使其向着条件外的绝对方向发展，将问题绝对化，或者故意曲解对方言论中的某些概念，人为地"凝练"出明显错误的道理或者根本不可能存在的事例来，达到驳倒对方的目的。

这种技巧往往是在对方的观点正确或基本正确，从正面反驳可能性不大时，有意首先承认其观点，然后举出一项反例来"证明"之，这个"反例"就是其观点绝对化了以后的产物，通过一个绝对化的错误，证明其观点的"错误性"。比如某次主题为"重奖奥运冠军是合理的"辩论赛，正方在辩论过程中提出了如下论述：

"体育作为人类一项广泛开展的活动，必须同一定的经济基础相联系……"

这个推论实际上应该说是成立的。但如果肯定这个推论，"重奖奥运冠军"这种精神与物质结合的做法也就有了理论基础。反方是无论如何都不能同意的。

所以，反方就从这个推论出发，有意加以"歪曲"，得出一个出人意料的结论，从而引起了观众热烈的反应，打乱了正方的战略计划。他们是这样反驳的：

"那么是不是应该把奥林匹克旗帜上那五个象征着五大洲的圆环中间都加上五个方孔才能淋漓尽致地表达正方的观点呢？"

这句反驳其实是无中生有，是对正方所要论证的观点的有意扭曲，但是，由于应用得法，简洁有力而又幽默诙谐，同样达到了预期的效果。

引向未来法辩论技巧

在现实和历史无法置辩时，可以将思绪引向未来，以发展的观点立论，给予针锋相对的反驳。这种反驳是建立在科学预见的基础之上的，预见是新的思想和观念的产物。预见时在思维中出现了由因果联系构成的事物发展环链的模式，同时还从人们过去在因果联系中反复出现的现象，找到了它的规律性。可以利用一环又一环的模式化的环链，预计出最后一环出现的论断，反击论敌。

实验物理大师法拉第有一次在大庭广众中作电磁学的实验表演。实验刚结束，忽然有人站起来高声责问法拉第："这有什么用呢？"

法拉第不假思索地回答："请问，新生的婴儿有什么用呢？"

在这里，法拉第把科学比作初生的婴儿，借此说明，科学正像婴儿必然要成长为前程无量的成年人一样将发挥巨大的历史作用，所使用的就是引向未来法。

紧追法辩论技巧

紧追法是一种对付辩论对手纰漏的非常常见的方法。当辩手的纰漏被我方发现，就该反击，一路穷追猛打下去，一方面把没有能引起观众广泛注意的漏洞明显化，使人们都注意到对手的错误；另一方面使其在既不能承认其错误，又无法回避事实的情况下陷入进退两难的地步。这种方法的技巧并不是很复杂，问题主要在于要对对手的差错有绝对的把握，确信不会是有心设计的骗局，然后充满自信地拿出"宜将剩勇追穷寇"的气势来，利用已经占到的先机，直捣黄龙。

1990年亚洲大专辩论赛上南京大学与台湾大学争夺冠军，辩题为"人类的和平共处是一个可能实现的理想"。反方台湾大学，在论证其观点时出具了一个数字："全世界每一天要发生12场战争。"这个数字显然是不准确的。南京大学立刻抓住漏洞，不但当即予以指出，在之后的辩论中也反复提及台湾大学这个不准确的数据，紧追不舍，造成了台湾大学的被动。

在北大首届辩论赛中，国政系与历史系就"仓廪实而知礼节"展开辩论。正方历史系队在论证物质与文化的关系时，提出："在德国这样经济发达的国家，产生了巴赫、贝多芬、门德尔松等伟大的音乐家……"

反方国政系立刻抓住正方论据中出现的"贝多芬"的名字，发起反击："正方错了，贝多芬恰恰是在贫困交迫的情况下才写出《命运交响曲》这样辉煌的作品的！"

正方错上加错"那他也必须在吃饱饭的情况下才能进行创作呀！"

反方步步紧逼"那么请问贝多芬是在哪一顿吃饱了之后才写出《命运交响曲》的？"

偷梁换柱法辩论技巧

"偷梁换柱"是采用一个与原论题有直接必然联系而又不同于原论题的新命题来代换旧有的论题，从全新的角度出击，力图克敌制胜。新采用的命题应该满足下列条件：有A（旧命题）必然导出B（新命题），B是A的结果。证明了前提，则结果成立；证明了结果，前提存在成立。由此及彼，通过论证有利于我方的论断的成立来证明旧有命题（与我方采纳的新论断有必然联系）成立。实际上就是利用证明结果的正确性而"导出"原因也是正确的（逻辑未必正确，但在辩论中常常都是有效的）。

1993年国际大专辩论赛中，复旦大学就曾经成功地运用了这一方法击败实力雄厚的台湾大学勇夺桂冠。在大专赛决赛中，辩论的主题为已经辩了几千年而久辩不息的"人性"论，作为正方的台湾大学认为"人性本善"，反方复旦大学则认为"人性本恶"。我们知道，要想驳倒人性善论，使人性恶论得以成立，就无法避免地要回答这样一个问题：既然人性是恶的，为什么社会上还会有那么多的善行存在？想从正面来回答清楚这个问题是十分困难的。针对这种情况，复旦大学并没有墨守成规，一味在"人性恶论"上下功夫，而是独辟蹊径，将立论的重点放在了"人性虽恶，但教化可以向善"的角度上，把原论题中的人性恶这一中心变成了新论题中一个条件，根本不作重点地证明，而是立足于教化向善的"人性向善"论去和台湾大学"人性本善"辩论驳。实际上遵循了这样一种设想：假使人性已经善了，何以又要教化，又要向善呢？这样就把原本十分棘手的问题化解，并制造了一个新的烫手的"热山芋"扔给了台湾大学。

诉疑型辩论技巧

诉疑型辩论技巧的要点是：①找出与诡辩者利益相关的事例；②采用诡辩者使用的方法来解析事例，并仿照对方的表述形式；③在论述中加入疑问的语气，显示得有理有利有节。例：

A：你有点不够朋友。

B：何出此言？

A：你在戏院工作，完全有能力给我弄点免费票，可是你从来没干过。

B：你也有点不够朋友吧？

A：我怎么了？

B：你在银行工作，完全有能力给我弄点免费钞票，但是你做过吗？

在这个例子中，B使用的就是诉疑型辩论技巧。指出对方的谬误，但仍留有一定的余地。使用疑问的口气，不会使对方过分难堪。这种技巧最适合适用于一些需要注意把握分寸的场合。

反难型辩论技巧

反难型辩论技巧要点在于：①选择与对方有利害关系的事例；②采用对手使用的方法解析事例，并仿用诡辩的表达形式；③在论述中强化肯定的语气。例：

A：别穿高跟鞋，穿高跟鞋的女孩轻浮。

B：凭什么这样说？

A：穿高跟鞋当然脚尖颤颤，怎么能站稳？一绊到石头，自然就会跌倒，这不就是轻浮吗？

B：那你以后不许擦头油，擦头油的男孩滑头。

A：胡说！

B：擦上头油当然乌发溜溜，怎么能不油滑？落上苍蝇自然会被滑倒，这就是滑头的铁证！

在这种技巧的应用中，特点是用对方自身设定的逻辑来限制对手，效果要比诉疑型辩论技巧强烈一些，一般用于不需要很留有分寸的场合。

反责型辩论技巧

要点在于：①选择与诡辩者有较强利害关系并具有可表演性事例；②以意外的可感性活动使诡辩者窘迫；③采用诡辩使用的方法并仿用表述形式，对该活动做出解释。例：

A：洗完手再吃饭。

B：我才不洗呢！

A：为什么？

B：洗净了，还会脏的，何必多此一举？所以，我不干这种傻事。……喂，你拿走我的饭菜干什么？

A：吃饱了，还会饿，何必多此一举？所以，别干这种傻事。

这种技巧突出特点是兼有表演性，在行动上给对方以某种嘲弄，从而诱使他反问。一旦反问，便会发现自己上当了。一般说来，这种做法具有责罚、激怒和引诱的意味，只有这样，才会使对方无法按捺怒火，跳起来责骂，从而钻进设计好的圈套中去。

诱导明理法辩论技巧

诱导明理法是针对对方的错误观点，步步引诱造成对方言论前后矛盾而使其明理的一种辩论方法，例如：

一个年轻村民，带妻子去人工流产。妻子不愿意，别人劝说也不听，他直接去找医生。

村民：请给我妻子做人工流产。她虽然是头胎，但是个女胎，所以我要她来做流产。

医生：你为什么不要女胎？

村民：一对夫妇只能生一个孩子，女孩子长大了总归是别人的。

医生：我有个八岁的男孩子，等他满了十二岁，我就送他到五台山当和尚。

村民：这么好的儿子，为什么去出家？

医生：因为他不能传宗接代呀！

村民：这孩子有生理缺陷吗？

医生：那倒没有。

村民：那他怎么不能传宗接代？

医生：因为他长大了找不到对象。

村民：这么乖的男孩子，怎么会找不到对象？

医生：到那时，社会上只有男人没有女人了！

村民：哪会有这种事？

医生：女孩子长大了要出嫁，所以都被当爸爸的强迫"人流"了。

村民：啊！我们……

诱导明理法先不说对方的观点是错误的，而是有意诱导对方步步前进，最后使其感到"此路不通"。此法寓教育于辩论之中，让对方易于接受。

以牙还牙法辩论技巧

以牙还牙法，就是在辩论中不去正面否定对方论点的荒谬，而是用相同事例还给对方一个荒谬，用以驳倒对方的一种方法。

据说，某个大旱之年，一能说会道的老农到县衙呈报灾情，请求减征赋税。县令问道："今年麦子收了几成？"老农答道："三成。""有七成的年景，竟敢谎报灾情，真是胆大包天！"老农想了一下说："我活了150岁，还未见过这么严重的灾情啊！"县令惊问道："你有150岁吗？"老农不慌不忙地说："我70岁，大儿43岁，小儿37岁，合起来不是150岁吗？"县令大声吼道："哪有你这样算年龄的！"老农反问道："哪有你那样算年成的！"

县令无言了。

以牙还牙法在辩论中足显力度，常常会置强词夺理者于"死地"。它是"以其人之道，还治其人之身"，让对手搬起石头砸自己的脚。

归谬制人法辩论技巧

归谬制人法，就是先假定对方的命题为真，然后以此为前提进行推论，将它推向极端，推出明显的荒谬结论使其难堪的一种方法。

古时候有个富翁死了，其妻同管家商量，要用活奴给他陪葬。富翁之弟是个有识之士，反对这样做。他嫂子坚持道："你哥哥死了，在地府无人侍奉，我们决定用活奴陪葬，谁阻拦都不行。"其弟便改口道："还是嫂子和管家虑事周全，用心良苦，可见嫂子同兄长夫妻情深，管家对主人忠心不二。既然要用活人陪葬，不过，让别人去服侍兄长，我们不放心，倒不如嫂子和管家去陪葬，兄长定会非常满意的。"其嫂和管家哪愿去死，只好把活人陪葬一事作罢。

归谬制人法的运用，要注意相同性质的谬论的可比性，若将两件不相干的事扯在一起，便收不到以谬制人的效果。

着意使用对手的有关材料

辩论者在引用论据驳辩对方的观点时，着意使用对手的有关材料。这样既可以使对方产生"难言之隐"，又可使对方言塞语短，无力反驳。首届国际（华语）大专辩论会上，台湾大学队就使用了台湾正严法师救济安徽水灾的事实，来反驳复旦大学队"人性本恶"的观点。言下之意是说：你们能把正严法师救助灾民的义举说成是出自"本恶"的人性吗？语藏机锋，令人难以正面对答。然而复旦大学队立即以同样的方法反唇相讥：

"但是对方要注意到，8月28日《联合早报》也告诉我们这两天新加坡游客要当心，因为台湾出现了千面迷魂这种大盗。"赢得了观众热烈的掌声和笑声。也是在这次辩论会上，英国剑桥大学队认为只有在温饱过后才能谈道德，复旦大学队在反驳这一观点时，就引用了来自英国方面的材料说："第二次世界大战的时候，面对法西斯的疯狂空袭，英国民众也并没有放弃他们讲求道德的绅士传统，热爱祖国，伸张正义的信念使得众多尚处在不温不饱状态下的英国民众们顽强抗争着。面对这些贫寒但是高贵的灵魂，来自英国的对方辩友难道还要告诉我们'温饱是谈道德的必要条件'吗？"这样的辩论，使对方无法应对，充分发挥了以子之矛攻子之盾的威力。

以对方的论据，回敬对方

辩论者接过对方的论据，回敬对方，以其人之道，还治其人之身。

例如，《古今谭概》中记载：齐大夫邴石父谋叛。齐宣王不仅杀了邴石父，还要灭他的九族。邴石父的家族中有人求救于艾子。艾子怀揣三尺长绳，胸有成竹地求见齐宣王。问道："谋叛的只是郏石父一人，为什么要诛杀他的同族呢？"齐宣王说："先王之法，不敢废也。《政典》上写得清清楚楚：'与叛同宗者，杀无赦。'"艾子于是跪下来说道："……过去您的舅舅公子巫不也投降了秦国吗？那么大王也是叛者的族人，按照先王之法，也应连坐……"说完，恭恭敬敬献上三尺麻绳。艾子以齐宣王的论据"与叛同宗者，杀无赦"回敬齐宣王，足以令齐宣王无以应答，陷入十分尴尬的境地。

从相反的角度取义，反驳对方

辩论中利用事物的多义性，接过对方作为论据的事例，从相反的角度取义，反驳对方的观点。这种方法又叫事例反用法。首届国际（华语）大专辩论会上，在关于人性"本恶"还是"本善"的辩论中，台湾大学队强调人人有善根，因而能放下屠刀、立地成佛。复旦大学队立即接过对方的论据，而从反面取义，说明人性"本恶"，提出了一个对方未曾想到的、也难以回答的问题："如果人性本善，人们怎么可能拿起屠刀呢？"在对方张口结舌之时，场上爆发出了热烈的掌声。又如，台湾大学队的一名队员认为，我们之所以制定法律等惩治制度，就是因为出于人类的"善根"。复旦队员马上以事论事，反取其义，说："对呀，这正好论证了我方的观点，如果人性都是善的，还要法律和规范干什么呢？"对方无言以对。

改变词语本来的语义，反击对手

辩论者借用对手的语言，巧妙地赋予其中关键性词语以新的含义，或者改变其语法关系，来反击对手。

这种方法能借助对方的进攻力量回击对方，对方的进攻力量越大，反击的力量也就越大，往往能使对手猝不及防、自取其辱。《三国志》有一段关于伊籍奉刘备之命出使东吴的故事，伊籍就成功地运用了这一方法，维护了国主的尊严。"蜀先主以伊籍为左将军从事中郎，使吴，孙权闻其才辩，欲折其辞。籍适入拜，权曰：'劳事无道之君。'籍应声对曰：'一拜一起，未足为劳。'吴主大惭，无语以对。"孙权所说"劳事无道之君"的"劳"是"奔走效劳"之意，"无道之君"当然是指刘备了。伊籍故意"装聋作痴"，随机应变地利用他正在给孙权跪拜的机会，巧妙地把"劳"的意思改成"一拜一起"，那么"无道之君"自然是指孙权了。孙权终于取笑不成，反取其辱。

采用对手使用的方法来制服对手

《阿凡提的故事》中有这样一段：有个巴依（财主）听见老乡们都夸阿凡提染布染得好，心里很不高兴，于是就挟了一匹布前来刁难阿凡提。他对阿凡提说："我要染的颜色普通极了，它不是红的，不是蓝的，不是黑的，又不是白的，不是绿的，也不是青的，（实际上不要染成任何颜色）你明白了吗？"阿凡提胸有成竹地一口答应下来："没有问题，我一定照您的意思染就是了。"巴依非常惊讶："什么，你能染？人说话可得算数？我哪天可以来取呢？"阿凡提说："就到'那一天'来取吧！"巴依追问："'那一天'是哪一天呢？"阿凡提说："'那一天'不是星期一，不是星期二，不是星期三和星期四，也不是星期五和星期六，连星期天也不是。亲爱的巴依老爷，你就到'那一天'来取吧！"巴依听了不禁目瞪口呆。

不是任何具体颜色的颜色，是无法染成的，阿凡提如果说染不成，就会遭到巴依的奚落，如果和这种无理取闹的人讲道理，将会纠缠不休。于是他以其人之道，还治其人之身，要巴依在不是任何具体日期的日期来取布，这就把巴依出的难题交给巴依自己去解决，使得他自讨没趣。

宴请知识

第一节 宴请规则

宴请重在满足客人的需求

请客应酬是求人办事常用的一种方法，在请客时，只要招待好所请之人，那么所求之事也就差不多了。

在请客时，很重要的一个原则就是要尊重对方特别是少数民族的饮食习惯。

大多数情况下，正式宴请的具体时间遵从民俗惯例。比如在国内外举办正式宴会，通常都要安排在晚上进行。因工作交往而安排工作餐，大都选择在午间进行。而在广东、海南、港澳地区，亲朋好友聚餐，则多爱选择饮早茶。

宴请的目的是求人办事，因此，宴请时主人不仅要从自己的客观条件出发，更要讲究主随客便，要优先考虑被邀请者，特别是主宾的实际情况，不要对这一点不闻不问。如果可能，应该先和主宾协商一下，力求双方方便。至少，也要尽可能提供几种时间上的选择，以显示自己的诚意。

现实生活中有很多人，宴请时"仅凭自己的感觉就断定别人会喜欢自己的安排"，这是很多求人不成、办事无果的原因。

宴请是针对所请之人进行的，因此要千方百计地满足客人的需求，宴请的地点和时机应尽可能让客人感到方便。主人可在宴请前征求客人的意见，以便充分准备。

根据被宴请的对象和事由，选择宴请地点

根据主人意愿、邀请的对象、活动性质、规模大小及形式、商谈的内容等因素，选择宴请的地点。一场宴会，你所宴请的对象可能不止一两个，因此要在尽量满足大多数赴宴者的客观要求的同时，侧重迎合其中少数特殊人物的心理要求。很显然，这些特殊人物对你办事情要有非常大的帮助才行。当主宾的地位、身份、影响高于主人时，以主宾为主；当主宾的身份、地位低于主人时，则要以主人为主。

宴请要考虑周边的环境

（1）选择交通方便的地方。选择用餐地点，对于交通方便与否，要高度关注。要充分考虑聚餐者交通是否方便，有无停车场所，是否有必要为聚餐者预备交通工具等一系列的具体问题。

（2）选择卫生良好的饭店。外出用餐时，人们最担心的就是"病从口入"。所以，确定宴请的地点时，一定要看其卫生状况如何。倘若用餐地点过脏、过乱，会破坏用餐者的食欲。

（3）选择环境幽雅的地方。对现代人来讲，宴请不仅仅是为了吃东西，也讲究环境。如果用餐地点档次过低、环境不佳，即便菜肴再有特色，也会令宴请大打折扣。

这里的环境既包括宴会举办场地的自然环境（如湖边、闹市、船上等），宴会所在的建筑环境（如酒店建筑风格、餐厅装修特点等），也包括宴会举办场地（餐厅的大小、空气状况和环境布置等）。

选择宴请地点三原则

（1）询问你的客人是否有某些饮食方面的偏好，比如是否属于素食主义者或者是否爱吃鱼等，事前确保你选择的饭店符合客人的口味。

（2）选择大家都喜欢的地点就餐，让聚会中的每个人都有宾至如归的感觉是很重要的。比方说，要事先问清楚有没有适合素食者的选择、小孩子用的高凳，还有那些对

某些食物过敏的人能吃的东西。如果聚会的人有需要的话，甚至还要看看有没有足够的车位。

（3）请熟悉的人去不熟悉的饭店，请不熟悉的人去熟悉的饭店。对熟人（包括家人、朋友等），可以请去以前没去过的饭店尝尝鲜、探探路等；而请不熟悉的和重要的客人要求对整个点菜服务质量等了然于胸，最好去熟悉的饭店。

借花献佛邀请他人

宴请别人时，如果邀请方式得当，当然会皆大欢喜。但邀请不当，不仅会让别人挡回，更会觉得堵心。

你不妨采用借花献佛的方式邀请他人，一般说来这种方式可使受邀请者因盛情无法回报的拒请心态得到缓和，会接受你的邀请。

你不妨以自己有什么喜庆作为"花"来借一下。例如："王总！今天获奖名单公布了，我中奖了！走吧，我们去庆祝庆祝！"然后在酒宴上再提自己求他所办之事，那个时候他的酒都喝了，哪好意思不帮你。

喧宾夺主发出邀请

在宴请他人时，还有一种喧宾夺主的邀请方式，这种方式需要你事先调查一下要邀请的人所在的环境，就近选择一家有特色的酒店，然后开始发出邀请。

例如："吴院长，中午有空儿吗？一起吃饭好吗？我在你这边发现了一家烤味店，就在对面小巷中，距离你这里走路也就三分钟就到了，那里的烤蚝烙真的是一流，而且环境也不错……真的是休闲吃饭的好地方！"……

"哦！你中午没有时间啊？没有关系，这样吧，下午我去定个位置，然后晚上你带上你的家人，我们一起去吃怎样啊？晚上我给你电话哦！"

这样发出去的邀请，别人就很难再有借口推辞了。你也就有了接近对方，求其办事的机会了。

先诱惑别人再发出邀请

在对别人发出邀请时，你也可以先说一些极具诱惑力的话，然后再发出邀请。这样，邀请成功的机会就比较大。

你可以先跟他（她）说一些无关紧要的话，然后再提出邀请。例如："孙总，你是东北人吧？"……

"我就喜欢东北人，直爽！哦！还特别喜欢吃你们那里的菜！那个大骨头蒸出来吃，一股酱味道，叫什么来着？"……

"对！就是'酱骨架'！我特喜欢吃！我知道一个地方，有家东北菜馆，他们那里厨师地道，酱油地道，做出来的'酱骨架'真的是一流，想着就流口水……这样吧，现在我们就去尝尝？"

对方听到这里，多半已经在心里流开口水了，再加上你的劝说，他就会不自觉地跟你去了。等到他吃的心里美滋滋的时候，再向他提出要求，对方就很难拒绝了。

因此，在宴请时，不妨抓住对方饮食上的偏爱或癖好，来一招"先诱惑再邀请"，这样就能很容易地达到目的。

参加宴会有哪些礼仪

赴宴礼仪是现代人交际过程中需要经常面对的问题。参加一个宴会，最重要的不是吃，而是体现你修养与内涵。

（1）适度修饰：外出赴宴或聚餐时，应适度地进行个人修饰。总的要求是：整洁、优雅、个性化。一般而言，男士可穿套装，并剃须。女士则应穿时装或旗袍，并化淡妆。倘若不加任何修饰，甚至仪容不洁、着装不雅，则会被视为不尊重主人，不重视此次聚餐或宴请。

（2）准时到场：应邀赴宴，或参加聚餐时，一定要准点抵达现场。抵达过早或过晚，均为失礼。早到的话，主人往往还未做好准备，因而措手不及。晚到的话，则会令他人望眼欲穿，甚至打乱整个原定的计划。

（3）各就各位：在一些正式的用餐活动中，一定要按照指定的桌次、位次就座。倘无明确排定，亦应遵从主人安排，或与其他人彼此谦让。

（4）认真交际：大凡宴请或聚餐，其主要目的是交际，而不仅仅是为了大饱口福。所以在用餐前后，尤其是用餐前稍事等候时，不要忘记尽可能地进行适当的交际活动。假若一言不发，就会显得与其他人完全格格不入。

（5）开始宴会前，主人与主宾大都要先后致辞：当他们致辞时，务必要洗耳恭听，专心致志。如果此刻开吃，闭目养神，与人交谈，或是打打闹闹，都是不对的。

宴会上如何就座

在进入宴会厅之前，先了解自己的桌次和座位。入座时注意桌上座位卡是否写着自己的名字，不可随意乱坐。如果有领位员引导宾客入座，客人要走在领位员的后方，不可超前。如果男女一同赴宴，男士宜走在女士左后半步的位置。

入座时要从椅子左侧就座，如果餐中要出去打电话或方便，也从左侧退出。对于女士，一般有招待员为其拉出椅子，没有招待员时，男士要代替。如果你是一位男士，邻座是年长者或女士，你应主动为其拉开椅子，协助他们坐下。

客人从左侧入座，其正确的入座方式是：先用一只脚跨入桌椅间的空隙，另一只脚再随后跟上，这时身体到达座位，上身保持挺直，下半身弯曲垂直坐下。入座时切忌慌慌张张、左顾右盼，更不可一屁股坐下，这是不礼貌的。一般说来，最合乎国际标准的坐姿是：上身保持挺直，身体距离桌面两个拳头的宽度。

邀请领导吃饭要慎重

身为下属，邀请领导吃饭要慎重对待，即使与领导之间有深厚的交情，也不可大意。如陈胜、吴广反秦起义初步胜利后，陈胜在耕田时的一帮朋友去找陈胜吃饭，因为陈胜曾经说过："苟富贵，勿相忘。"其中一个人因为老是叫陈胜落魄时的小名，陈胜后来竟找个理由把他杀了。

请领导吃饭，首先要选择时机，如：

很重要的工作告一段落，最好是大功告成，任务圆满完成半月之内，或者你刚得到提升或者你想给领导一个很重要的建议时，可宴请领导。

如果你从小跟领导毗邻而居，或你们是同学，那么，你可随时请他，他也可随时请你。新上任的经理可以请老总吃午餐，因为会有很多事可以谈，但总有点勉强。邀请领导到家做客，则显得不合适了，除非你们有非常亲近的亲戚关系。

与领导进餐的注意事项

在工作酒会、宴会中，一定要等到领导举杯了，你才能举杯，或者你可以举杯敬领导。可千万不要拿起杯一句话不说一饮而尽，那领导会以为你对工作有不满情绪，更不要在领导前喝醉失态。

邀请经理携配偶用餐，其他人的配偶也应参加。当然，也有例外，若客人的配偶目前在上班，未予邀约并不失礼。

如果没有客户在场，作为年轻职员，要体现出照顾上级和年长同事（特别是女士）的风格，包括部门经理、领导和其他年长同事。当然，如果有客户，就要照顾客户的需求。如果有"外人"在场，一定要表现出对上级的尊重，千万不要像在单位一样随意开玩笑。

此外，如果前夜领导请客吃饭或喝茶什么的，第二天见到领导时一定要再次致谢。也可以送个小纪念品以示谢意，哪怕是一张卡。特别注意不要在领导面前道人是非。

只有懂得这些宴请之道，以后你求领导办事才会更加顺利。

升职时如何请同事吃饭

许多公司有不成文的习惯，就是升职要请客，你若身处这样的公司，当然要入乡随俗。至于请客请些什么呢？那要视加薪额和职级而定，一则是量入为出，二则是身份问题。一切最好依照旧例，人家怎样，你就怎样。有人当面恭维："你真棒，什么时候再请第二次？"你可微笑地回答："要请你吃东西，什么时候都可以呀！"

相反，有同事表示要请客为你祝贺，你也要答应，否则就是不给面子，不接受人家的好意。不过，答应之余，请考虑对方是否出于一片真心，还是彼此只属泛泛之交，此举只是拍马屁。前者你自然可以开怀畅饮，至于后者，吃完之后你最好反过来做东，这样既没接受他的殷勤，又没有得罪他。

与同事进餐时不要在同事面前批评上司

有人在白天被上司没道理地骂一通之后,喜欢晚上约同事喝一杯,然后对着同事发牢骚。这种事情一定要避免。不论多么值得信赖的同事,当工作与友情无法兼顾的时候,朋友也会变成敌人。在同事面前批评上司,无疑是让别人抓住你的把柄,有一天身受其害都不自知。

宴请下级,以情为先

在同一个单位里,领导要求下级办事,宴请下级也是比较常见的现象,那么,在应酬下级时,领导要注意哪些问题呢?

虽然身为领导,但是请下级吃饭时不要摆出一副施恩者的架子,要把你的下属想成是跟你一样有价值、有智慧的人,他们只是目前的资历不如你,或者具有不同的优势。同时,还应该注意防止那些觊觎你的人有可乘之机。

兵法有云:"攻心为上。"人心最难了解,也最难赢得。要想当好领导,唯有笼络下属。对下属诚恳、真挚,只有这样才能凝聚成坚不可摧的向心力。微笑、放下领导的架子、不责备他们的过错,都能使下属随时感受到你传递的温暖,从而丢掉包袱,激发工作的最大积极性。

除此之外,领导还要有足够的"外交"技巧,即适时给予奖励,鼓励团队成员努力工作。如果公司不能为他们加薪,你不妨自掏腰包请大家出去吃一顿饭。试想,你如果真能成为一位得人心又善于笼络感情的上司,还有什么事情办不成呢?何况,即便你是别人的顶头上司,有很大的权利,也总有请求下级帮忙办事的时候。所以,请下级吃饭要以情动之,谨慎应酬。

宴请重要客户要讲究档次

重要客户是公司利润的主要来源,更是公司稳定发展的基本保障。对于重要客户来说,东西好不好吃不那么重要,重要的是吃东西的环境和档次一定要高,要讲究排场。因为讲究排场才能说明对客户有足够的诚意和尊重。邀请重要客户吃饭,首选"大腕餐厅"或四星级以上的饭店。一般来说,海鲜类餐厅、日本料理、法式大餐等常是首选。在国内,这些字眼儿几乎代表了餐厅的高档和菜品的考究。上述饭店通常环境高雅,装修豪华气派、富丽堂皇。而且,这些地方还有许多舒适的单间、雅座,保证你与客户的沟通不会受到外界的干扰。

对待未来客户要讲究舒适

如果是对待未来客户,那么一定要讲究舒适。未来客户是生意场上的潜在客户,他们可能今天还不是你的财富来源,但是明天很有可能让你赚到钱。对于潜在客户来说,接触、交往和交流显得更为重要。比如通过商务宴请,让双方放下戒备,敞开心扉。所以,定期宴请未来客户可能是最好的选择。

对于未来客户,尤其是不了解他对你将会有多大价值时,你可能不大愿意为宴请而抛重金,如对待重要客户一样讲究档次和排场。但是,在宴请的安排上也要真诚相待,档次不能过低,或者为了节约而选择环境差、卫生标准低、交通不便的场所。所选餐厅的位置最好有利于客户出行,不太好找的地点最好就不要去了。对于菜品,可以不太贵,但应力求做到新鲜和独特,比如尝试一下新开的风味餐馆,品尝新推出的菜品,都是经济实惠的选择。

对待老客户要讲究情绪的渲染

一般来讲,跟"朋友"客户吃饭没有那么多的讲究,选择中档餐厅就可以了,但务必要口味地道、环境卫生。同时,毕竟是生意上的合作伙伴,所以,在宴请上仍然要让对方感受到你的诚意。如果双方关系足够亲密,不妨邀请他到自己家中吃"家宴",经济实惠,环境也肯定比餐厅要自由放松得多。对于双方来说,"家宴"更能加深了解和友谊,是简单却绝好的选择。

宴请客户时尽量不要带自己的爱人

因为你跟你的爱人并非从事同一个职业,在宴会上不是所有人都认识他(她)的,你会整晚夹在他(她)与客户之间。所以,还是不要带他（她）去为好。

宴请客户时要早于客户到达宴会地点

待客户到来时，把他们引荐给重要人物。进入酒店随员和上司一样要尽地主之谊，以目光和手势示意客户，请他走在前面，同时可以配合语言提示："某某经理，你先请！"

要给上司和客户的杯子里添茶水。你可以示意服务生来添茶，或让服务生把茶壶留在餐桌上，由你自己亲自来添则更好，这是不知道该说什么好的时候最好的掩饰办法。当然，添茶的时候要先给上司和客户添茶，最后再给自己添。

宴请客户时要学会点菜

客人有时不了解宴请酒店的特色，往往不点菜，那么，上司就有可能示意随员点菜。此时，随员要同时照顾上司和客户的喜好，也可以请服务生介绍本店特色，但切不可耽搁时间太久，过分讲究点菜反而让客户觉得你做事拖泥带水。点菜后，可以请示"我点的菜，不知道是否合二位的口味""要不要再来点其他什么"，等等。如果事前能与酒店打过电话联络，提前拟定菜单，那就更周到了。

宴请异性朋友，以礼为先

宴请异性朋友，尤其是男士宴请女士时，要特别注意礼仪，这样不仅表现了你对对方的尊重，还体现了你的涵养。

与女性约会共餐时，要注意遵守约定的时间。如果让女性在公共场合等5~10分钟还勉强可以接受。超过这个时间的话，就是没有礼貌。这时候应打电话事先告知，以免影响对方的情绪。

男性在女性来到餐桌边时要站立，即使在混杂的餐厅，也要稍稍提起上身，直到女士入席或者邀请她坐下为止。在女性离开桌子时，男性也要站起来。

与异性朋友进餐还要注意以下几点：

（1）不要拿女人的事当话题，也不要在他人面前表现出怀疑其道德。

（2）应避免接触女性的身体。

（3）不要谈让女性尴尬的话题。

（4）要用比平常音量稍大的音量和女士说话，不要过于亲昵地说话，也不要越过大厅，大声呼叫女士的名字。

（5）在洽谈业务的场合中，可由女性付款；而邀请女性参加社交餐会时，全部费用应由男性负担。

（6）如果女性邀请男同事去酒吧喝酒，或者去餐厅吃饭，则应该由女方付账。即使这位女性是位刚从学校毕业、初出茅庐的年轻人，而她邀请的同事很有钱，也不应改变这条规则：谁邀请对方，谁就该付账。

（7）第一次约会如果是由女方提出邀请的话，谨记一切支出费用都应由女方支付，包括晚餐、门票、停车费、交通费等，至于以后的约会费用该如何分担，就由自己去斟酌了。

男士结账显风度

男士结账是长久以来请客吃饭的习惯，也是餐饮的基本规则。结账时，如有女士在场，特别是一男一女的场合，付账的应是男士。女士不必坚持付账，也不用因别人付了账而心怀歉感。一般一对男女朋友，不但应由男士结账，连召唤侍者过来都应由男士来做。即使这次是由女士请客，或平均分摊消费额，女士亦应将钱交给男士，由男士招请服务员结账。

女人应在适当的时候为自己埋单

女士不要认为男人埋单是天经地义，不要在吃完饭后心安理得地等男人付账。处于情感世界中的男女双方，埋单时更需要一种默契。有时候是男士付账，体现出一种大度、一种关心；有时候是女士解囊，巾帼不让须眉，表达了一种体贴、一种追求男女平等的自信。当女人可以随意为自己埋单的时候，这种感觉一定会好过让任何一位男士为你埋单。

如今的女人已经愈来愈有能力为自己埋单，并且能够为男人埋单。但是女人在与男人的相处当中，仍然还是会很在乎埋单时男人的表现，并非是每个女人都想花男人的钱，只是让人觉得，这当口比较容易看出这个男人是不是有实力,是不是有风度,是不是善解人意。虽然金钱不是爱情的杠杆,但男人肯不肯在你身上花钱,绝对可以掂量出他爱你究竟有多少。反过来,在埋单时,男人也很可以打量一下女人,看看她有多少善良厚道,有多少分寸尺度,有多少善解人意。

总之,不管怎样,女人都应该将心比心,在适当的时候为自己埋单,因为没有哪一个男人永远愿意心甘情愿为你埋单,因为这样你才会赢得更多的尊重,获取更多的机会。

AA制更容易被接受

在中国,请客吃饭时,一般由召集人负责埋单。但这并不代表没有实行AA制。中国人的方式不是在单次吃饭各埋各的单,而是今天我埋单,明天你埋单。这次我请客,下次你请客。中国人接受的AA制是按次的。总吃大户的结果会导致关系中断,除非是个傻乎乎的大户,花钱买气派。所以基本上,按次实行的AA制更容易被接受。

不管怎样,如今,越来越多的人接受了吃饭AA制。的确,这年月,赚钱不容易,男人女人都一样,如果没有什么利益关系的话,AA制吃饭还是值得提倡的。

遵循谁请谁付费原则

很多人请客吃饭是爽快不已,就是到埋单的时候不愿付钱,总想着推给别人。其实,请客吃饭,从感情上说,是你自愿的,所以由你埋单也是天经地义的。

一般情况下,请客吃饭应遵循谁请谁付费原则,但如果主人方有上下级不同的人参加,应由下属完成结账工作(下属只是负责现场付费,实际上埋单的还是领导)。而主人又分"当然主人"和"临时东道主"两种。"当然主人"指进餐厅之前就已决定了的,比如大家预先公推的,或某人召集和表示请客的。"临时东道主"指临到结账之际,争着做东的人。对于前者,主人早已确定,付账问题比较简单,后者比较麻烦。如果你有意要做东,应先选好一个靠近外边的有利位置,也可付账前悄悄交给服务员或收银台,反正以诚相见,既然有心请客，就要学会避免结账时的一番争执。

第二节 点菜技巧

点菜时，征求一下客人的意见

宴请之际，主人一定要了解客人的口味。国内客人的口味特征大致为东辣、西酸、南甜、北咸。宴请时要根据客人的具体情况点菜。

点菜时，我们一般都会有礼貌地征求一下客人的意见，但怎么问大有讲究。有经验的人有两种问法：一种是封闭式问题。比如，"来条草鱼还是鲤鱼？"如此在两者之间进行选择，大大缩小了选择的余地。又如，"喝茶还是喝咖啡？"就是告诉对方，你不要喝酒。而另外一种问法是问开放式的问题。比如，"您想喝什么酒？"由被问者自由选择。此外，需要注意的是，一定要了解客人不吃什么，尤其注意不要犯宗教禁忌或民族禁忌。

侧面帮助客人点菜

入席后，主人往往把优先点菜的权力让给客人，这是出于礼貌考虑的。一般来说，客人不好意思点价格较贵的菜品。如果你看出客人有些为难，可以从侧面来提醒和帮助他。例如，可用以下述问题来打破僵局："这里的咖喱牛肉比较有特色，你可以试试看"，或者"咱们共同点道海鲜浓汤吧，这里的海鲜比较新鲜，值得一尝"等。用轻松的语气向客人提出建议，意思是这样的价位你可以接受，客人尽管依此类推来点菜，不必感到拘束。

拿不准菜单时，可请职业点菜师代劳

如今，社会上出现了一种职业——点菜师，如果你对饭店的菜实在拿不准，不妨请个职业点菜师。实际上，上档次的饭店都会培养一些训练有素的点菜师，当客人面对菜单无所适从时，点菜师会为客人配出一桌好菜。

如果当着客人的面，不方便讲要花多少钱时，可以通过特定的词汇，比如"来点家常菜""来点清淡爽口的"，这是暗示点菜师自己不想高消费，而"有什么山珍海

味""来点海鲜",则是暗示点菜师你请的是贵宾,并不在乎花费多少。这样点菜师会让你既有面子,又不会荷包大出血。

点菜前要对价格了解清楚

点菜前要对价格了解清楚,点菜时不应该再问服务员菜肴的价格,或是讨价还价,这样会让你在对方面前显得有点小家子气,而且被请者也会觉得不自在。

依宴请对象来确定点菜的分量

若是普通的商务宴请,可以节俭些。如果这次宴请的对象是比较关键的人物,则要点上几个够分量、拿得出手的菜。

优先让领导点菜

和领导一起吃饭时,往往是领导一个人说了算,决定大家吃什么菜,而部下通常异口同声说"都行都行""什么都行",将选择权拱手让出。当然,也有那种宽厚的领导,让大家群策群力,想吃什么就说,或者索性放手让手下人去点菜,毕竟吃饭不是什么原则问题,

轻松一点才好。不过,和领导一起吃饭还是应该优先考虑让领导点菜,这是职场中的一门艺术。

"女士优先"同样适用于点菜上

在当今世界,除了少数地方外,在一些较正式的场合,"女士优先"这句话可以说是放之四海而皆准的,女宾点菜亦成为当今的一种时尚。男女在餐馆、饭店约会,点菜时应让女士先点,尊重女士的意见。在西餐厅,如果女士对吃西餐已经轻车熟路,那就大大方方点好了。当然,要不时征询一下对方的意见。但如果不熟悉西餐的点法,菜单又全是英文,女士可以坦率而诚恳地说:"你来点吧,你熟悉,我相信你点的菜很美味。"

亲朋好友吃饭,轮流点菜最佳

亲朋好友一起吃饭,大多是一人点一个菜。不过,如果大家都不爱吃你点的那道菜的话,你就有责任吃掉三分之二。点菜吃饭是个人行为,和工作不一样,每个人都有自己的机会和选择权,不必有太多的顾虑。

点菜要以人为本，看人下菜

点菜要以人为本，看人下菜。俗话说，知己知彼方可百战不殆，所以掌握同席之人的口味乃点菜之先。选菜不以主人的爱好为准，主要考虑宾客的喜好与禁忌。作为宴请的你要记住：你是请别人，你自己的口味是无所谓的，对方喜欢就好。

点菜要注重特色

特色菜又叫招牌菜，一般是餐厅用来吸引客人的拿手菜，味道不错，价钱也不会太贵。每到一个不熟悉的餐馆，不妨先问问有什么特色菜，这样就可对该餐馆的档次心中有数，点得有底。

点菜要巧妙搭配

点菜时要注意巧妙搭配菜的搭配。以中国菜而言，并不要求每个菜都出色精彩，但讲究一桌菜的五味俱全，且要搭配合理，咸淡互补，鲜辣不克，让每种味、每道菜都发挥到极致。菜肴应强调荤素、浓淡、干湿、多种烹调方法搭配，原料尽量不重复。如果有人让你点一桌菜，要求一道鲁菜，一道淮扬菜，一道湖南菜，一道徽菜。你应该这样搭配：鲁菜点炒豆腐脑，取个鲁菜的鲜嫩，吃个清淡开胃；湖南菜点一道东安干鸡，又麻又辣又烫，实为下酒好菜；徽菜点一道蟹粉狮子头，此物亦可下酒，亦可当主食，还可解辣，妙极！淮扬菜点个汤菜鸡汁煮千丝收尾，亦汤亦菜，也好解酒。

点菜时要注重高、中、低不同档次菜肴的搭配。根据经验来看，10个人聚餐，高档的菜肴只要2~3个就可以了，而且其中最好有一个是其他饭店不常做的菜。在低档菜中选取该饭店的一些特色菜，这样能给予宴者留下深刻印象，主人也可不失体面，从而达到宾主尽欢的目的。

点菜时要照顾到每位成员的爱好

选择菜种时，先注意用餐者的年龄，如果宴请的客人以中老年居多，则宜多点质地软嫩、口味清淡、做工精细的菜肴。中老年人肠胃较弱，食量不大，而且对高脂肪、高热量食品心怀顾虑，所以应避免过多大鱼大肉、煎炸熏烤等油腻厚味的食品，最好在餐前上一碗开胃汤以促进食欲。

如果用餐者以青年人为主，可点些味道浓香、油脂较多的菜，以免食客们感到"不解馋"，也避免桌上的菜肴很快吃完而尴尬。若是女客较多，可点一些带酸甜味的菜肴或甜味的精致小点心。

点菜要尊重埋单的人

如果是别人做东，要记得为对方留点余地，多为对方着想，不要点太贵的菜，不能因为是别人付钱，就尽情地点，这是很不礼貌的行为，还会造成铺张浪费。改天若是换成自己做东，别人一定也会存有报复你的心态，那就得不偿失了。另外，当对方问你要点什么的时候，必须先将自己的决定告诉对方，而不是服务员，否则对方会觉得不被尊重，场面也会很尴尬。

点菜时要考虑来宾个人禁忌

有些人由于种种原因，在饮食上有一些与众不同的特殊要求。比如，有的人不吃肉，有的人不吃鱼，有的人不吃蛋等。对于这些人的饮食禁忌，亦应充分予以照顾。不要明知故犯，或是对此说三道四。出于健康方面的原因，有的人对于某些食品有所禁忌。比如，心脏病、脑血管、动脉硬化、高血压和中风后遗症的人不适合吃狗肉，肝炎病人忌吃羊肉和甲鱼，胃肠炎、胃溃疡等消化系统疾病的人也不适合吃甲鱼，高血压、高胆固醇患者要少喝鸡汤等。对此也应加以考虑。

点菜时要考虑来宾地方禁忌

不同的地区，人们的饮食偏好往往不同。对于这一点，在安排菜单时，也要兼顾。比如，湖南人普遍喜欢吃辛辣食物，少吃甜食。

点菜时要考虑来宾职业禁忌

有些职业，出于某种原因，在餐饮方面往往也有特殊禁忌。例如，国家公务员在公务宴请时不准大吃大喝，驾驶员在工作期间不得饮酒等。要是忽略了这一点，就有可能使对方犯错误，甚至造成事故。

点菜时要考虑来宾国际禁忌

如果你经常有机会宴请外国朋友的话,最好了解一下他们的饮食禁忌,以免引起不必要的麻烦。以下几点应特别注意:切不可点动物内脏及肥肉制作的菜肴。虽然法国名菜"煎鹅肝"很受欢迎,但是这不意味着他们能接受用地道的中式方法烹制的其他动物内脏食物。

尽量不要点有骨头的菜。外国人吃鸡鸭鱼肉一般都是把骨头剔得干干净净才拿来做菜,吃起来完全不费半点工夫。所以,请外国人吃饭要尽量尊重他们的习惯为好。

所点酒水要与宴会相配

俗话说人分三六九等,宴会的档次也有高、中、低之分,酒有上品、中品、下品之分,不同的宴会选酒应当与其规格相匹配。如我国举办国宴时,往往选用茅台酒,因为它被称为我国的"国酒",其质量和价格在我国酒类中最高。但是,如果是普通宴会,则可选用档次稍低的酒品,如果在普通宴会上用茅台酒,酒水的价值就会在整桌菜肴之上,整体显得不协调。

所点酒水要与季节相配

我国地域辽阔,各地区气候有差异,不同季节选用的酒也有不同。比如,冬天人们一般喜欢喝"烫酒",既开胃又养胃;夏天则喜欢冰镇啤酒,有消暑的功效。因此,宴请宾客时,冬天饮用白酒较多,而夏天选择啤酒较多。

所点酒水要与菜肴相配

在任何宴席之上,酒与菜都很难分家。尽管中餐没有西餐中酒类的选择与菜肴的搭配那么严格,但是,假如宴请很讲究,那么,红酒专门搭配鸡鸭菜肴,竹叶青酒专门搭配鱼虾菜肴,加饭酒专门搭配冷菜冷盘,吃螃蟹时则应饮黄酒而非白酒。

讲究酒水之间的搭配

酒与酒的搭配也是有一定讲究的:低度酒在先,高度酒在后;新酒在先,陈酒在后;普通酒在先,名贵酒在后;软性酒在先,硬性酒在后;有汽酒在先,无汽酒在后;

干冽酒在先，甘甜酒在后；淡雅风格的酒在先，浓郁风格的酒在后；白葡萄酒在先，红葡萄酒在后。从科学饮食的角度来看，最好不要将多种酒混杂饮用，否则人很容易醉。至于不含酒精的软饮料，一般是不含糖分的在先，含糖分的在后；无汽的在先，有汽的在后。宴席不可无酒，纯粹的中餐应该避免啤酒、欧洲葡萄酒。

中餐宴席饮用酒水注意事项

（1）餐前用饮料。一般在餐前，我们中国人喜欢饮茶或软饮料，以饮茶居多，而不像西方人饮餐前酒。软饮料通常是碳酸饮料，但是也可能会有客人点果汁或者矿泉水。多数客人在选定一种饮料后，用餐过程中不再更换。需要注意的是，餐前饮料最好不要点果汁类，因为口味浓郁的果汁会将饭菜的味道冲淡。

（2）佐餐酒。宴会上，很熟悉的客人也许会自己点自己喜爱的酒，但宴席有多桌时，每桌选用的酒品要相对统一，绝对不能区别对待，厚此薄彼，这样才能在敬酒、劝酒时显得更为公平、和谐。

（3）餐后饮料。中餐一般用茶水作为餐后饮料。在民间，人们认为茶水具有止渴、解酒、帮助消化的功能。根据我国许多地方的饮食文化和传统，宴席上所斟的酒大多必须在上最后一道菜之前"门前清"，同时也宣告饮酒活动告一段落，此后一般不饮用酒精类的饮料了，所以吃中餐很少喝餐后酒。当然，如果是大家相谈甚欢，酒兴未尽，则另当别论。

饮料和酒水的巧妙搭配

由于饮料和酒水一个甜蜜一个浓烈，在不同的饭局上二者巧妙搭配能取得不错的效果，下面介绍几种搭配可供大家借鉴：

（1）啤酒+牛奶，牛奶、酒水按照奶多酒少的原则混搭，外表是牛奶，喝起来却有啤酒的清香。适合任何人士任何场合。

（2）红酒+绿茶\雪碧\苏打+冰块，干红里放入冰块和雪碧，减少了酒精的浓度，口感爽冽，别有一种情调。最适合稍具小资情调的KTV、酒吧等交际场合。

（3）白酒+可乐\雪碧，长期以来大家都习惯在酒席上饮用白酒，饮法也比较单调，多数是"一口干"。其实白酒里也可掺上可乐、雪碧，再加上点冰块和柠檬，这样白酒的度数低了许多，酒质丰润、入口爽滑，很有点鸡尾酒的味道。适合家宴和聚会等场合。

宴请中常喝的中国十大名酒

（1）茅台酒。茅台酒在历次国家名酒评选中，都荣获名酒称号，被誉为"国酒""外交酒"。

（2）五粮液。五粮液酒是浓香型大曲酒的典型代表，共获国际金奖30余枚。

（3）西凤酒。西凤酒属其他香型（凤型），曾多次被评为国家名酒。

（4）双沟大曲。产于江苏省泗洪县双沟镇，曾多次被评为国家名酒。

（5）洋河大曲。洋河大曲曾被列为中国的八大名酒之一，至今已有三百多年的历史。

（6）古井贡酒。据当地史志记载，明代万历年间，当地的美酒曾贡献皇帝，因而就有了"古井贡酒"一美称。

（7）剑南春。其前身是唐代名酒剑南烧春。唐朝就列入当时天下的十三种名酒之中。

（8）泸州老窖特曲酒。泸州老窖窖池于1996年被国务院确定为我国白酒行业唯一的全国重点保护文物，誉为"国宝窖池"。

（9）汾酒。1915年荣获巴拿马万国博览会甲等金质大奖章，连续五届被评为国家名酒。

（10）董酒。董酒1963年首次被评为国家名酒，1979年后都被评为国家名酒。

宴请中常喝的中国十大名茶

（1）西湖龙井。"茶中之美数龙井"。龙井茶素有"色翠、香郁、味醇、形美"四绝之称。

（2）洞庭碧螺春。"洞庭碧螺春，茶香百里醉"。碧螺春产于江苏吴县太湖洞庭山，兼有茶香果味之美。

（3）黄山毛峰。黄山毛峰成茶外形细嫩扁曲，多毫有峰，冲泡杯中雾气轻绕顶，滋味醇甜，鲜香持久。

（4）君山银针。君山银针色泽鲜绿，香气高爽，滋味醇甜，汤色橙黄，是中国黄茶珍品。

（5）祁门红茶。祁门红茶曾于1915年在巴拿马万国博览会上获得金质奖。

（6）六安瓜片。一种外形似瓜子，色泽翠绿，香气清高，味鲜甘美的片形茶。

（7）信阳毛尖。是我国著名的内销绿茶，以原料细嫩、制工精巧、形美、香高、味长而闻名。

（8）都匀毛尖。明代时就已为"贡茶"。冲泡时茶叶沉于杯底，绒毛浮游水中，清香持久，醇和味甜。

（9）武夷岩茶。武夷岩茶具有绿茶之清香，红茶之甘醇，是中国乌龙茶中之极品。

（10）安溪铁观音。成品茶外形头似蜻蜓，尾似蝌蚪。泡于杯中"绿叶红镶边"，是乌龙茶之上品。

第三节 喝酒、劝酒和拒酒

划拳规矩知多少

划拳又叫猜拳，最早见于唐代皇甫嵩的《醉乡日月》，后来的诗歌、小说等多有记载。

通常情况下，划拳时两人为一组，手口心一致配合来完成。简单地说就是：两个人面对面，同时伸出一只手。攥紧的拳头和伸出的一到五个手指分别表示从零到五这几个数字，同时要喊出从零到十的数字。如果两人伸出的手指表示的数字之和与其中一个人喊出的数字相同，那么这个人就算胜出。例如A伸出了四个手指，B伸出了三个手指，A喊了七，B喊了六，那么A就是赢家；如C伸出攥紧的拳头（表示零），嘴里喊出了四，而D伸出了四个手指可嘴里喊了七，那么获胜的人就是C。

详细说来，划拳要遵循以下规则：

（1）伸出手指与喊出数目要同时进行。

（2）双方伸出的手指所表示的数字相加，如果一人喊出的数字与拳数相同，就为赢拳。

（3）喊出的数必须多于伸出的手指数、少于与五相加得数的数，如一个人伸出了三个手指，就必须喊三以上、八以下的数；若伸出五个手指就要喊五以上、十以内的数。如果自己喊了"九"，却伸出一个手指，那么对方即使伸出五个手指也不能凑成九，这种拳就叫臭拳，如果不是事先约定，是要罚酒的。

（4）大拇指和食指虽然表示二，但也表示"枪指人"，这一动作在划拳时十分忌讳。出二时，可用拇指和除食指以外的任何一指来表示。

（5）出拳时，大拇指最好一直竖起来指向对方，表示尊敬。

划拳呼词中的吉祥之意

划拳的呼词，从零到十均有祝福吉祥之意，且含有典故。

零，"宝"，即"元宝"。唐朝时有"开元通宝"，泛指钱财。中国人主张财不外露，故划拳行令时，握紧拳头，将财宝死死抓住，口呼"宝不出、宝不露"或呼"元宝一对"。

一，"一心敬你"。唐代杜甫《高都护马行》："与人一心成大功。"《古诗十九首》："一心抱区区，惧君不识察。"猜拳时，表示祝酒人诚心敬酒，同心共饮之美好心愿，体现了对对方的尊重。

二，北方多呼"二郎担山"，源于二郎劈山救母这一传说；南方则呼"两家好""哥俩好"，表示与对方的关系亲密。

三，"三星高照""三元及第"以及"三状元"。所谓"三星高照"：一为福星，即天官赐福；二为禄星，管人间钱财；三为南极老寿星。三星高照象征吉祥幸福、富裕和健康长寿。"三元"即古时读书人会考，乡试头名为解元，会试头名为会元，殿试头名为状元，合称"三元"。殿试的前三名状元、榜眼、探花亦称"三元"。

四，"四喜""四美"。"四喜"即"久旱逢甘露，他乡遇故知，洞房花烛夜，金榜题名时"；"四美"则是"良辰、美景、赏心、乐事"（南朝诗人谢灵运语）。

五，"五魁首""五子登科""五福"等。"五魁首"，系指古人苦读《诗》《书》《礼》《易》《春秋》五部经籍著作，以求功名，夺得魁首。

六，"六顺""六六大顺"。《左传》云："君义，臣行，父慈，子孝，兄爱，弟敬；此数者累谓六顺也。"

七，"七巧"。这是指夏历七月初七夜，天上银河灿灿，牛郎织女相会。人间妇女或对月穿针，或献女红，以争奇斗巧和各自心中的祝祷取胜，并希望天上织女暗中相助，故称"七巧"（又写作"乞巧"）。

八，"八匹马""八仙庆寿"。"八马"是指周穆王的八匹骏马。穆王是个喜欢远游的天子，常驾八骏到处游玩。相传他驾此八匹骏马至昆仑山与西天王母娘娘相会，两人在瑶池上待酒唱和。

九，"久长""快喝酒"。据《史记》载："建久安之势，成长久之业。"后人取其"久长"二字作为典故，谐音为"酒长"，借喻人们相聚美酒不尽。

十，"十全""全到来"。清朝乾隆皇帝自诩文治武功，福禄寿俱全，自称"十全老人"。今人常理解为"十全十美"。

妙趣横生的酒令玩法

在各种酒令中，流行最广的是划拳，此外还有许多与划拳相似的相博酒令。

"猜拳"：俗称"十五、二十"。这套拳法非常流行，其规则也十分简单。双方都出两只手，同时开喊，可以喊的数字是"5、10、15、20和没有"（一只手张开代表五，两只手张开代表十，以此类推。双手握紧则表示没有）。例如两人伸手的手指加起来是20，恰巧甲报出的数字也是20，由甲方继续喊，若再喊中，乙方就输了，若没喊中，就换乙方喊，一方都需要连续两次喊中才算赢。若嫌麻烦，也可以一次喊中就定输赢。

"傻瓜拳"：两人同时出拳（剪刀、石头、布），如果相同，则同时指着其他方向喊"谁傻瓜啊他傻瓜"；如甲方赢，乙方输，则甲方指着乙方喊"谁傻瓜呀你傻瓜"，乙方也要同时指着自己喊"谁傻瓜啊我傻瓜"，反之亦然。如果一方指的方向错误或喊错词，就算输了。

喊的时候速度要快，谁喊错谁喝酒。

"蜜蜂拳"：两人面对面同时念着"两只小蜜蜂呀，飞到花丛中呀，飞呀，飞呀"，接着出拳（石头、剪刀、布）。猜赢的一方就做打人耳光状，左一下，右一下，同时口中发出"啪、啪"两声，输方则要顺手势摇头，作挨打状，口喊"啊、啊"。如果猜和了，就要作出互亲状还要发出两声相似的配音。动作及声音出错则喝酒。这种拳法较适合女生玩。

"青蛙落水"：一只青蛙一张嘴，两只眼睛四条腿；两只青蛙两张嘴，四只眼睛八条腿；三只青蛙三张嘴，六只眼睛十二条腿；四只青蛙……以此类推，每人说一句，出错者喝酒。这套拳法不仅考验嘴与手搭配的和谐能力，还检测人们的反应速度。

"棒子拳"：此套拳法共有四个说词，棒子、老虎、鸡、虫，规则是棒子打老虎，老虎吃鸡，鸡吃虫，虫吃棒子。玩时，两个人分别拿着筷子，敲碗同时说道：棒子棒子—棒子、棒子棒子—老虎、棒子棒子—鸡、棒子棒子—虫。按照上述一物克一物的规则，谁被吃掉谁就输了，负者饮酒。如果同时喊出棒子与鸡、虎与虫这两组没有直接关系的事物时就是平局，不分胜负。

需要注意的酒仪

饮酒时应正确举杯，不必矫揉造作地在举杯时翘起小手指，以显示自己的优雅举止。会喝酒的人，在饮酒前应有礼貌地品一下酒。可以先欣赏一下酒的色彩，闻一闻酒香，继而轻啜一口，慢慢品味。千万不要为显示自己的酒量，看也不看杯里的酒便一饮而尽，也不可喝得太急，使酒顺着嘴角往下流。这都是有失风度的行为，在国际场合则有失国格。

正式场合，不可过于喧嚣

在正式宴会场合，千万不要猜拳行令，吵闹喧嚣，粗野放肆。有人想以这种方式烘托气氛，结果喊声一片，令人心烦。在公共场合不能划拳，纵使主人许可，行些酒令，划些文拳聊以助兴即可。

在宴会进行过程中，不要一边饮酒，一边吸烟。

倒酒有何次序讲究

第一次上酒时，做主人的你可以亲自为所有客人倒酒，不过记住，依逆时针方向进行，从坐在左侧的客人开始，最后才轮到主人自己。客人喝完一杯后，可以请坐在你对面的人帮忙为他附近的人添酒。如果你同时准备了红酒和白酒，请把两种酒瓶分放在桌子两端。如果有领导在场，最好从领导位置开始倒酒，然后按照逆时针方向一一倒酒。如果领导较多，坐的位置都不统一，你如果没有把握怎么倒酒，就别自己逞能，如果是你请客，就喊酒店的服务小姐倒酒，这样做既不失礼仪，又能显示出你自己的身份。

别人向你祝酒时，一定要站起来

祝酒者并不一定要把酒杯里的酒喝干，每次喝一小口足矣。你可能根本不碰包括葡萄酒在内的各种酒精饮料，但是当别人向你祝酒时，无论怎样你都应该站起来，加入到这项活动之中，至少不应该极端失礼地坐在座位上。

对别人的祝酒表示谢意

当别人向你祝酒时一定要说"谢谢"，同时要向对方祝酒。在宴会活动中，女性可以非常自由地面对别人的敬酒，而且回应敬酒者只要笑一笑，或向祝酒者点头示意就足够了。在祝酒结束后，还可以朝祝酒者举起杯子，作出姿势表示"谢谢你，也祝你"！

饮酒适度，保持文雅的酒态

现实生活中，不少人虽然非常注意自己的打扮和言谈举止，唯恐给别人留下不良印象，但在觥筹交错的宴席上，常常忘记保持一份文雅的酒态，往往是酒过三巡后摇头晃脑、吆三喝四、词不达意，不但脸被酒精刺激得变了形，而且走起路来也是手舞足蹈，非常不雅观。酒德即人品，很多人往往通过饮酒来考察一个人的自制力和素质高低。我们有"君子饮酒，三杯为度"的古训，即饮第一杯，表情要严肃恭敬；饮第二杯，要显得温文尔雅；饮第三杯，要神情自然，而知道进退。酒过三巡仍无节制，就叫失态。现代人虽然并非一定要做到酒饮三杯而止，但适可而止是非常重要的。我们不能把饮酒作为目的，而应当把它作为调节气氛、增进感情交流的一种手段。

你来我往五大敬酒方式

中国人敬酒时，往往都希望对方多喝点酒，以表示自己尽到了主人之谊。一般而言，敬酒有以下方式：

（1）文敬：即有礼有节地劝客人饮酒。酒席开始，主人在讲完祝酒辞后，便开始了第一次敬酒。这时，主客都要站起来，主人先将杯中的酒一饮而尽，并将空酒杯口朝下，说明自己已经喝完，以示对客人的尊重。客人一般也要喝完。在席间，主人往往还分别到各桌去敬酒。

（2）回敬：这是客人向主人敬酒。即主人亲自向你敬酒干杯后，要回敬主人，和他再干一杯。回敬的时候，要右手拿着杯子，左手托底，和对方同时喝。干杯时，可以象征性地和对方轻碰一下酒杯，不要用力过猛，非听到响声不可。出于敬重，可以使自己的酒杯较低于对方酒杯。如果和双方相距较远，可以以酒杯杯底轻碰桌面，表示碰杯。

（3）互敬：这是客人与客人之间的"敬酒"，为了使对方多饮酒，敬酒者会找出种种必须喝酒的理由，若被敬酒者无法找出反驳的理由，就得喝酒。在这种双方寻找论据的同时，人与人的感情交流得到升华。

（4）代饮：这是一种既不失风度，又不使宾主扫兴的躲避敬酒的方式。如果你不会饮酒，或饮酒太多，但是主人或客人又非得敬上以表达敬意，这时，就可请人代饮。代饮酒的人一般与他有特殊的关系。在婚礼上，男方和女方的伴郎和伴娘往往是代饮的首选人物，故他们的酒量必须大。

（5）罚酒：这是中国人"敬酒"的一种独特方式。"罚酒"的理由也是五花八门。最为常见的可能是对酒席迟到者的"罚酒三杯"，有时也不免带点开玩笑的性质。

回应祝酒时话语宜泛泛而谈

有的人在致谢时，常常犹如语不尽意，在必要信息已基本传达完以后，仍然不放心地添上几句，或出于习惯，无意地多言几句，从而造成偏离原有谈话方向、破坏原有致谢意图的负面影响。

例如，在一个刚上任的副厂长的生日宴会上，该副厂长的哥哥出于礼貌，站起来一边向弟弟工厂的同仁以及上司敬酒，一边说："多谢各位同仁和上司多年来对我弟的关照，使他当上了副厂长。"这句话说完，弟弟就向哥哥瞪了一眼，宴会结束后，弟弟因为这句话的后半句和哥哥吵了起来。

显然，哥哥的后半句话说得不得当，因为感谢的内容过于具体，容易让人产生误解，觉得当上副厂长只是同仁和上司关照的结果，而不是他本人具备实力，所以要特别为此表示感谢。它造成的负面效果是：既缩小了谢意的范围——似乎只为提携一事而谢，又贬抑了弟弟——似乎他无能，只能靠提携。事实上，当上副厂长有诸多因素：自己的主观努力、天时地利、同仁的信任、上司的提携，等等。其实，哥哥只需谢谢各位同仁和上司的各方面关照就行了，无须说出关照的具体内容，让人产生不必要的误解。

回应祝酒时可风趣幽默

幽默是快乐的分子，在回应祝酒时幽默一些往往能营造出轻松愉悦的气氛，令人开怀大笑。

1930年2月9日，蔡元培70岁生日，上海各界人士在国际饭店为他设宴祝寿，他在答谢时风趣洒脱地说："诸位来为我祝寿，总不外要我多做几年事。我活到了70岁，就觉得过去69年都做错了。要我再活几年，无非要我再做几年错事喽。"宾客一听，哄堂大笑，整个宴会充满了欢声笑语。

试想，如果他摆出一副严肃相，一本正经地致答谢辞，那整个宴会就不会产生如此活跃快乐的效果了。

酒桌上的规矩

我们的生活离不开酒场，了解

一些酒桌上的规矩，必定事半功倍，一路绿灯。

（1）主人在为客人斟酒时，常说"满上满上"，这个"满"不是指满到杯口几乎溢出来，而是指斟满八成就行了。

（2）主人斟酒时，客人可行"叩指礼"，表示感谢主人斟酒。行"叩指礼"时，客人把拇指、中指捏在一块，轻轻在桌上叩几下。

（3）祝酒时要表示祝愿、祝福等。

（4）席上喝酒讲究碰杯，要碰杯就必须把杯中的酒喝干，一口气喝下去，还要把杯子倒过来让旁人看看杯子是空的。在酒席上还常常有"无三不成礼"的说法，意思是喝酒一次高潮必须是三杯以上。所谓"酒过三巡"也是这个意思。

（5）如果你准备喝酒或者很能喝酒的话，就不要把"我不会喝酒"挂在嘴上，免得让别人觉得你虚伪。能不能喝酒，明眼人一看就知道。

（6）酒桌上虽然"感情深，一口闷；感情浅，舔一舔"，但喝酒的时候决不能把这句话挂在嘴上。

（7）自己敬别人，如果碰杯，说一句"我喝完，你随意"，方显大度。

（8）自己敬别人，如果不碰杯，自己喝多少可视情况而定，可以看对方的酒量和喝酒态度来决定自己的酒量，但是切不可比对方喝得少，因为这是你在敬别人。

（9）如果没有特殊人物在场，碰酒最好按逆时针顺序，不要厚此薄彼。

（10）要韬光养晦，厚积薄发，切不可一上酒桌就充大。

（11）掌握节奏，不要一下子喝得太猛。

（12）桌面上不谈生意。喝好了，生意也就做得差不多了，大家心里面了然，不然人家也不会敞开了跟你喝酒。

（13）如果说错话、办错事的话，不要申辩，自觉罚酒才是硬道理。

（14）假如遇到酒不够的情况下，把酒瓶放在桌子中间，让人自己添，不要老实地去一个一个倒酒，要不然后面的人没酒怎么办？

（15）最后一定还有一个闷杯

酒,所以,不要让自己的酒杯空着。

与领导同桌喝酒要注意的事项

(1)领导相互喝完才轮到自己敬。

(2)如果自己职位卑微,要记得多给领导添酒,不要瞎给领导代酒,就是要代,也要在领导确实想找人代,还要装作自己是因为想喝酒而不是为了给领导代酒而喝酒。比如领导不胜酒力,可以通过旁敲侧击把准备敬领导的人拦下。

(3)不要以为给领导祝酒领导都会喜欢,有的领导由于平时应酬较多并且已经对这种杯来盏往的形式出现厌烦的情绪,那么你就不要敬酒过多,只要懂得适时为领导添加酒水就可以了。

(4)领导给你敬酒时,不管领导要你喝多少,自己都要先干为敬,并且要用双手端杯,杯子要低。

(5)领导夹菜时,千万不要转酒桌中间的圆盘,领导夹菜你转盘是酒桌上的大忌。

(6)端起酒杯(啤酒杯),右手握杯,左手垫杯底,记着自己的杯子要永远低于别人。但是如果自己就是领导,那就不能放得太低。

(7)可以多人敬一人,决不可一人敬多人,除非你是领导。

用强调彼此关系的方式劝酒

酒宴是联络和增进感情的重要场所,通过向同级、上级与下级祝酒能够促进双方的情感交流,使彼此的关系更密切、更稳固。一般来说,如果劝酒本身真的能够达到这个目的的话,对方是不会轻易拒绝的。针对这种心理,在劝酒时你可以充满感情地强调一下自己与对方的特殊关系,使劝酒为两人之间独特的情感交流方式。

用强调两人缘分的方式劝酒

(1)以"有缘千里来相会,无缘对面不相识"为由来劝酒:大千世界,人海茫茫,大家能够相识,并同在一个酒桌上喝酒,这本身就是一种缘分。为了这种缘分,我们也得干一杯。

(2)谈"第一":第一次相逢,有很多话可以用来劝酒:如初次见面,真是一见如故,相见恨晚,一定要好好喝上一杯。此外,人生有很多第一次都可以拿来套用,如第一次喝酒、第一次出差、第一次一起做某事,等等。即使不是人生第一次,还可以根据具体情况加上定语:如今年第一次见面、这个月第一次、荣升以后第一次、在某地第一次、在座的相聚在一起的第一次、出差中的第一次,等等。

用祝福的方式劝酒

祝愿是对未来的美好期望,听到别人真诚的祝愿很容易让人快乐,可以结合被劝对象的实际情况来说一些良好的祝愿。如是生意人,可祝其"生意兴隆通四海,财源茂盛达三江";若是老人,则可祝其"福如东海长流水,寿比南山不老松";若是机关干部,则祝其"步步高升";若是新婚夫妇,则可祝其"早生贵子,百年好合";若在新年,则更多了,如"新春快乐、万事如意、阖家幸福""祝你一帆风顺,二龙腾飞,三阳开泰,四季平安,五福临门,六六大顺,七星高照,八面来财,九九同心,十全十美,百事亨通,千世吉祥,万事如意"……

用赞美对方长处的方式劝酒

人对于赞美的抵抗力往往是最微弱的,特别是在酒桌上,热闹的气氛使得人的虚荣心很容易膨胀,而虚荣心一膨胀人就免不了要有一些超出常规的"豪壮之举"。另外,在酒桌上赞美对方的酒量或学习成绩、工作成绩,如果对方仍坚持不喝,就会牵涉到面子的问题,酒桌上众人的眼光会给他造成一种无形的压力:既然你能喝,既然事业这么得意,连杯酒都不愿喝,是瞧不起我们吗?这种压力是对方很容易感觉到的,因而他即使是迫于压力也得拿起酒杯。

你完全可以找出对方身上之长处,以己之短,度其之长,以赞美、崇拜的语言来敬酒。每个人都喜欢听好听的话,这样不仅可以劝酒成功,而且还能拉近彼此的距离、增进双方的感情。

用顺口溜的方式劝酒

酒桌上以一些关于酒的诗句、

顺口溜来劝酒是一个很畅快、自然的方法。如果要想劝对方喝酒，可以说"劝君更进一杯酒，走遍天下皆朋友"。如果还想劝对方再喝一杯，可以说"天上无云地下旱，刚才那杯不能算"。如果要想对方喝一半，则说"喝一半，情不断"。如果你不会喝酒，可以茶代酒，或以饮料代酒，这是劝酒的话，可以说"只要感情有，喝什么都是酒"。如果对方只能喝一点点，则可说"只要感情好，能喝多少是多少"。

酒到深处，还可以以歌敬之。如和内蒙古自治区、新疆维吾尔自治区、云南等少数民族地区的人喝酒，他们也有以歌敬酒的习惯，敬酒人端着酒杯，唱着酒歌到客人身边敬酒。"美酒飘香歌声飞，朋友啊请你干一杯……""朋友你今天就要远走，干了这杯酒……"

用找共同点的方式劝酒

能找到共同点就意味着缘分的开始。共同点是劝酒的一个很好的立足点，如同学、同事、同乡、同籍贯、同属相、同姓氏、同名、同年龄、同月份、同生日、同星座、同年代、战友、校友、同职位、同工作性质、同经历、同观点、同兴趣爱好、同出国、同出差……再找不到，还可以找到相同的好朋友。这样，总能够让你在酒桌上求同而敬之。

用寻求对方闪光点的方式劝酒

在求同的同时，你要善于发现对方的与众不同之处，把这"万绿丛中一点红"的闪光点找出来。如资格最老的、级别最高的、最有发展前途的、最漂亮的、最潇洒的、歌唱得最好的、文章写得最好的、最会做人的、唯一的女性，唯一的男性，如果实在没有什么闪光点，还可以从衣着、发型、语言等方面来寻找对方的独特之处，以异敬之。

用强调意义的方式劝酒

人逢喜事精神爽。有些人从不喝酒或不敢喝得太多，但在一些特殊的喜庆场合就愿意喝两口或多喝几杯，一方面是心里高兴，一方面也是场合的特殊性使然。那么，劝酒者在劝酒时不妨多强调一下此场合的重要性、特殊性，指出它对于对方的价值与意义，这样既能激发对方的喜悦感、幸福感、荣誉感，又使他碍于特定的场合而不得不愉快地再饮一杯。

例如，在一次老同学聚会上，一位很久没见的老同学不喝酒，于是就有人劝他说："好，这杯酒我也不劝你了，你愿意喝就喝，不愿意喝就别喝。反正今天是我们2000级毕业生的第一次大聚，下次再聚真不知到什么时候了。我知道你酒量不行，这杯酒你要是觉得不该喝，大伙儿也都同意，那我也就一句话不说了……"话说到这份上，那位老同学一般也不会再推辞了。这种强调场合的特殊意义的劝酒方法一般都能见效，因为没有谁愿意在这种场合给大家留下不注意场合的坏印象。

用挑对方毛病的方式劝酒

"罚酒三杯"是中国人劝酒的独特方式，罚酒的理由五花八门，最为常用的是对酒席迟到者的"罚酒三杯"。使用此方式劝酒要充分调动其他在场者的力量，争取让大家认同自己的说法，然后鼓动大家一起给对方施加压力。

一般来说，只要挑出的"毛病"不是牵强附会或无理取闹，而且注意用语的恰当、幽默，那么对方是不会产生反感的。如朋友举行婚礼，小李迟到了5分钟，此时就可用挑毛病的方式劝酒："好，这下大家都看见了，迟到5分钟！现在公司里迟到1分钟都要扣奖金，你迟到了5分钟，你自己说该罚不该罚？"小李只好拼命点头，一仰头喝了一杯。此时，劝酒者再进一步进攻："好了，迟到的事就算过去了，咱们再说另外一件事。我问你：刚才你急匆匆入座的时候说了些什么？你说'不好意思、不好意思，今天特别倒霉，堵了一路的车'是不是？你知道今天是什么日子不？今天是咱们小赵结婚大喜的日子，你'倒霉、倒霉'地乱说，你说你是什么意思？大伙说，小李该不该再罚三杯？"

用一鼓作气的方式劝酒

敬酒也要一鼓作气，再接再

厉。比如，在找共同点时，如果是校友要喝一杯，是同届的又要喝一杯，是同届同专业的，再喝一杯……以此类推，如出生时间上，按照同年代—同年—同月—同日—同地方出生递进。这个时候，也可以使用善意的"谎言"，只要让对方能够喝得尽兴，喝得开心就行，但千万不要让朋友喝醉了。

用以退为进的方式劝酒

对于酒量有限的人，过分劝酒显然不太好，不妨作出适当让步，自己喝一杯，别人喝半杯，或改喝低度酒，以此达到劝酒的目的。

比如，小万在劝王姐喝酒时是这样说的："王姐，我这唾沫都快说干了，您还是不喝，看来您真是不准备给我面子了。那好吧，我就不要面子了。您喝半小盅，我陪这一大杯总行了？这回您再拒绝，我就只能找个地缝钻下去了！"

用感恩的方式劝酒

人这一生都是在受恩之中长大、成长的。有父母养育之恩、老师教育之恩、领导培养之恩、朋友帮助之恩……有的是直接的恩人，有的是间接的恩人。做人也要学会感恩。以此敬酒，比较有效。如果对方和自己没有多大联系，也可以代替自己的亲戚、朋友以感恩之由敬之。

用另辟蹊径的方式劝酒

如果你参加的是一些不熟悉的聚餐，在座中没有多少熟人的话，你可以寻找间接的理由来劝酒。如借朋友和他的关系，或者抓住被劝酒对象酒桌上的话来借题发挥，从而寻找劝酒的理由。如对方说到什么开心的事情，可以顺藤摸瓜，以乐敬之；如果对方说错话了，可以以"错"罚之；对方说到了和你有关的事情、人物或者观点的时候，引起你的共鸣了，你可以"同"敬之。

用刺激对方自尊的方式劝酒

人都有自尊心，在酒桌上，如果你能恰到好处地使用反语刺激对方的自尊，使其认识到不喝这杯酒将会损害自己的尊严，那么对方往往就会"喝"出去了，逞一回英雄。不过,使用这种方法劝酒一定要注意适可而止,如不成就干脆作罢,以免真的伤害了对方的自尊,两人较起劲来,甚至会伤了和气,那就得不偿失了。

在一次单位员工的聚餐上,王强在喝了一杯之后就不再喝了。这时,夏屿出场了:"小王,你看看,单位里的小伙子可是每人一杯酒,女同志可以例外。如果你不是男子汉,这杯酒你可以不喝。要不,我给你叫瓶'露露'?你瞧,女士们可是人手一瓶啊。"小王被激将,说道:"谁说我不能喝?我偏偏喝给你们看。"说着,一仰头就干杯了。激将法在这里取得了良好效果。

总之,劝酒的方法很多,关键在于活学活用,因地制宜,见缝插针。只要用法得当,相信你和你的朋友都会喝得尽兴、喝得开心、喝得快乐。

劝酒忌"自醉"

嗜饮者,有的善于自制,饮之适量,但有的贪杯无度,饮则必醉。时下,瘾君子不少,见酒即流涎水,瘾头勃发,豪饮狂喝,醉而后已。这样的行为会给身体带来极大的损伤。

劝酒忌"媚醉"

有的人,一有机会与领导一起饮酒,便认为是表现自己的良机,百般献媚取宠,到处敬酒。三喝两喝,常常喝得昏然而醉,身不由己,不省人事。

劝酒忌"劝醉"

敬酒劝饮,本是敬意"劝者尽其意,饮者尽其量"就是了。但有些人,在这方面存有误识,似乎不把人劝醉便不够"意思"。于是,不管客人酒量如何,一味硬劝,花言巧语劝饮;而有些被劝者,或是觉得感情难却,或是为了显示其酒量,往往有劝必饮,来者不拒。结果喝伤了身子、喝坏了胃,甚至喝掉性命,乐极生悲。

劝酒忌"赌醉"

有些人喝酒,不是实事求是、量力而行,能多则多,能少则少,而是互相逗能,你刚我强,彼此打赌：你能喝三杯，我喝五杯；你喝八两，我喝一斤；说话算数，不喝不是人。结果往往过量而醉，花钱买罪受。

用坚定立场的方式拒酒

如果你沾酒必倒，那就应该坚定立场、铁石心肠、不为巧语所动，从一开始就坚决要服务员把酒杯撤掉，坚持说自己喝酒过敏，或身体不舒服不能喝。所以不用费心去找什么好的拒酒辞，最简单的一句话（我确实不能喝）加上坚定的态度是最根本的办法。

用先声制人的方式拒酒

若你的酒量还行，但是酒桌上又偏有好多你的酒中"对头"，看来今天是不喝醉不行了！那么，你不妨先从声势上压倒对方。话要大、要狂，要有压倒一切的气势，要吓得人家不敢和你拼才行。有时自己先来上一大碗效果会更佳，但是你必须酒量大才行！

用抓对方漏洞的方式拒酒

对方劝你喝酒，总得找个理由，而这个理由有时是靠不住的。特别是一些并不太高明的劝酒者，其劝酒语中往往会有不少漏洞可抓。抓住这些漏洞，分析其中道理，最后证明应该喝酒的不是你，而是对方，或者是其他人，总之到最后不了了之。只要这漏洞抓得准，分析得又有理有据，那么对方就无话可说，只好放弃这位难对付的"工作对象"。

比如，在一次朋友聚会上，有人这样向你劝酒："张先生，这一桌只有我们两位姓张，同姓500年前是一家，看来我们是有缘分，这杯酒应当干掉！"此时你就可以抓住其疏漏这样拒酒："哦，我很想跟您喝这杯酒，可是实在对不起，您可能搞错了，我的'章'是'立早章'，不是'弓长张'，所以我不知道这两个同音不同字的姓500年前是否也是一家，所以，您这杯酒我不好喝。"对方理由不成立，也就没法再劝你喝酒了。

用转移目标的方式拒酒

如果劝酒者采用"车轮战术"，自己又无法拒绝时，可以转移目标，分散劝酒者的注意力，如你可以说：

"今天在座的都是我的好朋友，理当一视同仁，要干，大家一起干！"来宾酒量不等，往往与劝酒者讨价还价，迫使其作出一些让步。

用健康作为挡箭牌的方式拒酒

喝酒是为了交流情感，也是为了身心的愉悦，如果为了喝酒而喝酒，以至于折腾了身体、损害了健康，那显然就因小失大了。因此，我们可以以身体不舒服或是患有某种忌酒的疾病（如肝脏不好、高血压、心脏病等）为理由拒绝对方的劝酒，这样无论怎样对方都不好再强求了。

例如，某领导参加一个宴会，王强好久未曾和他见面，提出要和他痛饮三杯。该领导说："你的厚意我领了，遗憾的是我最近一段时间身体不适，正在吃药，好久已是滴酒不沾，只好请你多关照。好在来日方长，后会有期，日后我一定与你一醉方休，好吗？"此言一出，大家都纷纷赞许，王强也只好见好就收了。

用先表示感谢、后强调后果的方式拒酒

饮酒应当是喝好而不是喝倒，让客人乘兴而来，尽兴而归。那种不顾实际的劝酒风，说到底，也不过是以把人喝倒为目的，这充其量只能说是一种低级趣味的劝酒术，乃劝酒之大忌。作为被动者，当酒量喝到一半有余时，应向东道主或劝酒者说明情况。如：

"感谢你对我的一片盛情，我原本只有三两酒量，今天因喝得格外称心，多贪了几杯，再喝就'不对劲'了，还望你能体谅。"

如此开脱以后，就再也不要喝了。这种实实在在地说明后果和隐患的拒酒术，劝酒者只要稍解人意并明"乐极生悲"的道理，都会见好就收的。

用家人反对为理由的方式拒酒

一般来说，以爱人的禁止为由拒酒往往容易让对方觉得你在找借口推托，这是因为他想象不到这个问题对你有多么严重。因此，你必须在拒酒时讲得真实、生动，把自己不听"禁令"的后果展示一番，让对方感到让你喝酒真的是害了你，则他也就停止劝酒了。可以说，把理由讲得真实可信是使用此方式拒酒的关键之处。你可以说："我爱人一闻我满口酒气就要和我闹离婚，如果你真为我着想的话，那我们就以茶代酒吧！"这样一说，对方自然也就无话可说了。

用顺水推舟的方式拒酒

如有人拿一些关乎伦理、感情等方面的大道理来施压，迫使你就范，这时你不妨采用以子之矛，攻子之盾之术，也用这大道理做挡箭牌予以回击。如：

小徐的朋友志刚，人特好，就是有一个毛病，喜欢在酒席上盛情劝酒，而且通常采取那种欲抑先扬的劝酒术，先恭维对方是"高人"或"朋友"，再举杯敬酒，让对方骑虎难下。因为他已经在先，如果不喝，就不配为"高人"，不配做"朋友"。

这天在酒席上，志刚又故伎重演，劝小徐喝酒，可小徐怎么也不想喝了，于是说：

"今天你要我喝酒简直是要我的命。如果你把我当朋友，就不要害我了！"

志刚也不好意思再劝了，小徐使用了和他一样的说话技巧，就是以子之矛，攻子之盾。因为小徐的言下之意也很明白：你要我喝酒就不够朋友！而劝酒者都有一个心理：喝也罢，不喝也罢，口头上都必须承认是朋友，是兄弟。抓住这个对方能崇尚的仁义大道理予以反击，劝者碍于"朋友"的情面，不得就此作罢。

用反守为攻的方式拒酒

当一场婚宴进入高潮时，某"酒豪"似醉非醉、侃侃而谈，请三位上座的来宾一起干一瓶。面对"酒豪"咄咄逼人的言辞，一位来宾立即出来拒酒，可是方式非常巧妙，他说："好啊，不过我想先请教你一个问题。'三人行，必有我师'，这是不是孔子的话？"

"是啊。""酒豪"随即说。

来宾又问：

"你是不是要我们三个人一起

喝？"

"酒豪"答："不错。"

来宾又说：

"既然圣人说'三人行，必有我师'，你又提出要我们三人一起喝，你现在就是我们最好的老师，请你先示范一瓶，怎么样？"这突如其来的一击，直逼得"酒豪"束手无策，无言以对，不得不解除"酒令"。

这一招就叫"巧设圈套，反守为攻"，就是先不动声色，静听其言，等待时机，一旦时机成熟，抓住对方言辞中的"突破口"，以此切入，反守为攻，使对方无言争辩，从而回绝。当然，这一招最为关键的是"巧设圈套"，这需要设局者跳出当时的处境，以旁观者的心态去看待事情本身。这时，往往会有"闪亮"的想法跃入思维。酒场上最忌的是"直白""粗鲁"。"虚虚实实，实实虚虚"是酒场的轴心。

用笑容满面、说尽好话的方式拒酒

不难发现，相当多的"酒精（久经）考验"的拒酒者，任凭你天花乱坠地劝，他就是笑眯眯地频频举杯而不饮，而且振振有词。

李某乔迁之日，特邀亲朋祝贺，小王也在其中，然而小王平素很少饮酒，且酒量"不堪一击"。酒宴上，小张提议和小王单独"意思"一下，小王深知自己酒量的深浅，忙起身，一个劲地扮笑脸，一个劲地说圆场话：

"酒不在多，喝好就行。"

"经常见面，不必客气。"

"你看我喝得满面红光，全托你的福，实在是……"结果使小张只得就此罢休。

用请人代饮的方式拒酒

请人代饮也是一种既不失风度，又不使劝酒者扫兴的谢酒方式。

请人代饮时，长辈可以请年轻人代喝，女性可以请男同胞代喝，酒量小的可以请关系较为亲密而酒量大者代喝。一般来说，只要代喝者愿意为你代喝，则劝酒者是不好再说什么的。请人代喝时你可以这样说："我很感谢您的盛情，但是由于我会酒精中毒，天生不能沾酒。要是您执意要我喝的话,那我就只能让我的好朋友王东代饮了。王东是我最好的哥们,情同手足,不分你我,他喝就等于我喝了,不知您是否同意我的这个小小要求?"

用驳倒对方的方式拒酒

酒桌上,哪怕是千言万语,无非归结一个字"喝"。如:"你不喝这杯酒,一定嫌我长得丑。""感情深,一口吞;感情浅,舔一舔。"劝酒者把喝酒的多少与人的美丑和感情的深浅扯在一起。你可以这样驳倒它们的联系:"如果感情的深浅与喝酒的多少成正比,我们这么深的感情,哪能用一杯酒来代替?感情浅,哪怕是喝大碗的酒;感情深,哪怕是舔一舔。"

精彩拒酒六招

(1)理性喝酒:他劝你:"喝!感情铁,喝出血!宁伤身体,不伤感情;宁把肠胃喝个洞,也不让感情裂个缝!"对于这些不理性的表现,你可以这样回答:"我们要理性消费,理性喝酒。'留一半清醒,留一半醉,至少梦里有你追随。'我是身体和感情都不想伤害的人,没有身体,就不能体现感情,就是行尸走肉!为了不伤感情,我喝;为了不伤身体,我喝一点。"

(2)不要水分:在拒酒时你可以展开说:"只要感情好,能喝多少喝多少。我不希望我们的感情中有那么多'水分'。我虽然喝多了一点,但是这一点是一滴浓浓的情。点点滴滴都是情嘛!"

(3)感情到位即可:你试试这样说:"跟不喜欢的人在一起喝酒,是一种苦痛;跟喜欢的人在一起喝酒,是一种感动。我们走到一块,说明我们感情到了位。只要感情到位了,不喝也会陶醉。"

(4)理解万岁:你如果确实不能沾酒,就不妨说服对方,以饮料或茶水代酒。你问他:"我们俩有没有感情?"他会答:"有!"你顺势说:"只要感情有,喝什么都是酒。感情是什么?感情就是理解。理解万岁!"然后,你以茶代酒,表示一下。

(5)请君入瓮:他要你干杯,

你可以巧设"二难",请君入瓮。你问他:"你是愿意当君子,还是愿意当小人?请你回答这个问题。"他如果说愿意当君子,你就说"君子之交淡如水",以茶代酒;他如果说愿意当小人,你便说"我不跟小人喝酒",然后笑着坐下,他也无可奈何。

(6)做选择题:他要借酒表达对你的情意,你便说:"开心一刻是可以做选择题的。表达情和意,可以:A.拥抱,B.拉手,C.喝酒,任选一项。我敬你,就让你选;你敬我,就应该让我选。现在,我选择A,好吗?"

拒酒时要避开的误区

(1)切忌说:"我偏不喝,你能把我怎么样?"这样生硬拒绝的话。这样没准就会和劝酒者发生争吵,而趁着酒疯,一旦争吵起来,很可能就会丧失理性,使喜庆的宴会变成充满火药味的战场。

(2)切忌说:"你逼我喝?好,我今天豁出去了,谁怕谁?"这样拉开架势的话本来是想拒绝,经这一说,反倒成了挑战,实在是事与愿违。

(3)切忌说"不用了吧,咱俩谁跟谁?"这样有漏洞可钻的话没准对方会说:"就是,咱俩谁跟谁?我的酒你能不喝吗!"

(4)切忌说酒话的时候超过必要的限度,应戒感情用事,胡说乱侃,否则将适得其反,得不到预期的效果。

第四节 酒宴上的致辞技巧

祝酒辞要注意格调

幽默的祝酒辞往往能带动整个宴会气氛的活跃,但是在一些正式场合还是需要有所顾忌,如"客人喝酒就得醉,要不主人多惭愧""喝酒不喝白,感情上不来""量小非君子,无毒不丈夫""人在江湖走,哪能不喝酒""宁可胃上烂个洞,不叫感情裂条缝""屁股一抬,喝了重来""屁股一动,表示尊重"等内容,虽然语言诙谐,或许能起到调节气氛的效果,但因为格调不高,还是不用为妙,否则只能让商务伙伴或者其他人士对你的印象大打折扣。另外，祝酒辞应略加修饰，但不可矫揉造作。

祝酒辞要言简意赅

祝酒辞必须短小精悍，千万不能太长、太啰唆。因为大家举杯，情绪高昂，要是啰嗦半天，热乎劲儿就冷了。

我们中国人举杯时常说"祝咱们合作愉快""很高兴认识您""为我们的愉快合作，干一杯"等，以表示一种欢快情绪或加强酒宴的气氛。而美国人和加拿大人在祝酒时则直截了当地说"cheers"，表示高兴、快活。好的祝酒辞要简洁、寓意深长、富有哲理和情趣。如："祝你将来最不幸的一天就像你过去最幸福的一天。""献给我们最好的朋友！他深知我们最坏的毛病，但绝对不愿相信。""愿贫困永远在我们身后。"祝酒辞讲奉承话只要没到讽刺的程度就是正常的，简短的幽默也多半不会错。

祝酒辞要紧扣中心

一般说来，一个酒宴总有一个中心话题。一旦开始祝酒，就不要离题，要沿着一个中心，保持一个完整的结构，逐步趋向一个明快、自信的邀请，让每个人都举起酒杯，还要把你所祝愿的那个人或那些人的名字准确无误地、牢牢地记在脑子里。你的主题可以着眼于被祝愿的人的成就或品质、一件事情的重要意义、伙伴们的乐事、个人的成长或集体工作的益处，等等。无论说什么都要和那个场合相适应。例如，老友聚会，那么可以说："此时此刻，我从心里感谢诸位光临，过去的时光有着令人心醉的友情，但愿今后的岁月也一如既往，来吧，让我们举杯，为我们深厚的友谊干杯！"这样的祝酒辞会勾起彼此间温暖的回忆和向往，为后面的宴饮营造温馨的气氛。

祝酒辞要巧妙联想

在祝酒时如能就地取材进行联想，就可以产生出乎意料的好效果，使人生发出许多美好的想象，从而达到使人愉悦、使人振奋的目的。例如，有位同学在为老师祝贺生日的聚会上说的话就很有意思，他说："同学们，看着面前的这杯水我就想起了'饮水思源'这个典故。我们之所以有今天的成功，完全是老师辛勤培养的成果啊！师恩如海，我们一定继续努力来报答老师的教诲！同学们，让我们以水代酒，祝老师青春永驻！"

祝酒辞要合时合地

在宴会上，祝酒通常是主人优先。但是如果无人祝酒，客人则可以提议向主人祝酒。如果其中一位主人第一个祝酒，一位客人可以在第二个祝酒。在不太正式的场合，可以在葡萄酒和香槟酒上来之后，就提议祝酒。祝酒辞还应当与场合相吻合，避免弄巧成拙。

清洋务大臣李鸿章一次出访美国，在一家饭店宴请美方人士。开席前，他按中国世事讲了一番客套话："这里条件差，没有什么可口的东西招待各位，粗茶淡饭，谨表寸心。"不想饭店老板却火冒三丈，认为李鸿章诋毁了饭店的声誉，非要其公开赔礼道歉不可。李鸿章的客套话，在国内是很普遍的，但美国没有这样的习俗，老板发火也在情理之中。

有时候你也有可能在毫无准备的情况下被推举出来祝酒，这时你可能会很紧张，此时最好的解决办法就是说出你的感受。由于祝酒辞不用太长，所以你大可根据当时的情况说一些简单的话摆脱困境，如果你想表现得更有风度，更有口才，也可以增加一些回忆、赞美，以及相关的故事或笑话。只要注意合时合地就行，如在婚礼上的祝酒辞应该侧重于情感方面，向退休员工表达敬意的祝酒辞则应当侧重于怀旧等。当然，在大多数场合，"祝你如意、快乐、幸福"这样的祝辞总不会错。

防骗知识

第一节 街头防骗

捡钱平分是陷阱

这是一个比较老的骗局了，骗子骗人主要分为四个步骤：

（1）捡钱：当你正在路上行走时，前面突然有人将一个钱包故意掉出来。倘若你打算弯腰去捡，此时旁边就会有人抢先将钱包捡起，并称里面有大量钱物。

（2）分钱：捡钱的人会"善意"地提出与你平分钱物。

（3）骗钱：之前故意丢钱包的人会返回询问有没有人捡到钱包，并立即咬定是你和另一个人捡了他的钱包，还要求去公安局对质。另一个捡钱的人此时则再一次显示出"善意"，他说他和失主去公安局，但为了防止你独吞钱包，他要你先给他一些钱作为"定金"。面对丢钱骗子的威胁、捡钱骗子的好意，还有钱包中的财物诱惑的多重压力，行人往往会不假思索将自己的财物交给骗子。

（4）逃跑：当骗子得手后，就会立即寻找各种理由离开现场，等到受害人警觉的时候，骗子早已不见踪影。

面对这种钱包骗局，警方给出的建议是"不看、不听、不理睬"，一旦发现上当受骗，要立即向警方报案。

ATM机前有骗局

随着人们越来越多地使用银行卡进行交易、消费，骗子们的目光也开始盯上了ATM自动提款机。以下几种常见的银行卡行骗手段，大家一定要小心：

（1）ATM机前贴有告示："请客户在ATM机发生故障时输入卡的交易密码，第二天到网点柜台可取回银行卡"。这种自动提款机往往已被犯罪分子动过手脚，插入银行卡后无法自动退出，且在隐秘处装有摄像头。如果用户真的按照提示输入密码后离开，躲在暗处的骗子会立即取出银行卡，按客户之前输入的密码将钱取走。

（2）出钞口无法取钞：犯罪分子利用光线昏暗会将出钞口贴上胶带，而客户却不会发现，还以为是机器故障。当客户离开后，犯罪分子就会趁机撕下胶带取走现金。

（3）借询问趁机调包：犯罪分子故意询问某种银行卡能否在ATM机上使用，还拿出一张卡和客户的银行卡比对，并趁机调包。

专家提醒广大银行卡用户，在ATM机上操作时要注意机器周围有无可疑附加物，输入密码时要用手遮挡。一旦操作中发生故障，千万不要离开ATM机，可以拨打银行的客服电话，或请银行工作人员帮忙。

常见银行卡骗术

（1）电话告知"您的银行卡被人伪造或盗用，犯罪嫌疑人已抓获"，要求把卡号和密码报给假冒的银行工作人员，骗取密码。

（2）冒充银行工作人员发出"在商场刷卡消费成功"类似短信，电话回复时指导存款人到ATM机（自动柜员机）转款，骗取存款。

（3）伪造与银行网址相似的非法网站，或通过某些网站打广告建立链接，存款人进入网站输入卡号和密码后，信用卡信息即被盗取。

（4）在ATM机出钞口安装挡板，无法正常吐钞，待存款人离开后取走现金。

（5）在ATM机上安装微型摄像机、在ATM机门禁卡槽或插口上加装假刷卡槽，盗取卡信息。

（6）人为制造ATM机故障，并在ATM机上张贴"通告"称银行系统出现故障，指导存款人按"通告"上的流程操作，诱骗转款。

（7）趁存款人操作ATM机时，利用拍肩膀等手段转移注意力后取走银行卡，同时在出钞口插入假卡造成卡已退出的假象，并以急需取钱为由催促存款人离开。

（8）以高息回报、高额授信为诱饵，承诺代办银行存折、储蓄卡和信用卡，在办理过程中盗取卡内信息。

如何防范银行卡骗术

（1）不要通过非银行工作人员办理银行卡。

（2）向银行提供准确的收件地址，向发卡行申请开通账户资金变动短信及时提示服务。

（3）收到银行卡后及时修改密码，记住发卡银行网站地址和客服电话。

（4）妥善保管银行卡及密码，卡遗失后立即挂失，密码设置避免使用生日、手机号码、6位相同数字。

（5）操作银行自助设备时，防止被他人看到密码。

（6）如遇到ATM机吞卡、不吐钞等故障，不要急于离开和轻信来历不明的电话号码。

（7）尽量不要在网吧等公众场所进行网上银行交易。

（8）进入自助银行门禁系统不必输入密码。

陌生人要求兑换"外币"要小心

此类诈骗犯罪分子除了会使用兑换假外币的手段外，有时也会以兑换古币，或者玉石、金银首饰等名义，但不论形式如何变化，其特征都是一样的：

（1）都是利用受害人贪财心理，使之以为可以通过汇率差价或市场差价轻松赚一笔。

（2）通常以亲戚朋友发生车祸或紧急事故急需现金为借口。

（3）往往以抱小孩的妇女的形象与受害人接触，为行骗增加隐蔽性。

（4）骗子往往多人协同配合，当受害人质疑外币真实性时，总会有一名"权威人士"适时地出现。

专家提醒，要想不被骗，一是要克服自己贪图钱财的心理，二是不要随便相信半路出现的"鉴定"人员。发现可疑人员立即拨打110报案，警方会在第一时间赶到现场，协助受害人抓获犯罪分子，减少损失。

谎称车祸骗钱财

这也是一个在街头经常碰到的骗局。骗子骗人的情节大致如下：

骗子往往是衣着入时，但表情狼狈的外地人。他会自称是某地生意人，开车至本地时不幸出了车祸，朋友受了重伤，急需现金给医院交押金。这时骗子会拿出一件看似非常值钱的首饰，或者玉器，表示愿意低价卖掉。这时另一人凑上前来要出钱买下，但是身上没带那么多钱要回家去取，让卖的人在此等他，便匆匆离去。

卖首饰之人仍缠着诈骗对象，称救人如救火，愿意再降一点价。本无意买下的受害人心里盘算：等那买首饰的人来了再转卖给他便可以轻易赚得一笔钱，于是花钱将首饰买下。

待到受害人醒悟过来，骗子早已不知去向。

不要随意把手机借人

骗子总会利用一切人们放松警惕的时候来行骗，骗手机即是一例。

骗子经常会称有急事，但忘了带手机而向受害人借。打手机时，又会借故说信号不好，或者说一些极为隐私的话，以此来逐渐远离手机主人。如果受害人不加以警惕，骗子就会拿着手机越走越远，等受害人反应过来，却为时已晚。

还有一种在公交车上骗人手机的伎俩，原理相通，但手法更加隐蔽：当公交车快要到站时，一个骗子会突然高喊自己丢了手机，这时旁边通常会有人建议给被盗手机打个电话，这样就能找出窃贼。于是骗子就会借机向周围的人借手机。当正在拨号时，另一个骗子会假装成窃贼仓皇逃跑，而此时手握他人手机的骗子也就顺理成章地去追"窃贼"。众人还未反应过来，骗子已经跑得无影无踪了。

因此，我们在任何时候都不要轻易将手机借给陌生人，如果对方确有困难，可令其用耳机对话，手机仍然在自己手中。

利用女性同情心行骗

一般而言，女性都比较有同情

心，而且身体柔弱。骗子针对这一点，也想出了令人不寒而栗的骗术：

下班路上，如果看到路边有个小孩一直在哭，女性通常都会上前关心地问孩子发生什么事了。而这个小孩则会说自己和父母失去联系了，回不了家，并希望这位女性能带他回家，接着就报出了自己家的地址。当受害人带着孩子来到家门口，准备按门铃时，门铃却成了"电老虎"，将受害人电晕。歹徒此时再借机不轨。

假乞丐骗术知多少

街头上的乞丐看似可怜，他们中十有八九都是骗子：

（1）假残疾：通常用大块的橡胶把本身完好的一条腿包裹起来捆绑好，以滑板代步，还有的穿上宽大的裤子，两条腿弯曲在膝盖处绑住，手持一根拐杖，扮成"残疾人"沿街乞讨。

（2）假孕妇：假孕妇将小枕头、碎布条等塞入宽大的衣服内，假扮孕妇，同时以"丧夫""丈夫病重""丈夫致残"等借口进行乞讨，骗得路人的同情。

（3）假学生：一些身材瘦小的成年人装扮成学生模样，跪地乞讨。他们大多自称考上大学后，家中突生变故无法继续学业，他们通常都会带着某大学的录取通知书，而实际上这些人都是文盲或小学文化程度的骗子。

（4）假寻亲：大多为老妇人或怀抱婴儿的中年妇女，以"寻亲无着，身无分文"为幌子，向路人乞讨。此外，还有假孤儿、假尼姑、假和尚等行骗手段。人们在遇到流浪乞讨人员时，不应盲目地向流浪乞讨人员施舍钱物，而应做告知、宣传工作，劝说乞讨者到该地救助站求助。

（5）小心"撞炮"诈骗："撞炮"也叫"撞骗"。骗子事先采点，物色骗取对象，然后在行走时与被骗者相撞。一旦相撞，骗子装作受伤或物品毁坏，让被骗者包赔。由于要价太高，二人不可避免地发生争执，这时，骗子同伙出现，各自扮演不同角色，有的帮助骗子要钱，有的装出仗义执言，有的充当和事老，但一个目的，就是向被骗者要钱。一般的被骗者为了息事宁人，都会掏钱免灾，因此给了撞炮者极大的市场。

大学新生容易遇到的骗术

在对大学新生实施的骗术中，最常用的方法，就是认老乡。一般而言，认老乡的骗法有两种：

第一种：需要3~4个人，一个冒充学生家长，另一个冒充学生。两人在找到目标后，上前认老乡。这时冒充家长的骗子就邀请目标一同乘车去学校报到。

这时，另一个骗子出现。问冒充家长的那位，预订的某件高档电器是不是马上去取货。这时，"家长"装作为难的样子，称没有那么多现金。然后求助目标。

第二种：只需要一个人，与目标认上老乡或同校后，立即说，自己被偷了，身上没有钱，银行卡也没了。需要借目标的银行卡和密码，等家人汇钱过来。目标借出银行卡后，钱则会被取走。

遇到这两种情况，大学新生应尽量不要和陌生人说话，更不要相信老乡这么容易就遇上了。

第二节 防备骗子公司

哪些公司可能是骗子公司

（1）直接在网上搜索查询，如果是黑公司，大多网上有求职者投诉揭露骗子公司。直接搜索这家公司名称或电话号码，既避免上当受骗，也可了解该公司情况，为应聘面试做好准备。

（2）收钱的公司，十拿九稳是骗子！骗子们无论说得有多天花乱坠、多么动人好听，无非都是利用你急于求成的心理骗钱，只要你紧紧捂住钱包，他就没有任何办法。

（3）大批量到处粘贴招聘、急聘、急招的牛皮癣广告。正规的企业绝不会到处在车站牌、路边大规模地张贴广告。

（4）常年招聘的公司，最好不要去应聘。那是做广告的，求职者费尽口舌投简历应聘、浪费时间和精力来回跑面试也很难有结果。

职业中介骗招揭秘

现在找工作不容易，许多求职者便往往会寄希望于职业中介。但现在黑中介泛滥，常常是拿了中介费要么不介绍工作，要么重复介绍，或者介绍的工作根本无法干，有的不仅不退中介费，甚至还出现伤人的现象。因此在找中介时，需要特别提防遇到黑中介：

（1）黑中介招聘广告中往往不写具体办公地址，只留下手机号码或小灵通号码。

（2）黑中介总是将工作岗位吹得天花乱坠，并信誓旦旦地保证求职者即日上岗，让求职者赶紧交纳数百元报名费。

（3）黑中介在一般不向求职者开发票，收据上也不注明收费项目，甚至不盖印章。

（4）黑中介提供的所谓用人单位，大多是他们同伙临时租赁的办公地点，等求职者前往报到时，他们开始提高上岗条件，无限期地拖延上岗时间，以便他们随时开溜。

因此，广大求职者在交纳中介介绍费前，一定要查看中介机构是否具有营业执照及职业介绍许可证，一定要查看营业执照上经营地址是否与其办公地址一致。万一遇上黑中介，求职者应保存好相关凭证，并及时向有关部门投诉。

高薪聘请可能是陷阱

高薪聘请，的确让人心动不已。可是，高薪的得来就那么容易吗？高薪的承诺能够实现吗？当求职者遇到高薪时，一定要睁大眼睛，做到"四看"：

一要看单位的实力。衡量单位的实力如何，可以从其注册资本、生产规模、市场占有率等方面入手。只有实力真正雄厚的单位，才会不惜千金纳贤才。

二要看行业特点。高薪并不是每行的从业人员都能得到的，行业特点是影响薪资水平的重要因素。

三要看同类人员的薪资水平。其他同类从业人员的薪资水平是极有参考价值的，如果所谓的高薪与同类从业人员相差悬殊，那就务必要提高警惕。

四要看自己的价值。要仔细审视自己，对自己有一个科学的认识和评价，看一看自己是否真的能够胜任将来的工作，能否应对各种难题和挑战。

最后还要记住，高薪只有口头的承诺是不行的，一定要把它落实到合同里才行。

警惕培训中的种种陷阱

随着继续教育、职业培训的兴起，参加培训的人员日益增多，但须警惕培训中的种种陷阱，以免上当受骗，花了钱又浪费时间。

（1）确认培训者的办学资格：根据国家有关规定，开办社会培训机构必须得到当地教育主管部门的批准，学员在报名前可要求培训者出示有关证明或直接向教育部门咨询，避免参加假冒伪劣的培训班。

（2）听口碑、看效果：现在北京一些大的培训机构如新东方、海文、北大青鸟等都已经办学多年，取得良好的培训效果，也获得了学员的认同。所以，一个培训机构口碑的好坏，也是衡量其教学质量的重要标准之一。

（3）保留好培训者发放的资料：这不仅仅是为了复习，也可作为出现问题后维护自己权益的有力证据。

总之，在参加各种培训时一定要保持清醒的头脑，擦亮眼睛，不要轻易被蛊惑性的语言所迷惑。

传销陷阱须注意

在传销组织中，发展"下线"被称作邀约"新朋友"。传销组织内对选择"新朋友"要有严格的规定，只选择那些对现状不满的人、想改变自己命运的人、曾经失败过想东山再起的人、有挣钱欲望的人。传销者们正是采取"投其所好"的方式，利用一部分人想快速致富、"一夜暴富"等心理，垂下"高工资""高额回报"等诱饵来让人上钩。

费尽心机设骗局。传销人员在确定好对象后，便会随即展开电话、网络、邮件等邀约。为了提高骗人的成功率，传销者在电话邀约前都经过精心布局。电话邀约的大致步骤为：从沟通感情、促进升温再转入邀约的主题。于是有着发财梦想的"新朋友"，便在这些"善意的谎言"蛊惑下，踏上了传销的不归路。

如何防范兼职骗术

越来越多的学生选择假期兼职，既能挣一些零用钱，又可以多接触社会。但铺天盖地的招聘信息中，不乏一些虚假广告。如高薪诱惑、家教"托"、工作任务模糊等陷阱等都须十分注意。

（1）遇到"高薪职位"不要轻易透露自己的详细资料，先到工作地点看一看，如果对方不肯透露地址，可打114查号台，根据公司名称查询，之后也应去现场看完之后再做决定。

（2）做每份工作之前都要弄清工作的具体细节，明确职责范围，对于职责外的事情要敢于说NO！

（3）选择正规的中介公司，许多同学往往忽略看其执照，这非常重要，而且还要注意是否过期。

女性求职防骗注意事项

女性求职防骗要有"四戒"：

（1）戒心贪：不要指望付出很少的努力，却能获得很大收益。

（2）戒心软：女性往往意志不坚强，发现别人都在掏钱时，自己便为了面子忘记原则。

（3）戒心邪：女性求职者有时会有暴富企图，不管干什么，只要来钱多、来钱快就行。

（4）戒心急：多次碰壁的求职者，求职之心过于急切，一旦被通知录取，容易被高兴冲昏头脑，甚至明知被骗的可能性很大，也愿冒险去试。

大学生打工如何防骗

大学生打工要想增强自我保护意识，防止被骗，以下几招在找工作时比较实用：

（1）委托中介机构介绍前，应先查看其是否有工商局颁发的"营业执照"和劳动人事等部门颁发的"职业介绍许可证"原件，办公地址是否与证件一致。

（2）有些骗子公司不以中介的面目出现，而以"公司人事部"等方式收取求职者钱财，再把求职者推到另外一个地方连续行骗，大学生在遇到打着"长年招聘""高薪急聘"幌子的岗位，或一问三不知、急于收钱的单位，就一定要提高警惕。

（3）按照规定，招工是不能收取押金等费用的，暑期兼职也不需要缴纳任何费用，如果遇到对方收钱的情况，一定要问清楚这笔钱到底是什么费用，不合理的坚决不交。

（4）应聘成功后，应与兼职单位签订劳务合同，以书面形式确定自己的权益，明确具体工作时间、工资数额、工资支付时间及方式等，以防节外生枝。

（5）如果真的被对方收取了"押金"等费用，一定要让对方开具字据，不然即使举报到劳动部门，因为证据问题执法部门也难以处理。

如何确定婚介机构的合法性

不少上婚介所征婚的人士，由于其内心有一种羞怯的心理，因此常常在尚未确认婚介机构相应资格的时候就轻信对方，给犯罪分子留下可乘之机。其实，为了保护自己的合法利益，先确定一下婚介机构的合法性是有百利无一害的。

（1）首先要看婚介所是否具备经营资格，即有没有营业执照，执照中的经营范围是否有"婚介"项目，营业执照是否已年检或验照。

（2）婚介所在给你第一次介绍对象见面时，是否提供对方的身份证明、婚姻状况证明及资产证明等。如果没有提供，就有可能属于"婚托"。

（3）如果是通过征婚广告去应征，就首先应该让婚介所提供与广告内容相符的对方身份证明及财产证明，无法提供，就是虚假的。

（4）如果双方第一次见面不是在婚介机构注册地点，而是茶楼、酒吧等消费场所，那么一定要提高警惕，当心掉入消费陷阱。

（5）看在收取服务费之前是否给你填表登记并签订"婚姻中介服务合同"，如果都没有做就让你交服务费，那么就可能是在骗服务费。

（6）要看中介机构是否给你出具正规收据，如不出具，就不要交服务费。

几招识破婚托

怎样识别"婚托"和避免上当呢？下面几个方法特别有用：

（1）婚托不敢暴露自己的真实身份，因此可向其索要证件试试。

（2）婚托不会透露其驻地或单位，因此可以此问题试探地考察一下。

（3）婚托不愿让你接触他（她）的亲友。

快递骗术须谨慎

假快递专骗投递费。一些不法分子利用从各种渠道获得的消费者姓名、电话号码等信息，联系消费者，声称有快递物品要送，并仔细询问消费者的办公地址和是否正在办公室内。一旦得知消费者不在办公室，便建议让消费者的同事代收和交纳投递费。

专家提醒消费者在接到此类电话时，要先了解寄件人的信息以便确认，或让投递人在可以找到自己的时候送件。

防范股市骗术

火暴的股市催生了许多人的赚钱欲望，同时也催生了许多骗钱骗术。股民朋友在炒股理财时如果"财迷心窍"，则很可能掉进骗子设下的圈套。

骗子公司往往以咨询服务公司的身份出现，并承诺高收益。他们还会宣称自己正在发展会员，按不同等级缴纳相应会费后，投资者便可以获得"贴身"服务。

由于咨询服务公司往往只会告诉会员在某价位购买某股票，但是几乎不会明确建议卖出时机，甚至有些纯粹就是在配合庄家出货，因此会员被套牢的几率很高。

待到投资者要求赔偿损失的时候，骗子公司又会摇身变成"政府机关"承诺给过去亏损的会员进行补偿，给投资者另讲一个美丽的"故事"。

有鉴于此，投资者无论在何种情况下，对打着各种高收益旗号的资讯公司都要保持足够的警惕，不要因一时冲动而上当受骗。

不可不防的专利诈骗

在某项专利被公开或授权公告的初期，专利权人一般都急于将专利转让出手以换取经济利益，而自己又往往缺乏项目转让的实际操作经验。一些骗子正是看准了这一点，乘虚而入。

骗术一：以购买专利为名，将专利权人骗到行骗者当地，然后提出由专利权人请客以联络与其单位领导的感情，以此骗吃骗喝。如果对方发现专利权人对合同缺乏知识，则下一轮欺诈即又告开始。

骗术二：以高价作饵，不进行或只是进行极少量的细节磋商，要求发明人直接到骗子所在地签署协议。届时，临时找来几个托并假称也是专利权人，由这些托与发明人竞争，最终以跳楼价格买下发明人的专利。

骗术三：来信给发明人，表示很有购买诚意，要求尽快将样品寄出以便快速投产。这种骗子主要是拿准了一般专利在取得证书后往往需要较长的时间寻找买家或投产资金，在这个阶段内发明人往往根本无暇去市场上追踪自己的专利是否被仿冒。

外贸合同陷阱

在国际贸易中，既有世界跨国公司，也有中小企业，同时还有许多骗子公司，它们从外表上常常难以识别。一些骗子公司隐藏得很深，在业务前不露破绽，而在业务进行中设陷阱，它们往往利用合同并以"法律"的招牌来引诱对方上当，其表现形式为：

（1）名片主体。合同当事人一方没有注册资本，不能提供营业证明、法人资格证明，仅有个人名片，标有公司、职务、通信地址、电话等。

（2）变更检验条款，要求改为外方检验机构。

（3）变更支付条款，改信用证支付为托收或汇付。

（4）变更合同运输条款，改班轮运输为租船运输。

（5）变更合同主体条款。诈骗者会寻找各种理由建议由第三方代替自己履约，受骗方则常常会轻易答应而上当。

（6）不签书面合同。骗子公司常会宣称外贸公司可不必担心没有书面合同，只要双方认同即可。

（7）其他容易被利用的合同条款还有：品质条款、索赔条款、担保条款、违约金条款，等等，设置陷阱。

第三节 旅途防骗

春运坐火车要防骗

不少违法犯罪分子在春运纷纷

"摩拳擦掌",企图浑水摸鱼。在此曝光一些春运常见骗术,旅客朋友可以此为鉴。

(1) 买票防骗

春运期间,买票是个老大难问题,也是不法分子下手的首选时机。犯罪分子常常以未过有效期的中转签字票诈骗。乘客需注意此类票面一般较旧,且已被剪口。

(2) 候车时防偷抢

在候车时客流量大,旅客一定要提高警惕。售票厅外、火车站附近的小巷子、僻静街道、进站口、剪票口、出站口等拥挤地方都是高危地段。

(3) 车上防骗

在车上应注意拒绝陌生人提供的香烟、饮料和食品。如果在家收到在列车上的亲人遇到意外的消息,千万要冷静,不要急于汇款。应及时与铁路客运部门或铁路公安机关联系,避免上当,一旦上当受骗,应及时向公安机关报案。

揭开黑旅行社的骗术

(1) 大街上派送卡片:行骗者大多是在车站、机场、商业街等人流集中的地方派送印刷精美的卡片,卡片上公司的业务范围、名称、地址、电话、商标等一应俱全,给人以逼真的印象。旅行者在收到这种卡片后完全可以通过网上查询,了解到这些旅行社是否具备相关业务资格。

(2) 上门服务:黑旅行社利用游客图方便的心理,主动提出上门服务的口号,收钱之后迅速蒸发。实际上正规旅行社不为散客提供上门服务,除了团体客以外。

(3) 专找旅游"新手"及外地游客:初来乍到的外地游客、缺乏旅游经验的老人最容易相信行骗者,并成为其目标。因此初来乍到的旅客应留意相关新闻报道,主动通过多种渠道查证。在外出旅游前,游客可通过114查号台或者网站查证所选旅行社的总部电话,并进行咨询。

超低折扣机票中的陷阱

一些口岸城市的航空票价相对于全国其他省较低,但是在各个航空售票处的票价宣传中,一个航线多种价格的现象让旅客一头雾水,无所适从。据业内人士介绍,许多航空售票点打出低价格，目的在于吸引消费者打电话过来，接着服务人员便会以低价票已经卖完等方式回应消费者，并乘机推荐高价机票。

专家指出，有些航空售票点在航空公司特定时间打折的机票已过期的情况下，仍继续打出已过时的低折扣，属欺骗消费者的违规行为。

另外，现在很多人在街上散发名片，低价机票让消费者"眼花缭乱"。实际上这些人多是中介，他们的机票都是从正规的航空售票点购得后再转手卖出。消费者购买这种机票后，若是出现航班变更、名字以及身份证号码出错的情况，航空公司服务人员无法及时通知到消费者，消费者有可能遭受损失。

长途汽车上的常见骗术

每年总有旅客坐车被骗的案例发生，其中最常见的有以下几种：

（1）猜"3"和"8"：猜"3"和"8"就是利用一张胶布叠成一个小方块，一面写上"3"另一面写上"8"，放在一个小酒杯里，然后用块胶皮盖在上面，让围观的人猜上面是"3"还是"8"。这种骗术表面上看起来没有什么破绽，其实那块胶布里面包的是一块小磁铁，如果下注"3"的人多，那么行骗者就利用绑在胳膊上的一大块磁铁，在最后下注的时候令胶布翻转过来；如果下注"8"的人多，那么这个胳膊上绑磁铁的人就按兵不动。

（2）猜铅笔：一般诈骗分子用一红一蓝两支铅笔，然后用一根绳子先套在其中的一支上，而后把两支笔缠在一起，问围观的人当绳子打开后，绳子会套在哪支笔上。这种骗术比较简单，如果他先套住蓝色铅笔，手里抓住两个绳头，打开绳子时，那么绳子依然缠在蓝色铅笔上；如果用一个做过标记的绳头打开，那么套子就移到了红色铅笔上。

（3）猜扑克：诈骗分子一般用三张扑克牌让围观的人猜哪张扑克为红，哪张扑克为黑。这种骗术，玩扑克的人手法比较快，一般的人根本看不出其中的变化，而且在他的胳膊中还藏有其他的扑克牌，他会在令人眼花缭乱的洗牌中把扑克换掉。

不可信的开罐中奖

相信看过电影《疯狂的石头》的人都不会对这个骗局感到陌生，但在生活中，因为这个骗术上当受骗的人仍然不在少数。

易拉罐诈骗大多发生在长途汽车上。骗子们为制造互相不认识的假象，会在途中先后上车。

途中，一个"傻子"会掏出一个易拉罐，装作不知道如何打开。这时另一个骗子就会假扮好心人帮他打开。当"傻子"准备把拉环扔掉时，又有一个骗子会提醒他"看看有没有中奖"。当这个骗子装模作样检查的时候，乘客肯定会听见"中奖了"的惊呼，果然，拉环上印着"恭喜您中了×万元"的字样。

为了让乘客确信奖金的真实性，一个骗子会将身上所有的钱物、手机给"傻子"要求交换拉环。这时另一个骗子马上会站出来说他出价更高，并问乘客有没有出价的。

如果此时有人上钩买了中奖拉环，骗子们就会"好心地"劝该乘客换乘一辆汽车，以免"傻子"反悔。而等上当乘客下车后，骗子们随后也就会陆续下车，逃之夭夭了。

打电话骗旅客家人

由于旅客在到站下车后一般都会给家里打电话报平安，犯罪分子利用这一点进行诈骗。据车站警方介绍，他们一般以没有随身携带手机的老年人和青年或者大学生作为目标，以同乡为名，主动上前攀谈，获取对方的信任，以此来骗取这些作案对象家里的电话号码，等受害者上车后，他们便立即拨打受害者家里的电话号码进行诈骗。通常称受害者在火车上突发疾病或是发生其他意外已被送下火车在医院抢救，但是手中没有足够的钱，需要家属立即汇钱，否则医院不予治疗。

数钱变戏法，找钱少一半

某些火车站的附近有很多小商店，一些小商店看似没有什么特别之处，但是他们在给旅客找钱时，下手手法相当"高明"。许多乘客在车站附近小商店购物时，当老板给顾客找完钱之后，通常会主动提醒顾客再数一次钱，等顾客数完钱之后会发现少了一元钱，这时他们会拿回钱再数一次，然后补给顾客一元钱。其实他们已趁机将钱抽出一半或者一部分，大部分顾客由于赶车着急并不会再次数钱，都会拿着钱就走人，这样便给了这些骗子得以行骗的机会。

假扮英雄骗钱财

见义勇为原本是让人倍感钦佩，叫人禁不住竖起大拇指的正义行为。可是当今骗子横行，也打起了假扮英雄、利用群众对英雄见义勇为的敬意来骗取不义之财的主意。这些"英雄"总是"横空出世"，打抱不平，流泪流血。最后在其他"托"的鼓动和"示范"下，不明就里的群众便会解囊相助……现实生活中确实存在着见义勇为的英雄，但人们在被这些勇敢的行动所感染的同时，也要擦亮眼睛，分清真伪，不要被眼前的"义举"蒙蔽了双眼。

出门在外提防三类人

一般说来，你在生活中如果遇到下列情况，就应该多加小心详细审视一下对方的目的和企图再行事：

第一类是主动和你打招呼的人。出门在外，谁也不认识谁，这时有人主动过来和你打招呼，而且热情得令你感到过分的话，你应该留神了。

第二类是在你面前炫耀的人。不管他炫耀什么，高贵的出身、骄人的财富、特殊的地位和与权贵名流的交往，乃至出众的口才，都是炫耀。他为什么要炫耀呢？当然是要引起你对他的注意。为什么要让你注意他呢？这就是你应该多加思索的事情了。

第三类是一见面就给你好处的人。这种人往往十分热情，一副自来熟的样子。几句交谈之后，或者是先敬一支香烟，或者是送上一罐饮料。看似平常，其实里面大有文章。那香烟、饮料中说不定就有迷幻药物。所以，出门在外，见到陌生人，千万不要贪小便宜。

第四节 网络防骗

网络求职骗术曝光

在网上求职已经为越来越多的应聘人员运用，而一些非法网站利用毕业生求职心切的心理，进行诈骗等违法活动。

骗术一：骗取资料出售牟利。张同学在一招聘网站上看到招聘信息后，填写自己的详细资料以后一星期，开始频繁地收到莫名其妙的短信和邮件。显然这是非法网站以招聘为幌子，骗取网民的详细资料后出售给中介公司牟利。

骗术二：利用照片赚取点击率。长相不错的王同学听说某航空公司网上招聘"空姐"，于是就按照要求寄去自己的资料和艺术照，但复试通知没有等到，却在该网站上看到自己的照片，被命名为"某少妇玉照"，点击率高达2万次。

骗术三：骗取报名费。许多上网求职者填写资料以后会收到索要报名费或者考试费之类的电子邮件，而一旦将钱汇出，通常没有下文。

骗术四：模糊概念，偷梁换柱。周同学在网上应聘到某单位，签合同时对方承诺待遇从优，月薪2000元包食宿，年终福利另算。正式上班时才发现食宿条件恶劣，待遇也无法落实，但是迫于高额违约金，有苦难言。

几种常见的短信骗招

骗术一："手机号为13××××××××您的朋友，为您点播了一首××歌曲，以此表达他的思念和祝福，请您拨打9×××收听。"结果当事主回电话听歌后，可能会造成高额话费。

骗术二：屡次听到铃声，一旦事主接听电话后马上挂断。事主按照号码回拨后，听到的是一段电话录音："欢迎致电香港六合彩……香港中心为广大彩民爱好者提供信息，透露密码。联系电话1395983×××。"这是以非法"六合彩"招揽客人，回拨电话既可能会损失话费，又容易上当受骗。

骗术三："您好，移动通信公司现在将对您的手机进行线路检测，请您暂时关闭手机3个小时。"

此情形是事主因为某种原因泄露了家庭电话号码，行骗者可能在事主关机的时候，以"要求汇款"等事由诈骗事主的家人和朋友。

骗术四：收到开头为0941或0951的未接来电，一回拨即收费500元。这是典型的利用0941、0951加值型的付费电话。

短信诈骗的四步骤

黑短信诈骗通常有以下4个步骤：

（1）发送虚假消费短信，提示接收者"您在某地刷卡消费，如有疑问，请拨××银行信用卡服务部××电话查询"。

（2）短信接收者拨打电话询问，接电话人自称××银行工作人员，谎称卡出了问题，并指示受害人按其所提示步骤将钱转入所谓保密账户。

（3）短信接收者落入圈套，按照"银行工作人员"所提示的步骤，将所持卡上的钱转入所谓"保密账户"。

（4）迅速转走资金。通过电话获得受害者的卡号和密码后，犯罪嫌疑人迅速将受害人卡上所余金额转走。

识破银行卡诈骗短信

某些短信通过所谓的"银行卡消费提醒"来套取持卡人的卡号、密码和卡内信息，然后再通过制假卡或者网上银行转账等渠道，最终把持卡人卡里的现金转走。专家提示，持卡人只要注意把握以下几个问题，基本上可以识破银行卡诈骗短信。

（1）发信人号码：目前，每一家银行都有一个移动运营商分配的专用于银行短信发送的特服号码，而诈骗短信的发信号码基本上是手机号。

（2）自称：短信的自称提示不对，正规的刷卡消费短信通知都是由发卡银行发送的，而诈骗短信大多以"××银联"自称。

（3）消费地点：诈骗短信中都会写明具体的消费地点，而银行发的正规消费短信，均不会涉及具体的消费地点。

（4）结算：银行卡特别是借记卡消费一般都是实时扣款的，也就是消费时马上就结算。骗子在有些诈骗短信里写了"将在结算日扣划"。

怎样识别彩票骗子网站

目前，彩票骗子网站很多，有的彩民先交纳了一定的会员费用后，想开通时，却在网站上看不到所谓的预测内容，即使能查看，其内容也完全不符合当初向彩民承诺的，使彩民遭受不可挽回的经济损失。

那么，如何辨别这些骗子网站呢？以下这些基本辨别方法可供参考：

（1）不要相信"包中大奖"的广告言辞。例如有的网站宣传，买双色球推荐号码"买8保6"，即推荐8个号码，保证中6个号码。这样包中大奖的话无异于天方夜谭，完全是不现实的。

（2）彩票网站提供收费预测分析服务费的，要查询对方是否是正规公司，有没有营业执照等。

（3）查询相关彩票网站的经营地点和公司联系方式。现在有些骗子彩票网站，连电话都没有，或者只是放了个手机号码或小灵通号码，服务难以保证。同样，网站有合法的经营场所也很重要，要辨认其经营场所的真实性。

网上购物骗术揭秘

随着网络经济的繁荣，网上购物由于其快捷、便利、价格较低的优点，已经成为许多年轻人的时尚购物方式。尽管这种购物方式使人们享受到了足不出户、送货上门的方便，但一些不法分子利用网络购物行骗也经常令购物者防不胜防。

（1）网托诱惑：一般的消费者看到"卖家好评率"和"卖家信用"时，便会放心地把款汇到对方账户。于是卖家往往会找身边的好朋友来当"托儿"，对自己的网店进行留言，网站则根据这些点评就会生成"卖家的信用等级"。

（2）货品标价：在很多网站都会看到一些价格上超乎想象的"宝贝"，进去一看，还确实是好产品，再寻思这个"天上掉馅饼儿"的价格，难免会有消费者动心。但实际上，这类商品往往或者质量有问题，或者是无法保修的"水货"，或者干脆就是商家设下的一个骗局。

（3）看图买货：看了图片引起购买欲望的消费者不占少数，但买了之后后悔的也不少。实际上，有的网站对照片没有任何要求，既可以从网上下载，也可以实物拍摄。因此，卖家随意发布产品图片信息，以次充好的事情就总是会出现。

警惕"狼披羊皮"的假冒网站

此类假冒网站冒充正规电子商务网站通过一些搜索引擎的"竞价排名"业务，利用一些"竞价排名"代理商对发布人身份审核不严的漏洞，花钱把自己排在搜索引擎的显著位置，坐等用户上钩。

曾出现过这样的案例：假网站冒充某证券网站，通过竞价排名的形式被排在搜索引擎的显要位置，由于该网站网名与冒充的证券网站网址相似，用户如果不小心通过搜索引擎点击进入后会感染"证券大盗"病毒，该病毒能盗取用户的证券交易号码，从而操纵用户的账号进行证券买卖。

电子邮件骗术有哪些

以下这些骗术有的可能在平面媒体或以其他方式出现过，但由于电子邮件的隐秘性，邮寄来源或广告主不易查明，因此在电子邮件中格外泛滥：

（1）提供商业机会：这些电子邮件通常都宣称，你可以不必花太多时间或金钱就能赚得报酬。这类邮件的特点是大都有一长串的承诺，但却很少提及详细内容。

（2）健身及瘦身减肥骗局：这些电子邮件中声称，他有能让你不必运动或改变日常饮食，就可减轻体重的药丸，可融化脂肪细胞使身体吸收的草药秘方，及治疗阳痿与秃头掉发等，这都是充斥电子邮件信箱的诈骗术之一。

（3）提供不劳而获的机会：有些电子邮件宣称他们有目前最时髦的快速致富方式，如在世界货币市场上套汇赚取无止境的利润等。事实上，如果这些方法真的有效，这些人为什么不赶快利用此法去赚钱呢？

第五节 出国留学防骗

如何选择留学学校

国外的学校并不是每一所都是值得信赖的，基本上公立学校都非常可靠，而私立学校由于各方面的原因，需要谨慎对待。选择学校时要想做到知己知彼，可以从以下几方面着手：

（1）挑选可靠的留学中介机构：目前，很多学生通过留学中介办理出国留学，因此选择经过资格认证的合法中介机构就显得十分关键。

（2）确认学校的办学资质和水平：很多学生和家长已经意识到需要辨别留学中介机构，但是却忽视了对所办理合作学校的实际办学资质和水平的核实和确认。学生和家长要经常关注一些留学的权威网站，比如教育部教育涉外监管信息网（www.jsj.moe.gov.cn），上面会发布很多留学预警，并且可以查询33个可留学国家的学校名单。

（3）选择声誉好的学校：一般一所声誉好的学校更值得信赖。在选择学历、学位教育的学校时，应选办学实力和水平被社会公认的学校，所颁发的学历、学位是否经过所在国政府教育主管部门或其授权的权威机构承认或注册。

（4）认准所在国的一些认证：有些国家对私立学校进行资格认证，颁发认证证书。学生在留学时，认定这类学校相对而言，比较有保障。

选择留学国家、院校、专业要遵循的原则

在留学选择中很重要的就是选择留学国家、学校和专业。那么这三点该如何去选，有没有个先后顺序、轻重缓急？专业人士认为，学生应按照国家、专业、学校的顺序去选择。

出国留学以学习知识获取文凭为目的，但同时要考虑学成后的安排，选择像美国、加拿大、澳大利亚、新西兰等移民国家出国读本科就意味着自动移民。

另外，学生在选择留学国家时，还必须考虑语言问题，这方面显然选择英语国家留学会方便许多。除了语言外，留学前还要充分考虑家庭实际承受能力及留学国家

的总体消费水平,在校就读期间是否可以合法打工,等等。

许多家长和学生都把学校的综合排名作为首要考虑因素,其实这里存在不少误区。除了综合排名外,以下几个因素也是至关重要的:第一,学校的学费;第二,是否提供奖学金;第三,学校是否开设符合自己理想的专业,该专业是否为知名专业;第四,毕业生的就业率以及受就业市场欢迎的程度,等等。

防止留学受骗三原则

留学怎样预防受骗?专家认为最重要的是要把握三条原则:

(1)选择的院校或者中介推荐的院校,是不是在教育部涉外监管网上可以查到。

(2)在和留学机构签署协议时,看这家机构使用的是不是教育部和国家工商总局推荐的示范文本协议。

(3)申请人委托中介机构办理留学,如果遭到拒签,中介机构是否承诺退费,并明确几日内退费。

为防止受假文凭之骗,可要求申请人通知学校,由学校直接将学历证书寄到公司,这是确保不受假学历之骗的最简单方法。另外,以美国为例,通常签发合法学位的学校均列在这些认证机构的名单上,而认证机构必须经过华盛顿高等教育认证中心及教育部的认可。被认证机构认证的大学,必须列入大学手册。如果对申请人学校有怀疑,可到上述机构的网站上查看一下,看所要查证的学校是否列在认证机构名单上。

如何判断留学中介的合法性

为了打击自费出国留学服务市场中转借资质、变相挂靠等非法中介活动,保护自费出国留学人员的利益,促进自费出国留学中介机构对外交流与合作,并加强对自费出国留学中介机构的管理,教育部通过教育涉外监管信息网(www.jsj.moe.gov.cn)公布经资格认定的自费出国留学中介机构法定代表人、办公地址等核心资质情况。通过在网站上查询,我们可以很清楚地了解到某家留学中介的合法性。

如何判断留学中介的专业性

(1)看中介资质是否合格:合

法的中介机构应在办公场所显著位置悬挂工商部门颁发的注有"留学中介服务"字样的有效的营业执照和教育部核发的"自费出国留学中介服务机构资格认定书"，二者缺一不可。

（2）看中介办事是否在作秀：根据有关规定，出国留学中介服务机构不能设立分支机构，申请人应注意该机构营业执照和"资格认定书"是否为原件，是否是有效证件，中介机构的办公地址是否与证件登记的地址一致。

（3）看中介协议是否备案：这要看中介公司是否有已在当地教育部门备案、按顺序编号的出国留学中介服务协议书，并注意协议书中双方的权利、义务规定得是否合理，有无关于退还费用的规定等。

（4）看中介素质高低与否：这要看机构有无专业水平较高的咨询人员，对国家留学政策是否熟悉，对国外的教育、文化情况等是否了解，有无从事教育服务工作的经历等。

（5）看中介收费是否离谱：正规的中介机构一般不一次性收费，而是根据程序，分阶段收费，且都有办理不成功退还费用的承诺。一些非法留学中介机构收取的费用远远超过合法中介。

留学黑中介常见伎俩

伎俩一：遮人耳目，多收费用

一些中介以极低的中介费吸引生源，却在学费上做了手脚。合法的中介都会要求学生直接把学费汇到学校，并告知学校的名称、地址、账户等信息，而不是让学生将钱汇入私人账户或通过中介转汇。

伎俩二："预科班"门道多

有一些中介许诺上了"预科班"，不再需要英语考试就可以轻松进大学。事实上，"预科班"不仅要耗费比在国内攻读英语更多的资金，而且部分预科班是有最后结业考试的，其通过成绩一般比及格分要高许多。

伎俩三：垃圾学校摇身一变成"名校"

有些所谓的名校实际上是不被教育部承认的垃圾学校，中介为了营利却把很多学院性质的学校美化为名校，或者极力推荐自己代理的学校。

下篇

礼仪知识

仪容礼仪

塑造一个清新爽朗的形象

生活中有许多人穿脏兮兮、皱巴巴的裤子,有时候还故意在衣服上剪几个洞;男性留络腮胡,女性留爆炸头;头发尽可能地让它乱去,鞋子尽可能地让它破去,手和脸也顺其自然地让它们灰扑扑的,似乎这就是"潇洒"。

这真是大错特错。有的人的形象是经过精心设计的,且通常出现在需要这种装扮的场合。我们常人不修边幅,应该说是对自己形象的亵渎、对别人的不尊敬。况且我们不可能总出入于摇滚音乐会、舞会、狂欢派对等场合,在大多数时间和场合,还是让自己的形象清新爽朗比较好。

温馨提示

衣服和鞋脏了要及时清洗、擦拭,衣服破了要及时修补,实在不能穿了要及时扔掉。

头发脏了要及时洗,长了要及时理,乱了要及时梳。

勤洗澡、勤换衣,保持身体和服饰的清洁自然是非常重要的。

丰富自己的表情

许多明星的标志性表情是严肃、冷漠。如果你觉得面无表情就是酷,那你的观点绝对是错的。明星的酷是一种包装策略,是一种风格。目的是用精心设计的"面无表情"来传达多元化的流行信息,塑造令人难忘的演艺形象。

无论别人说什么、做什么，都无视别人的身份和与自己的亲疏关系，一味以"面无表情"来应对，并自诩为"酷"，真是太辜负"礼仪"二字了。

温馨提示

路遇熟人、与人见面之初要微笑，与人交谈、争论时表情应缓和。即使有激烈争论，也不要过于冷酷。

拜访师长、应邀访问、接待客人时，表情要丰富而热情、柔和。

当众讲话时，表情要随着发言的内容做相应变化，不要一个表情做到底。

以真实的笑容对人

俗话说得好："伸手不打笑脸人。"但当你看到皮笑肉不笑的笑容时，肯定会感到很不愉快。当去不规范的饭店吃饭、遇到上门推销劣质化妆品的非法商贩、心虚的人费劲心思为自己的过错进行辩解、想投机的人前来行贿……我们经常能见到这种虚假的笑容。这样的笑看起来僵硬而缺少真情，令人感到不自在。

当你笑不出来的时候，宁可不笑，也不要让面具一样的微笑挂在脸上。不真诚的笑容非但不能表达敬意，反倒会令礼貌失去意义。

温馨提示

微笑的时候，眼睛要微微下弯，要把目光投向别人的眼睛，眼神要专注而热情。

微笑时不要生硬地去挤脸部肌肉，不仅要做到脸形笑，更要发自内心地露出愉悦的表情。

微笑的同时，言行要热情、尊重他人。

笑容要适度

舞台剧和搞笑题材的电影中，夸张的笑容随处可见。我们并没有感到突兀和生硬，反倒觉得如果不这样笑，剧情就无法淋漓尽致地得到展现，人物的个性就难以得到突出。

有人可能想，笑容夸张一些会显得自己更热情、乐观，于是就把

"放大"的笑容运用到日常生活里去。打招呼时,边笑边飞速眨眼;见到老熟人或上司,立刻笑得恨不得把嘴巴咧到耳朵后面;别人讲了个大家听过无数次的笑话,其他人都礼貌地呵呵一笑,他却哈哈大笑,甚至捶胸顿足。

在日常生活中,夸张的笑容只能使你显得虚伪。笑,这种美好的表情,只有适度,才能真正发挥其礼仪效果。

温馨提示

笑的时候,露出上排八颗牙齿即可。

笑的时候,声音不要刺耳、拖长,和自己平时说话的音量相当即可。

笑的时候,身体不要前仰后合,做出上气不接下气的样子,除非别人的笑话真的有这种威力。

微笑时要分清场合和对象

微笑是人类最美的表情,它传达尊重、爱、友好、期待、赞许。但如果滥用,或者在不适当的时候绽放,就免不了让人感到莫名其妙。

学生在老师讲述烈士遇难的故事时发出微笑,别人会认为他上课走神或感情麻木;员工在上司批评其他员工时露出微笑,别人会以为他幸灾乐祸;销售人员在客户提出一个在专业人士看来有些幼稚的问题时微笑,别人会认为他嘲笑客户;一个人在葬礼上微笑,别人会以为他居心不良。

只有在必要的场合、面对合适的对象,微笑才能体现出对别人的尊重。

温馨提示

遇到熟悉的人,遇到令人愉快的事,看到和睦动人的场景,参加轻松的谈话时,可以微笑。

表示肯定和鼓励时,可以微笑;接受别人的道歉、提出一个很有创意的想法并得到别人的赞同时,可以微笑。

取得成果、受到表扬时可以微笑。

染发的颜色要适度

染发这种时尚，连续多年兴盛不衰。适当的颜色的确能增添魅力，使人的形象焕然一新。但不要忘了：别随便用夸张的颜色使自己的形象"面目全非"或"雪上加霜"。

教师、律师、医生等人用夸张的颜色染发，难以塑造出职业形象，难以获得别人的信任；中老年人用夸张的颜色染发，会让人觉得没有涵养甚至心理有"疾病"。用夸张的颜色染发，容易给别人留下糟糕的第一印象，影响别人的心情，同时还暗示着头发主人的傲慢无知和炫耀，自然也难以让别人愉快。

根据场合选择适合的发型

发型是不能想怎么做就怎么做的，如果发型不适合你所在的场合，就不能体现你的内涵和修养，甚至还会对你所在的场合气氛等各方面起到负面作用。

谁说发型和礼仪无关呢？

参加婚礼时做的发型比新娘还抢眼，会有捣乱之嫌；出席国际会议时做更适合舞台剧的古怪发型，会严重影响你的口碑；在狂欢晚会上出现时顶着过于普通的发型，则会让你在众人眼中成为一个准备不足的人。你的发型显示着你的素养、你的品位。很多发型虽看起来漂亮，却并不适合你。

温馨提示

选择染发剂的颜色时，要参照自己的发色、发质、发型。

染发时，选择的色彩要适合自己的肤色、眼睛的颜色。

染发时，所选颜色要符合自己的年龄、职业、个性、服饰及化妆的风格等。

温馨提示

出席会议等严肃场合，发型适宜端庄保守。

出席休闲娱乐活动，发型应相对新颖活泼。

出席任何场合，都应事先熟悉其氛围和性质以及对仪表、礼仪的要求。

发型要与年龄相匹配

一个正上中学的女生烫着大波浪；一个年过30的女性梳着一翘一翘的小辫子；一个中年男性留着在年轻人中流行的寸头，在额前留几根刘海，并将其染成炫亮的金色。无论从外表上给别人的印象，还是从尊重别人的角度，这样做都是错误的。

发型与年龄不相称，会使人觉得你是在故作老成或"装嫩"，是不能清楚地认识自己、不能准确为自己定位的表现。

发型与年龄不配，即使头发主人的发型很美观，也会使人贻笑大方。

温馨提示

年轻人的发型适宜清新、阳光、时尚、有个性的风格。

中年人发型适宜干净利落、稳重大方、有职业感的风格，头发不宜过长。

老年人发型应体现出稳重感，并适当显得年轻。

发型要与服饰相匹配

穿笔挺的西装，却留朋克头；穿端庄的旗袍，却留披肩的大波浪；戴着耀眼的耳环，却用长发将其遮得显不出来……出席晚会、宴会等各种交际场合时，我们会留意到，上述打扮的那些人很容易受到冷落，因为他们的发型与服饰不相配，外表给人以不和谐、不舒服的感觉。这样的装束出现在众人面前是一大错误。

发型不配服饰，款式再新颖的服饰都无法现出应有的光彩。当你无法以一个整体和谐的形象出现在别人面前时，这本身就是对别人的不敬，你自然也难以在短时间内赢得别人的欣赏。

温馨提示

男性穿西服时，适合留有绅士味道的短发，而不适合留有摇滚味道的乱发、长发、彩发。

女性穿旗袍时，适合盘发，不宜留马尾和披肩发。

穿礼服时，男性和女性的发型

都应以端庄、保守为基本准则。

发型要与职业相匹配

不同的职业，人们的发型特点不同，我们甚至能从一个人的发型大致判断出他的职业。

餐饮服务业的女性，多半是高马尾或盘发；专业理发师的发型通常会与众不同。男性军人中间，我们还没看到过有谁留长发。然而服装模特、车模等靠外表谋生的女性，发型以长发居多。教师职业虽然没有规定女性不准留长发，但留或短或长的爆炸头则是不符合从教标准的。

发型不符合职业形象，不与职业合拍，这个人就会显得另类、缺乏合作精神，有桀骜不驯、不懂规矩之嫌。

温馨提示

运动员、车间工人、厨师、露天作业的人，可以选择短发。

演艺界、艺术界的人士发型可以经常变换，从而突出个性、引领潮流。

公务员、白领、服务人员的发型不宜夸张，男性不宜留长发，女性不宜留披肩发。

使用发胶要适量

头发是人仪表礼仪中很重要的一环，它在一定程度上左右了别人对你的第一印象。头发整洁、自然与否，在应聘、出席重要活动、会见贵宾等场合的意义格外重大。如果发胶使用过多，头发会显得油腻、不自然；如果发胶香精的含量较大，头发上散发出来的气味会使头发主人显得庸俗不堪。有人为过分追求定型效果，原本顺滑的头发被过多的发胶粘连成片，从而缺少光泽，显得僵硬死板。

温馨提示

头发本身较油的人，要格外控制发胶类美发用品的使用量。

发胶过多时，可以用干净的干毛巾或干纸巾覆在头发上轻拍蘸取。

使用发胶时，要分多次涂用，一次一点点。

画眉要与眼睛相配

"眉目如画",讲的就是眉与眼的相互配合展现出的和谐。眉毛画得不与眼睛相配是化妆的失败,同时也是仪表礼仪上的失败。

画眉不配眼睛,你的妆容会给人以做作、虚假之感。妆容给人的印象会自然地影响到别人对你人品和交际能力的印象,尤其是在初次交往的情况下,你不妥当的眉妆很可能让你失去与别人交往的机会。

温馨提示

画眉时,应根据眼睛的形状、大小以及瞳孔的颜色进行。

眉毛要顺着眼睛的走向画。眼睛上挑,眉毛也要画得上挑。

圆脸适合化稍粗的、眉头位置略低而眉尾上提的眉形,长脸适合化看起来平直的眉形,方脸适合化眉尾稍微延长、眉峰不显突兀的眉形。

不要随便使用假睫毛

假睫毛使用不当会令眼睛难以展现天然的美,人们只会看着你那双虚假、招摇的假睫毛暗自发笑。

有的人假睫毛虽然不显虚假,却意外地在众目睽睽下尴尬脱落。如果婚礼上的新娘或参加颁奖典礼的明星、约会男友的时尚女孩遭遇这种场景,实在不雅。

假睫毛不能随便使用。商务场合不能用,教师、服务人员、公务员不能用,少女不必用。

温馨提示

使用假睫毛之前,一定要将其根据自己眼睛的大小和场合的需要进行修剪和软化。

分段粘贴或不贴内眼角,会使假睫毛更自然逼真。

假睫毛如果粘在了真睫毛上,就会形状失真;如果贴合假睫毛的部位有化妆品,假睫毛粘上后容易脱落。

慎用珠光眼影

珠光眼影给人一种绚丽动人的效果,但是滥用珠光眼影就有失礼仪了。

在公务、商务场合,谈判、会

面时涂耀眼的珠光眼影，会显得轻佻、缺乏职业感，自然难以赢得对方的尊重和信任；在居家待客时涂过多的珠光眼影，会让客人感到莫名其妙，搞不懂你这是准备去参加舞会，还是专门向对方炫耀新买的眼影，客人会觉得你缺少诚意。珠光眼影涂得过多，会使眼睛看起来油光光、脏兮兮的。如果你的眼睛小而眼睑水肿，涂上红色珠光眼影会使眼睛显得更小、眼睑显得更肿。

法不当，照样画成了熊猫眼。

只看别人化妆的效果，不考虑自己的化妆技巧以及是否适合，就大胆地将双眼上下涂满深色，这既浪费了化妆品，又丑化了形象。从礼仪角度而言，以这样的形象示人，别人会觉得你要么看不起对方，要么看不起自己。如果对方是长辈或者客户，或是初次结识的朋友，无论是公务交际还是日常交际，都容易失败。

温馨提示

涂珠光眼影时，应避免涂得过多。

珠光眼影的色彩应该配合自己的肤色和眼睛的大小、形态。

珠光眼影较适合轻松愉快的休闲聚会场合，不适合严肃场合。

画眼影时要避免画成熊猫眼

"烟熏妆"是一种眼妆风格。有的人盲目跟风，结果画成熊猫眼，好似睡眠不足形成的黑眼圈，又像遭遇暴力袭击后形成的瘀伤；有的人并不想化烟熏妆，却因为手

温馨提示

画眼影和眼线时应注意轻重和层次，避免一涂到底。

眼睛较小，可以用深色眼影制造阴影；如果眼睛大而明亮，可以用浅色眼影突出优点。

化眼部妆时，应避免画粗线。

小心将胭脂涂抹成两团"高原红"

胭脂，又叫腮红，是女性化妆的一大法宝，白里透红的肤色可借助它来打造。但如果使用不当，两团"高原红"只能让美丽变成别人口中的笑话。

职业女性涂两团红脸蛋，无法展现专业形象，更会让人怀疑你的身份。举办婚礼时新娘涂两团"高原红"，众人会疑心你抗议结婚。年轻女性如此打扮，显得粗俗、没教养；成熟女性如此打扮，会让人觉得媚俗、心理扭曲。

如果你不想成为任何场合的交际活动中受到排斥的人，就不要盲目地使用胭脂。

的牙齿，首先会感到恶心，然后会替对方感到难为情。

牙齿上沾了口红，视力不好的人会误以为对方牙龈出血，近距离交谈的人会感到对方无半点气质和教养。

牙齿上残留着饭菜或者口红，张口说话，必然大煞风景。如果恰好参加电视台的直播节目，没刷好牙的人，丢人可就丢大了。

温馨提示

胭脂的颜色和涂抹方法要与脸形和肤色相配。

胭脂要和眼影、口红的颜色一致，至少要和口红是同一色系。

胭脂的用量要根据年龄和自身腮红的面积来调整，不能随意使用。

注意清除牙齿上的食物残渣或口红

"唇红齿白"是人们形容人健康而美貌的常用语，可见人们对牙齿的基本要求很简单，那就是"白"。

当我们看到两排沾着食物残渣

温馨提示

饭后应该刷牙。特别是吃了容易嵌在牙缝里的食物或者有刺激性气味的食物时，务必要刷牙。

出门、拜访别人前，参加公开场合的活动前，一定要检查自己的牙齿是否干净。

女性不要养成有意无意用牙齿咬嘴唇的习惯。

女性出席正式场合必须化妆

"素面朝天"是一种姿态，也是一种风格，代表着朴素和真实。但对于面部有明显瑕疵且要参加大型活动的女性来说，不化妆就出席是一种错误。

女性出席正式场合一般都要穿正式的套装或礼服，搭配质地精良的首饰、合适的发型。

如果女性出席正式场合而不化妆，会使其在所有的参加者中黯然失色，且与环境极不相称。恐怕连她自己环视众人后，也会为自己没有精心打扮而后悔。

从而对你的社交乃至人际关系起到负面作用。

三十岁的女性不能学二十岁的女孩化粉嫩妆容，二十岁的女孩更没有必要效仿中年女性化浓艳的妆容。化妆的目的是扬长避短，如果执意无视年龄而化妆，则很难恰当地展示自我的风貌，反而可能惹出笑话。

> 温馨提示
>
> 出席白天的大型活动时，女性化妆要自然，以淡雅为佳。
>
> 出席夜晚的活动时，妆容可以浓艳一些。
>
> 女性出席正式场合时化妆，总的原则是必须符合本人气质和所参加活动的性质。

> 温馨提示
>
> 少男少女除了演出等特定场合外，应尽量保持自然的容貌，不宜化妆。
>
> 年轻女性适合化有透明感的自然淡妆。
>
> 中老年人可以化稍浓的妆，但不宜使用色彩鲜艳的彩妆。

化妆要与年龄相称

化妆而不考虑自己的年龄是不对的，这样不仅不美，还涉及到待人接物时的礼仪问题。

化妆不符合年龄，容易分散别人的注意力，使对方不自觉地将目光更多地投入到你的古怪妆容上，

化妆要与个性相符

化妆除了应该符合年龄、肤色等因素，还应该符合个性。

温柔优雅、行事稳重的女性化艳丽的浓妆，给人的感觉像戴了一张面具。同样，个性泼辣、风风火火的女性化清淡的妆容，难免让人

觉得是"假扮淑女"。化妆不符合个性,对私人交往与工作环境中的交往都难以起到积极作用。化妆必须符合本人的个性才可以。

温馨提示

性格豪爽的人,适合化线条简洁明朗的妆,以突出干练而智慧的特点。

性情温柔的人,适合化淡雅柔和的妆,可展现稳重大方的特点。

性格活泼、喜好运动的人适合化暖色调为主、亮丽的妆,以突出亲和力。

根据场合选择化妆

化妆只想到适合自己,却不去想是否符合场合,是不合礼仪的。

星光璀璨的眼影、彩色的睫毛膏、猩红的唇膏、多彩的水钻亮片,将这些只能在迪厅等场合使用的化妆品用到工作中的银行职员身上、用到政府办公人员身上,必定会引起哗然;反之,化上清淡素净的办公室妆容参加服装发布会、狂欢晚会,一定也会被人视为另类。

妆容符合场合既是对在场者的尊重,也是对自己的尊严、形象、品位和亲和力的肯定。在办公室里,清淡的色彩、若有似无的妆容才受欢迎。约会恋人时,妆容甜美、展现出温柔一面才算成功。

温馨提示

在家中接待客人、日常生活中拜访友人、外出旅游时,适合化亲切自然的淡妆。

在工作场合,适合化清新大方、体现职业色彩的淡妆。

参加正式的舞会或宴会,适合化浓妆。参加严肃的场合如葬礼,化妆应尽可能地素淡,唇膏和眼影都要涂暗色的。

化妆要与职业相称

"淡妆上岗"是很多职业对女性员工的要求。淡妆既达到了修饰自己的目的,又避免妆痕太明显而影响工作中的人际交往,是一种恰到好处的礼貌。然而相当一部分女性"坚持自我",让别人一眼就能被她的妆容吸引住——当然是不合适的妆容。

教师、销售人员、医生等工作者化浓艳的妆容，会让别人质疑其工作态度和能力；晚会主持人化过于清淡的妆容，会让人疑心其心情不好，或者其他方面出了什么变故。化妆不合职业要求，就是对自己工作的不负责。

温馨提示

职业为服务业的人应该化淡妆。

在娱乐场所就职的人可以适当化浓妆。

无论什么职业，化妆都应遵循职业要求。

妆容要与服饰相协调

化妆不与服饰相协调，也是不合格的。

穿一身华贵的粉色真丝礼服，却涂了深棕色的唇膏和眼影，这会让你的妆容与服装的色彩严重冲突；佩戴贵重的黄金首饰，却化显得很"居家"的淡妆，这会让人怀疑你首饰的真假；穿着休闲装逛街，却化了很浓的妆，这会让人觉得你的整个外表很怪异。

妆容与服饰不协调，就无法体现出整体的和谐；带着与服饰风格迥异的妆容与别人交往，会给人以难以接近、缺乏共同语言的感觉。

温馨提示

穿居家服、运动衣，饰物少而简单时，适合化淡妆。

穿工作服，佩戴简单而精致的饰物时，适合化职业妆。

穿礼服、西服，佩戴华丽贵重的饰物时，适合化色彩明艳的浓妆。

妆容要与季节、时间相协调

冷了要添衣，热了要减衣，春天要穿浅色的衣服，冬天宜穿深色的衣服。妆容也要随季节和时间而变。一年四季化同样的妆，一天到晚化同样的妆，是说不过去的。

及时变换妆容，能给人以新鲜感。一个从来不忘在人前树立好形象的人，一定更受别人的欢迎。因为别人从你对妆容一丝不苟的态度中感受到了尊重，反之，对方会觉得他在你心目中可有可无。

> **温馨提示**
>
> 春季化妆,适合化得明亮清新,体现出温暖而充满活力的季节特点。
>
> 夏季化妆适合轻薄淡雅的风格,以免显得闷热、污浊。
>
> 秋冬季节,适合化风格庄重典雅的妆,色彩可稍显厚重,但应避免沉闷。
>
> 白天适合化淡妆,以显自然;晚上和强烈的灯光下,适合化浓妆。

女性化妆时要顾及脖子和耳朵

提到化妆,人们很少想到脖子和耳朵。

女性脸色粉白却暴露着黑黄的脖子,难免令人反胃。脸上涂化得白里透红,脖子也涂得和脸部色泽一致,但暗淡的耳朵一定会点破你"天生美肤"的谎言。肤色不匀却不注意在化妆时照顾脖子和耳朵,一方面会显得"脏",另一方面会显得你不细心、抱有侥幸心理。

女性化妆,一定不要忽视了"边边角角"的阵地。

> **温馨提示**
>
> 在脸上涂粉底之后,一定要同样给脖子施粉,力求颜色均匀、与面部色泽一致。
>
> 要随时注意耳朵上是否有皮屑、耳垢,一定要及时清理。
>
> 化妆时应在耳廓和耳垂上涂适量胭脂。

女性化妆不可片面追求"一白遮百丑"

"肤如凝脂"是中国传统美人的标准之一,俗语又说"一白遮百丑",因此很多女性将白作为化妆成功的标准也就不足为奇了。其实这种认识是有失偏颇的。如果女性这样化妆,则很容易出错。

中国人是标准的黄皮肤,过白的肤色反倒显得不健康、不自然。带着在别人看来有病态之嫌的妆容与别人交往,对方一方面会觉得你的品位、审美能力有问题,一方面会觉得你不懂得与他人沟通、固执而狭窄，否则你怎么会特立独行地以这种"石灰脸"示人呢？从礼貌角度而言，没有人会觉得你这样出现在众人面前是得体的表现。

温馨提示

使用美白类化妆品时，应事先选用适合自己肤色的产品。

女性化妆时，应根据自己的肤色进行适当的调整和美化，以免显得虚假。

涂粉质化妆品时，应避免涂得过于厚重、单调。

不对他人的化妆评头论足

不要非议他人的化妆。

非议妆容漂亮、身份较高的人的化妆，别人会觉得你嫉妒心强；非议妆容不得体、身份普通的人的化妆，别人会认为你刻薄、以取笑他人为乐；非议外地人的化妆，别人会觉得你有排外心理、太过好奇；非议与自己有矛盾的人的化妆，会让人觉得你有报复心理。

由于文化、肤色等差异以及个人审美观的不同，每个人化的妆都不可能是一样的。一个懂得尊重别人和尊重自己的人，是不会随便对他人的化妆品头论足的。

温馨提示

无论别人的妆容如何，都不应非议。

男性尤其不应该非议女性的化妆。

当别人的化妆不妥时，应在了解对方的前提下善意地私下提醒对方。

聚会过程中要注意及时补妆

在活动量大、人多、容易出汗的聚会场合，如舞会、宴会，当你的脸色变得像经历风雨的墙壁一样斑驳，当眼影晕开、粉底不再伏贴时，面对面与你交谈的人，多半会难以接受这样的脸。如果你又坚持不补妆，那就简直是对别人审美的"伤害"。

妆容残损不仅令自己仪表失色，同时会给别人留下不修边幅、不够自尊自爱、做事不够勤快的印象。残妆在脸上停留时间越久，给别人的负面印象越深。

不只是聚会场合需要补妆，工作场合中，特别是一些负责接待工作的人员，因为事关单位形象，所以及时补妆是非常重要的。

温馨提示

一定要随身携带化妆包，常备眉笔、眼影、唇膏、粉底、腮红、指甲油，随时都可用来救急。

补妆时要根据妆面的残损程度进行。如果残缺较少，只局部补妆即可。

吃饭、喝水、运动出汗或者短暂睡眠、躺卧后，一定要及时检查妆容，及时补妆。

化妆、补妆时要尽量避开人

很多女性敢于在办公室里、餐桌上、火车上等公众场合当众化妆、补妆，这是有失礼貌的。

当众化妆是没有修养的表现，其性质好比当众换衣服。当着长辈、领导的面化妆、补妆是不敬，当着同性的面化妆或补妆是炫耀和轻视对方，当着晚辈的面化妆、补妆是自毁风度。在工作时间和工作场合化妆、补妆，暗示自己对工作热情不够、工作能力欠缺。如果是当着不熟悉的异性化妆或补妆，在一定程度上，这种行为意味着挑逗和勾引。

温馨提示

化妆、补妆要到专门的化妆间或者洗手间。实在没有条件，也应尽量避人。

不要在工作岗位上与别人讨论化妆品和化妆技巧，商务人员、公务员等职业女性更应注意。

当众梳理头发、频繁照镜子也是不合适的。

谨慎借用他人的化妆品

有的人偶尔外出，未带化妆品，就借用同伴的；有的人参加晚会前，突然发现自己的妆不够漂亮，就拿朋友的崭新彩妆用品涂画一番；有的人平时不用化妆品，约会重要人物时临时抱佛脚使用熟人的化妆品。从卫生角度来讲，这样是很不可取的；从礼仪方面来讲，如果你把别人的化妆品当公用品借来使用，是错误的。

化妆品是个人用品，它和牙刷一样，是不能混用的。个人的化妆盒相当于私人领地，你擅闯"禁区"，即使人家嘴上不说，心里也是不愿意的。

温馨提示

借用他人的化妆品容易导致皮肤的交叉感染，对别人和自己都不好。同样，自己的化妆品也不要随便借给别人用。

使用商场的化妆品试用装之前，最好用干净的棉棒或卸妆棉将受过污染的表层剔除。

在影楼拍照时，最好携带自己的化妆品。如果有必要使用影楼的化妆品，也要先将表层剔除。

男性也应适当化妆

在中国人的传统观念中，男人是不需要化妆的，脂粉永远只和女人相关。毛孔粗大是男性魅力的象征，肤色暗沉是男人本色，眉毛粗乱是硬朗的标志。其实，男性该化妆而不化妆是错误的。

把容貌上的缺陷暴露给别人，把病愈后的苍白脸色或熬夜后的疲惫神色暴露在别人面前，既无法展现男性的风度翩翩，也无法取得别人的好感和敬重。更有甚者，这种不健康、不整洁的所谓的"男人味十足"的面貌，会破坏你在别人心目中已有的良好形象，从而影响到工作或生活中的社交。

因此，在必要的时候，如在公众场合、重要场合，不要对男性化妆产生偏见。

温馨提示

脸色不均匀时，应该用与肤色相近的粉底进行修饰。

嘴唇干裂或发暗时，应该用滋润型的无色唇膏进行润饰，用暗红色唇膏提亮唇色。

皮肤干燥、有皮屑时，应用润肤乳液进行调整；头发没有光泽时，应该用发乳进行美化。

男性化妆要不露痕迹

男性适当的化妆是必要的，但

不应该露出妆痕。

男性崇尚的是自然和阳刚之美，如果男性露出化妆痕迹，就有"油头粉面"之嫌。在职场中的男性露出化妆痕迹，一下子就会让别人怀疑其工作态度和工作能力。更有甚者，"有心人"会怀疑其性取向，从而无端制造出不必要的负面消息。

男性露出化妆痕迹，会严重影响自己在社交中给别人留下的印象，影响交际效果，因此，这不合礼仪。

温馨提示

男性使用的化妆品应该尽量好，宜使用与肤色接近的粉底，以及棕色、褐色、暗红色等接近自然唇色的唇膏。

男性修眉不需要改变眉毛的轮廓，只需拔除过多的杂乱眉毛即可。如果有缺憾，可用黑色或棕褐色眉笔补足。

如果本身肤质很好，只用适量润肤乳滋润皮肤即可。但黑眼圈、瘢痕、明显的雀斑还是需要用遮盖力强的粉掩饰住的。

男性夏天不可在公共场所赤膊

夏天的街道、休闲广场、电影院、餐馆等公共场所，赤裸上身的男性司空见惯。在居民聚集的社区楼道里，各式身材的赤膊男人更是让人躲避不及。

夏天男性赤膊出现在大街上，有碍大众观瞻，"影响市容"，既有扰乱公共秩序之嫌，也不利于自己的形象；夏天男性赤膊出现在女性面前，容易让对方产生被骚扰的误解；夏天男性赤膊拜访别人，会让对方有受诬蔑之感；夏天男性赤膊出现在会场、剧场等严肃的公共场合，说明他行为和心态都较为散漫，这是对在场者的极大不敬。

夏天再热，只要是出现在外人面前，就不能赤膊上阵。

温馨提示

夏天男性出行或串门时，一定要穿外衣。

夏天男性在家中接待客人时，上身至少应穿一件整齐的背心。

夏天男性身处职场等严肃公共场合时，一定要穿外衣。

注意修整鼻毛

开会发言、上台演讲、接受电视记者的访问时，露着鼻毛；体操队员参加比赛、舞蹈演员演出时，在镜头前露出鼻毛；女性在办公室接待客人，对客人展现出得体微笑时露出鼻毛……相信你看到以上的场景后多少会有点瞠目结舌，因为那些鼻毛使人感到非常不舒服。

鼻毛外露会使你显得粗鲁、低俗，不讲卫生、不修边幅，难免令人心生厌恶，影响视觉和心理印象。

女性露出鼻毛比男性露出鼻毛的结果更糟糕。

温馨提示

要及时修剪过长的鼻毛，且一定要用专用的小剪刀。

在公务和商务场合以及其他正式场合，与人交谈时应避免仰头过高。

绝对不要当众用手拔除过长的鼻毛。

及时修剪指甲，不过度修饰指甲

不修剪指甲或者在指甲上过度彩绘、贴亮片、粘假指甲……都是错误的做法。

指甲不修剪容易存留脏物。从交际礼仪的角度而言，这样做有碍观瞻，会让准备与你握手的人感到尴尬。

如果你不是演艺界人士，在指甲上做太多文章，只能说明你不重视工作，无视职场规则，从而给人不成熟、不专业、不可靠的印象。

温馨提示

修指甲时，"暴皮"要同时剪去，不能以牙齿啃指甲。特别值得提出的是，在任何公共场合修剪指甲都是不文明、不雅观的举止。

一定要用专用甲钳定期修剪指甲，使指甲的边缘与指腹的边缘平齐。及时清除甲缝中的污垢也是必须的。

应避免在指甲上做夸张和过于怪异、显眼的修饰，一般的职业女性涂无色或单色甲油即可。

使用的香水要与自己的气质相配

使用了不适合自己的香水，对个人而言，是失败的"包装"，对别人来说，是骚扰和侵犯，会引起别人对你的误解。

一个男性公司主管使用了浓郁的女性专用香水，别人多半会私下里为他制造绯闻；一个中年妇女使用了年轻女孩才用的甜美型香水，别人难免会议论她"假纯"；一个性情淡泊的女演员使用了热情奔放的女性才用的浓郁香水，别人会猜测她生活或事业上有变故。

使用适合你的香水能使别人对你产生良好印象，对人对己都能营造轻松愉快的气氛；使用不适合你的香水则会减低你的亲和力或威严，甚至信誉。在礼仪上讲，这是对别人的不尊敬。

温馨提示

使用香水要考虑到香水在自身挥发一段时间后的效果，应选用与自己的气质相配的香水。

香水应涂在手腕、耳根、颈部、脚踝等体温较高、血管丰富、利于挥发的部位。

如果想在衣物上喷洒香水，应喷在内衣、衬里、衣袋等不易出现印迹而容易挥发的位置。

杜绝经常用手整理头发的习惯

不时用手拢一下头发，从前向后抚一下头发，或者干脆在头上挠几下，这种镜头常常在各种场合出现在我们眼前。

头发是你自己的，你的仪表和举止却是给别人看的。接受采访时不时整理头发，会使自己显得紧张而不自然；与别人谈话时不时整理头发，会使自己显得心不在焉；在饭桌上整理头发，即使你发出的声音很细小，也会令人感到心理不适，如果你再带些头皮屑下来，身边的其他人会吃不下饭。

当众梳头是不尊重人的表现，大张旗鼓地整理头发，更是务必要避免的。

> 温馨提示

出门前将头发梳理好。如果有风雨天气，可使用发胶给头发定型。

整理头发时要避人，要在卫生间等场所私下整理。

及时修剪头发、清洗头发，避免头发脏污、发痒，不要养成总是用手摸头发、捋头发、搔头发的习惯。

避免在公共场合照镜子

不少爱美的人，特别以女性居多，任何时候、任何场合都不放过欣赏自己的机会：在大街上、在汽车上、在办公室里……丝毫不顾及别人的侧目。

在马路上照镜子，你可能会被人误认为"不良女性"，因此而招来麻烦也未可知；在空间狭小的火车、汽车上照镜子，你理所当然地成为众目睽睽的对象；在办公室里照镜子，遇上领导推门进来，你的下场可想而知。

> 温馨提示

不要在办公室桌面上摆放自己的化妆品和小镜子，上班时间也不要取出来当众揽镜自顾。

如果担心自己脸上有污渍或饭粒，出门前就应该处理好；如果工作期间担心自己化的妆变"花"，可以在休息时间到化妆间或卫生间处理。

在公共场所，要克制自己当众对镜自我欣赏的念头，应把"自恋"的情绪转移到工作等其他方面。

女性穿衣服要松紧适宜

仪表美是礼仪的重要方面。衣服上露出内衣的线条，使身体呈现出令人惊讶的"沟沟坎坎"，不能说是符合礼仪的行为。

穿成肉粽的你，如果身份是服装行业的业务员，联系业务时，对方一定会怀疑你所在单位"审美"的眼光和"创造美"的能力；如果作报告，台下的听众一定在看到你的第一眼就否定了你的内涵和实力；如果你身为一名教师，讲课期间，学生们大概会把注意力更多地放在研究你内衣的款式和形状上。

温馨提示

女性在任何时候和任何场合都不要穿会在身上勒出痕迹的内衣，型号适中才好。

女性不要穿过紧的贴身裤子、外套、窄裙。

大一号的衣服或者款式较为宽松的外衣可以弥补身体赘肉明显突出的缺点。

女性在工作场合穿着不可过于臃肿

干练、精明、优雅、大方，这些词语都可以形容职业女性的风格，一个在工作场合穿得臃肿的女性则无法从仪表上体现以上描述。

一个女主持人穿得臃肿面对新闻直播间的镜头，很难让人相信她的专业身份；一个外企的女主管在职业套裙里穿上厚厚的家织毛衣，很难让下属认同她的敬业精神；一个在签字仪式上穿得像个大棉球的女代表，不容易让对方相信她以及她所在单位的诚意。

即使你所在的工作场合有点儿冷，也不应该穿得臃肿。

温馨提示

女性的套装、套裙内不要穿较厚的内衣、毛裤以及比较宽松的毛衣。

女性在办公室、公务或商务场合中，不要因为怕冷而穿多层内衣。

职业套装外面可以穿大衣、羽绒服等户外御寒的衣物，但进入室内后应及时脱下放好。

第二章

仪态礼仪

落坐时只坐椅子的前端2/3

自己就座时把整张椅子都坐满,也许这样很舒服,但却是不合适的。

把椅子坐满的话,身体必然是紧靠椅背的,并且稍微后仰,这种姿势看起来很慵懒,也显得有点自负。如果接待客人时这样坐,客人会因为感到受了轻慢而不快;做客时这样坐,主人会因为你的过于随便而感到不快;招聘时这样坐,你可能会把一个很优秀的人才气走;参加面试时这样坐,你可能会被一个很难得的老板"判处死刑"。

在家里独处,或与很熟悉的亲朋私下交谈,坐满椅子不算失礼。但面对不太熟悉的人,或者身处公共场合、工作场合、社交场合时坐满椅子,既是对他人的不敬,也是对自己形象的不负责。

温馨提示

面对客人、主人,或在较为正式的场合,坐椅子前端的2/3即可。

半躺半坐、身子歪斜、身体大幅度前倾,双腿乱抖,也都是不雅的坐姿。

坐在椅子上时,不要把脚架在椅子扶手上或用力向下、向后缩在椅子下面。

女性落座应双腿并拢

男性张腿而坐无可厚非,因为这种坐姿使男性显得很有气势、很自信、很豪迈。女性张腿而坐，就是大大的不雅了。

女性穿裤装时张腿而坐，容易给人以倨傲张狂的印象，面对长者张腿而坐是藐视，面对异性张腿而坐是暧昧的暗示，面对晚辈张腿而坐，长辈的威严尽失。女性穿短裙时张腿而坐容易露出内裤、长筒丝袜的袜口和大腿，有损形象。女性公务员、商务代表在公众场合如此就座，连同自己单位的面子都会丢掉。

温馨提示

女性落座时，不要紧靠椅背而坐，背部与椅背之间应至少有一拳的距离，上身要端正，背要挺直。

女性落座时，两腿应紧并，两膝相抵并拢。双腿也可叠放，但是不能把脚尖翘起来，更不能冲着别人。

女性落座时，不要把手夹放在两腿之间，也不要搓弄衣角，自然叠放在膝盖上即可。

下蹲时应避开人流

你正在走廊里匆匆赶往会议室，对面的一位同事走着走着突然直冲着你蹲下去，让你躲避不及，差点扑到对方身上。此时的你，一定会感到这个同事很讨厌。你正在办公室的椅子上坐着看文件，下属突然面对着你蹲下来，捡拾落在地上的文件，头部正好抵着你的腿。此时的你，一定会感到很不自然。你正在图书市场的书摊前低头看书，一个陌生人突然背对着你下蹲，硕大的臀部距离你的脸不到两尺。此时的你，一定会感到很恼火。

下蹲时如果不避人，就很容易出现各种冒犯他人的结果，于人于己都不方便。几个人同时下蹲，如果不避人还容易引起彼此碰撞。

温馨提示

下蹲时，应尽量从别人的侧面下蹲，不要直冲别人或正背对别人下蹲。

不要在人流拥挤的地方突然下蹲。

在别人面前下蹲前，应礼貌地事先声明，以免对方起身或行走时猝不及防。

站立时不可趴伏倚靠

站姿能体现一个人的风貌,也能毁了一个人的风貌,能促进交际的成功,也能加速交际的失败,就看你是否懂得站姿对于礼仪的意义。

站立时趴伏倚靠,显得无精打采、心不在焉,给人的印象要么傲慢、目中无人,要么是懒惰、没有主见。教师讲课,站立的时候趴伏在讲台上,一定会让学生难以提起精神;礼仪培训师培训时仰身靠在椅背上,必然难以令人信服其职业的水平;演讲者发表演说时站立在台上背靠墙壁,无疑会令现场气氛沉闷。站立时趴伏倚靠,很容易使别人产生不快。

不要有跺脚、踏步、抖腿等小动作。

站立不可歪斜

"站如松""玉树临风""亭亭玉立",从这些形容词中,我们能想象出优美的、笔挺站立的姿态。如果歪斜着站立,你必定与这些美好的形容词无缘。

歪斜站立,本身就传达出一种不恭敬的态度,任何人都不会对这样姿势的陌生人产生信赖感和与之交往的渴望。如果你身负谈判的重任,谈判尚未开始,对手就胜券在握了,因为你糟糕的站姿已经暗示出你的不自信和准备不足。如果一个礼仪小姐歪斜着站立了3秒钟,她在第4秒就会失业。

温馨提示

站立时,身体应自然挺直,不倚靠任何桌椅、墙壁等物。

站立劳累时,可稍事走动或坐下休息、找人替换等,但不应随意借力。

站立时,身体不要随意扭动,

温馨提示

站立时,身体肌肉要自然紧张,同时略微放松,不要僵硬,身体要自然挺直,收腹挺胸,双脚间成45度左右的夹角。

站立时要保持头部适当上扬,不低头,头和肩不歪斜。

站立时应避免在手中拿取私人物品把玩。

结伴走路时步伐速度要与大家一致

一行人结伴而行，大家都保持相距不远的距离，唯独你一个人，把大家远远地抛在后面，或者慢吞吞地跟在大家看不见的后面。这种表现显然是社交礼仪所不允许的。

陪同上级领导参观、视察时脱离队伍，别人会以为你目无领导，这次接待必然失败；和同事或朋友出游时脱离队伍，别人会以为你自私自利，大家无形中会与你疏远关系；别人引导你游览观光时脱离群众，别人会觉得你辜负他的好意，感到失望和尴尬；在陌生的野外结伴而行时脱离队伍，别人会担心你的安全，无意间给大家带来心理负担。

无论在什么情况下，从众人同行的行列中脱离出来都是一种令人反感的行为。

温馨提示

结伴行进时，步伐不要太快或太慢，应与同伴们保持一致。

结伴出行时，不要只考虑自己的需要，而应处处以大多数人为行动的参照对象。

有必要先行一步或稍后赶上时，一定要礼貌地提前和大家打招呼，并随时保持联系。

走路时不可用鞋底蹭着地面

脚蹭着地面走路，就是拖着鞋走路、鞋底不离地面。这样走路，即使再调整姿态也不会美观。

与朋友约会，拖拉着鞋、蹭着地面走，别人难免把注意力从对你的了解上转移到你的脚下；接待访客，对方难免私下认为你这样的姿态太不尊重人；洽谈业务，也许很好的一单生意就被你贴着地面的鞋子蹭丢了。脚蹭着地面走路，人会显得邋遢、散漫，没有魄力，还让人有不受尊重之感。

温馨提示

走路时，一定要把脚掌抬起来，但不要抬得太高而不自然。

走路时，即使穿拖鞋也要把脚

和鞋抬起来。

走路时，不要歪歪斜斜，而要走直线。

走路昂首挺胸

走路不抬头的人，他是因为思索呢，还是因为心中有愧，或者是因为疾病而不抬头？无论什么原因，低头走路都是不合礼仪的。

走路的时候不抬头，就不能看到前方，只能根据脚下的情况前进。这样一来，很容易走错方向或妨碍别人。低头走路会给人一种不自信的印象，如果你在招聘人员的注视下低着头走进面试考场，主考官一定不会优先考虑你。低头走路还容易使认识你的人误解你的动机，当你和一个低头走路的熟人相遇，是不是会很自然地疑心他是故意不想和你打招呼呢？

走路不抬头，如果再加上步伐迟缓，则越发有损仪态。

温馨提示

走路时应昂首挺胸，自然地抬头，但不要傲慢地扬着下巴。

走路时表情要自然、从容。

走路时跳着走也是不合礼仪的。

走路时要抬头目视前方

"走马观花"是很多人的习惯，尤其是到了旅游胜地，边走边看、目光四处投射再平常不过。但是，如果你养成走路时东张西望的习惯，就会让别人习惯不了。

假设你和一个人面对面行走，如果你东张西望，对方就不太清楚你会向哪个方向走，再假设你走路速度快一些，对方就会很担心与你相撞；假设路边有人在交谈，你东张西望的姿态会使对方误认为你在偷听；假设你路遇领导，领导借同路的时机向你交代一项任务，你的表现会使领导误以为你心不在焉。

温馨提示

走路时目光应该直视前方，不要任何时候都像观光一样四处张望。

路上遇到异性，不要盯着对方看，以免别人误会。

走路时可适当将目光投到别处，但要控制频率，目光要自然。

杜绝边走边吃的不良习惯

早起时间紧张,于是随便抓起一个面包,在上班或上学的路上边走边吃;周末逛街,被街头的小吃所诱惑,拿一把麻辣烫边走边吃;食堂里新出一种麻花,令人垂涎欲滴,买一个来,不等落座就边走边吃。这样吃东西走路两不误的人,谁遇到了都要绕着走。

在鸡尾酒会、自助餐会上边走边吃,让人怀疑你的素质;在公共食堂里边走边吃,让人笑话你的粗俗;在办公场所边走边吃,让人怀疑你的工作态度;在公园、景区等场所边走边吃,让人反感你破坏风景。无论在什么场合边走边吃,别人都会担心你把食物撒到他们的身上。

边走边吃,既有损自己的仪态,又容易给他人带来不便,显得很不礼貌。

温馨提示

事先把食物放在袋子里或盒子等容器中,到适合吃东西的场所或到自己的座位上再吃。

比较酥脆、多汁的食物最好不要边走边吃,以免弄脏嘴和脸、粘到衣服上或撒到别人身上。

边走边吃对身体无益,尤其在户外时容易使食物受到沙尘污染,应该尽量避免。

走路姿态要适应场合

行走姿态是判断一个人仪态是否优雅大方的重要标准,仅走姿美还不够,同时适应场合才算过关。

举行婚礼时,新人迈着军人式的正步走上红地毯,其情其景一定让人感到滑稽;T台上的时装模特展示服装时迈着在公园里散步时才用的慢步,一定给人很不专业的感觉;反之,一对在公园散步的老人迈着猫步,别人一定会觉得很别扭;晚会主持人上台,如果走姿沉重、拖沓,人们对这台晚会的评价一定会迅速降低。

人们在不同环境里的走姿必须能够"融入环境"才合乎礼仪。

温馨提示

参加宴会、典礼时,走路要昂

扬自信，步伐轻捷端庄。

参加葬礼时，走路要沉痛缓慢，体现出对逝者的尊重和哀思。

参加私人聚会、散步游览时，走路要从容悠闲，宜慢不宜急。

不可在人多的地方奔跑

在人多的地方奔跑不礼貌。

首先，在人多的地方奔跑会给行人带来麻烦，如果撞到别人，不仅节省不了时间，反而会浪费时间。其次，在人多的地方奔跑会使自己风度尽失，乱了的头发、发红的脸，不会让看到你的人感到愉快。再次，在人多的地方奔跑会给自己带来麻烦，如果是在商场、店铺里，奔跑者很可能会被误以为是盗窃或打架，如果被人扣住询问，岂不平添尴尬？

温馨提示

在人多的地方行走，要注意避让车辆和行人，避免横冲直撞；撞到别人一定要马上道歉。

在人多的地方行走时，不要东张西望，举目四顾，女性这样做尤其不雅。

在人多的地方行走，应尽量走在路的右侧，不和别人抢行。

女性要避免在散步时吸烟

女性有吸烟的权利，但不分场合地抽烟是不应该的。

散步时吸烟必然会污染身边的空气，别人不得不与你"同呼吸，共空气"，强迫别人吸你的"二手烟"自然不是礼貌之举。散步时吸烟，女性无意中呈现出颓废、放肆的姿态，这种消极第一印象很容易使别人打消和你交往的念头。若女性散步的范围是在酒店、影院等娱乐场所的门口，则容易给别有用心的异性以可乘之机。

不只是在散步时，女性在任何公众场合吸烟都不是值得肯定的行为，应该竭力避免。

温馨提示

女性在社交场合吸烟，必须先征得在场人们的许可，尤其是征得长者的许可。

女性吸烟后，要及时清除身上残留的烟味，清洁口腔和手，避免牙齿发黑和手指变黄。

与人交谈时，不要咬着烟说话。

女性穿裙装时不可随意下蹲

女性当众下蹲本来就已经很失礼，有损形象，更不要说穿容易"走光"的裙装随意下蹲，这简直就是给自己的形象泼脏水。

女教师在课堂上随意下蹲，损害的不仅仅是自己的形象，更是老师的形象；女主持人在舞台上下蹲，她的举动会引发出负面的娱乐新闻。女性穿长裙随意下蹲，飘逸之美顿失；女性穿短裙下蹲，无意间会给偷拍者制造机会。

无论如何，女性穿裙装随意下蹲都是极其缺乏教养的表现。在公众场合，即使自己面对的只有一个人，女性也应避免穿裙装随意下蹲。

温馨提示

穿长裙下蹲时，不要让裙角拖地，应适时挽一下。

穿短裙下蹲时，两膝要靠近并拢，可采取一膝稍高于另一膝的高低式蹲姿。

女性穿裙装下蹲时，动作应缓慢、从容。

下蹲时要注意姿势

东西掉了，鞋带开了，别人的东西散落在你脚边，这些非蹲不可的时刻下蹲时，你是否注意过自己的姿势呢？

上身下弯，臀部高高耸起，姿势难看不说，一不小心就会露出内衣，惹人耻笑。有的人蹲下后，两腿打开，极为不雅。还有的人蹲下后，因为伸长手臂，一条腿不自觉地远远伸在身后，姿势更是滑稽。

蹲姿在我们的社交生活中极少用到，但是一旦用到，我们就要做得得体美观，否则再好的修养都会因那不雅的一蹲而打折。

温馨提示

在公共场合，应尽量避免用下蹲的姿势休息，同时也不要在公共座椅上下蹲。

捡拾东西时，不要距离很远就开始弯腰下蹲。

下蹲时，应注意保持身体整体的挺拔。

第三章

称呼礼仪

在非正式场合也不可随意称呼别人

在非正式场合称呼别人并非不需要讲究。

对女服务员称"小姐",会被对方视为侮辱和调戏;用对方恋人专用的昵称来称呼异性朋友,对方难免认为你有什么企图。在把"小姐"当作某种不良职业象征的地区称呼年轻女性为"小姐",在把"同志"当作同性恋者代名词的地区称同性陌生人为"同志",对方一定会生气、恼火。

从你对别人的称呼中,别人考察着你的素质和教养,判断着你对别人的尊敬程度,甚至从称呼中判断你的人际关系。不假思索地使用称呼,既容易造成误解,又可能给自己招来意外的麻烦。

温馨提示

称呼别人之前,应先了解当地习惯,考虑自己和称呼对象的关系。

称呼同事、朋友、邻居、熟人,可直呼其名,或只叫对方名字而省略姓,或以"老谁""小谁"的方式称呼其姓。

在公共场合称呼陌生人,应根据对方的年龄和性别进行称呼,如"女士""先生""小伙子""老伯""大妈"等。

在职场上对别人称呼要恰当

在职场上使用不当的称呼是不礼貌的。

初入职场，跟着别人叫同事为"小王"，其实他比你大两岁且资格很老，你这种"自来熟"的称呼一定会令对方不悦。在公司总结会上，莽撞地以私下的叫法"小王"来称呼王总监，这对于王总监本人和你所处的场合来说都是不尊重的。同事已经换了部门了，你却还用对方原来的职务称呼他，如果对方提升了，他会认为你嫉妒他；如果对方降职了，他会认为你挖苦他。

由此看来，在职场上称呼别人不单是凭自己的经验就能让对方满意、让大家满意的，你必须综合考虑自己的身份、工龄、与别人的关系等各个方面，这样才不会出错。

温馨提示

在正式场合可按对方的职务以姓相称，如"某教授""某主任"等，在特别正式的场合应以对方的全名加职务相称。

在对称呼有特定习惯的单位，应按照惯例称呼别人，比如在一些外企中彼此直呼其名。

不要随便用自创的绰号称呼同事，如果绰号不雅或含有戏弄意味更不能使用。

和别人说话要使用适当的称呼

和别人说话不用任何称呼，无论是对熟人还是对陌生人，都不是礼貌之举。

不使用称呼，只是用眼神、动作来告诉别人你是在叫他，有涵养的人会认为你是不好意思或害怕出错而不和你计较，自尊心或虚荣心强的人则会认为你轻视他而明里暗里地责怪你。想向陌生人求助，你突兀地走过去直接表达了你的想法，对方先是会被吓了一跳，接着就会为你的莽撞而不悦，继而不愿意提供帮助。

称呼不用占用几个字，但它包含了一个人对另一个人身份的肯定和最起码的尊重。只要与人说话，就不能省略称呼。

温馨提示

在任何时候，因为任何原因和别人说话之前，一定要根据其身份礼貌地称呼对方。

不要用"哎"来称呼陌生人，对不太了解的熟人也不要这样称呼。

不要用"胖子""麻脸""稀毛"等别人的生理缺陷做称呼。

称呼别人要尊重个人习惯

称呼别人不尊重别人的个人习惯是不礼貌的。

有的人更认可别人叫他的英文名字，你固执地叫他中文名，他会感到你固执、粗俗；有的人不喜欢别人在他姓名前加个"老"字，甚至不喜欢比他稍小的人叫"哥"，你如果犯忌，会被他认为是挑衅；有的人喜欢别人对他以职务相称，你觉得邻里之间无需那般，却不知直呼其名的同时已经冒犯了他。

称呼该如何叫，就像一个人有特殊的爱好，千万不要无视主人的喜好和习惯而乱用称呼。

温馨提示

称呼某人之前，应先听听别人是怎么称呼的，同时听听关系不同的人如何称呼他。

如果某人明确告诉你不要叫他什么，你一定不要叫他什么。

如果不知道别人喜欢怎样的称呼，你可以主动询问。

称呼别人要注意自己的声音

称呼别人时，自己的声音很重要，随随便便的话，即使好心也无法体现。

在颁奖晚会上和获奖者打招呼，称呼对方时声调夸张，对方会以为你不是在祝贺他而是在嫉妒他、奚落他；在公司楼道里称呼比自己职务低的同事时语调透出尖刻，对方会以为你看不起他；在涉外场合称呼外宾时声音过于甜腻，对方会以为你虚伪而谄媚。自己心情不好时称呼别人带上抱怨的语气，别人会以为你对他有意见；自己兴高采烈时称呼一个刚遭遇不幸的人，对方会以为你幸灾乐祸。

声音也有表情，我们不能让声音使礼仪失去效用。

温馨提示

称呼别人时，音量要适中，声

调应和缓、热情洋溢。

称呼别人时,表情和姿态要大方、从容。

在同一个场合分别称呼同时在场的几个人时,声调、语气和音量不要有明显变化,以免别人误解。

使用简称时要注意不导致混淆

使用简称在我们生活中非常普遍,比如称北京大学为"北大",称社会科学院为"社科院"。

公司里有一位姜工程师,同时有一位江工程师,如果你在别人面前对他们都简称为"某工",别人就无法知道你说的到底是谁;你将"国家图书馆"和"国际图书大厦"都简称为"国图",告诉别人地址时就容易误导别人;将刑事诉讼案件专用名词"被告人"简称为民事诉讼案件专用名词"被告",明显是南辕北辙。有些名词是约定俗成的,不能简称,或者不能使用别的简称,你自创简称就会给别人以无知或狂妄的印象。

简称如果使用不当,不但不能简化问题,反而会对人对己徒增烦恼。

温馨提示

不要对外地人使用本地常用的、对方却不熟悉的简称。

不要使用容易混淆的简称。

对习惯上不使用简称的名词不要使用简称,如不能把"法定代表人"简称为"法人"。

第四章

拜访礼仪

上门拜访前先预约

贸然上门拜访是不符合礼仪之举,如果你有事相求或商量,则失望的可能性会加大。

因为公务性或商务性事务上别人的办公地点贸然拜访,对方可能正在处理事务而无暇顾及,如果对方已经出差,你连向对方打个招呼的机会都没有。如果是拜访私人而贸然上门,对方可能在招待客人、举办小型聚会、休息,甚至有可能在和家人吵架,你的到来必定会让对方感到不知所措。贸然上门拜访,对拜访者来说会让主人感到突兀、为难,对接待者来说会导致行为仓促而难以让来客达到满意。

温馨提示

上门拜访前应该和主人预约。

上门拜访时应该征得主人的同意。

上门拜访时应保证不打扰主人的正常工作和生活。

不可单独夜访异性朋友

单独夜访异性朋友引起别人的猜疑和误解自然是难免的。

无论是让异性朋友误解,让异性朋友的伴侣或家人误解,还是让异性朋友周围的熟人、陌生人误解,都是不应该的。好心拜访别人,反倒让对方背负名誉上的负面影响,给对方心里"添堵",这能说是符合礼仪的做法吗?

> 温馨提示
>
> 拜访异性朋友时最好与别人做伴。
>
> 拜访异性朋友应该在白天。
>
> 拜访异性朋友时在对方处不应逗留太长时间。

登门拜访前要明确目的

登门拜访前不明确目的,就容易使拜访流于形式,失去效用。

路过熟人的家,登门拜访说"没事,随便看看",对方会多少有点莫名其妙。因为没有目的,对方摸不着头脑,招待你的同时始终会猜测你的真实想法和要求,导致"心累"。如果你和主人有过节,上门却不说目的,对方一定会猜疑。

登门拜访前不明确目的会导致交谈不顺畅,交往不顺利。上门拜访本身就是一种打扰,如果没有目的,则既浪费时间,又浪费精力,当然不能说符合礼仪。

> 温馨提示
>
> 登门拜访前应有一个明确的理由。
>
> 登门拜访时应向主人说明原因。
>
> 登门拜访时不要不着边际地乱侃。

约定聚会要考虑对方是否方便

你准备发起一场老友聚会,确定了不妨碍自己工作、有闲暇、精力充足的时间,然后挨个和朋友们联系,要求他们在你定的日子里参加聚会。其结果会很难让你满意。

约定聚会不考虑对方是否方便,对方则无法兼顾自己的事情和聚会的事情,同时还会认为你自私、强硬、自以为是。虽然请对方参加聚会是好心,却让对方为难。不为对方考虑,显然是不礼貌的。

> 温馨提示
>
> 约定聚会前应询问对方是否方便。
>
> 约定聚会时应该给对方提供方便。
>
> 不要强迫别人答应你的约会或参加你组织的聚会。

预约拜访要提前确认

预约了别人在某天前去拜访,

拜访前却不确认，这样做不礼貌。

约定好的事情，对方可能会因为事务繁忙或记性不好而忘记，或者因为临时有事而需要做出其他安排。如果拜访前不确认一下，就可能导致拜访时找不到人、对方没有时间等等结果。既然是你主动约别人，就应该对约定更加负责。有的重要约会，如果不由预约者提前确认一下，对方就会疑心预约者已经忘记或另有安排，或者根本就不是真心相约。预约了对方却不在拜访前通过确认让对方放心，显然是不礼貌的。

温馨提示

预约拜访前应提前一天或两三天联系约会对象以确认时间。

预约拜访前应先询问对方是否另有安排。

预约拜访前应提醒对方，免得对方忘记而失约。

到朋友家做客不宜带小孩同行

到朋友家做客带小孩同行并不礼貌。

如果你的孩子很小，必然需要时时悉心照顾。带孩子上门，吃喝拉撒都在朋友家，不但不雅观，还会制造令人不舒服的气味和噪音，想必给朋友带来的麻烦会多过乐趣。如果你的孩子特别闹，到朋友家后"人来疯"一上来，难免会打破东西、索要朋友家新奇的物品、撒娇哭闹，这样大人自然就无法正常交谈，更不要谈开心和乐趣了。

到朋友家做客，除非朋友强烈要求，否则不要带小孩。

温馨提示

拜访朋友时尽量不要带太小的孩子。

带小孩到朋友家做客时，应该保证孩子不过分哭闹。

带小孩拜访朋友时，不要让小孩破坏朋友家的物品。

切忌带着送给别人的礼物访友

带着送给别人的礼物访友是不合适的。

带着送给别人的礼物访友，如果对方误以为你是带给他的，必然会很高兴地请你放在某个位置或主动上前接过收好。然而当对方误解后，拿也不是，放回去也不是，双方都很尴尬。当对方知道这礼物不是带给他的，多少会有类似的想法："上我家带着给别人的礼物，这不是明摆着让我眼馋、寒碜我吗？"对方可能会认为你是故意以此举来向他表示不满或示威、讽刺。访友本是好意，却无端惹出尴尬，谁也不会觉得这是礼貌。

温馨提示

带着送给别人的礼物访友时，应先把礼物寄放在别处。

不得不带着送给别人的礼物访友时，应先将物品向对方说明。

带着送给别人的礼物访友时，最好给朋友也准备一份礼物。

敲门时要把握分寸

敲门时不掌握分寸，咚咚乱敲，敲到让人心烦的地步，一定是错误的。

杂乱的敲门声让人感到心烦意乱，同时会觉得敲门的人太嚣张、脾气暴躁。过大的敲门声会影响其他人，影响其正常工作或休息。持续不断的敲门声会让人紧张，感到被催促、被逼迫的压力。即使上门者有要紧事，敲门无所顾忌也会令人厌恶。

温馨提示

敲门时声音要轻而有节奏，以对方能听见而又不太响为宜。

敲门时一次敲两三声即可。

敲门时间不要太长。

叫门时要把握好声音

大声叫门不是合乎礼仪的举动。

大声叫门是不尊重对方、不爱惜自己形象的表现，也是缺乏教养、不冷静的表现。大声叫门会吵到邻居，对方会因为自己有你这样的熟人感到难为情；大声叫门会扰乱对方的心情，使其徒生烦恼和不快；大声叫门会让别人以为你有什么重大事件，或者与主人"有仇"，容易让别人误解。

温馨提示

拜访别人时能敲门的时候就不要叫门。

叫门时应保证不吵到别人。

叫门时声音不要太大，以主人能听见为宜。

进门要换鞋

进门不换鞋是不对的。

上门时鞋子会把户外的脏土、杂物带进室内，污染主人精心清扫的地面，还可能带进病菌。进门换鞋是对主人劳动成果的尊重，能使主人的居室保持整洁，也是对主人健康的负责。进门是否换鞋并非原则性问题，但如果主人家有进门换鞋的习惯，作为客人上门不换鞋就是粗俗的表现。进门换鞋这一细节，能体现出客人对"礼仪"二字的理解和尊重，体现出客人有良好的修养。

温馨提示

做客时，进门前应询问主人是否需要换鞋。

换鞋时应根据主人家的习惯将鞋放在指定位置。

如果鞋子很脏，进门前应先清理鞋底、鞋面。

切忌换鞋时露出脏袜子

换鞋露出脏袜子，真是会让人笑掉大牙。

换鞋时露出脏袜子，等于在向主人宣布"我没洗脚，我不讲卫生"。脏袜子与整洁的环境极不协调，还有可能发出令人尴尬的气味。一个懂得礼仪的人不可能不让自己有一个整洁的形象，而穿脏袜子说明你不重视自己的拜访对象，是对主人的不敬，也是自暴丑陋。

温馨提示

做客之前应该保证自己的脚是干净的。

做客之前应换上干净的袜子。

做客时不要穿有破洞的袜子。

随身物品要放在恰当的地方

拜访别人时，自作主张地放置自己的随身物品，如把围巾扔在桌上，把皮包和外套扔在沙发上……这种毫不拘谨的方式并不能起到积极作用。

随意放置自己的随身物品，你会在对方眼里变得很放肆；随意放置自己的随身物品，会使主人的居室显得杂乱，这是对主人居室整洁的破坏，显然是不受欢迎的；随意放置随身物品也暗示出你对主人不信任。这种举动显然不能说合乎礼仪。

温馨提示

坐下时，随身的皮包应放在自己腿上或座椅上。

如果随身物品较多，应放在指定位置。

如果没有人规定或指定位置，随身物品应放在自己方便取用而又不妨碍别人的地方。

要在指定位置停放交通工具

随心所欲地停放交通工具是不合礼仪的。

随处停车可能会违反对方单位的规定，妨碍别人行车走路；停车位置不对，会占用过大空间，给他人停车造成障碍；随便找个地方停车，还可能因为位置偏僻而给偷车贼机会，如果车丢了，接待你的单位或个人必然尴尬。无论是前往外单位考察、开私家车到公共场所游玩，还是骑摩托车、自行车找朋友聊天，任何交通工具和出行理由都不足以说明你有随意停车的权利。

温馨提示

交通工具应停放在指定地点。

停放交通工具时应遵守规章制度或听从主人安排。

停放交通工具时应将其锁好。

拜访要控制时间

拜访任何人都不应该不控制时间。

拜访好友、拜访自己崇拜的人、拜访亲戚等等，兴致上来，一坐大半天，几个小时过去也没有走的意思，即使对方再有谈话的兴致和良好涵养，也会感到疲惫。如果对方与你是初次交往，说不定会被你这种超级热情吓得再也不敢接待你。拜访别人时逗留时间长到让对方厌恶甚至害怕，没有人会觉得这样是礼貌。

同样，拜访时间太短，见一下，没过5分钟就走，对方会认为你是嫌弃和敷衍，这样也是不合礼仪的。

温馨提示

临时性访问应该控制在15分钟左右。

一般关系的拜访和事务性的拜访时间应控制在半小时以内。

好友聚会时间最好不要超过两小时。

访友要问候对方家人

访友时不问候对方的家人，其实就是对朋友的不敬。

访友时不问候对方家人，表面上看来，你是目标明确，专找自己要找的人，干脆利落，其实这样反倒让别人误解。别人会想：他是不是看不起我们家人？他是不是很功利？他是不是太害羞了？难道他不知道这是我们家吗？

访友不问候对方家人，即使你对朋友展现出全套合乎标准的礼仪，朋友和他的家人也不会认为你懂礼貌。

温馨提示

访友时一定要问候对方的家人。

问候朋友的家人时应按照辈分依次问好。

不知道朋友家人长幼辈分时，应向朋友询问或仔细听朋友介绍。

访问要确定交谈主题

访问时不确定交谈主题，看似小事，却让人觉得棘手。

如果因为某件事而访问，交谈时不跟着主题走，事情就难以解决；如果参与交谈的人较多，不确定主题，就容易造成混乱嘈杂、形成小圈子，从而影响交谈氛围；如果谈话时间有限，不确定谈话主题，就会浪费时间和精力，造成效率低下；如果交谈者习惯性跑题，不确定主题就抓不住谈话重点。

访问而不确定交谈主题，访问的目的就可能无法实现。平白打扰别人的宝贵时间，这能说符合礼仪吗？

温馨提示

拜访别人时，应该有明确的谈话目的和主题。

拜访别人时，不要东拉西扯、漫无边际地闲谈与主题无关的事情。

拜访别人时，不要在枝节问题上纠缠不清。

拜访要确定交谈对象

上别人家串门，本来是要找甲，结果和对方家人打个招呼后，竟然与甲的家人聊起来，把甲冷落到一旁。有过这种经历的人恐怕不在少数。

拜访别人却不确定交谈对象，一会让你忘记真正的拜访目的，二会让真正的拜访对象感到奇怪和生气，三会浪费时间，导致拜访无效。拜访不确定交谈对象，会给人以随随便便、不讲原则、意志不坚的印象，没有人愿意和这样的人合作；拜访不确定对象，容易让真正的拜访对象疑心你对他有成见，如果碰巧其他人有事在身，与他们交谈则是为其增添负担。

温馨提示

拜访前应该确定自己是去拜访谁。

如果自己要找的人不在，不要和其他人长时间交谈，以免妨碍对方。

拜访某人时如果遇到其他人，不要将目标转向他人。

临走时要和主人及其家人一一道别

临走时只和主人道别的人，可以说是礼仪规矩的门外汉。

临走时只和主人打招呼，说明你眼中没有主人的家人。在主人的家人看来，你这种人一定很势利，他们会认为你只对自己用得上的人表示礼貌。只对主人打招呼，并不能让主人感到你对他格外尊重，反而会暗暗对你产生不满。

你拜访的对象是主人，但是忽略他的家人，显然是不懂礼节。

温馨提示

做客临走时应向在场的所有人道别。

参加舞会临走时可以只向主人或熟悉的人告别。

参加宴会等社交聚会，临走时遇到熟悉的人不要视而不见。

做客不可随便

做客太随便的人惹人讨厌。

在主人家里站没站相，坐没坐相，想说什么就说什么，不管别人心里的感受如何，不管别人的目光和表情如何；吃饭的时候想吃什么就吃什么，狼吞虎咽；主人家的物品，不管什么都能引起他的好奇；主人家的宠物，喜欢就抓住玩弄，不喜欢就冷眼相对，甚至打骂。这都是做客太随便的表现。这样做是对主人的侮辱，任何主人都不会喜欢这样的客人。

温馨提示

做客期间不要对主人家居的陈设太好奇。

做客期间未经允许不要进入主人的卧室和其他虚掩的房间。

做客期间说话和行为都要注意分寸。

做客不可拘谨

做客太拘谨的人不受欢迎。

做客期间，主人无论说什么，你都唯唯诺诺地应对；主人为你敬茶，你连忙点头哈腰地双手接过，放下时却洒了一桌子水；主人请你吃饭，你小口吃，一碗吃完，却不敢请主人帮忙添饭；和主人对话时，坐得僵直，半天不动一下；主人的家人向你致以问候时，你半天才挤出一个僵硬的笑容，发出一句连自己都听不清楚的话。这么拘谨的客人，再热心的主人也会感到头痛，难以招架。如果你太拘谨，会导致主人不知道怎么办才好，给对方心理造成压力，双方交流也会比较困难。你的拘谨也会让对方从你的外在表现上怀疑你做事、做人都缩手缩脚、胆小怕事。

温馨提示

做客时，言行举止应大方自然。

做客时，不要用胆怯的声音、姿态和眼神对待主人。

做客时，不要太过谦让。

对主人倒水表示感谢并欣然饮用

主人倒水给你，你一点都不喝是不对的。

主人倒水给你，你却一滴不沾，首先是辜负了主人的劳动。你不喝水，主人不会以为你珍惜他倒的水、不舍得喝，而是认为你怕脏，觉得主人不配为你倒水、不屑于喝。主人倒的水你不喝，对方会认为你对他有戒心，或者认为你拘谨、虚伪。主人为你准备的水是自己颇为得意的配制饮料——茶、果汁、汽水等等，如果你不喝，主人就无法体会让客人对自己的饮料赞不绝口的那种成就感。

温馨提示

主人亲自为你倒水时，应起立并表示感谢，同时用双手接过。

主人倒水给你，不要一直端在手里。

主人倒水，多少要喝一点，即使不口渴也应该喝一两口。

不可提出不合理的要求

做客时，不要因为自己是客人，就提出不合理的要求。

你在家时爱蹲在椅子上看书、看电视，但做客时提出这样的要求就有点过分了；你在家时喜欢在米饭里拌上酱油，做客时这样要求，主人大概会认为你暗示对方做的菜还不如酱油好吃，责怪对方招待不周。做客期间，突然接到一个朋友的电话，恰巧朋友就在主人家附近，你提出请主人多准备些饭菜好招待自己的朋友，主人一定会反感，因为你竟然以主人身份自居，要在别人家里请自己的朋友。

虽说招待客人讲究一切以客人为中心，但若客人不知趣地提出不合理的要求，再大度的主人也不会对你有好感。

温馨提示

不要向主人索要主人家没有的饮料或食品。

不要向主人索要自己喜欢的物品。

不要提出有悖主人习惯的作息方式。

不可强行代主人做饭

强行代主人做饭的人，可谓很不知趣。

首先，到别人家做客，强行代主人做饭是反客为主的表现，等于是抢夺了主人的地位；其次，你毕竟不是主人的家人，对方厨房的格局以及主人的卫生习惯都不太清楚，强行代主人做饭，无疑是表示自己对主人的手艺不放心，同时也暴露出热衷于自我表现的心理。强行代主人做饭，让主人的殷勤待客之情无处可施，徒增尴尬。

> **温馨提示**
>
> 做客时吃什么饭可以向主人提建议，但是做饭时应该听从主人的安排。
>
> 做饭是主人向客人表示尊重和热情的机会和手段，应该尊重主人的劳动。
>
> 主人做饭时，可以适当帮忙，但不要在旁边指指点点。

不宜请客人下厨"露一手"

请客人下厨"露一手"的做法实在不明智，不是所有的客人都喜欢这样的。

客人如果从来不下厨，请对方做饭炒菜是让他出丑；如果对方不习惯在别人家使用炊具，可能使其难以发挥出正常水平，同样是出丑。请客人下厨，必然要动刀动铲，很可能让客人不小心受伤。客人拜访时，必然是穿了盛装前来，下厨时油盐酱醋齐上阵，沾上污渍或油烟味不说，不小心弄脏衣服或头发，自然就使自己的形象受损了。

> **温馨提示**
>
> 客人应该是享受者，应保证在做客期间安心接受招待。
>
> 如果客人主动要求下厨，可以请其做一两道菜。
>
> 如果客人手艺不佳或从未下过厨，不要向其提出下厨的建议和要求。

不可随意使用主人的卫生间

随意使用主人的卫生间是没有礼貌的行为。

卫生间是主人的"禁地",不是可以随便使用的。卫生间是洗澡和上厕所的地方,也是最容易聚集病菌的地方。上卫生间,就等于侵犯了主人的私密领地,再遗留下排泄物,显然是不礼貌的。关系一般的人短暂拜访时上卫生间,主人和客人都多少会感到不自在。

不事先征求主人同意,不询问主人有什么注意事项就上卫生间,也是错误的。

温馨提示

如果短时间拜访,应避免使用主人的卫生间。

如果主人家里有两个卫生间,必须使用卫生间时不要使用主卫。

使用主人卫生间时尽量避免大便和长时间待在里面。

对主人的房间布置表示赞美

有的人喜欢紧凑的布局,就对主人家家具摆放的方式相对松散而指指点点;有的人喜欢艳色的布料,就对主人家颜色素淡的窗帘和床罩表示轻蔑;有的人不喜欢在室内放置花木,就劝主人不该在卧室里摆放兰花和仙人掌。

按照自己的喜好评判主人房间的布置,就是对主人审美水准和花费的心血进行抨击。把自己的意志强加给别人是不礼貌的。

温馨提示

参观主人的房间和陈设时不要一言不发。

不要吹毛求疵地指出主人房间布置的缺点。

应对主人房间设计的独特之处进行赞美。

对主人家的宠物或孩子表示喜爱

对主人家的宠物或孩子表示厌恶是很失礼的做法。

宠物是主人家庭的一分子,主人的孩子则是主人的最爱,向宠物和孩子表示厌恶,就是对主人的厌恶。如果你满怀希望地向好朋友展示自己心爱的儿女或宠物时,对方露出嗤之以鼻的神色，想必你心里的难过一定不亚于对方嘲讽你时的感觉。

> 温馨提示
>
> 对待主人家的孩子和宠物时要表露出喜爱之情。
>
> 即使害怕宠物，也不要对其表示出害怕和驱赶动作。
>
> 做客时，最好能热情地抱一抱主人的孩子，摸一摸主人家的宠物。

借宿时要讲究卫生

借宿别人家里不同于在自己家里，不能不讲卫生。

借宿期间乱扔自己的鞋子，不洗袜子，不洗澡，把主人家的梳子用得沾满污垢；上完厕所时马桶不冲干净，洗手时甩得到处都是水；吃饭时掉饭粒、掉菜；随处扔垃圾……想必这样大大咧咧的客人，任何人都不会喜欢。

借宿时不讲卫生，既是对主人的不尊重，也是对自己的不尊重，更是把自己变成了主人的负担。不讲卫生的客人，会让主人从他的日常表现怀疑他对待别人的态度甚至他的人品。

> 温馨提示
>
> 借宿时应将自己制造的垃圾主动收集放置一处，放在垃圾筐或袋子里。
>
> 借宿时不要将脏水乱倒。
>
> 借宿时不要将主人的被褥及桌椅等陈设弄脏。

借宿时要看主人的作息时间和习惯

借宿时不看主人的作息时间和习惯的客人，主人招待过一次，一定不愿意再招待第二次。

主人习惯早起，你却日上三竿、主人吃过早饭了你还在大睡；主人习惯早睡，你却在夜半时分仍然在看书、看电视；主人习惯天天洗澡，你借宿期间却几乎连脚都不肯洗。这样做能让你感到舒服自在，却会让主人反感。你的行为在主人看来是自私和不满的表现，你这样做也打扰了主人的正常作息。招待客人本来就是额外的负担，而招待我行我素的客人，更是令主人身心都受到打扰的负担。

温馨提示

借宿时应尽量跟随主人的作息时间和习惯。

如果需要晚睡，应征求主人的意见，并保证不打扰到主人。

不要在主人休息的时间要求对方陪你聊天。

借宿期间出门要打招呼

借宿期间出门不打招呼是不应该的。

借宿别人家里时，出门不打招呼，这种我行我素的做法，是对对方及其家人的不尊重；出门不打招呼会使主人不知道你的去向，担心你的安全，甚至会想：是不是因为我招待不周，把人家气跑了？另外，出门不打招呼会让主人不清楚你何时回来而不方便安排自己的行动。

借宿期间，早晨起床和晚上睡前不打招呼，也是不合礼仪的。

温馨提示

借宿时应让主人知道你的行程表。

借宿时如果出门，一定要告诉主人。

如果在外需要多待一段时间，应及时告诉主人。

做客时不可频繁看表

做客期间频繁看表绝不是值得欣赏的举动。

做客时频繁看表，一个原因是你有重要事情要做，暗示主人你必须马上离开；另一个原因是暗示主人对你的招待未能使你满意，或者主人的话题太无聊；第三个原因可能是你的手表是新买的名牌，你需要用这种动作来引起主人的注意。频繁看表会让主人认为自己不招客人喜欢，客人不接受自己的款待，也可能会认为客人太过急躁，不关心别人的感受。

温馨提示

做客期间应避免做出看表、跺脚等动作。

做客期间应保持良好的姿态。

做客期间应保持从容的态度。

主人送客时要礼让

主人送客时，客人不应该心安理得地接受主人的送行而不做出任何表示。

主人送客人送到很远，客人一句谦让的话都不说，给人的感觉是太傲慢、太无情，也太不识抬举。主人送客时不礼让，会让满怀热情的主人在情感和礼仪上缺少回应，也会给主人留下自私的印象；主人送客时不礼让，会给主人增加负担，送客越远，主人所做的额外付出越多。

主人送客，尤其是客人与主人比较熟悉时，客人千万不能无动于衷。

温馨提示

主人送客时应请对方留步。

主人送客时不要与对方长时间寒暄。

如果主人站在门口目送客人，客人到转弯处应回头再次向主人挥手道别。

做客后要向主人致谢

做客后不懂得感谢主人的客人不受欢迎。

如果主人特地隆重招待了你一次，告辞时你却一句感谢的话都不说，对方一定会觉得自己的殷勤款待未得到承认。做客后向主人致谢是必须的礼貌，也是体现一个人是否有涵养、有教养、有感恩之心的试金石。

没有人愿意招待一个吃了就走、对主人的热情和辛苦视而不见的冷漠客人。

温馨提示

做客后要向主人口头表示感谢。

如果主人待客很隆重，客人返回后应打电话或写信向主人表示感谢。

如果有必要，客人应该适时用礼物回谢主人或者回请主人。

喝茶时要细细品味

喝茶时牛饮的人是不配喝茶的。

主人郑重地捧出名茶，精心冲泡，你却举杯一饮而尽，甚至咕咚有声,还让茶水从嘴角流下来。这就是牛饮。动作倒显得淋漓酣畅,却严重损害了你的形象,让你仪态尽失。

喝茶牛饮,就无法体会茶味之美,不能体会茶文化的内涵,以致辜负主人的好意。如果主人的茶价值不菲,牛饮是对主人茶叶的浪费。喝茶牛饮,还会让主人产生你故意与其作对的误解。

> **温馨提示**
>
> 喝茶时不要一口气喝完。
> 喝茶时应该动作文雅、态度平和。
> 喝茶时不要发出声音。

喝茶要赞茶

喝茶不赞茶的人不懂礼貌。

应邀到访,主人端出精美茶具为你泡茶,你喝得不亦乐乎却连一句夸奖的话也不说,主人必定会很失望。主人请客人喝茶,尤其是请贵宾喝茶,必然会上好茶。茶叶的品质体现着主人的品质,赞茶就等于是对主人的品质及待客之道的肯定。如果客人不懂得及时赞美,就无法体现宾主之谊。喝茶而不赞茶,主人会觉得你没见过世面,缺少共同语言,不值得交往。

> **温馨提示**
>
> 喝茶时应向主人表示感谢。
> 如果主人向客人上的是好茶,客人应该对茶表示欣赏和赞美。
> 如果宾主聚会的主要活动之一就是喝茶,更要对茶表示赞美。

第五章

待客礼仪

远客到来要提前迎接

远客到来之前，主人如果不迎接，就不算个合格的主人。

如果客人第1次来访，并且你的住处很偏僻，提前迎接客人可以免去客人费力寻找之苦；如果客人身份高贵，即使不是初次来访，提前迎接也是客人应得的礼遇；如果客人不善长途跋涉，提前迎接客人有助于客人恢复精神和体力。反之，主人就会留给客人傲慢自大的印象，从而有碍主宾交往。

温馨提示

远客到来时应该由主人亲自迎接，或由专人前往车站迎接。

如果客人是初次到来，应该准备接站牌。

应该提前赶到客人下车的地点，避免让客人等待。

待客前要打扫卫生

用杂乱、肮脏的居室待客是不礼貌的。

门口放着胡乱摆放的鞋，客厅里堆满果壳和瓜子皮，家具上落满灰尘；阳台上堆满杂物，厨房里放着没洗的碗，卫生间里堆着未洗的衣服……客人来做客看到这幅景象，一定心情不爽。待客前不打扫卫生，说明主人对客人不够重视，也说明主人不在乎自己给别人留下什么印象，还说明主人生活邋遢、没有规律、不求上进。

让客人在脏乱差的环境里做客,实在是对客人的亵渎,更谈不上礼仪。

温馨提示

待客前应该认真打扫室内外的卫生。

如果有临时性访客上门,不要当着客人的面打扫房间。

如果来不及打扫,至少应该把物品摆放得稍微整齐一点。

待客时要精神饱满

带着一脸的倦容和一身的倦意待客的人,不会给客人带来好感觉。

客人满怀欣喜和期待前来拜访,却发现主人满面倦容,一定会觉得主人是在勉强应对,同时自己心里也会有些歉疚。待客期间客人正热情高涨地发表见解,却看到主人疲倦的表情,客人的热情马上就会像遭遇冷水一样迅速减退。待客时主人露出倦容,无疑是在暗示客人"我累了,该休息了,你该走了"。也可以被理解为"客人的话题太无聊,搞得我都昏昏欲睡"。

温馨提示

接待客人时主人应保持良好的精神状态。

待客时主人不应该有抱怨的神色。

待客期间,主人不要走神,更不要想不愉快的事情。

为互不相识的客人作介绍

当同时招待几位互不相识的客人时,作为主人不为他们作介绍是很无礼的。

不为互不相识的客人作介绍,他们就不方便很快认识彼此。因为彼此不知道对方的身份、性情、背景等各方面情况,某些客人很容易无意间说出令其他人反感的话题。不为互不相识的客人作介绍,地位高的客人会觉得自己没有面子,身份低的客人会认为主人不屑于向别人介绍自己。总之,不为互不相识的客人作介绍,既不利于客人交流,也容易引起客人不满。

温馨提示

有后来的客人到来时，应该将他们介绍给先来的客人。

应根据客人的身份依次介绍。

几位互不相识的客人同时到来时，主人应为他们作介绍。

按一定的秩序请客人入座

主人招待客人"随便坐！"似乎显得很大度、很随和、很热诚，其实这样是不合礼仪的。

"随便坐"的意思就是哪里都能坐。如果来客不太懂规矩，坐到了主人的位置上，你是让他重新坐还是表现得若无其事呢？客人陪同长辈前来，如果让年轻客人坐在了长辈的位置，长辈必然会有受到冷遇之感。让客人随便坐，其实暗示给客人的是"爱坐不坐"，这是对客人的不关心、不尊重。

温馨提示

主人待客时应将客人请到上座。

如果客人是几个人，应将年长和辈分高的让到上座。

如果客人的身份不好区分，可以按照进门的顺序请他们落座。

切忌以旧茶剩饭待客

以旧茶剩饭待客是很不礼貌的。

用隔夜茶待客，哪怕是用客人来之前泡好不久的旧茶待客，都会让客人觉得自己是不受欢迎的、被敷衍的。用剩饭待客，客人会认为自己在主人眼里只适合"处理剩饭"。热情地邀请客人到访，热情交谈，嘘寒问暖，却用旧茶剩饭待客，那么主人的热情就显得表演意味太浓、太过虚伪。

饮旧茶、吃剩饭，对主人而言也许是勤俭节约的表现，但这样待客就是冒犯。

温馨提示

沏茶应沏新茶，待客应用新做的饭。

待客时，不要故意当着客人的面说旧茶剩饭"倒掉真可惜"之类的话。

待客用的茶和饭菜应该干净、卫生。

待客的茶具要完好

用破损的茶具待客是不礼貌的。

茶壶上缺一个口子，茶杯把断了半个，这样的茶具向客人昭示着主人多么不懂规矩、多么随便应付。如果主人专门请客人品茶，破损的茶具会使茶之美尽失，这不但是对茶的亵渎，更是对客人的怠慢。

即使不能用新茶具，也不该用破损的茶具待客。

温馨提示

敬客用的茶具应该保证完整无缺。

茶具应该成套使用，质地以陶瓷为佳。

茶具的新旧程度应该相一致。

倒茶前要洗茶具

倒茶前不洗茶具是要不得的。

茶壶里满是茶垢，茶杯上残留着刺鼻的气味，用这样的茶具喝茶，恐怕没有人能喝出自在舒服的感觉来。倒茶前不洗茶具，就不足以表示对客人的真诚和热情。如果茶叶很好，茶具却很脏，客人就无法品味到好茶的真味。倒茶前不洗茶具，就像接待客人前不洗脸一样，是不恭敬、不礼貌的行为。

倒茶前，即使你确定茶具是干净的，也不要不洗。

温馨提示

倒茶前应当着客人面将茶壶、茶杯都清洗干净。

清洗茶具时不要装模作样走过场，至少应认真地用开水冲洗一遍茶具。

清洗后的茶具中不应该沾有残留的洗涤剂和污水。

不可用手抓取茶叶

用手抓取茶叶是不合礼仪的。

茶叶不是俗物。从品茶赏茶的角度而言，用手抓取茶叶会使茶叶失去文化韵味，失去喝茶的境界；从卫生角度来说，用手抓取茶叶会使茶叶沾染上不纯的气味或不洁的尘垢，影响茶的味道和成色，也影响客人的心情；从礼仪角度讲，当你为一个酷爱喝茶的客人打开一罐极品茶叶，下手去抓的同时，客人已经对你失去了信心。

> **温馨提示**
>
> 为客人沏茶时，应该使用专门的瓷勺或竹木勺取茶。
>
> 取茶要适量，要根据客人的需要来取。
>
> 掉落的茶叶不能再拾起放进茶杯。

敬茶不可满杯

敬茶满杯不代表大方、热情，反倒是不对的。

中国有"茶满欺人"之说，因为茶水一般都上热茶，茶水倒得太满，水容易溢出，烫到客人的手，或泼洒到桌上或地上；另一方面，茶水倒得太满，主人端杯时容易将手指浸泡在茶水中，这自然是很令人反感的。敬茶满杯，客人会认为主人厌烦自己，或者对自己有不满意的地方而不愿直说。

> **温馨提示**
>
> 敬茶时，倒水至七八分满即可。
>
> 敬茶时，应避免茶水溅出，更不要让茶水淋湿客人的衣服或文件。
>
> 敬茶时，应用双手或右手递上。

不可用一次性纸杯盛水待客

用卫生纸杯待客显得太敷衍，如果用纸杯冲茶待客，更是不礼貌的做法。

中国人喝水一般讲究水杯的质地和档次，纸杯是简陋用具，使用纸杯一方面说明主人对客人不重视，一方面说明主人对客人有防范之心——"杜绝病菌入侵"。一次性纸杯给客人的感觉是：自己和主人的交往是一次性的。虽然一次性纸杯符合"科学"，却不符合"人情"。

> **温馨提示**
>
> 不要用一次性纸杯盛水待客。
>
> 必须使用一次性纸杯待客时，应该在茶杯上加上杯托。
>
> 待客的杯子应该干净而没有残损。

要按次序上茶

上茶不按次序，即使茶是好茶，上茶者仪态优雅，也不算是做到了礼貌相待。

同时招待长辈和晚辈时不按次序上茶,客人们会认为主人不懂得长幼尊卑;两个单位会谈时,接待方不按次序上茶,客方会认为招待方不够正规,因而很可能影响到双方的合作。不按次序上茶,客人会认为主人刻意对某些人表示不屑。上茶不按次序,还会使互不熟悉的客人混淆彼此的身份,不利于彼此交往。

温馨提示

上茶时应该按照客人的身份、地位高低上茶。

不知道客人身份、地位时,可以按照顺时针方向敬茶。

招待客人时,应先给外单位的客人上茶。

敬茶后要及时添茶

敬茶不可不添茶。敬茶不添茶,等于是告诉客人:不想招待你了。

在中国传统礼仪上,敬茶讲究"不过3杯",但是只敬一杯,显然是"不够意思"的。如果主人的茶叶是上品,主人只敬一杯,客人会觉得主人太小气,太不近人情。如果客人是初次到访,只敬一杯,客人会认为主人欺生;若客人是熟客,只敬一杯,客人会觉得主人与自己疏远。

温馨提示

向客人敬茶后,当客人杯中水剩下三分之一左右时,应及时添水。

当茶水颜色变淡时,应为客人换新茶。

添水时,要把茶杯放在桌边,不正对客人,以免茶水溅到客人。

不可频繁添水

如果你想表现好客,请不要用频繁添水来表现。

为口渴的客人添水是体贴,为爱喝水的客人添水是关心,为喝茶的客人添水是尊敬。但频繁添水就是不礼貌、不尊敬的表现了。喝水要有限度,水喝得太多,享受就变成了受罪,客人会被无休止的水吓倒。另外,频繁添水在一些老辈人看来,有逐客的意思。如果你与客人相谈正欢,却频频为其添水,对方一定会对你热情的表情和添水的动作感到困惑:这人怎么如此虚伪?

温馨提示

待客时添水要适度,不要在客人刚喝了一两口水就马上添水。

不要频繁劝客人喝水。

如果客人不想喝水,不要硬劝。

不可在客人面前与家人争吵

在客人面前与家人争吵的主人不合格。

当着客人与家人发生争吵,甚至打骂,会制造出紧张、难堪的气氛,会让在场的客人感到自己"来得不是时候";主人当着客人与家人争吵,容易被客人认为是"指桑骂槐",误以为真正的矛头是针对自己;在客人面前与家人争吵,是将家丑外扬的表现,是把不好的嘴脸暴露在客人面前,有损主人的形象;当着客人与家人争吵,会严重影响宾主交谈的效果。

温馨提示

待客时应与家人和睦相处。

如果与家人产生矛盾,应待送走客人之后再解决。

待客期间,不要故意与家人发生口角和争执。

不可任由自家小孩打扰客人

无论是多么要好、多么不拘小节的客人来访,都不应该让自家小孩任意打扰客人。

与客人谈重要事情时任由孩子在客人面前跑跳,问东问西;客人的衣着打扮有些特别,自家小孩不停地玩弄客人的衣服,抓客人的头发;主人的孩子哭闹着让客人为他买糖果……这些都是任由自家孩子打扰客人的表现。客人不可能和小孩子计较,但受到打扰后就不免失态,耽误宾主交流,还容易给客人留下"这家人不懂家教"的印象。

温馨提示

招待客人时,应该首先安顿好自家小孩。

当自家小孩哭闹时，主人应尽快好言抚慰，不应当客人的面呵斥、打骂。

如果自家小孩已经懂事，要事先教其礼貌地称呼客人，并嘱咐其不打扰客人。

待客时要照顾来客的小孩或陪同者

待客时，别忘了照顾来客的小孩或陪同者。

既然是待客，每一位随自己邀请对象来到家中的人都是贵宾，不应当有贵贱之分，不应当区别对待。待客时不照顾客人的小孩或陪同者，会让客人误以为主人讨厌自己带来的孩子或其他人，或者认为主人是在故意做给自己看、贬低自己，客人自然无法很放松地享受主人的招待。忽略了客人的小孩或陪客，小孩或陪客自己也会感到备受冷落，很容易显得拘谨或故作轻松。

温馨提示

待客时对客人带来的小孩应悉心照顾，给其准备玩具和空间。

对待与客人同来的陪同者应一视同仁。

当主人与客人单独交谈时，应为陪同者安排接待者或娱乐休闲项目。

留宿客人要问客人的习惯

让客人在自己家留宿时，不问客人的习惯，按自家习惯照顾对方是不对的。

客人不习惯睡软床，你却特意在为客人准备的床上加铺厚厚的床垫，虽是好意，却让客人无法享受；客人不喜欢看肥皂剧，你却在招待客人期间极力向客人推荐，并请对方和你一起看五集连播的电视剧，客人内心一定苦不堪言；客人习惯晚睡，你却早早地把客人安顿好、嘱咐他早点睡，并随后就去自己的卧室玩电脑游戏，客人一定会觉得你是在向他表示厌倦和不满。

温馨提示

留宿客人时，应事先询问客人对住宿环境的要求。

留宿客人时，应针对客人的年龄、性别、身份进行安排。

留宿客人时，应尽量为客人营

造整洁、安静的环境。

待客应尽力方便客人

"客随主便"是我们耳熟能详的词语,但待客时这样做就错了。

待客时对客人不够恭敬,吃饭、住宿、游玩等等,处处都是主人代为决定,客人必定会感到很不自在、很不尽兴,甚至很委屈。待客时"客随主便",就无法使客人得到真正的轻松和愉快。不询问客人需要什么就自作主张,实际上是连对客人最起码的尊重都没有实现,这样的主人是费力不讨好的,在客人心目中也是不懂礼仪的。

温馨提示

待客时,应该"主随客便",讲究"宾至如归"才是上策。

待客时,应该主动体察客人的需要并进行照顾。

待客时,不要将自己的喜好强加给客人。

在客人到齐之前就开始炒菜

在家宴客时,千万别等客人到齐了再炒菜。

等客人到齐了再炒菜,一方面必然耽误时间,主人不可能短时间内把很多道菜做好,客人们在此期间会等得心焦,也会等得饥肠辘辘;另一方面,等待个别客人太久,先到的客人会感觉自己受到了冷落,认为他们只是陪衬。再者,等客人都到齐了再炒菜,主人让客人干等着菜上桌而不出面相陪、寒暄,会显得很不尊重客人。

温馨提示

待客时应该边准备菜边等未到的客人。

主人准备菜之前应指定专人陪伴先到的客人。

两道菜之间的间隔不应该太久。

在家中宴客比在外宴客对客人更重视

许多人认为,请客理所当然要去酒店、饭店,酒店或饭店越豪华,花费越多,表示对客人越尊重。其实不然。

高级酒店再好,气氛再迷人,

也说明主人把客人当"外人";在家宴请,则能体现出主人的关切和真诚。何况家庭所独有的温馨气息是任何奢华的饭店都无法营造的。主人请你去家里吃饭,也表示主人对你很信任,已经把你当"自己人"了。

温馨提示

设宴款待贵宾,尤其在私人关系中,宴请客人时应该在家中设宴。

在家设宴时,应该根据客人的身份而设定规格。

不太熟悉的人,如关系一般的同事、同学、老乡等,无需在家宴请。

主人因疏忽犯错,不必反复向客人道歉

主人不小心把茶水洒到了客人衣服上,拿东西的时候不小心用胳膊撞到了客人,不小心在菜里放多了盐……主人待客时,难免出一点纰漏。但如果主人不停向客人道歉,这就不合适了。

既然主人是因为偶然的疏忽犯错,客人通常也不会觉得主人是故意的,更不会希望主人一遍又一遍地道歉。不停道歉会使小错误看起来不可饶恕,容易夸大失误带来的尴尬,让客人心烦和产生压力,此外还容易让客人对主人的犯错动机产生怀疑。

因疏忽犯了小错,与其不停道歉,还不如开个玩笑来化解更容易让人接受。

温馨提示

主人因疏忽犯错,向客人诚恳地道歉一次即可。

主人因疏忽犯错后,应及时采取补救措施。

主人因疏忽犯错后,应尽量使客人的损失和不适减少到最低程度。

点菜要问客人是否有禁忌

点菜不问客人有什么禁忌,不是合格的主人。

请客人吃饭不问禁忌,为不喜欢吃甜食的人点甜点,为喜欢吃辣的人点一丁点儿辣椒都没有的清淡菜,为喜好素食的人点大量味道厚重的肉食……也许你点的菜都是你最喜欢吃的,也许是花费最高的,

也许是当地最有特色的，但不一定是客人喜欢的或者是客人能吃的。

点菜不问禁忌，非但不礼貌，还会让人误以为是侮辱或故意为难、虚情假意。

温馨提示

点菜前应询问客人有什么饮食上的爱好和禁忌。

点菜时如果在场者有少数民族或外国同胞，应询问对方的饮食习惯。

如果在场有身体不适的客人，应询问对方健康方面的禁忌。

在家待客不可打扰邻居休息

主人在家待客时打扰邻居休息，说明他不懂礼仪。

在家待客时，乘车而来的客人把各种车子停在主人家院子里、楼道里、门外，杂乱的声音传得很远；在家待客时，大张旗鼓地炒菜、喝酒，浓烈的气味透过窗子飘出很远，猜拳的声音让邻居也能听见。有的人在家开私人舞会，吵得楼下无法休息；有的人深夜接待客人，发出很大的开门、关门声以及寒暄声。这样待客，热闹的同时也影响了周围的邻居。邻居会为你的自私而恼火，朋友也会因为声音太吵而感到烦躁。

温馨提示

在家待客时，不要大声喧哗。

在家待客时，不要将音响等声音开得太大。

在家待客时，不要在室内跳节奏强烈的舞蹈。

不可冷落个别客人

同时招待几个客人时，主人因为照顾不过来而冷落个别客人，这样做不好。

如果同来的是一个关系很好的小团体，冷落其中任何一个客人都是对他们全体的不敬，这等于是在向他们暗示：某人不适合和你们在一起，这是挑拨离间。如果客人身份较低，冷落他是对他的不屑；如果客人地位较高，冷落他是对其挑衅；如果客人生性腼腆，冷落他是以强欺弱。冷落一个客人，其他的客人全看在眼里，大家会从礼仪到品质都对你产生怀疑。

> **温馨提示**
>
> 待客时要时时为客人着想。
>
> 客人多时应该照顾到每个客人。
>
> 待客时如果主人有事不能照顾客人,应该让亲戚朋友代为照顾。

待客交谈时要避免冷场

待客交谈时冷场,是任何一个合格的主人都应该竭力避免的情形。

待客时,如果主人不说话或说话很少,客人就会感到紧张和无聊,会认为主人是在故意制造难堪,暗示客人"你不受欢迎";如果客人谈话热情不高,主人便顺其自然,也停止发言,客人会认为主人是在赌气。待客本来应该是个宾主尽欢的场景,如果冷场,"礼仪"二字就无从谈起。

> **温馨提示**
>
> 待客时,不要故意冷落客人。
>
> 待客时,如果客人不爱说话,主人应主动寻找话题。
>
> 待客时,如果客人对某些话题很感兴趣,主人应主动顺应并配合客人。

待客殷勤有度

待客过于殷勤并不是礼貌的表现。

客人喜欢安静,你却热情地滔滔不绝,对方一定会烦躁;客人希望主人不那么客套,你却一口一个"您请",时时保持鞠躬的姿态,对方一定会感到承受不了;客人饭量很小,你却不依不饶地往客人碗里堆菜,并预先盛两三碗饭预备客人吃完第一碗后替换,对方一定会感到为难且"吃不消"。待客过于殷勤,会使你显得卑躬屈膝,容易让家人产生妒忌心理,同时也让客人感到巨大的压力。如果客人有权有势,还会怀疑你有利用他的打算。

> **温馨提示**
>
> 待客时不要强迫客人吃东西、喝水。
>
> 不要在客人面前堆太多东西。
>
> 不要事事都为客人代劳。

下逐客令要讲究方式

下逐客令不讲方式，任何人都不会坦然接受。

觉得客人坐的时间足够长了，主人不耐烦地对客人出言不逊、语气生硬、横眉竖目地向客人说"走吧走吧"，客人一定会很尴尬。一点不为别人的感受着想的主人，一定很难有机会再接待曾经遭遇他驱赶的客人。

下逐客令不讲方式，让客人难堪，自然是不礼貌的。

温馨提示

客人如果迟迟不走，主人应该委婉而礼貌地进行提示。

可以用看表的动作来暗示客人。

主人可以用询问客人是否有其他事以及告诉客人自己的安排来暗示客人。

送客要送到门外

送客不到门外，你对客人的招待不算做得圆满。

客人提出告辞，主人立即起身挽留，但只是目送客人自行出门，这样的挽留未免太虚伪勉强。送客不到门外，说明主人在潜意识里早就在盼望客人离开。客人有了这样的认识，心里必定不会舒服。整个接待过程都非常热情、到位，而主人不把客人送到门外，就会将主人的全部殷勤消融殆尽，可谓是功亏一篑。

温馨提示

送客要送到门外、楼下，并亲切道"再见"。

如果客人初次到来，应将客人送到稍远一点的地方。

对于贵客，可将其送到车站，并为其准备礼品。

要照顾第一次远道而来的客人

客从远方来，而且是头一次来，如果主人不关心他是否吃得惯异地的饭，不问他对什么地方感兴趣，不告诉他出门应该注意什么，这样的主人最容易让客人扫兴。

客人第一次远道而来，人生地

不熟，主人对其淡然处之，会让对方有受冷落、不受欢迎的印象。客人离家远，自然会因为主人的态度而心生不适应和不愉快的感觉。

不能让客人感到受尊重和被体贴，这样的礼仪就是错误的。

温馨提示

对待第一次远道而来的客人，应悉心照顾其饮食和生活。

待客期间不要与客人发生争吵。

主人应向首次远道而来的客人提供当地交通路线和出行建议。

送客时走在长者后面

送客时，主人不应该走在长者前面。

尊敬长辈、尊敬贵客的行为应该体现在待客始终的任何一个细节。送客时走在长者前面，会让客人有"主人嫌我走得慢，他巴不得我早点离开"的误解。送客时走在长者前面，还会让客人觉得主人不懂尊重长辈、好大喜功、爱出风头。

送客时主人走在长者前面，无法让长者体会到为尊的尊严。

温馨提示

送客时，主人要走在长者身后。

送客时，主人要主动搀扶年老体弱的客人。

送客时，主人行走的速度不要太快，不要距离客人太远。

不可在客人刚走后就议论客人

客人没走远就议论客人很容易引起对方误解，是不应该的。

客人没走远就议论对方最近发生了哪些事，议论对方和哪些人交往等等，如果主人对客人的议论是好的评价，客人会觉得主人在作秀给他看；如果主人对客人的议论是负面的，客人会觉得主人招待自己是违心的。无论主人议论客人的什么方面，都是在客人背后议论，这样的人是不受欢迎的。

温馨提示

客人离开家门后，不要谈任何与客人相关的话。

客人出门后，主人不要指着客

人的方向说话。

客人未走出主人的视线时，主人不要掩口和家人说话。

客人走后要轻声关门

不要在客人走后马上大力关门。

客人走后马上大力关门，给人的感觉是主人对客人很不耐烦，早就盼着客人离开，甚至还有厌恶和故意做给客人看的嫌疑。如果客人此次上门的目的是道歉，主人这样做显然是将自己接受道歉的行为推翻了；如果客人上门的目的是求助，主人这样做会让客人感到心灰意冷；如果来客是长者或上级，主人这样做无疑是搬起石头砸自己的脚。

温馨提示

会客结束，主人应目送客人出门。

会客结束，应待客人走远再关门。

关门时动作要轻，不应发出沉重的声音。

送客不必太远

送客一程又一程，并非热情的表现。

送客太远，客人会感到过意不去，觉得拖累了主人。遇到喜欢独行的客人，则会觉得主人太琐碎。如果待客时宾主已经尽兴，送客时难免会沉默，从而产生无话可说的尴尬。

温馨提示

送客要有分寸，除非客人对路线确实很不熟悉，否则不必送太远。

送客时，说话举止不要太客套。

送客不要到最后反倒要客人回送主人。

第六章

约会礼仪

在活动中主动让别人认识你

并没有特定的规律或者固定的方法可以让你遇到想要约会的人。但是如果你问一些具有稳定关系或者已经愉快地结了婚的人，你会发现人们相识的一种趋向。这些人往往具有一些共同的兴趣爱好，比如业余爱好、参加相同的俱乐部等等，或者有同样的工作、共同的朋友等。当然，也有一些例外，比如有些是在街上遇到，然后疯狂地爱上了对方，或者在酒吧邂逅后，从此就再也没有分开过。

温馨提示

培养广泛的兴趣，积极参加一些业余活动，在那里你可以找到一些你愿意与之约会的人。

无心插柳柳成荫，其实在任何场所你都可能邂逅你想约会的人。

寻找途径结识新朋友

认识你想约会的对象的最好方法是你自己出去寻找。这就意味着你要多参加社交活动而不是坐在家里等电话。而且你应该表现出真实的自己。有意向和你约会的人肯定喜欢你真实的个性，不需要刻意伪装自己的。

如果你发现很难认识新的人，就向自己的亲朋好友寻求帮助。有些人非常愿意介绍别人认识或者扮演红娘的角色。你完全可以让别人帮助你寻找好的姻缘。

一旦你遇到感兴趣的人，不要在她（他）面前刻意地表现，或者通过炫耀来加深他（她）对你的印象。这不礼貌，而且也不是好主意，因为这并不是真实的你。当两个人相互吸引或者真心喜欢对方时，约会是自然而然发生的事情。在社交活动中应该保持耐心，因为你没有办法左右事情的发展。

当然你也需要学习一些介绍的方法。

虽然听上去很土，但是它们确实是一些正确而且有效的介绍方式，能够帮助女士们和先生们相互认识。以下是一些很不错的开场白，通常也很有效果。当然，所有这些语句都是很有礼貌的：

"你有火吗？"

"这个位置有人吗？"

"我可以给你买杯饮料吗？"

"多么美好的天气啊。"

"这些红袜子怎么样？"（或者你最喜欢的运动队是哪个？）

拿这些问题询问你在酒吧或者公共汽车上碰到的某个人，可以成为你约会前的"石蕊试验"：他（她）的回答能够告诉你他（她）是否对你感兴趣。

温馨提示

亲朋好友总是喜欢帮你寻找他们认为合适的约会对象，不过如果没有获得别人的许可，千万不要扮演红娘的角色。

如果你觉得某两个人很般配，但是这并不意味着他们已经准备好约会了，或者对彼此感兴趣。

主动邀请某人外出约会

当你想有更多的时间和你遇到的某个人在一起的时候，这是一种非常奇妙的感觉。接下来最为自然的行动就是邀请他（她）外出约会。

值得庆幸的是，如今的女士们不需要等待男士来邀请她们外出，男士们也不用承担第一次约会的压力。你们双方都可以提出约会邀请。

尽管人们在现代生活中的角色发生了变化，但邀请别人外出的方式并没有改变。当然写电子邮件或者发短信邀请你喜欢的人外出约会非常方便，但是尽量当面或者电话邀请。这只是简单地表现你的诚意而已，而对方也会对此留下深刻的印象。

邀请别人外出时应该尽可能详细地包含所有信息。你应该说："你愿意星期六晚上和我一起去看电影吗？"而不是："你星期六晚上要做什么？"因为这个问题看起来非常一般，无法传送你想邀请她外出约会的愿望。她会认为你只是想要进行简单的谈话。然而如果你具体地表达了自己的想法，那么意图也就非常明显了。

如果你是被邀请的人，也应该尽可能直接而详细地回复对方。如果你对他也感兴趣但是已经有安排了，不要这么说："让我考虑一下。"这样的回答可能会让对方觉得你并不想和他一起外出约会。相反，你应该这么说："恐怕我会很忙，但是如果换一个时间，我很乐意和你见面。"这就清楚地表明了你想和他约会的意愿。

温馨提示

即使你是女方，你也可以主动向男士发出约会邀请。

向对方发出约会邀请时要说明详细的时间和地点。

拒绝约会时尽量详细说明理由

如果你对邀请你约会的人不感兴趣或者不想接受这个约会，你应该怎么做？同样，尽可能详细地回复对方。如果你只是回复："嗯，我那天晚上很忙。"这样只会给对方再一次邀请你外出约会的机会。这种时候明确地回答对方你并不想和他约会或许是更好的答案，但是也不要太直接，你可以说："谢谢你的邀请，但是我已经和别人有约了。"或者："谢谢你的邀请，但是我现在并不想约会。"

温馨提示

当你要拒绝约会时，最好给人一个充足的理由，即使编造一个理由也比生硬的说"不"好。

如果你本想去约会却碰巧没有时间，可以请求对方换一个时间。

第一次约会前要作好充分的准备

当你第一次和某人约会时，可能和大多数人一样，感到心头的小鹿乱蹦乱跳。但是在你的精神状态到达最好之前,你要记住:如果你是邀请者,不仅要做好所有的安排,还必须去迎接被邀请者。

第一次约会时做的事情并没有对错之分。如果你们是通过共同的业余爱好认识的,那么可以让业余爱好在你们第一次约会中发挥作用。比如说,如果你们都喜欢美食,到餐厅就餐就是一个很好的相处方式。

由邀请者来安排节目是一条不成文的规定,如果你对自己全程安排约会感到不是很舒适,那么你可以让她(他)来选择想做的事情。如果对方并不在意约会的内容或者还是希望由你来安排,那么尽量做好约会计划。

有时候第一次约会最好安排在周末以外的晚上。因为第二天大家都需要上班、上学或者做其他必须要做的事情,你可以自动地结束这次约会。当然,如果你们确实非常喜欢对方,可以计划第二天或者接下来的周末继续约会见面。然而,并不是每个人的工作时间都是朝九晚五的,因此上班日的晚上并不一定适用所有情况。以下是一些安排约会时的注意事项:

你们双方各自的工作时间如何?或许共同吃早餐对你们来说是最好的选择?

你们是否有共同爱好可以在第一次约会的时候一起分享?

你的经济状况如何?你是否需要安排一些费用不是很高但是可以获得乐趣的计划?

你们怎么到达约会的目的地?你是否需要接她(他)和送他(她)回家?

正如前所述,没有安排好节目也可以邀请他人约会。如果你已经邀请了某人,而以上提到的注意事项让你犹豫未决时,你可以询问约会对象的意见,然后根据她或他的想法安排计划。

温馨提示

如果你不希望在第一次外出约会时给他(她)留下不好的印象,就不要随意变动计划。第一次外出约会也不要大手大脚地花钱。你的意图或许是好的,但是铺张的行为可能会得到相反的效果。

如果你是父母，而你的孩子已经准备开始第一次约会了，你应该要求和她约会的人到家里来接她。如果他们决定在其他地方碰面，比如餐厅或者电影院，那么你必须提前和孩子的约会对象见个面，介绍一下自己，然后和对方约定约会的持续时间或者告诉对方你希望你的孩子什么时候到家。

约会过程中保持绅士风度。当你到达目的地时，你可以为对方打开车门或者房间的门。只要涉及到约会礼仪，绅士风度是永远不会过时的。

接你的约会对象

如果是你主动邀请对方外出约会，而你约会的对象也没有其他的打算，你就应该去接她，或者到一个方便的地方碰面。你可以去她家里或者上班的地方接她。

如果你去她家里接她，那么你应该保持良好的礼仪，并且要做好同和她一起住的人碰面的准备，不管是她的父母还是室友。这既给了他们审查你的机会，也能让她觉得更加自在。因为在她和你进行第一次约会之前，她信赖的或爱的人都在身边。

温馨提示

当你接她（他）外出约会时，不要拼命地按喇叭或者打电话提醒他（她）你已经到了。

保持风度，走出车子，在她（他）家门外等他（她）。

约会结束后道晚安

在约会结束后，无论是你开车、乘坐同一辆出租车或者走路送她回家，你都应该确定她安全到家了。即使你不是约会的邀请者，约会并不愉快，或者你并没有再一次外出和她约会的欲望了，你也必须确定她安全到家。

如果事情进行得非常顺利，你也已经准备说晚安了，那么你该怎么做呢？用一个吻来告别并没有什么不好。如果你想要的不仅仅是一个吻，那你该怎么做呢？

你大概在电影或者电视里听过这句台词："你想上来喝一杯咖啡吗？"或许你已经使用过这句台词

了。这是一句包含很多意思的短语，可以看出你约会的对象是否愿意在第一次约会时和你有更亲密的接触，当然也可以看成是一个继续单纯谈话的要求。

如果你愿意和你的约会对象再待一会，但是今天晚上并不方便，你可以提出另一个对你来说方便的晚上。给对方一个明确的回应，让他知道，你也非常想再见他，非常愿意和他进行第二次约会。

> **温馨提示**
>
> 当你和对方握手说晚安的时候，暗示他："这是一个美好的晚上，但是我觉得维持朋友关系或许会更好。"

在第一次约会结束时约定第二次约会

约定第二次约会的最佳时机是第一次约会结束的时候。这可以避免说"我会打电话给你的"这种情节的出现，因为即使你真的会在第二天打电话给她（他），也会让她（他）陷入一个晚上的迟疑不决。

一次愉快的约会后，你不要留给别人任何疑惑，让她陷入"他对我的感觉到底如何呢？"的困苦中。

相反，如果你想和她再次见面，就应该约定第二次约会的时间。你可以在第二天或者马上就打电话给她以确定你的安排，而不要在结束第一次约会时不给出任何具体的信息。比如说"当我确定好周末具体的安排时，我会在星期五给你电话的"这样要比"让我们谈谈周末的安排吧"让人满意得多。

> **温馨提示**
>
> 在约会结束后向对方表示感谢，特别是你非常喜欢对方，想要和他（她）再次见面的情况。但是并不需要赠送礼物，你可以在离开后，给对方打电话表示感谢，让对方知道和他（她）约会非常开心。

确定恋人关系

"确定恋人关系"实际上是一个最近才开始使用的词，但是每个人都明白它的意思：当你和某人确定关系的时候，你就承认了那个人是你的恋人。通常情况下，你不需要大肆宣传你们已经确定关系这个消息，这不同于结婚。但是有时候有一些明显的细节可以暗示这个决定，事实上，在约会的时候你就开始传递这些信息了。这些线索包括，那个人用男朋友或者女朋友来称呼你、你被邀请到对方家里参加节日或者家庭聚会，或者你邀请对方到你家里来参加活动。

温馨提示

在确定恋人关系的最初，最好保持低调，不要作太多宣传，因为你们的关系还不稳定。

有时候确定恋人关系并不需要明确的声明，一些小小的暗示就足够了。

与对方以相同的步伐推进彼此的关系

在第一次约会后，你可能觉得即使无缘相伴终身，你还是希望和对方有更进一步的发展。或者你可能需要花上几个月的时间来决定你是否已经准备好和他确定恋人关系。无论你制定了怎样的时间表，当你们讨论怎样以及何时将关系向前更推进一步时，你必须同对方保持相同的节奏。当你发现在面对节日和家庭时，你们双方都不愿意分开，那么是时候讨论你们之间的关系应该怎么样发展的问题了。你可以在下一次双方见面的时候，面对面地提出来，告诉她你想和她一起共度假日，并且现在是决定你们双方是否愿意和对方单独约会的时候了。这是一个需要双方共同讨论的严肃问题，在彼此关系的确立上也应该征得双方的同意。

温馨提示

当你希望与对方进一步发展关系时，要与对方保持相同的节奏，既不可操之过急，也不能总是慢半拍。

要不时地和对方讨论彼此关系发展到了何种阶段。

坦诚地交流经济问题

确定关系后，你可能对谁应该为哪些东西付钱的问题感到疑惑。一直让一方买单显然是不合理的，但是双方各自买单也显得很怪异。

处理金钱相关问题时，应该提前想好解决方案，比如购买电影票、吃饭以及一起度假时的开销如何分配等等。你可以选择性地付款，如果你们其中一方明显比另一方挣得多，那么可以由高收入的一方来支付活动的主要费用。总之，当涉及到金钱和感情问题时，不要臆想，坦诚地交流能够避免不愉快的经济问题。

温馨提示

对于如何支付双方共同的花费问题，最好坦诚地提出来，而不可遮遮掩掩。

如果你的收远远高出对方，应该主动承担大部分费用。

公共场合的情感表露要有所节制

无论你们彼此之间有多么相爱，你都必须控制自己在公共场所的情感宣泄。当然，在公共场所牵手、搂肩、快速地拥抱或者亲吻都是可以的。然而，不要在公共场所做一些只能在卧室里出现的行为，比如互相抚摸或者深吻，这非常不礼貌。

也许联谊会是唯一人们不会在意直接表露感情的场所，因为那时每个人都有一点点醉意。但是如果并没有这样的酒会，你也不是联谊会的成员，只是在家里举行的聚会，即使你和爱人多么情意浓浓，也必须把手老老实实地放在自己的身边。你们可以不时地亲吻对方的脸颊或者快速地拥抱对方表达彼此的情感，但是你不应该在客人周围热烈地亲吻。

如果你的客人感情表露得过于直接，你该怎么办？当然，你不能走向他，然后说："到房间里面去。"当他们结束亲热时，你可以把他们其中一个叫到旁边，然后说："不好意思，我不太习惯你们在旁边如此热烈地表达感情。你们是否介意稍微平和一点？"他们可能会给你一个道歉式的拥抱或者愤怒地离开。无论哪种方式，你都达到了自己的目的。也许下次你安排聚会的时候，可能要考虑邀请一些不会在聚会上亲热的朋友。

温馨提示

情侣之间不可在公共场合做一些过于亲密的举动。

如果你的客人在聚会上公开热烈地表露情感,可以等他们停下后再提醒他们。

公共场所可以适当表露亲密行为

为了不让旁边的客人尴尬,当你想要和爱人有一些亲密动作时,谨记下面的一些建议。

拥抱:女士和先生见面或者分开的时候可以简短地拥抱对方。

亲吻脸颊:按照欧洲传统,在见面或者说再见的时候,可以亲吻男士或者女士的脸颊。

非正式亲吻:可以在脸颊上简单快速地亲吻。只有和爱人才可以亲吻嘴唇。

牵手:这也许是最无伤大雅的亲密行为,而且一般情况下都是合适的。

父母在其他孩子面前亲吻自己的孩子:父母亲吻自己的孩子完全没有问题,但是如果在其他同龄人前面,你的孩子可能会纯粹地因为害羞、尴尬而躲避你的吻。

温馨提示

人们是不是经常对你和你的爱人说:"是不是需要一个房间?"这样你应该知道你们的行为过于亲密了。你需要努力控制情感。

第七章

出行与游览礼仪

不可在景点刻字留名

有的人造访某处景点，尤其是前往自己一生可能只去一次的地方，往往要留下"某某到此一游"之类的字迹，有的甚至用喷漆喷涂各种字迹。这是不礼貌的。

在景点刻字留名，会损坏建筑或景观的完整原貌，这不仅谈不上美观，更会对景观造成难以修复的伤害。如果你刻字的对象是重点保护的文物，你的做法简直就是对历史的亵渎。在景点刻字留名可能会给自己留下永久性的骂名，任何游客来到你留名的景点，都会知道你参与了违规的破坏行动。如果留下籍贯，你家乡的人们将被一并唾骂；出国旅游这么做，等于给国人丢脸。

温馨提示

参观任何景点都不应在所到之处刻字留名。

如果景点有允许刻字的服务，应该在指定区域或媒介上刻写。

参观游览时应避免乱碰建筑或设施。

不在公共场所聚众围观

远处人声嘈杂，听起来似乎是有人在打架斗殴，赶忙加快脚步跑过去看；看到有很多人围着高声叫卖的小贩，赶忙冲过去凑热闹；听说出了车祸，就赶快向人群聚集的地方奔跑……哪里人多去哪里，哪里热闹去哪里，这种做法是错误的。

公共场所不是自家小区，不是说书卖艺的剧场。众人会聚，给人一种乱凑热闹、没有修养、没有自制力和是非观的印象。聚众围观，容易造成场面更加混乱，交通阻塞，不方便别人经过。从礼仪上讲，如果被围观的是无聊人的闹剧，你的行为无疑会令人不齿。如果你与人结伴而行时见到热闹就凑，不仅浪费大家时间，还会给同伴留下糟糕印象。

温馨提示

在公共场所，应避免到人多拥挤的地方聚集。

在公共场所，不要对人群聚集之处趋之若鹜。

不要在公共场所刻意制造噱头。

自觉排队

买车票时，在超市购物付款时，在医院排队挂号时，别人都在焦急等待冗长的队伍慢慢变短，你却公然加塞。这种蛮横、不讲理的做法是无法让人服气的。

排队加塞也许是因为事情紧急，但无论如何，这都是令人难以接受的。这种行为破坏了正常的秩序，侵犯了他人的权利，在排队的高峰期，尤其容易引起众怒。如果你的理由是身份地位不一般，别人会对你的狂妄自大产生强烈反感；如果你的理由是帮助尊贵客人尽快解决问题，你的客人会因为众人的侧目而感到难堪；如果你在严守公共秩序的同伴面前加塞，对方可能因此不再信任你、尊重你。

温馨提示

排队时应按照先后顺序进行排列。

排队时应按照规定站在指定区域。

排队时应礼貌对待前后左右的人，防止冲撞。

不在地铁站内打闹

在地铁站内打闹不礼貌。

地铁通常是最繁忙的交通工具之一，人行通道上有时候会达到"站不开"的极度拥挤状况。在这种情况下打闹、嬉戏，无疑会影响其他乘客。在自动扶梯上打闹，容易撞到别人，阻碍其他乘客；在站台上打闹，容易造成危险，万一你掉下站台，或把别人挤下站台，会有性命之虞。上车后打闹，容易使身处拥挤环境中的人们更加烦躁。如果公然展示你和同伴的亲密或矛盾，是把自己的感受强加于别人的恶劣做法；如果你打闹中再加出言不逊或暧昧，更会令其他人反感。

温馨提示

在地铁站内应按规定排队进站、上车。

在地铁轨道旁应避免追逐、打闹。

在地铁站内候车时应避免拥挤、跑跳。

公交车上应主动让座

乘公交车时不要不懂得让座。

乘公交车时，如果车上人少，你坐在老幼病残孕专座上没问题，任何人都不会对你侧目；但如果车上人多，而又有年老体弱的人在场，不让座就会显得太麻木。年轻人不给老年人和小孩让座，是不懂得尊老爱幼的表现；健康人不为残疾、虚弱的人让座，是不懂得关心弱者的表现；男性不为孕妇让座，是不尊重女性的表现。公交车上不让座，是极端自私、冷漠的表现。

温馨提示

乘坐公交车时应主动给老人、儿童、孕妇、病弱人士让座。

在公交车上让座时态度应礼貌。

当别人向你致谢时应给予回应。

乘车要自觉买票

有不在少数的人觉得乘车逃票是"本事"，更是省钱的绝招，其实这么想的人太过狭隘了。

乘车逃票：首先，使车辆运营者的利益受到损失；其次，是使售票人员的责任无法得到体现；最后，如果你以这种方式向同伴表示自己有能耐，而你的同伴恰好厌恶投机的行为，你的做法相当于给对方下绝交通知。如果有其他乘客揭发你的行为，想必你的表情不会太自然吧！

温馨提示

乘坐任何公共交通工具都应按

规定买票上车。

乘车应避免买短途票而乘长途车的行为。

如果乘车来不及买票，上车后应及时补票。

乘公交车不可堵着车门

乘公交车时我们常常遇到人满为患的情况，很多人上车后根本挤不到车厢中间，于是就顺其自然地堵在车门边上。这样做可不讨巧。

堵着车门容易妨碍他人上下车，如果你动作太慢，别人就可能因上不了车或下不了车而错过站点。如果对方赶时间，就会因为你堵着车门而耽误下车。此外，堵着车门也不利于安全。如果你被挤倒，很可能会撞到别人，引发小小的骚乱。在公共场所，一切事情都应该从大家的利益出发，否则就是对礼仪的蔑视。

温馨提示

乘公交车时，应站在不妨碍别人的位置。

将到终点站时，应走向车门近处。

别人下车时，应礼貌地给对方让路。

乘火车不可从窗口上车

乘火车时，每到运营高峰期，就很容易在列车边看到有人从列车窗口上车的镜头。有人觉得这样潇洒、有个性，其实这完全是错误的。

乘火车时从窗口上车，第一是破坏秩序，第二是不雅观，第三是容易造成危险，导致破坏车窗或者使自己受伤的结果。从车窗上车，让人觉得你太过性急，不肯礼让别人、不爱护公共设施，只懂得自己方便。如果你与别人因公出差这样做，会让你的同伴也受到其他人异样目光的注视。从窗口上车，你还可能引起其他好事者的效仿，从而引发事故。

温馨提示

乘火车时一定要从指定的车厢门口进入。

乘火车时应避免推挤他人。

乘火车时应避免起哄。

在火车上不宜脱鞋

在火车上脱鞋,对于很多经历过长途旅行的人们来说恐怕都不陌生吧!别觉得很自在,其实这样做是极其不礼貌的。

火车空间狭小,空气不易流通,如果车上人多,人均空间自然更加少得可怜。在这种环境下脱鞋,很容易使不雅的气味散发出来。而且,在火车上脱鞋也会给人以视觉上的侵犯,有谁会愿意看别人的脏脚丫和花袜子呢?没有人会觉得这样做是礼貌的表现。无论脱鞋者身份如何,此举都会让他颜面尽失。

乘坐公共汽车、地铁等其他公共交通工具时脱鞋也是错误的行为。

温馨提示

在火车上应避免脱鞋、脱袜子。

男性在火车上应避免随意脱上衣。

在火车上,不要随意将脚伸到他人座位下。

进门后要替紧随其后者把门

进门后替紧随其后者把门是多数人易忽视的礼仪。

和朋友一起进出旋转门,进门后不替朋友把门,对方可能会被转动的门打到,甚至受伤;和下属一起通过弹簧门,进门后不替下属把门,对方很可能会被门弹到,也很可能受伤;与陌生人一起通过厚重的金属门或玻璃门,不替对方把门,对方同样可能遭遇"打击"。进门后不肯为后来者把门,有冷漠之嫌。如果后来者是女性、老人或孩子,你的行为更会让人觉得你受教育程度太低。

温馨提示

进门后应主动为下一位马上要进门的人把住门。

进门后不要猛地关门。

进门时应自然地向后看一下,以免妨碍到后来者。

不在草丛、林地乱丢烟头

外出郊游、踏青时可不要随便

丢烟头，这是隐患极大的有害行为。

草丛、林地是郊外风景的重要基础，给人们带来无限情趣，但任何的不慎都可能给公共草地或林地造成损害。乱丢烟头破坏环境美，满地烟头着实让人看着不舒服，加上散发出来的残余烟味，更是令人不快。如果天气干燥，风力适当，未掐灭的烟头很容易导致火灾。从公共礼仪角度来说，在草地、林地上乱扔烟头会给清扫人员带来负担，给其他游人带来不愉快，自己或许也被扣上"污染源"的名号。

温馨提示

在草丛、林地时应避免用烟头接触草木。

郊游、踏青时应尽量避免吸烟。

在草丛和林地吸烟时，应将烟头彻底熄灭后再丢入垃圾箱内。

不在有人游泳的水域跳水

在游泳池或可以游泳的河湖水域，有意无意地在旁边有人游泳的地方跳水，这是会引出麻烦的。

在有人游泳的水域跳水，第一是会打扰到正在游泳的人，影响对方的心情，甚至使其受到惊吓。第二，在有人游泳的水域跳水可能会造成意外伤害，这样的话，可不是用一句"开玩笑"的解释就能够解决的。

在有人游泳的水域跳水，给人一种只顾自己开心、不管他人感受的印象。在公共场所打扰到他人是不礼貌的。

温馨提示

跳水前，应先确定附近没有人正在游泳。

跳水时，应提前告诉距离自己不远的人。

跳水不小心妨碍到他人时，应及时道歉。

使用公共游乐设施要照顾别人

公园、游乐场里，供多人同时使用或集体合作使用的游乐设施随处可见。既然是公用的，就不要不考虑他人的意愿。

坐碰碰车时不停冲撞，想撞谁就撞谁，不顾他人感受，别人必定会觉得你太莽撞；坐跷跷板时擅自离开座位,导致同伴突然落地,对方必定会为你的恶作剧而生气;坐人工推动的旋转木马时擅自加速或改换方向,其他乘客有可能会被你转得头昏脑涨。使用公共游乐设施而不照顾他人容易引发矛盾,破坏大家的心情和友好关系,还可能造成意外事故。这是自私的表现,也是不礼貌的行为。

使用公共游乐设施时,应避免一人独享。

使用公共游乐设施时,应照顾比较弱小的人。

使用公共游乐设施时如果涉及到速度问题,应与同时使用的其他人协商。

听音乐会要穿正装入场

穿着拖鞋、短裤听音乐会和穿着西装下游泳池一样令人感到匪夷所思。

即使我们不能像西方国家那样穿着正式的西装、套装去听音乐会,至少也不能穿得过于邋遢、随便。穿着拖鞋、短裤去音乐会场,会明显地与处处讲究细节的庄严会场产生强烈的反差,给人以不雅之感。在一群正装出席的表演者面前穿得过于随便,给人的感觉就像主人穿着睡衣接待客人。穿着拖鞋、短裤听音乐会是对演奏者和音乐厅的不尊重。

温馨提示

进音乐厅欣赏音乐会时应尽量正装入场,女性应避免穿过于休闲的暴露装。

在音乐会上应穿着整洁。

进入音乐厅时女性应适当化妆。

避免在音乐演奏的中途入场

一场气势非凡的音乐会对人们而言是绝对美好的享受,但音乐演奏中途受到打扰的话,人们的享受就会打折。

如果你是演奏者之一,演奏途中突然有人大摇大摆地闯进除了音乐没有任何杂音的音乐厅时,你必然会觉得自己受到了冒犯和轻视。由此可见,在音乐会演奏中途入场，必然会破坏现场的演奏气氛以及听众专心欣赏的心情。演奏中途入场，说明你是一个伪乐迷，不懂得尊重演奏者，同时也说明你是个自私的人，不懂得照顾他人的感受。此外，这说明你还是个没有涵养的人，不遵守音乐会的规则。

> **温馨提示**
>
> 管弦演奏会通常惯例是上半场以序曲开场后演奏协奏曲，下半场则是一首交响曲。
>
> 音乐会正式开始后，音乐厅会关闭所有的门，每曲演奏完毕、下一曲演奏之前才会再次开启。
>
> 迟到者只能在演奏中途音乐厅打开门的时间入场。

听音乐会要保持安静

听音乐会时，不要无所顾忌地聊天。

听来华访问演出的国外乐团演奏，边听边和同伴评头论足或者说家长里短的事情，你的声音必然会影响周围专心听音乐的人，让他们难以全心投入地欣赏音乐。如果台上的演奏者看到你的样子，必定会觉得中国人素质低。受别人邀请听音乐会时大肆聊天，对方可能会觉得自己邀请你是浪费门票和感情的做法，因为你不懂得欣赏音乐的基本礼仪——安静和专注。

> **温馨提示**
>
> 听音乐会时，应保持安静。
>
> 在音乐厅中，应避免与旁边的人大声交谈。
>
> 在音乐会上，应避免长时间与别人交谈。

观看演唱会时不可在场内随处走动

明星的演唱会往往会令狂热的崇拜者们疯狂，然而当这些崇拜者在观看过程中看到有人在场内随意地四处走动，感觉就不会那么好了。

在演唱会现场走来走去寻找一个更好的观看位置，在演唱会场内到处走动寻找熟人或不时地购买零食、上厕所……无论你走动的原因是什么，别人都会因为你晃动的身影而影响心情，同时影响观看效果。这是不懂得换位思考的表现。

温馨提示

观看演出应尽量安静地坐在自己的座位上。

观看演出过程中如果需要走动，应礼貌地向周围的人表示歉意。

观看演出期间在场内走动时应尽量避免挡住别人。

别人通过时礼貌让路

在电影院、演唱会现场，恐怕每个观众都希望不受打扰地从头到尾看完整场电影或者表演。但如果别人需要暂时离开座位，你不让对方通过就不对了。

别人通过可能是因为上厕所或接打电话，可能是因为购物或与别人会面，而你不让路会让别人觉得你不讲理、故意为难对方。如果双方争执起来，还会影响到周围的人们。

温馨提示

演出过程中，别人要通过时应主动让路。

自己坐在通道旁边时，不应拒绝给别人让路。

给别人让路时，不应表情不悦、态度蛮横。

演唱会上不可乱扔荧光棒

演唱会上的荧光棒可谓是壮观一景。演到高潮时，台上台下一片欢腾，观众手中的荧光棒从挥舞变成抛洒，看起来很激动人心，很能烘托气氛。其实这么做是错误的。

首先，人激动时往往力气会很大，乱丢荧光棒可能会伤到别人。如果你不小心丢在别人头上、身上，对方即使毫发无损，也会觉得受到了侮辱。其次，胡乱飞舞的荧光棒堆积起来是不折不扣的垃圾，这必定会造成演出现场的污染。舞台上的表演者看到这种景象，估计也会在兴奋之余对现场观众的修养感到遗憾。

温馨提示

观看演唱会时，应避免毫无目的地乱扔荧光棒等助兴用品。

在演唱会中扔东西时应避免妨

碍到周围的人。

演唱会上应避免故意向别人投掷杂物。

不对台上的演员喝倒彩

观看舞台表演时,演员舞步出错,你就立刻大声叫好;演员说台词失误,你就立刻大声拍手跺脚甚至吹口哨;演员的表现不够精彩、到位,你就毫不留情地谩骂,用语言和动作羞辱对方,这种行为统称为"喝倒彩"。这种表现是不礼貌的。

对演员喝倒彩,第一,容易增添演员的紧张感,使其难以及时调整状态更好地表演;第二,容易引起其他观众的迎合或反感,破坏现场观众的情绪。对演员喝倒彩是心胸狭窄、喜欢搞恶作剧、不懂得体谅别人的表现,对演员以及其他观众都是不尊重的。

温馨提示

观看演出时应对演员报以礼貌的态度。

即使演员有不尽如人意之处,也不要向台上抛掷杂物以示不满。

演员表演欠佳时,应避免大声怪叫、起哄。

观看球赛时不可声嘶力竭

体育比赛大概是最能让观众绽放激情的场合。看到激动人心之处,就声嘶力竭地狂喊球员的名字;看到自己喜欢的球星失利,就手脚并用地挥舞,同时大力吹哨或狂吹小喇叭。这镜头动人的另一面是对礼仪的破坏。

观看球赛时声嘶力竭,肯定会影响到周围的其他观众。当你手脚并用发泄激情时,说不定旁边的观众会被你吓得不敢动。如果你看球时声音高昂加上谩骂,就是对自己形象的不负责任;如果你观看的是国际赛事,你更有可能被当作本国球迷形象的代表,从而给国际媒体留下一个粗鲁的整体印象。同时,你已经无意间为祖国做了负面广告。

温馨提示

观看球赛时应避免起哄、吹口

哨，以免影响到周围的观众。

观看球赛时应避免口出脏话。

观看球赛时应避免辱骂自己支持球队的对手。

不可把嚼过的口香糖粘在桌子下面

如果你留心的话，大概经常能在电影院等公共座椅下面、扶手上面、椅背上发现嚼过的口香糖；不经意触到，说不定会吓一跳。这样做的人也许出于恶作剧，也许出于无心，但无论如何，这都是令人唾弃的坏习惯。

把嚼过的口香糖粘在椅子下面，首先是对公共场所卫生的破坏，会给工作人员带来清理的负担；其次，这样做是对下一个就座者的不敬，对方可能会因这意外的发现感到恶心，从而没有好心情欣赏节目；再次，这样做会给剧场的整体形象抹黑，还容易导致他人效仿，从而造成更多的口香糖垃圾。

温馨提示

嚼过的口香糖应用纸包起后抛入垃圾箱。

应避免在座椅上下粘贴胶状食物。

应避免在公共场所的座椅上涂抹鼻涕等脏污。

在超市购物不可用手接触裸露食品

在超市购物买散装食品时，千万别图省事或因为其他原因而舍弃专用工具用手去取。

在超市买米，放着专用的铲子和勺子不用，偏用手抓；在超市买散装饼干，不用夹子而用手拨来拨去；在超市买糖果，将专用夹子放在一边，只用手挑拣。这样做一方面是让其他顾客对超市食品的卫生产生怀疑，一方面会让别人对你的公德产生怀疑。如果你将不宜用手翻动和抓取的散装食品弄得形状损坏，更会给超市造成经济损失。这样做除了显示你是个故意捣乱且自私的人之外，并不能说明你多么有个性。

温馨提示

在超市购物选取食品时，应按提示使用相应的工具。

在超市购物时，应避免用手抓

完食品后在相应的器皿中搓手。

在超市购物时,应避免将已经挑好的商品再倒回货柜。

试衣时应注意不要弄脏衣服

买衣前试衣是天经地义的,但试衣时弄脏衣服就不是你应该做的事了。

试衣服前刚吃完烤肉串,双手不擦就试衣,难免使衣服粘上油污;试衣时如果不注意分寸,穿套头衣服就容易使衣服沾染上你脸上的化妆品;刚出了一身大汗,就马上进店试衣,试完后衣服上说不定已经浸染了汗液和汗臭。试衣时弄脏衣服,既是对衣服的不爱护,又是对售货员的不尊重甚至刁难。

如果你是售货员,看到衣服被顾客污染,恐怕很难心平气和。不要因为衣服不是自己的就不注意自己的形象,以至于给别人留下一个自私、品质低劣的印象。

> 温馨提示

试衣服时,应避免让自己的汗液、化妆品等沾染衣服。

试衣服前,最好保证自己的身体是清洁的,女性最好事先擦掉唇膏和睫毛膏。

试衣服时,应避免在衣服上留下手印、灰尘等。

试衣后把衣服放回原位

试衣完毕,随手将其丢到一边,也不看是不是它原来所在的位置,甚至任其掉在地上;衣服原本是叠起的,你试完后就成了一件一件散落的;衣服原本是甲品牌的,你试完后却混到了乙品牌中去……购物时,试衣后乱丢是不招人喜欢的做法。

试衣后乱丢衣服,第一已经破坏了衣服和衣店原有的整齐;第二是给售货员增添了额外负担;第三是容易使不同种类的衣服放错位置,给不同品牌带来声誉上的损坏。

> 温馨提示

试衣完毕后应将衣服交给服务人员或整齐地放到原位。

试衣完毕后若不满意,不应一

言不发地丢下衣服就走，而应对售货员礼貌地道谢。

试衣完毕后放下衣服的动作不应粗暴而应柔和。

不可随意拆开商品包装

在商场或者超市购物时，不要随意拆开商品包装。

购买果汁、食品等物品时随意拆开包装，如果你不买，食物就会很容易变质、作废；随意拆除小家电、工艺品的包装，它们会因为失去保护而容易损坏；随意拆除名牌商品的包装，它们会因为不完整而容易受到质疑。随意拆开任何商品的包装，都是对商品完整性的损害，都会影响它们的外观之美以及销售；随意拆开商品包装，会给工作人员整理和调换商品增加负担，并且容易引起别人的效仿，产生不良影响。

温馨提示

对于货架上有"禁拆包装"明显标志的商品，不要打开包装。

对于货柜上摆放有样品的商品，不要拆非样品的包装。

对于包装破损后会引起变质的商品，不要拆开包装。

品尝超市食品要按规定进行

违规品尝超市食品不是个好习惯。

独立包装的食品，拆开包装后就失去了它作为商品的价值，不能再售出；整体包装的食品，拆开后同样不能被顺利出售；散装食品，随意品尝容易造成交叉污染，带来卫生隐患。随意品尝超市食品容易被认为是顺手牵羊的举动，从而给你惹来诧异的目光甚至麻烦。违规品尝超市的食品，不利于自己的健康和公众形象，也会影响超市的利益。如果你与别人结伴购物或者在境外做出这样的举动，必定会遭到鄙视。

温馨提示

除非摆放有允许顾客品尝的样品，否则不要擅自品尝超市食品。

对于大块的糕点类食品，不要擅自掰取品尝。

对于液态、较软、较黏的食品，不要随便品尝。

看过商品后要归位

在商场或超市购物时，别忘了将看过的商品归位。

在商场中浏览一圈之后，把食品放在家电区，把卫生用品放在散装食品区，把内衣放在玩具专柜，把图书放在化妆品区……这样乱放商品的行为让人觉得很不妥。乱放商品会破坏商场商品摆放的秩序和美观，给工作人员整理以及其他顾客挑选商品带来麻烦。

看过商品后不归位，让人觉得你做事有始无终。更重要的是，你会给别人留下做恶作剧以及品德不够优良的印象。

住旅店不可大肆浪费

外出旅行、出差时，住旅店最平常不过。然而，有许多人却在住店期间丢了自己的脸面，因为他大肆浪费。

住店期间极尽所能浪费水资源和电源，即使暂时不在房间也开着灯，即使洗漱完毕也不及时关水龙头；住店期间狂打房间内的免费电话，乱拨电话号码找人聊天；除了房间里配备的免费用品，额外再向服务员索要并迅速用光……这种行为让人联想到暴发户，给人以小人得志的印象。设想你因为业务关系与外地客人同住旅店，你的浪费难免会让对方怀疑你待人处事的能力和信用。

> 温馨提示
>
> 看过商品后应将其放回原物所在柜台或货架。
>
> 不是同一类别的商品不要放在一起。
>
> 易相互污染的商品不要放在一起。

> 温馨提示
>
> 住宿旅店时，对于免费提供的洗漱用品不要刻意浪费。
>
> 住宿旅店时，不要浪费用水。
>
> 住宿旅店时，不要滥用电源、电器，也不要长时间开灯或将全部灯具都打开。

禁用旅店的毛巾擦皮鞋

用旅店的毛巾擦鞋是恶劣的行为。

用旅店的毛巾擦皮鞋，必定会让尘土、鞋油等污垢沾染到毛巾上，给别人的健康带来隐患。即使你擦完后将毛巾洗净，这种行为也是缺乏修养、品质低下的表现，给人以粗俗不堪的印象是必然的。如果你的同伴看到你这样做，他下次一定不愿意再住旅店，因为没有人希望自己擦脸用的毛巾曾被别人擦鞋。

用旅店的床单擦鞋、用旅店的饮水杯刷牙、用果盘装烟灰等等诸如此类的行为也都是错误的。

温馨提示

擦鞋时应使用专用的器具。

毛巾只能用来擦手、脸、身体，不应私做他用。

不要用旅店的毛巾擦桌椅或自己的皮包。

在旅店说话时应关上房门

住旅店敞着门说话，给人的感觉类似于在家中有外人的情况下敞开浴室的门洗澡。

住旅店敞着门说话，第一，会影响旅店的形象，同时影响你的形象；第二，会影响其他房间的客人，也容易导致好奇者探头窥视；第三，如果你和同伴说话的内容是隐私或行业机密，会很容易泄露给他人。室内从来都是私密之地，敞开门给人以"暴露癖"的怀疑。同时，路过的人也难免怀疑你敞开门是为了观察对方，这是对路人的不尊重。

温馨提示

住旅店时进入房间后应将房门关好。

住旅店、宾馆，与别人交谈时应将房门关紧。

住旅店时，不要在房间里大声喧哗。

不可穿着浴衣在大堂里穿行

穿着浴衣在酒店大堂里穿行好比裸体参加宴会，你就等着别人暗笑你、替你难为情吧！

穿着浴衣在大堂里穿行，是对

工作人员和其他在场客人的轻视和"视觉污染",会引起客人对酒店的不满:"居然让这么粗俗的人住在这里!"如果你外出公干,这样做会使你给别人留下"不爱惜自我形象"的笑柄。穿着浴衣在大堂里穿行,无论你想要做的事多么严肃,都无法让人相信你的诚意。

温馨提示

住旅店、宾馆时,应避免穿着浴衣在房间以外的地方四处走动。

住宿旅店时,应避免穿着浴衣串访别人的房间。

住宿期间需要去大堂时,应换上便装。

不可在公园的长椅上躺卧

行走累了,在公园的长椅上倒头便睡或者看书、看来往行人,也许你觉得这样做很舒服、很悠闲,实际上却已经违反了公共场所的礼仪。

在公园长椅上躺卧,第一,有碍观瞻,你不雅的姿态会让人感到不快;第二,占据了有限的休息场所,给其他需要休息的游客带来不便;第三,你的姿态给公园风景抹上了不和谐的一笔,破坏了景观的优美。

温馨提示

在公园休息时,应避免在长椅上躺卧,更不要长时间躺卧。

不要一个人休息时在长椅上放过多东西,以免影响他人休息。

在公园的长椅上就座时,应避免歪歪斜斜的不雅姿势。